Widmung

Für Axel

Meinen Tröster und Ermutiger,

Kritiker und An-mich-Glauber,

IT-Spezialisten und Lösungen-aus-dem-Ärmel-Schüttler,

Impulsgeber und Geduldschenker,

Umlenker und Ablenker –

meinen großen Späher und Jäger.

und

Für Amrei - Die Geburtshelferin für jede einzelne Phase

der Entwicklung dieses Buches.

Tote Mammuts jagen

Eine Schatzkiste voll Chancen für Menschen
mit und ohne AD(H)S

von Dipl.-Psych. Stephanie Shirazi

Ich bin die Späherin

Wenn der Ruf ertönt, bin ich da: flexibel – schnell – zielgerichtet.

Ich finde Wege selbst im dichtesten Gebüsch.

Nichts bringt mich von meiner Fährte ab.

Ich trage die Früchte der Wildnis und die meines freien
Geistes zu den anderen.

Mir entgeht keine Spur und kein Anzeichen von Beute.

Ich finde neue Höhlen für meinen Clan.

Ich überwinde Gletscher und reißende Flüsse.

Ich bin die Rettung in höchster Not.

Ich träume für alle. Ich träume sogar mein Leben
– aber, wenn ich erwache, bin ich ganz da. Mit allen Sinnen.

Ich kenne die Regeln, aber ich schaffe uns Raum,
indem ich sie erweitere.

Ich sehe die Zeichen der inneren und der äußeren Welten
und teile sie mit allen.

Ich freue mich am Gewinnen, nicht am Besitzen.

Der immer gleiche Acker ist mir ein Rätsel,
denn meine Vertrauten sind das Wilde und das Fremde.

Mein Zelt steht für alle offen, denen gebe ich unbegrenzt.

Ich habe Nahrung für Bauch und Herz.

Seid willkommen an meinem Feuer.

Die Bäuerin ist meine Freundin.

Wir arbeiten zusammen. Zum Wohle aller.

Ich bin die Bäuerin,

ich halte Ordnung und Vorrat, kenne meine Wege und meine Orte.

Ich mehre die Gaben der mir anvertrauten Pflanzen und Tiere.

Auch die Gaben der Späherin verwalte ich planvoll
und umsichtig.

So wird aus ihren Ideen Realität und aus ihres Korbes Fülle
nähren und kleiden wir uns.

Stetig, Schritt für Schritt, bearbeite ich meinen Acker
bis zur letzten Furche.

Ich halte Haus und Hof in übersichtlicher Ordnung.

Ich bin immer zur rechten Zeit am rechten Ort.

Ich erledige meine Aufgaben in durchdachter
und fest liegender Reihenfolge.

Ich höre den Ruf des Wetters und des Lichtes, beobachte den Mond.

Die ganze Natur spricht zu mir.

Ich trachte danach, ihre Gesetze zu lernen und zu beachten.

Und alle zu lehren, die auch zu tun.

Ich freue mich am erhalten und pflegen.

Den Ruf zur Jagd höre ich nicht, denn ich fühle mich
nur im Vertrauten und Überschaubaren wohl.

Den mir Bekannten steht meine Hütte offen.

Denen gebe ich mit Maß und Ziel.

Ich habe immer Nahrung für Bauch und Hände.

Seid willkommen an meinem Feuer.

Die Späherin ist meine Freundin.

Wir arbeiten zusammen. Zum Wohle aller.

Dank

an Amrei, Axel, Anahita, André, Anette, Angela, Norman, Susan, Sybille, A.B., S.D., H.E., O.H., A.H., J.H., M.H., E.J., N.J., J.K., H.K., O.K., S.K., K.S., K.M., T.K., T.M., C.O., P.R., S.S., R.S., M.S., K.S., J.T., H.W., R.W., J.V., S.C. und S.S. und viele, viele andere.

Dank an euch liebe, kreative, mutige, ermutigende, neugierige, kritische, anregende, geduldige, offene, ehrliche, hartnäckige und engagierte Menschen, die ihr alle Teil dieses Buches seid. Ihr, die zwischen kreativem Chaos und etikettierten Sortierkisten an diesem Buch mitgewirkt habt.

Ich habe ja (fast) nur in die Tastatur gegeben, was ihr mir gesagt, vorgelebt, gezeichnet, erarbeitet und geschrieben habt. Dazu habe ich noch ein paar Wolken vom Himmel der Poesie gepflückt und Skizzen dazu geworfen.
Ohne euch wäre das hier nix geworden.

Nicht zuletzt Dank an alle Leserinnen und Leser, die sich an dies Abenteuer wagen.

Impressum

© 2025

Autorin:
Dipl.-Psych. Stephanie Shirazi

Lektorat:
Sigrid Lehmann-Wacker,
schreibwerkstatt-osnabrueck.de

Satz:
Roger Osterbrink / Osnabrück

Verlag:
BoD · Books on Demand GmbH,
Überseering 33, 22297 Hamburg,
bod@bod.de
Druck:
Libri Plureos GmbH,
Friedensallee 273, 22763 Hamburg

ISBN: 978-3-8192-2692-2

Inhaltsverzeichnis

Dazwischen überall noch:

1. Backstage

Unter diesem Titel stehen Werke und Worte von Späher*innen, die mir von Freund*innen, Familie und Klient*innen zur Verfügung gestellt wurden.
Es ist mir eine Ehre, dies hier veröffentlichen zu dürfen.

Das Gedicht meiner Schwester Amrei ist das erste Backstage gewesen. Ich wollte aber mit dem denglischen Wort ihre wunderbare Poesie nicht stören.

2. Der Erklärbär

Unter diesem Titel steht so Erklärkram wie Definitionen oder kluge Sachen von Professor*innen und anderen wahnsinnig wichtigen Leuten. Oder auch hilfreiche Hinweise.

So wie dies hier:

Es lebe die Freiheit!

Sie können dies Buch auch kreuz und quer lesen.

Keiner guckt. Niemand kontrolliert Sie.

Kleiner Tipp:

Sie können, wenn zwischen Kapitel 1 und 5 Langeweile aufkommt, gleich zu Kapitel 6 springen.

Oder sonst wohin von sonst woher.

Haben Sie einfach Spaß!

Vorwort

Ich lese fast niemals Vorworte. Wenn aber doch, dann bereue ich es nicht. Möge es Ihnen genauso gehen. Überspringen geht auch. Könnte aber später für etwas Verwirrung bei Ihnen sorgen. Für mich ist das kein Problem, aber warum sollten Sie es sich schwerer machen als nötig?

Dies Rad habe nicht ich erfunden.
Mein Geist ist für sowas gar nicht innovativ genug. Mein Geist ist eher so ein hartnäckiger Frickler. Also, ich finde eine Idee, einen Impuls, eine Sache ... und dann wurstele ich daran hartnäckig herum, bis es sich für mich zufriedenstellend fertig anfühlt. Daher werkele ich nun schon seit langer Zeit immer weiter an diesem besonderen „Rad" herum. Das „Rad" heißt: Wieso wird AD(H)S so negativ gesehen? Ich polstere die Lauffläche, baue Speichen ein, mache langwierige, systematische Experimente mit Schmierfett, Federungen und Achsen, studiere die Erfahrungen anderer, nehme weitere Impulse auf, experimentiere und werkele weiter. Es scheint nun mehr geworden zu sein, als nur ein einzelnes Rad. Vielleicht sogar ein ganzes Fahrzeug. Freut mich, wenn Sie einsteigen und mitfahren! Bin gespannt, wohin die Reise damit geht!

Dies ist kein wissenschaftliches Buch, darum finden sich hier auch nur wenige systematische Literaturhinweise, Studien, Tabellen oder sowas. Das mal für die Copy-und-Paste-Jäger*innen. Dies ist ein anekdotisches Buch. Ich erzähle aus meinem Leben und den Leben anderer – natürlich im jeweils erwünschten Ausmaß anonymisiert. Dazu erzähle ich, was mir so eingefallen ist. Oder, was ich irgendwann irgendwo gelesen, gelernt, gehört habe. Darum kann ich auch leider oft gar nicht mehr rekonstruieren, was ich bei welcher Koryphäe in den letzten 30 Jahren aufgeschnappt habe und bitte dafür prophylaktisch schon mal um Vergebung. Dieser Schreibstil entspricht meiner Natur und warum soll ich mich da verstellen? Ich habe nicht den Anspruch, dass das Buch allen gefällt. Ich habe auch nicht den Anspruch, dass es einer Hypothesen testenden oder varianzanalytischen Untersuchung standhält. Außerdem ist es ja auch keine Doktorarbeit. Nicht mal dem Copy-and-Paste-Search-Tool muss es standhalten. Bewusst habe ich jedenfalls weder gecopied noch gepastet, ohne dies auch mit Quellenangabe zu versehen.

Über absichtliches Kopieren und Veröffentlichen ohne Quellenangabe wäre ich allerdings sauer.

Für konstruktive Kritik und Auseinandersetzungen mit einem Win-win-Ziel bin ich dagegen sehr offen.

Ab einer gewissen Fisseligkeit habe ich keine Geduld mehr. Und wenn mich etwas langweilt, dann langweilt es auch die, die mir zuhören. Also erzähle ich lieber einfach drauflos. Dass das Ganze trotzdem ein System hat, kann man an den Kapiteln und den Zwischenüberschriften sehen. Mehr Struktur muss es für mich nicht haben.

Sie brauchen sich übrigens gar nicht an die Kapitel halten. Ich wiederhole mich hier und da sowieso. Mit voller Absicht. Darum kann man auch einfach drauflosblättern und entspannt herumschmökern. Natürlich ist alles aufeinander aufgebaut, aber Spaß haben kann man auch beim Durcheinanderlesen. (Jap – dies war die erste Wiederholung. Sie sehen also, dass ich keine leeren Versprechungen mache!)

An all dem bildet sich ab, wie ich bin:

Innovativ?	Geht so.
Geduldig zu Ende führend?	Ziemlich, wenn auch nicht am Stück.
Strukturiert?	Absolut!
Konventionell?	Nur in Notfällen.
Perfektionistisch?	Mitnichten!
Risikobereit?	Als Erwachsene gar nicht, als Kind: Gefahr? Was ist das?
Schnell gelangweilt?	Oh ja!
Ruhig?	In Gefahr zwischen stoisch und panisch
Wibbelig?	Bei Langeweile ganz früher eine begnadete Beinwipperin
Ordnungsliebend?	Sehr!
Ordnung haltend?	Stets bemüht.
Struktur und Überblick	Weitgehend immer
Eine Rampensau?	Mitnichten!
Flexibel?	Lieber nicht, aber bei Bedarf schon.
Pünktlich?	Weitestgehend

Zwei Berufe, zwei Begabungen

Nach einer Weile der Lektüre können Sie ja spaßeshalber mal einschätzen, wie viel von einer Landwirtin und wie viel von einer Späherin in mir stecken. Oder – noch viel wichtiger – wie viel von beiden Typen Sie bei sich finden! Denn um diese beiden geht es hier. Ich sage Ihnen, wie es dazu kam:
Im Kopf hatte ich dieses Ding schon lange. Als dann irgendwann schon wieder eine Patientin zu mir kam und sich völlig niedergeschlagen als „absolute Fehlkonstruktion" bezeichnete, hatte ich endlich die Faxen dicke.

Ich bin Psychotherapeutin und im Laufe der Jahre habe
ich mir einen gewissen Ruf als jemand erworben, die mit
AD(H)Sler*innen ganz gut kann.

Wer so in meine Praxis kommt.

Sie kommen also mit dem Anliegen der Testung und Therapie.
Ich soll sagen, ob sie „es" „haben" –
Und wenn ja, dann soll ich „es" wegmachen!

Andere kommen wegen etwas ganz anderem –
aber nach 5 Minuten denke ich: „Holla, diese Patientin
könnte AD(H)Slerin sein!" Dann frage ich gezielt weiter nach.
Manchmal erweist sich mein Eindruck als eine falsche Fährte,
dann lassen wir diese Hypothese auch schnell wieder fallen.
Aber oft genug, wenn ich einfach ins Blaue hinein sage: „Und
im Zeugnis stand: Hätte viel mehr leisten können, wenn sie
gewollt hätte. Sollte besser aufpassen und ist immer noch der
Klassenclown." – dann sehen sie mich mit großen Augen an,
sind das erste Mal in dieser Sitzung für einen winzigen Augen-
blick sprachlos und wollen dann wissen, woher ich das weiß.
Ich weiß noch mehr.
Zum Beispiel, dass diese Menschen unerreichbar weit weg
in andere Welten driften können, dass jeder vorbeifliegende
Vogel ihren Blick einfängt, dass ihr pünktliches Erscheinen zur
Sitzung sie wahnsinnige Anstrengung gekostet hat, und dass
sie immer und immer und immer wieder ihren verdammten
Schlüssel suchen.
Dann schweigen wir für einen Moment.

Schließlich sage ich: „Wissen Sie, dass Sie vielleicht der Nach-
komme wunderbarer Späherinnen und Jäger sind?"

Wenn meine Klientin oder mein Klient das „vielleicht" dann klären wollen und wenn die Diagnose schließlich abgesichert ist, dann sind wir erschüttert und wütend über all die Fehldiagnosen und das Übersehen des Offensichtlichsten – bis ich selber bei einer anderen Person nach 30 Sitzungen sage – verdammt! – wie konnte ich nur übersehen, dass hier eine Vollblutspäherin vor mir sitzt?

Wirklich, wie konnte mir das bloß passieren?

Camouflage Erklärbär: Maskieren
Die sichtbare Welt der AD(H)Sler*innen ist nämlich aus vielen Gründen so vielgestaltig.

Hier sind ein paar davon:

- Sie verstecken geschickt ihre vermeintlichen Schwächen.
- Sie haben gelernt, dass ihre Bedürfnisse nichts zählen.
- Andere Symptome dominieren das äußerlich sichtbare Bild.
- Sie wissen ihre realen Stärken großartig zu nutzen (und kommen wegen etwas ganz anderem als AD(H)S in Therapie).

AD(H)S kommt in sehr verschiedener Ausgestaltung und Intensität daher. (siehe dazu auch im Glossar unter „Spektrumsstörung")

Man muss darum wirklich sehr genau hinsehen.

Erklärbär: Ebenen der Diagnosen
Der bemerkenswert liebenswürdige Psychiater Prof. Dr. med

Ludger Tebartz-van-Elst, schaut mit kompetentem und leiden-schaftlichem Blick auf neuro-untypische Menschen. Er unter-scheidet

- Strukturdiagnosen, das sind unveränderbare Erkrankungen
- Zustandsdiagnosen, das sind veränderbare Erkran-kungen
- Problemdiagnosen, das sind Verhaltensweisen

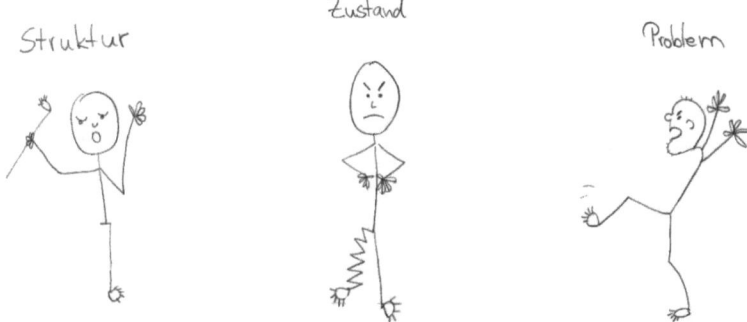

Struktur   Zustand   Problem

Das Bein ist ab   Das Bein ist gebrochen   Das Bein tritt zu
Strukturdiagnose   **Zustandsdiagnose**   **Problemdiagnose**

1. Unveränderbar   **2. Heilbar**   **3. Trainierbar**

AD(H)S ist also die grundlegend andere Struktur des Gehirns
= **Strukturdiagnose**
Depression ist die verdeckende Krankheit
= **Zustandsdiagnose**
Aufschieberitis ist das veränderbare Verhalten
= **Problemdiagnose**

Was Herr van Elst damit auch noch deutlich machen will, ist, dass nicht jede Struktur auch ein Problem darstellt. Man kann ja volle Kanne AD(H)Sler*in sein und trotzdem überhaupt kein Problem damit haben. Und auch keins verursachen. Schauen Sie sich Mozart an. Oder einen Tiger. Oder Martin Rütter (Bitte, Herr Rütter, entschuldigen Sie die Ferndiagnose. Später sage ich dazu noch mehr, aber ich schätze mal, dass Sie das Ganze mit Humor nehmen. Wenn nicht, sagen Sie bitte Bescheid. Dann setze ich an diese Stelle Eckart von Hirschhausen. Oder Justin Bieber. Oder Emma Watson.) Darum empfindet auch nicht jeder Mensch mit einer unveränderbaren Struktur einen Heilungsbedarf. Vergleichbar ist das mit vielen Gehörlosen, die sich ausdrücklich verbitten, als „behindert" bezeichnet zu werden.

Wir kommen darauf hier und da nochmal zurück.
So. Jetzt krieg das als Psychotherapeut*in mal auf die Reihe, wenn:

- du jemandem begegnest, der komplett durchdesignt und bewegungslos mit hochgezogener Braue dein Behandlungszimmer scannt, sich dann sorgfältig hinsetzt und mitteilt, dass er im Auftrag seiner Gattin hier sei, die sich aus unerfindlichen Gründen von ihm trennen wolle und ihm „dies hier" als letzte Chance gegeben habe.
- jemand weinend vor dir sitzt, weil er schon wieder die Wohnzimmereinrichtung zertrümmert hat.
- jemand selbst kein einziges Wort sagt, sondern nur mit großen Augen seine Betreuerin anguckt, die ihn an kurzer Leine durchs Leben führt.
- jemand nicht versteht, warum sie zwar das Leben ihrer schwierigen drei Kinder und des Mannes bis zu deren Auszug gemanagt hat, jetzt aber ohne jeden Impuls nur noch auf dem Sofa sitzt.

Das sind alles Leute, deren Strukturdiagnose AD(H)S lauten könnte. Um es gleich aufzuklären: „könnte" trifft es nicht. Diese vier Beispiele stammen von verschiedenen Klient*innen, die am Ende alle als AD(H)Sler*innen diagnostiziert wurden.

Verachtung und Selbstverachtung

So verschieden sie aber auch aussehen, es gibt etwas, das bei allen gleich ist. Offen oder versteckt. Sie kommen zu mir mit ätzendster Selbstverachtung. Die wenigsten wissen von ihrer AD(H)S. Es ist ganz egal, ob sie ihrer ganz eigenen Art zu sein diesen Namen geben oder nicht. Sie haben dafür einen ausschließlich negativen Blick, viel Prügel eingesteckt und diese Verachtung schließlich als Selbstverachtung in sich hineingenommen. Darum kommen sie.

Wann kapiert ihr es?

Das macht mich endlos wütend und traurig. Die Idee, dass Menschen mit frei flottierender Aufmerksamkeit, starkem geistigen und körperlichen Bewegungsdrang sowie überschäumender Kreativität nicht etwa krank, sondern auf spezielle Art begabt sein könnten, ist nun wirklich schon lange nicht mehr neu. Das wird inzwischen seit Jahrzehnten diskutiert und belegt. Es wurden spezielle Unterrichtsformen entwickelt, Schulen und Internate gebaut, Bücher geschrieben und Vorträge gehalten. Selbsthilfeorganisationen gegründet, Kongresse und Fortbildungen durchgeführt. So langsam könnte sich das doch wirklich herumgesprochen haben!

Ein neuer Blickwinkel

Auch Thom Hartmann war nicht der Erste, der einen konsequent positiven Blick auf diese Menschen richtete. In seinem Buch „Eine andere Art, die Welt zu sehen" (erste Ausgabe 1993!), schildert er anschaulich seine Idee, dass wir hier die Nachfahr*innen von Späher*innen vor uns haben könnten, die perfekt zu der Aufgabe passen, für die sie geboren wurden. Immer wieder formuliert er auch in den späteren Ausgaben die Hoffnung, dass man nun endlich verstehen könne, wie viele phantastische Potenziale hier zur Verfügung stehen. Seine Hoffnung ist, dass den „Menschen im Gesundheitswesen" – und ich möchte dazu ergänzen: auch denen im Bildungs- und Erziehungswesen – die Augen aufgehen mögen.

ABER VERDAMMT NOCHMAL! IMMER NOCH

kommen im Jahr 2024 erwachsene Menschen zu mir und wollen „Heilung" ihrer breit gefächerten Aufmerksamkeit und ihrer Fähigkeit zu mehrdimensionalen Denkvorgängen.

IMMER NOCH halten sie sich oder ihre Kinder für krank, defekt, dysfunktional, abweichend – kurz: minderwertig und reparaturbedürftig.

IMMER NOCH werden die wilden Kinder drangsaliert, abgerichtet, ausgegrenzt und defizitorientiert „therapiert".

IMMER NOCH rutschen die Träumerles irgendwie durch und fallen außer durch Nichtbeteiligung nicht weiter auf, bis sie irgendwo auf dem Bildungs- oder Berufsweg dann schließlich doch noch verloren gehen.

IMMER NOCH erdreisten sich Lehrer*innen, diese Kinder als Störenfriede, faul, geschwätzig, unruhig oder dumm abzuurteilen.

IMMER NOCH muss ich mir von Psychiater*innen und anderen Ärzt*innen anhören, dass es AD(H)S „gar nicht gibt". Oder, dass es das nur bei Kindern gibt.

Und noch zehnmal mehr Ärzte und Ärzt*innen wissen nichts von den oft existenziell wichtigen Möglichkeiten einer unterstützenden Medikation.

IMMER NOCH weigern sich Psychiater*innen und andere Ärzt*innen schlicht, Medikamente zu verschreiben oder sich der Mühe zu unterziehen, hierfür eine Qualifikation zu erhalten und das Ganze wirklich gut einzudosieren (siehe Glossar). Oft wissen sie nicht um die korrekte Medikation, und dass es inzwischen mehrere zur Auswahl gibt.

IMMER NOCH bleiben Psychiater*innen und anderen Ärzt*innen stur auf dem „Kenntnisstand", dass diese Medikamente nur für Kinder zugelassen seien. Auch wissen sie nichts von der korrekten Kombination dieser Medikamente mit zum Beispiel Antidepressiva. Oder den zu erwartenden Nebenwirkungen und dem Umgang damit.
Oder sie wissen nichts von dem, was außer und zusätzlich zur Medikation noch helfen könnte. Oder sie „glauben nicht an Coaching". Oder sie behaupten, dass die Medikation zur Sucht führe. Oder zur Dealerei.

IMMER NOCH verlangen sogar Suchtkliniken, dass ihr Klientel „vollständig entgiftet" zur Therapie antreten soll. Selbst, wenn sie AD(H)S als Diagnose in ihrem Hochglanzflyer führen. Selbst wenn der betroffene Mensch nur unter dieser

Medikation überhaupt therapiefähig ist. Damit konfrontiert sagen sie: „Ja, das ist schließlich ein Medikament, das unter das Betäubungsmittelgesetz fällt". Und: „Womöglich fängt der auf dem Gelände an, damit zu dealen."

IMMER NOCH beharren Psychiater*innen und andere Ärzt*innen auf katastrophalen Fehldiagnosen von Schizophrenie über die bipolare affektive Störung (= „manisch-depressiv-Sein",) bis zu Zwangsstörung und Depression. (mehr zu diesen Diagnosen im Glossar) Sie lassen sich in diesem Denkschema auch nicht von grauenvoll falsch laufenden Medikationsversuchen und Zustandsverschlechterungen beirren. Und haben schlicht keine Lust, mal auf eine einzige diesbezügliche Fortbildungsveranstaltung zu gehen. Lieber moralisieren sie und geben tolle Ratschläge wie:

„Der soll sich mal zusammenreißen."

IMMER NOCH müssen Betroffene bis zu anderthalb Jahre auf einen Behandlungsplatz in einem AD(H)S-Zentrum warten. Und ebenso lange auf einen Platz für Psychotherapie. Und werden dann von dort immer und immer wieder weggeschickt, weil sie „nicht behandelbar" oder „nicht behandlungswillig" seien. Etwa darum, weil „die doch dauernd Termine vergessen". Was rede ich mir unter Kolleg*innen den Mund fusselig!

IMMER NOCH kann man AD(H)S googlen und findet so etwas: Auf der Seite „Edition F", das ist ein Onlinemagazin für Frauen, wird ein Dr. med. Eike Ahlers, wissenschaftlicher Mitarbeiter der psychiatrischen Abteilung der Berliner Charité, gefragt: „Welche positiven Eigenschaften kann man AD(H)S abgewinnen?"

„Da tue ich mich sehr schwer. [sic!] Ein Mensch mit einer AD(H)S muss zunächst einmal nicht sonderlich als gestört auffallen – manche haben nur ganz leichte Konzentrationsprobleme und sind ein wenig sprunghafter, andere mehr. Was man bei AD(H)S-Patient*innen oft erlebt, ist, dass sie sich schnell auf Neues einlassen können und spontan mit großem Elan und großer Motivation Dinge erledigen können. Wichtig ist, dass man trotz einer AD(H)S-Diagnose die Menschen dahinter nicht als defizitär oder irgendwie gestört abtut. Ich weiß nicht, ob die AD(H)S an sich positive Eigenschaften hat, der Betroffene sicherlich. Und er kann sicher auch Vorteile in der Symptomatik entwickeln."

... da hat sich der Herr Doktor zwar mühsam noch was Positives und Relativierendes abgerungen, aber die Grundhaltung leuchtet wie mit Suchscheinwerfer bestrahlt, mehr als deutlich durch.
IMMER NOCH!

Doch wo Verstehen ist, da hört Verachtung auf.

Mit diesem Buch möchte ich die Betroffenen ermutigen, sich selbst von Herzen zu schätzen. Ich möchte Behandler*innen, Familienangehörige und Lehrer*innen anregen, ihren Horizont für eine großartige Gruppe von Menschen zu erweitern, die für uns alle sehr, sehr wichtig ist.
Ich möchte auch unbedingt den Blick dieser Menschen auf sich selbst zum Positiven wenden. Denn **dieser Blick sollte voller Liebe sein.**

Dabei ein kleiner Hinweis an die, die jetzt nur an andere denken oder voller mehr oder weniger erfolgreich kaschierter Verachtung auf die „Versager" und „Kranken" blicken. Oder sich hinter einer gönnerhaft-pseudoprofessionellen Überheblichkeitsmaske verstecken: Die meisten von uns sind Mischtypen, sind also selbst zumindest teilweise betroffen. Gerade die, die ihre notorische Schusseligkeit unter einem strengen Reglement „in den Griff" bekommen haben – es könnte sein, dass ihr in diesen „Anderen" einfach auf euer eigenes Spiegelbild herabblickt! Oder an euer eigenes unterdrücktes Leiden erinnert seid, dass euch selbst allabendlich zum Bier greifen lässt.

So ein Affe!

Auch ihr dürft euch selber lieben.

Ich schreibe dies alles, obwohl vieles davon schon so oder so ähnlich bereits in anderen Büchern, Vorträgen, Videos und Trainings gesagt wurde. Offenbar ist es trotzdem immer noch nicht bei allen angekommen. Vielleicht erreiche ich ja mit dieser neuen Variante des Rades eine Ärztin, einen Psychologen, einen Papa und eine Lehrerin – egal, wie bei denen selbst und denen, mit denen sie arbeiten, die Begabungen verteilt sind.

Hier sind sie!

Nicht zuletzt möchte ich die Späherin erreichen, die sich voller Selbsthass mit Schokolade vollstopft, um ihrer Unruhe Herr zu werden.
Auch die Landwirtin, die sich erst hinlegt, wenn „alles" fertig ist, bis sie wieder einmal wegen Burnouts zusammenklappt.

Und den bald 60-jährigen Späher, der mich immer wieder verzweifelt fragt: „Macht man das denn so? Ist das normal? Darf man das denn? Was wäre denn richtig?"
Und auch den Landwirt, der trotz vieler Gegenargumente und Bitten auf seinen Gewohnheiten beharrt und schließlich verbittert und einsam Weihnachten alleine unter seinem Baum sitzt.
Es bricht mir das Herz.

Denn
Du bist richtig.
Du bist wichtig.
Und ich will dir sagen, warum.

Kapitel 1

1. Die Markise: Oh ja, das kenne ich!

Ich möchte mir eine sichtgeschützte Ecke im Hof einrichten, um im Sommer mit meinen Klient*innen auch mal draußen sitzen zu können, ohne vom Gegacker meiner Hühner gestört zu werden. Wir haben darüber vor Kurzem als vages Vorhaben gesprochen und jetzt hat der Discounter genau sowas im Angebot des Online-Shops. Ich hätte das gar nicht gesehen, weil ich niemals Werbeprospekte, geschweige denn Online-Shops, durchforste. Prospekte sind für mich der sinnloseste Müll aller Zeiten.

Im Gegensatz dazu sind sie für den besten Gefährten der Welt eine Quelle des Glücks. Ein Tag ohne „schnösen" ist für ihn kein Tag. Abends präsentiert mein Schatz mir mit leuchten Augen seinen Fund: Auszugsseiten-Markisen im Supersonderangebot! Die sind sogar mit Fotomotiven. Ich hatte dieses Markisen-Ding noch unter „ferner liefen" weit im Hinterkopf, aber nehme die Anregung auf und gucke sie mir nach ein paar Tagen sogar mal an. Eigentlich aber nur, weil dieser beste Gefährte der Welt mich ständig gefragt hat: „Und – hast du geguckt?". Im Laufe des nächsten Tages reduziere ich die Auswahl auf zwei Motive und entscheide mich dann für den Wald. Es soll nämlich von zwei Seiten beschirmt werden und rechts und links Strand mit Meerblick ist doch unsinnig, wenn man nicht grad auf einer Insel sitzt. Ich werde also quasi auf einem Waldweg sitzen und freu mich schon.

Schließlich will ich die beiden sogar bestellen, aber jetzt gibt´s nur noch die mit Auszug an der linken Seite. Ich lege das Thema darum mit einem Achselzucken beiseite, es pressiert mir nicht. Meine bessere Hälfte aber kommt nach Hause und fragt mich unmittelbar nach der Begrüßung, ob ich entschieden hätte. Und wo seine Jacke sein könnte, mit der er eben reingekommen ist. Oder auch nicht reingekommen ist. Er wartet die Antwort nicht ab, sondern wuselt irgendwohin. Ich mache mir dazu einen inneren Vermerk und bereite weiter das Essen zu. Gestern hatte ich schon den Plan für das Essen gemacht. Dabei habe ich berücksichtigt, was weg muss, was davon anschließend wie gelagert wird, was ernährungsphysiologisch dran ist, was schmeckt und welchen Teil davon ich am nächsten Tag in welche Mahlzeit integrieren kann. Auf dem Rhabarberkompott schnipple ich noch schnell die Erdbeeren, die den warmen Tag über in seinem Auto nachdrücklich weitergereift sind. Ich hatte sie ihm gestern Abend wider besseres Wissen für den nächsten Tag bereitgestellt. Erst beim abendlichen Smalltalk während des Abendessens mache ich dann eine Randbemerkung zum Bestellstand dieser Markisen. Nämlich, dass es der Wald hätte sein sollen, aber jetzt nur noch Linksauszüge zu kriegen sind.

Sofort lässt er fallen, was er gerade in Händen hält und ist ab dieser Sekunde nicht mehr auf etwas anderes ansprechbar. Ups, das war nicht meine Absicht, aber dieses plötzliche Einklinken in ein Thema ist nicht vorhersehbar. Mit fliegenden Händen fährt er den PC hoch und STEIGT EIN: Motive, Preise, Bestelladressen, Bestellzeiten, Firmensitze, Abholmöglichkeiten, Autopassung, Lieferkosten und was weiß denn ich noch alles werden recherchiert. Selbst das Essen wird mit Blick auf den PC und einer Hand auf der Tastatur eingefahren. Ich hätte ihm

heute auch Pappe hinstellen können. Selbst, als ich ihm kreischend, aber liebevoll, in den Arm beiße, reagiert er nicht mal
mehr. Oh, DEN Zustand kenne ich – also stehe ich auf und
bringe die Küche in ihre abendliche Ordnung. Jeder Handgriff
sitzt, kein Gang ist umsonst. Tupperdosen liegen griffbereit mit
Deckel an ihrem Platz in der Tupperdosen-Schublade und auch
die Klipse für die Gefriertüten mit den Kompottresten kann
ich blind mit links greifen, während ich mit rechts die Tüten
beschrifte.

Er ruft mit großer Dringlichkeit nach einem Passwort, das
ich nicht im Kopf habe. Im Bürozimmer weiß ich aber, wo
die entsprechende Liste gelagert wird, und bringe sie ihm.
Zusammen mit seiner Jacke, die auf dem Bügelbrett irgendwie
zwischen seiner Bügelwäsche gelandet ist. „Zack, erledigt!",
ruft er einige Stunden später und seine Augen leuchten, als er
mich stürmisch umarmt. „Kommt nächste Woche!" Und ich
weiß, dass er eine noch preiswertere, schnellere und passendere
Möglichkeit für meine Waldmarkise gefunden haben wird, als
es jemals irgendein Discounter hatte.

Das ist Liebe.

Arbeitsteilung und Wert-Schätzung

Was macht unter anderem denn eine gesunde und funktionie-
rende Gemeinschaft aus? Es ist die Arbeitsteilung, in der jeder
und jede einen Beitrag entsprechend der eigenen, größten
Begabung und Neigung leisten darf. Und eine damit verbundene Wert-Schätzung für alle. Die eine Begabung ist nicht
wertvoller als die andere. Das eine Wesen ist dem anderen
nicht überlegen, der eine Beitrag zum Gemeinwohl ist nicht
wertvoller als der andere. Wir brauchen uns gegenseitig. Leider

ist unsere Gesellschaft aber in vielfacher Hinsicht in Schieflagen geraten. Das gegenseitige Verachten und Übertrumpfen ist zur Normalität geworden. Das ist so traurig. So sinnlos. So zerstörerisch.

Dabei stammen auch diese verschiedenen Begabungen möglicherweise aus den Urzeiten, als unsere Vorfahren noch in kleinen Gruppen lebten, die sich sowohl von Ackerbau und Viehzucht als auch vom Gesammelten und/oder Erjagten ernährten. Am erfolgreichsten waren offenbar solche Gruppen, die arbeitsteilig funktionierten. Sonst wären wir nicht da, wo wir sind. Sonst gäbe es nicht dieses Kontinuum. Man kann den Beginn dieser Entwicklung ungefähr in die Zeit datieren, als die Menschen sesshaft wurden. Zumindest wurden sie dies zeitweilig. Also vor etwa 10 000 bis 20 000 Jahren. Man nennt diese Zeit die neolithische (= jungsteinzeitliche) Revolution. Das Aufgeben der Wanderei passierte ja nicht auf der ganzen Erde gleichzeitig. Es war ein Prozess. Von daher ist „Revolution" nicht ganz passend, aber ich hab´ mir den Namen nicht ausgedacht. Das war Gordon Childe (1895-1957).

Wer war zuerst da?

Zeitweilig erwies es sich damals wohl aus klimatischen Gründen als Vorteil, nicht mehr nur vom zufälligen Erfolg des Gefundenen zu leben. Man hatte entdeckt, dass man Nahrung auch systematisch selbst anbauen kann. Dafür musst man natürlich vor Ort bleiben, also sesshaft werden. So gesehen müssten die AD(H)Sler*innen dann sogar die Urform des Menschen sein. Das Landwirtstum ist also die Neuentwicklung, nicht die ursprüngliche Norm! Das Spähen, Suchen und Sammeln ist viel älter. Vielleicht hätten wir ohne AD(H)Sler*innen diese Entwicklung gar nicht gemacht! Wer hat denn die neuen Impulse gegeben? Wer konnte „out-of-

the-box" denken? Wer blieb denn handlungsfähig, wenn eine Katastrophe hereinbrach, während die nicht ganz so sattelfesten neuen Varianten der Homo sapiens vor Schreck erstarrten?
Diese beiden Hominiden, die ihre Fußabdrücke in der Asche nach dem Vulkanausbruch hinterließen. Sie waren offenbar nicht kaputt zu kriegen.

Wer hätte das gedacht? Die AD(H)Sler*innen waren also im Ursprung die „Normalen". Sie waren die Neurotypischen. Heute ist es umgekehrt.

Vieles deutet darauf hin:

- z. B. ausufernde **Sammelleidenschaften** von Kaffeekannen und Briefmarken, über Bücher, Sexpartner*innen und Polizeimützen bis hin zu Waffen.
Buchtipp dazu: Gabriele Galimberti: The Ameriguns

- Die Neigung der Menschheit, **erst zu handeln, wenn der Hintern wirklich brennt:** Wir haben uns von Importen wichtiger Medikamente, Solarmodulen, Rohstoffen und Plastikscheiß abhängig gemacht. Und jetzt mögen uns die Importeure nicht mehr! Oh Mimimi, wer hätte das auch ahnen können? Das war doch so viel günstiger für uns! Jetzt müssen wir aber was ändern. Ups – zu spät! Weitere Beispiele: Die Frau reicht die Scheidung ein – jetzt aber schnell doch noch die vielgeschmähte Therapie machen! Wieso ist sie denn trotzdem weeeeg? Noch ein Beispiel: Das Finanzamt mahnt – jetzt wird aber schnell endlich die Steuererklärung gemacht! Die Katze macht neben das Klo – dann wechsel ich wohl doch endlich mal die Streu aus. Der vierte Jahrhundertsommer in Folge – ach, äh, öh ... dann wollen wir mal die Strafzahlungen für Balkonkraftwerke vielleicht doch ...

mmmh ... reduzieren ... ein bisschen.

- Die **Manipulierbarkeit** der Menschen durch Werbung. (z.B.: „Fleisch ist ein Stück Lebenskraft") Buchtipp dazu: „Denken ist hilfreich, nützt aber nichts" von Dan Ariely

- Die **unbegrenzte Kreativität**, trotz all dem immer wieder unverdrossen Neuanfänge zu wagen.

Und vieles andere mehr. Zumindest im Innersten scheint die Bäuer*innenstruktur uns nicht wirklich organisch erfüllt zu haben. Und als Grundpotenzial scheinen beide Funktionsformen noch in uns zu sein. Nicht umsonst gilt AD(H)S ja auch als eine „Kontinuums-Störung" (mehr dazu im Glossar). Von einem Extrem zum anderen gibt es also alle Zwischenformen.

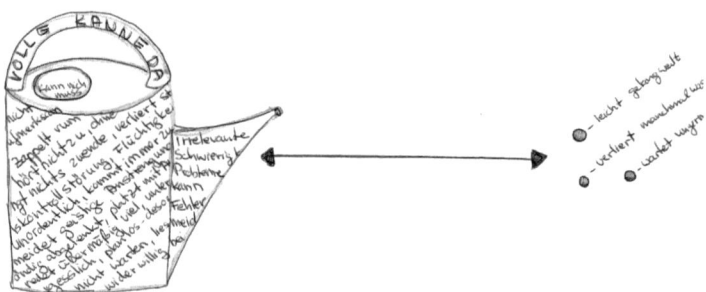

Landwirt*innen zur Regenzeit – Späher*innen zur Trockenzeit

Wenn vorher also fast alle gut und gerne sammelten und jagten, so hat sich das Zahlenverhältnis im Laufe der neolithischen Revolution wohl umgekehrt. Von +/95 Prozent zum „Rest" – wahrscheinlich nur wegen drastischer Änderungen des Klimas. Es ist wahrscheinlich sogar noch viel spannender: Aktuelle Forschungen der Verhaltensökologen (ja, sowas gibt´s!) sagen, dass es mehrere Wechsel der Wege gegeben haben soll, wie die Leute an ihr Essen gekommen und wie sie ihre Gesellschaften organisiert hätten. Und, dass sogar über viele, viele Generationen hinweg ein saisonaler Wechsel von Landwirtschaft (Regenzeit) zu Jagd/Sammlung (Trockenzeit) stattgefunden habe. Also mussten alle dauerhaft das Potenzial für alle Tätigkeiten in sich tragen. Zuletzt wurde sich zumindest in unseren Breitengraden äußerlich auf die Vorteile der Landwirtschaft eingeschossen, weil das den klimatischen Bedingungen in der Zeit besser entsprach – oder weil sich das aus irgendeinem anderen Grund durchgesetzt hat.

Von der Dampfmaschine und Krieg zur Industrialisierung von Natur und Psyche

Vielleicht steht jetzt ja ein weiterer Wechsel bevor, denn die Landwirtschaft selbst hat in ihrer auf kurzlebige Effizienz getrimmten Gigantomanie wesentlich zur Zerstörung der Erde beigetragen. Gerade in den letzten Jahrzehnten hat sie gegen jede Rationalität – und auch gegen jede Verantwortung und Mitgefühl – mit völlig irrsinniger Fokussierung auf Tierprodukte den letzten Todesstoß für Luft und Böden gegeben: 15 Prozent der weltweiten CO_2-Emissionen gehen auf die industrielle Tierhaltung zurück.

- Dazu kommen noch durch Kot und Gülle produziertes Methan und Ammoniak. Methan ist 25mal schädlicher als CO_2. Ammoniak, das im Magen der Wiederkäuer zu Lachgas umgewandelt wird, ist 300mal klimaschädlicher als CO_2 – und das ist ja schon ein Klimakiller! Aber Hauptsache, man hat die Wurst auf den Grill!

- Die Manipulation der Gesellschaft, dass ohne Tierprodukte

ein Leben nicht möglich sein könnte, gehört dazu. Möglich gemacht und befeuert wurde und wird dies durch eine Politik, die Zerstörung subventioniert und rücksichtsvolles Bauerntum bestraft.

Traumafolgen

Das alles ist in einem ersten Schub nach Erfindung der Dampfmaschine und dann so richtig nach den großen Kriegen passiert. Ich glaube, dass die emotionale Zerstörungskraft von Krieg und Diktatur diese selbstzerstörerische Wirtschaftsweise erst möglich gemacht hat. Es saßen nach den Kriegen nämlich keine Bauern und Bäuerinnen mehr in der guten Stube, sondern gebrochene Seelen. Die kamen besser damit zurecht, nichts mehr zu fühlen und auch nicht mehr über das nächste Jahr oder Jahrzehnt hinauszudenken. Es ging nur noch um das unmittelbare Überleben. Und beim Überleben wird nur von Moment zu Moment gedacht. Wie im Krieg eben. Darum wurden arbeitsintensive, aber gemütliche und jahrhundertealte Bauernhöfe von Familienunternehmen zu Industrieanlagen umgebaut.
Triggerwarnung für Leute, die Mitgefühl auch mit Tieren haben!

Die sollten besser erst nach dem Ende des nächsten kursiven Absatzes weiterlesen.

Aus einer Handvoll Kühen, die ihre Kinder noch bei sich behalten durften, wurden millionenfach in Ketten stehende, jährlich vergewaltigte Gebärmaschinen. Aus einem Schwarm gackernder, nahezu frei lebender Hühner wurden magere Geschöpfe mit heraushängenden Legedärmen und gebrochenen Brustbeinen, die nie den Himmel sehen. Aus dem

Familienschwein mit seinen Kindern, die sich genüsslich im Schlamm wälzten, ihre hoch entwickelten Sinne, ihre Neugier und ihre Familienbande auslebten, wurden in Kastenstände gequetschte Mütter und sich gegenseitig fressende, zu Tode gelangweilte Kinder, die schließlich in der Gaskammer ersticken werden. Natürlich wurde auch früher geschlachtet, aber es wurde vorher nicht gleichgültig und systematisch gefoltert und nicht in millionenfacher Anzahl voller Schludrigkeit gemordet.

Du möchtest mehr wissen?

Recherimpulse: ANINOVA und andere Tierschutzinitiativen, Film Dominion und viele andere mehr.

Willst du nichts davon wissen?
Dann überspring den kursiven Absatz.

Wissen Sie, was ein „Matrose" ist? Das ist ein Schwein, das wegen mangelhafter Betäubung im kochenden Wasser wieder wach wird. Jedes Schwein wird in dieses hochwandige Becken geworfen, damit sich anschließend seine Borsten besser ablösen lassen. Unter Höllenqualen kämpft jedes dieser Individuen vergeblich darum, aus dem Becken fliehen zu können. Bis die Hitze tief genug eindringt, um es schließlich zu töten. Dies sind keine Einzelfälle – was ja schon schlimm genug wäre, wenn sie vorkämen. Dies passiert nachweislich mindestens 1300mal am Tag. Häufiger als einmal pro Minute. Allein in Deutschland.

Dieses auf das individuelle Ich-Ich-Ich fokussierte Leben und Wirtschaften betrifft übrigens nahezu jeden Industriezweig, beinahe alle Dienstleistungen und fast das gesamte Gewerbe. Überall finden sich Gigantomanie und Rücksichtslosigkeit. Die Gesellschaft beklagt und lebt Empathielosigkeit und Egozentrismus. Und sie funktioniert auf der Grundlage von Geld- und

Machtgier.
Hierzu ein Beispiel aus meinem Arbeitsfeld:

Der Bedarf an Psychotherapieplätzen gilt offiziell als gedeckt!

In meinem Beruf z. B. betrifft dies unter anderem die Bedarfsplanung für Psychotherapieplätze (siehe Glossar). Der
horrende Mangel ist dutzendfach nachgewiesen und dokumen-
tiert – aber der zuständige „Bewertungsausschuss" erklärt den
Bedarf bei jeder Sitzung neu als gedeckt. Einfach so. Weil er
es kann. Auch nach Corona, den Kriegen in der Ukraine, der
Ahrtalkatastrophe, dem Krieg im Nahen Osten. Trotz Rang
1 der psychischen Erkrankungen in Bezug auf Berufsunfä-
higkeiten. Trotz Wartezeiten von bis zu anderthalb Jahren, in
welcher Erkrankungen natürlich schlimmer werden, chronifi-
zieren, somatisieren. Und das, obwohl mehrfach nachgewiesen
wurde, dass jeder in Psychotherapie investierte Euro mindestens 4€ in der somatischen Medizin (siehe Glossar) einspart.
Trotz all dem wird gesagt: „Bedarf gedeckt"!
Ergibt das Sinn? Nein. Nicht für die Betroffenen. Menschen
warten bis zu anderthalb Jahre auf einen ambulanten Therapieplatz. Selbst in eine Klinik kommt man erst nach drei bis
viel Monaten Wartezeit. Und das, obwohl es genügend ausgebildete und arbeitsbereite Psychotherapeut*innen gibt. Aber
sie bekommen keinen Kassensitz und keine Anstellung in
den Kliniken. Weil fachfremde und privat versicherte Politiker*innen entscheiden, dass wir alle gut genug versorgt sind.
Außer Machtgier, Tradition der Abwertung nichtmedizinischer
Heilberufe und einfach, weil es nur um „erbärmliche" Leute
ohne jede Lobby und Kaufkraft geht. Bekloppte Schwächlinge
eben. Schwächlinge, die man im Krieg nicht brauchen kann.
Bis es die Entscheider*innen selbst trifft. Burnout lässt grüßen.

Dicke Kartoffeln

Mir fällt grad noch Folgendes ein: Wissenschaftliche Untersuchungen zum Wahlverhalten sagen, dass der durchschnittliche Intelligenzquotient (siehe Glossar) bei traditionell lebenden (und wählenden) Menschen niedriger ist als bei Menschen, die offen für Neues sind. Das sagt natürlich absolut nichts über Individuen aus. Vielleicht wäre es mit mehr Intelligenz zu dieser Katastrophe ja gar nicht gekommen! Vielleicht hätten die Innovativen sie ja verhindern können, wenn sie nicht in der Minderheit gewesen wären. Vielleicht wäre es nicht dazu gekommen, wenn man sich die Zeit genommen hätte, die Traumata des Krieges zu heilen. Vielleicht ...

Auch gibt es Überlegungen und Belege in der anthropologischen Forschung, dass sich ganze Kulturen bewusst gegen den Ackerbau entschieden hätten. Und zwar, weil sie gesehen haben, welch verheerenden Einfluss dies auf ihr Gefühl der Freiheit und die Stimmung in der Gesellschaft hatte.

Nachzulesen z. B. in „Anfänge" von David Graeber und David Wengrow.

Tja, dumm gelaufen.
Noch aber ist Hoffnung, denn ein paar Leute werden risikobereit und innovativ, flexibel und entscheidungsstark genug sein, um sich auch in der neuen Welt, nach dem Klimawandel und was sonst noch so kommt, zurecht zu finden.

Eine Frage der Passung und der ökologischen Nische

Jetzt aber erst einmal zeitlich noch weiter zurück statt vorwärts. Es gab immer schon solche, die besonders schnell reagierten und offen für Neues waren. Die waren auf Sammeltour oder der Jagd auf jeden Fall am besten aufgehoben. Besser jedenfalls im Abenteuer unterwegs als auf dem Acker oder im Hühnerstall! Wer dagegen besonders langmütig dieselbe Tätigkeit immer wieder wiederholen möchte, war auf dem Feld genau richtig.
Völlig falsch wären diese routineliebenden Menschen in Situationen platziert gewesen, wo sie auf einem Ast hätten balancieren müssen, um den Bienenstock zu erreichen oder kreischend die Affen von den Mangos zu vertreiben. Viel zu aufregend.

Wenn Unfähigkeit zum Vorteil wird

Man kann also sagen, dass die besonders unbegabten Späher*innen sich mit dem Ackerbau eine andere ökologische Nische gesucht haben und dies zu ihrem Glück irgendwann zu einem Fortpflanzungsvorteil wurde. Grundsätzlich gilt das heute noch. Bitte nicht beleidigt sein. Vollkommen flugunfähige Vögel wurden zu äußerst eleganten Unterwasserfliegern. Vollkommen beinlose Eidechsen eroberten die Welt der Schlangen. Die miesesten Kletterer entdeckten den Zweibeingang.

Es ist also niemand falsch. Wir sind alle absolut richtig. Es kommt nur auf die Passung von Umweltbedingungen und Fähigkeiten an.

Wer beides mittelgut konnte, konnte auch dem saisonalen Wechsel der Anforderungen folgen. Nur eine geringe Anzahl an Menschen ist auf das eine Ende des Kontinuums festgelegt. Etwa 5 Prozent eben. Und zwar auf beiden Seiten des Kontinuums! Diese 10 Prozent sind sehr wichtig für jede Gesellschaft. Sie bewahren uns davor, in sinnentleerten Traditionen zu ersticken oder uns in ungebremster Abenteuerlust selbst zu zerstören. Im Idealfall geben beide Extreme wichtige Impulse, werden aber von den restlichen 90 Prozent trotz und wegen (!) ihrer Verrücktheiten gerne mitgetragen.

Darum möchte ich hiermit einen Beitrag zur Versöhnung leisten. Auf dass ich in meiner Praxis niemanden mehr sehen muss, der nur darum krank wurde, weil er oder sie nicht ins Schema passte, das ihm von der Familie, der Schule, dem Clan, dem Dorf oder dem Brieftaubenzuchtverein vorgegeben wurde.

(Zum Thema Versöhnung ein kleiner, leider immer noch notwendiger Exkurs: Ich wechsle in diesem Buch bei den Bezeichnungen von Menschen nach keinem Schema zwischen männlichen, weiblichen, geschlechtsunabhängigen oder übergeschlechtlichen Formen. Ihre Phantasie darf sich gerne jeweils auch andere Varianten vorstellen. (Früher hätte ich das streng systematisch gemacht, aber ich bin da lockerer geworden. Auch Schwerpunkt-Bäuer*innen sind wider Erwarten entwicklungs-

Schwerpunkt: Daten, Fakten, Hintergründe

fähig.)
Das Kontinuum

In diesem Text geht es also um die zwei äußeren Pole eines ganz besonderen Kontinuums. Nämlich um „Späher/Späherin" und „Bauer/Bäuerin". Diese Idee übernehme ich von dem US-Journalisten und Autor Thom Hartmann, der noch lieber „Landwirt" als „Bauer" sagte. Aus Gründen der Bewertungsneigung vieler Menschen. „Landwirt" erschien ihm neutraler als „Bauer".

Die Späher*innen haben den Beruf des Sammelns, des Entdeckens und in manchen Kulturen auch den des Tiere-Jagens. Ihre Lebensräume gehen über den Rand des Dorfes weit hinaus. Ihr Ziel ist das Unbekannte. Sie suchen, forschen, finden und erfinden Neues. Sie sammeln, entdecken, erforschen, experimentieren und jagen.

Darum benutze ich immer mal den einen oder den anderen Begriff – nicht verwirren lassen!

„Jagen" bezieht sich dabei ausdrücklich nicht nur auf das Aufspüren und Töten von Tieren. In der Wildnis unserer Vorfahren mussten auch andere Nahrungsquellen erjagt, verteidigt und erobert werden. Nahrungskonkurrenz lauerte überall. Auch eine neue Wohnhöhle musste dem aktuellen Bewohner schon mal abgetrotzt, ein Weg über dem Gletscher hinweg oder unter dem Wasserfall hindurch mit hartnäckiger Bissigkeit erkämpft werden. Dafür waren die Späher*innen zuständig.

Wieso spähen?

Das „Spähen" ist einer der drei Zustände, in denen die Menschen dieses Berufes sich befinden können. Es ist auch der Zustand, in dem sie die meiste Abwertung und den meisten Druck erfahren. Dieser wird gemeinhin als ein Defizit in der Aufmerksamkeit bezeichnet. Selbst der Name der Diagnose ist davon abgeleitet: Aufmerksamkeits-Defizit-(Hyperaktivitäts)-Störung. Aus reiner Sympathie und zur ausgleichenden Gerechtigkeit, sowie als Zeichen meiner besonderen Wertschätzung gerade dieses „Zustandes", benenne ich AD(H)Sler*innen genau danach: Späherinnen und Späher.

Zu den drei Modi oder Zuständen weiter unten mehr.

Die Bäuer*innen haben den Beruf der Garten- und Ackerpflege sowie in manchen Kulturen auch den der Tierzucht. Ihr Lebensraum ist daher eng an den Wohnplatz gebunden, da auch der Umgang mit dem Geernteten und Herbeigetragenen dazu gehört. Sie vermehren, hegen, bevorraten und bewahren. (Landwirtschaft ist und war nicht immer nur so, wie sie heute aussieht. Sie kann auch in einem gewachsenen Wald betrieben werden oder sonst wie.)

Liebe und Auslese

Wenn aber so eine Urahnin in einer Sache besonders begabt war, hatte sie sicher auch eher Gefallen an einem männlichen Clanmitglied, der die gleichen Talente und Interessen hatte. Allein auf Grund ihrer Beschäftigung waren diese beiden daher auf dem Feld oder dem Sammelausflug öfter mal zusammen. Recht wahrscheinlich ist, dass sie in einem Arbeitspäuschen hier und da süße kleine Nachkommen gezeugt haben. Gelegenheit macht halt Liebe. Diese Nachkommen lernten wiederum in Begleitung ihrer Eltern vor allem ähnlich begabte Clangenossinnen und -genossen kennen und lieben. Wo diese Fähigkeiten also **genetisch verursacht** waren, wurden sie damit recht natürlich von Generation zu Generation immer konturierter. Den Rest erledigte **Nachahmung und Übung.**

Und Auslese: Denn wer sich wirklich völlig deppert im Wald anstellte – sich zum Beispiel bei jedem hervorspringenden Warzenschwein vor Schreck ins Unterfell machte – der wurde bestimmt recht bald nachdrücklich bei den Hütten zurückgelassen, wenn es zur Jagd ging.
Und wer vor lauter Zappeligkeit beim Bohnenfitzen* ständig die Pötte zerdepperte, wurde eben sehr bald zusammen mit den anderen unruhigen Geistern in die Steppe geschickt.

Bäm, alle glücklich!

Ich habe übrigens in der Erziehung versagt: Meine Tochter wusste nicht, was „Bohnenfitzen" ist. Ich habe ihr erklärt, dass damit das Entfernen des Fadens und der zähen Enden an grünen Bohnen gemeint ist. Eine fummelige und langwierige Arbeit, die mir der Tiefenentspannung dient. Sie dagegen nahm immer Reißaus, wenn ich mich mit einer Schüssel gleich aussehender Dinger auf die Terrasse setzte. Aber genau darum kennt sie diesen Ausdruck eben auch nicht.

Fehlbesetzungen

Hochspezialisierte Fachkräfte sowohl Bäuer*innen. Als auch

Späher*innen. Sie können, was sie können. Aber sie sind nur dann erfolgreich, wenn sie nicht am falschen Ende des Kontinuums eingesetzt werden. Trotzdem wird das in unserer und vielen andere Gesellschaften heutzutage ständig gemacht. Anschließend wundert man sich, wenn aus wilden, neugierigen und kreativen Kindern erst traurige oder aggressive, die Leistung verweigernde Kinder und schließlich Erwachsene mit „gescheiterten Biographien" werden.

Neandertaler*innen würden uns für bescheuert erklären

(Jaaa, ich weiß, dass Neandertaler*innen und Jungsteinzeitmenschen etwas Verschiedenes sind. Aber „Neandertaler" klingt einfach griffiger und ruft in Ihrem Kopf passende Bilder hervor – und wer weiß auch schon mit Sicherheit, wann die erste gezielte Saat ausgebracht wurde?)

Wenn etwas erst einmal pathologisiert wurde, dann muss man es heutzutage natürlich auch medikamentieren. Und tatsächlich gibt es seit einigen Jahrzehnten sogar Medikamente, welche „die Konzentration fördern" und „beruhigen". Das Denken wird einfacher, die Unruhe weniger. Was mir manche erwachsene AD(H)Sler*innen aber auch sagen, ist, dass sie unter Medikamenten nicht mehr in der Lage zum Hyperfokus sind, dass diese Medikamente gleichzeitig ihre Kreativität töten und ihre Reaktionen furchtbar verlangsamen können. „Ich kann mich nicht mehr wehren", sagte ein Kind, nachdem es zur vollkommenen Zufriedenheit der Erwachsenen „eindosiert" (siehe Glossar) worden war. Ich hätte heulen können.

Um der Vollständigkeit willen: Es gibt auch AD(H)Sler*innen, die mit Medikamenten unterm Strich kreativer sind, weil sie sich damit besser auf ein Projekt fokussieren können!

Die Späher*innen funktionieren mit Medikamenten also viel besser entsprechend den Erwartungen der Mehrheitsgesellschaft. Aber sie sind auch nicht mehr ganz sie selbst. Manche empfinden sich als falsch, sind sich selbst fremd und verwundbarer. Sie haben das Gefühl, dass ihre wunderbaren Potenziale chemisch unterdrückt werden.

Muss das sein?

Ja, es GIBT die, die wirklich so extrem gepolt sind, dass sie unter sich selbst und die ganze Umwelt unter ihnen leidet. Aber die schiere Menge der Verordnungen weist meines Erachtens darauf hin, dass da übertrieben wird. Dazu gibt es schon eine Menge Veröffentlichungen. Bei Interesse einfach mal Ecosia-geln. (Ecosia ist die baumfreundliche Alternative zu Google.)
Auf keinen Fall kann richtig sein, dass Medikation die einzige Reaktion auf unbändige Wildheit ist. Wobei: „von uns unbändigbar" es besser treffen würde – aber so wäre es ja eine Aussage über die Pädagog*innen und nicht über das betroffene Kind. Aber wo kämen wir denn hin, wenn die Erwachsenen sich selbst reflektieren und die Verantwortung für ihr Handeln übernehmen würden?! Da schiebt man die Verantwortung doch lieber auf die Kinder.
In den Leitlinien zur Verordnung steht zwar etwas anderes, aber die exorbitante Unterbesetzung von Kinderpsychotherapeut*innen, Coaches oder (heil)-pädagogischem Personal macht es schlicht unmöglich, die geforderte „begleitende Behandlung und Training" durchzuführen. Geschweige denn, ausreichend hochfrequent oder qualifiziert. Grundsätzlich sollte die Frage erlaubt sein, ob ein angemessener Umgang mit dem Späherlein die „begleitende Behandlung" zur Medikation

ist, oder ob das vielleicht nicht besser umgekehrt sein sollte. Dass nämlich ein angemessener Umgang mit diesen Menschen mittels Medikamenten hier und da unterstützt werden kann und bei Bedarf auch sollte.

Wer immerhin einen Platz im Therapie- und Coaching-Roulette ergattert, stößt sehr schnell an die Grenzen der Finanzierungsbereitschaft (die es bei Medikamenten nicht gibt). Seien es Kreisverwaltungen und Jugendämter, die wegen der Zahlungszuständigkeit jahrelang um Behindertengrade schachern, bis das Kind in den Brunnen gefallen ist. Oder die bei ersten Fortschritten die Zahlung beenden, weil das Kind ja dann „auf einem guten Weg ist". Sei es die Aufsichts- und Dienstleistungsdirektion von Rheinland-Pfalz (ADD) (siehe Glossar), die nach Belieben hin- und herschiebt und sich lieber mit Schuldzuweisungen als mit Lösungen beschäftigt. Oder seien es die Krankenkassen, die mit ihren erbärmlich mickrigen Kontingenten (siehe Glossar) und zweijährigen Zwangspausen jede Maßnahme ad absurdum führen.
... ausatmen ... ich schreibe mich in Rage ... Zum Glück wirken alle diese Medikamente nur sehr kurz. So können zumindest die erwachsenen AD(H)Sler*innen selbst entscheiden, wann ein Einsatz sinnvoll ist und wann er bei ihnen Schaden anrichtet. (Zur Not auch mal gegen die Meinung der verordnenden Ärzt*innen. Man muss ja nicht alles erzählen, was sich als hilfreich erweist.) Viele Mütter von kleinen Späherleins haben dies auch erkannt – oder hören ihren Kindern einfach mal zu. Dann geben sie ihnen die Medikamente nach einem für ihre individuelle Situation sinnvollen System. Für die Schule ist es okay, aber die Freizeit wird lieber im Wald, an der Kletterwand oder dem Schlagzeug – und ohne Medikation – verbracht. Es sei denn, der Rebound (siehe Glossar) – also der durch den Entzug ausgelöste Ausbruch des angesammelten Bewegungs- und Kreativitätsdrucks – entlädt sich nicht gesellschaftskonform

genug. Dann muss man eben auch nachmittags noch eine Pille geben, um das Familiensystem nicht kollabieren zu lassen. Und für die Landwirt*innen ist alles gut? Nein, ist es auch nicht.

Herr Rübe will nicht raften

Es gibt inzwischen tatsächlich auch die umgekehrte Situation: Im Bemühen, heutzutage pädagogisch und politisch absolut korrekt zu sein, werden kleine Bäuerinnen und Bauern in offene Lerngruppen zum selbstbestimmten Lernen gesteckt – obwohl ihnen mit einer klaren und systematischen Struktur viel besser entsprochen wäre. Sie sollen kreativ malen, mögen aber viel lieber Malen nach Zahlen. Sie sollen sich auf den Schulausflug freuen, mögen aber viel lieber den sauber im 45-Minuten-Rhythmus getakteten Unterricht. Manchen wird da tatsächlich absichtlich und zur gutgemeinten „Förderung der Sozialkompetenz und Flexibilität" ein Abenteuercamp nach dem anderen aufgezwungen. Oder sie werden für ihr Unbehagen im Freibad ausgelacht – dabei wollen sie doch einfach nur ihre Routine behalten und im Schatten ein Buch lesen. Alles andere ist für sie zu unüberschaubar, zu fremd und zu ungeregelt. Darum gehen sie auch nicht in die Kneipe, sondern in den Chor. Und wenn doch Kneipe, dann immer nur donnerstags. Weil dann Stammtisch ist. Da passiert zwar nichts, aber das immer auf gleiche Art und Weise. Bauern mögen das halt.

Was für eine Verschleuderung von Energie und Begabung!

Darum versuche ich mit diesem Buch, ein grundlegendes Verständnis für „die anderen" zu wecken. Und darüber hinaus auch Achtung, An-Erkennung und Dankbarkeit. Denn wir brauchen uns. (Ich weiß, dass ich das schon gesagt habe. Nicht

zum letzten Mal, versprochen.)
Der Sämann und der Seemann

Auf der einen Seite eines Kontinuums der Begabungen sind
also die, welche großen Wert auf Gewohnheiten legen, die
bewahren, was sich bewährt hat. Die es stetig pflegen und fort-
führen, und sich mit gleichmäßiger Aufmerksamkeit geduldig
einer Sache widmen, bis diese wirklich fertig ist. Die immer
wissen, wo alles ist und ein System für alles haben. Die nach
einer Unterbrechung wissen, wo sie unterbrochen haben und
womit es weitergeht.
Auf der anderen Seite sind die, die gerne Neues erkunden. Die
sich risikobereit in unbekanntes Land wagen und auch mal mit
viel Lust am Risiko eine Frucht vom Baum probieren, die sie
noch nicht kennen. Die schnell reagieren und neue Jagdgründe
erschließen. Die sich mit Leib und Seele von einem Projekt
ins nächste stürzen, noch bevor das alte fertig ist und anderen
immer neue Impulse geben. Die assoziativ und kreativ Neues
schöpfen und in endloser Erfindungslust für stetigen Wandel
sorgen.
*(Ist Gott nun eher als Bauer oder Späherin zu denken? Zuge-
geben – das ist nur ein gerade mal frei dazu assoziiertes Neben-
thema.)*

Die bäuerliche Dominanz und ihre Folgen

Irgendwann ist etwas schiefgelaufen. Ich weiß nicht, wann
und warum bzw. überlasse dieses Feld Historiker*innen und
Archäolog*innen. Es gibt Theorien, dass das mit dem Ende
der letzten Eiszeit zusammenfiel, weil dann der Ernährungs-
schwerpunkt mehr auf das selbst Angebaute verlegt werden
konnte. Jedenfalls ist unsere Gesellschaft nun definitiv deutlich
zum Bauernpol verschoben:

Little Boxes made of Ticky-Tacky (Malvina Reynolds)

Wir wohnen fast alle in feststehenden, rechtwinkligen Schachteln mit Dach und Zentralheizung, stehen alle um 6:30 Uhr auf und kommen um 17:00 Uhr nach Hause. Dort leben wir in einem sehr reduzierten Vater- und/oder Mutter-Kind-Gefüge, irgendwelchen minifamilienartigen Strukturen oder auch völlig allein. Die Essensbeschaffung kostet uns wöchentlich 30 Minuten und keinerlei Mühen. Auf dem Weg ins Fitnessstudio öffnen wir ein Fenster per Knopfdruck, um etwas frische Luft zu bekommen. Unsere Kinder sollen alle auf die gleiche Art lernen und funktionieren und wir sollen alle unser Leben auf gleiche Weise gestalten.

Dies nennt man heute das „Neurotypische" (siehe Glossar), was ein anderes Wort für „normal" ist. Wohlgemerkt: statistisch normal! Also das, was die meisten machen. Es ist keine Aussage darüber, was gut tut, hilfreich ist oder weiterbringt. Aber normal ist nun mal der Maßstab.
Wer nicht neurotypisch ist, wer nicht in das jeweilige System passt, gerät von klein auf unter massiven Druck. Unter den Druck der „Zwangskonformation", wie meine wunderbare Klientin und Wortzauberin Frau K.S. es nennt. Dem kann kein Kind auf Dauer standhalten, denn die Umwelt gibt vor, was schätzenswert ist. So wird sich schon das Kind schließlich für unfähig und minderwertig halten. Und so wird es erwachsen werden und immer mehr Druck erhalten, denn es ist, wie es ist. Darum wird es sich selbst immer weiter Druck machen, anders zu sein. Nämlich so, wie es erwartet wird. Oder es wird im Widerstand explodieren. Was wiederum mit Druck beantwortet wird. Am Ende werden sie dastehen und so etwas Furchtbares sagen wie: „Ich repräsentiere eine einmalige Looserbiographie".

Auch werden fahrende Leute, Künstler*innen und überhaupt alle Leute verachtet, die nicht „normal" sind. Die also nicht das tun, was die meisten tun. Zumindest das, womit sich die Meisten bemühen so zu tun, als täten oder wären sie es. Einfach nur, um genau dieser Verachtung zu entgehen.

Und niemand erkennt, dass hier Fische auf Bäume klettern und Elefanten fliegen sollen.

Alle zwischen Wirt und Schneiderin

Nun gibt es tatsächlich Leute, die in absoluter Reinform Bäuer*innen oder Späher*innen repräsentieren. Wer so jemanden kennt, wird ihn oder sie bei verschiedenen Beispielen sicher immer wieder vor Augen haben. Oder auch lachend sagen: „Ups, das bin ja ich!" Die meisten Menschen heute haben Anteile von beiden Seiten. Vielleicht sind diese Spezialisierungen nach einer historischen Phase der genetischen Super-Auslese zu immer mehr Spezialist*innentum jetzt wieder auf dem Rückzug. Schließlich kamen im Laufe der Jahrtausende immer mehr Berufe dazu. Viele davon brauchen Anteile von beidem: Sowohl die Lust am Risiko, als auch die Neigung zur sorgfältigen Beendigung eines Projektes. Erst beides zusammen macht z. B. einen perfekten Dachdecker aus. Oder auch den idealen IT-Nerd im Start-up. Somit sind auch die Spezialisierungen auf Späher*innentum oder Landwirtschaft schon lange nicht mehr unbedingt das einzige Kriterium dafür, ob man sich mit dem jeweiligen Gegenüber fortpflanzen möchte oder nicht. Auch die Möglichkeiten, sich zu begegnen, sind vielfältiger und mehr geworden. Sie finden nicht mehr nur auf dem Acker oder der Kokospalme statt. Zwischen dem Arbeitsplatz und dem virtuellen Raum liegen ja inzwischen endlose Flirtpotenziale. Die Ansprüche an meine Partner*in und die Auswahlkriterien der zukünftigen Mutter bzw. des zukünftigen Vaters meiner Kinder ist somit schon länger nicht mehr ausschließlich, wie zielsicher sein Speer oder wie dick ihre Kartoffeln sind.

(Oh ... Moment ... Bilder im Kopf ... vielleicht ja doch ... also DAS ignorieren wir jetzt mal!)

Jedenfalls gab es mit Zunahme der Auswahlkriterien immer mehr gemischte Pärchen und der Nachwuchs wurde seitdem entsprechend vielseitiger gemischt und begabt. Zudem ist man heute anspruchsvoller: Man will vom Partner oder Partnerin, dass diese/r mindestens all das können soll, was man selbst nicht kann – zumindest erstmal. Auf diese Weise kommen strukturierte Schwerpunkt-Bauern mit übersprudelnden Schwerpunkt-Späher*innen zusammen. Leider oftmals nur, um im Laufe der Jahre zu versuchen, die Späher*innen zu bändigen und die Bäuer*innen in die Disco zu kriegen. Dazu mehr im Kapitel 13.
Jetzt bin ich leider etwas abgeschweift. Das muss der wild assoziierende Späher*innenanteil in mir gewesen sein. Die Bäuerin sagt aber jetzt mit streng zusammengezogenen Augenbrauen: „Worauf genau wolltest du jetzt eigentlich hinaus?"

Ja, sorry, auf Folgendes:

Um der Klarheit willen:

Jeder Mensch kann sich entwickeln, dazulernen, altersweise werden usw. und damit über die angeborene Prägung hinauswachsen. Auch kulturelle Gepflogenheiten, Neurosen und Traumata verwischen das ganz klare Bild von Späher*in auf der einen und Landwirt*in auf der anderen Seite. In diesem Buch tue ich aber einfach mal so, als gäbe es nur die Extrempole, weil damit hoffentlich klarer wird, was ich sagen will.

Faktisch werden überall und immer etwa 5 Prozent aller Leute sehr deutlich am Kontinuum-Ende Späher*innen geboren, alle anderen mehr in Richtung Bäuer*in. Etwa 5% ganz am anderen Ende. Das sind dann die Menschen aus dem Autismus-Spektrum (siehe Glossar).

Internationaler Vergleich

Es hat, glaube ich, noch niemand geguckt, wie viele reine Bäuer*innen es gibt. Die sind eben auch normkonformer, darum muss man sich mit denen nicht beschäftigen. Und man muss sie schon mal gar nicht pathologisieren! Wie die Mehrheit ist, wie sie denkt, fühlt und handelt, wird in der Regel auch nicht als Defizit oder Leiden betrachtet. Selbst, wenn es ein wenig überspitzt daherkommt: Extreme Fettleibigkeit ist in den USA annähernd die Norm. Hier und da mahnt mal jemand, aber grundsätzlich scheint das völlig okay zu sein. In mittelalterlichen Burgen stoße sogar ich mir manchmal den Kopf – heute trennen mich nur 6 cm von einem Behinderungsgrad. Darum fallen eben besonders pünktliche, besonders ordentliche und besonders eindimensional denkende Menschen heute nicht besonders auf.

Ein falscher Ansatz wäre, diese Extrem-Menschen der Konformität mit Leuten zu verwechseln, die unter Zwangsstörungen (siehe Glossar) leiden. Das ist eine wirklich üble Erkrankung und hat mit diesem Thema nichts zu tun.

Übrigens gibt es überzufällig große regionale Abweichungen von den 5 Prozent. In den USA sind es deutlich mehr. (Na, wer hatte wohl den Impuls auszuwandern und Einheimische abzuballern und hat sich dann vermehrt?) In Japan, einer traditionell sehr bäuerlichen Kultur, leben deutlich weniger Menschen

des Späher*innen-Typs. Ja, guckst du!
Aber zurück zu unseren fünf von hundert:

Dieser relativ kleine Anteil reiner Späher*innen im Verhältnis
zu vielen Bäuer*innen ist tatsächlich ein absolut sinnvolles
Zahlenverhältnis:
Zum Beispiel braucht es mehr Leute, aus einem Baumstamm
Scheiben zu sägen, als das Prinzip der Reibung zu begreifen
und darüber das Rad zu erfinden. Oder: Es braucht genau den
einen Pfeil, der das Gnu erlegt, aber zwanzig Leute, die es vor
Ort zerlegen, dann heimtragen und zuhause einpökeln.
Oder: Es braucht 5 Leute, die auf die Bäume klettern und sie
laut kreischend schütteln. Und 95 Leute, die das herabgefallene
Obst in Ruhe einsammeln und verwerten, während die Schütt-
ler*innen schon zum nächsten Projekt gerannt sind.
Oder: Wenn im klimatisierten Hochhausbüro zwanzig charismatische Führungspersönlichkeiten durcheinanderreden,
könnte das weniger effektiv sein, als wenn es davon nur eine
gibt. Während diese eine spricht können zwanzig Bäuerlein
eifrig mitschreiben und dann systematisch umsetzen, was so
an Impulsen hingeworfen wurde.

Oder: um Kinder aufzuziehen braucht man ein paar wenige,
die Quatsch machen, offen für neue Impulse sind und denen
Nachtschichten nichts ausmachen. Es braucht aber deutlich mehr für all die Routinen, die das Überleben innerhalb
unserer katastrophal unreif geborenen Nachkommen sichern.
Da darf das Füttern nicht vergessen werden. Die Kleinfamilie
als Lebensmodell ist ja sowieso völlig idiotisch. So viel Hass,
Gewalt, Missverstehen, Druck und Enttäuschung werden
Generation für Generation reproduziert. Die falsche Aufteilung
und mangelnde gegenseitige Wertschätzung der Innovativen
im Verhältnis zu den Traditionalist*innen ist sicher einer der
weiteren Gründe, warum sie eher mit Scheitern, als mit einem

Erfolg assoziiert werden sollte.

Oder: So ein Feld musste vor Erfindung von klimatisierten Monster-Erntern von großen Gruppen Menschen beackert werden, während deutlich weniger unterwegs waren, um bestimmte Heilkräuter für die schmerzenden Buckel einzusammeln. Oder: Es macht doch viel mehr Spaß, wenn einer singt und fünfzig zuhören, als wenn fünfzig auf dem Seil tanzen und nur einer zuguckt. (Meine Tochter sagt: „Nö. Das stelle ich mir besonders lustig vor" – sie hatte sofort die Vorstellung, mit 49 anderen auf einem Seil zu tanzen.)

Okay – abgesehen von dieser besonderen Einzelmeinung scheint mir dieses ausschließliche Gutheißen dessen, was die Mehrheit tut, angesichts der Sinnhaftigkeit dieser Verteilung wirklich sehr unsinnig.

Und doch wird aufeinander herabgeblickt.

Sollen wir aber wirklich auf eines dieser Fähigkeitsprofile verzichten? Nur, weil uns unser eigenes Begabungsprofil vertrauter und „normaler" erscheint? Ich finde nicht.

Im Bemühen, mehr gegenseitige Achtung zu erreichen, werden daher vom Kapitel 5 bis 10 sehr verbreitete Urteile und Angriffe zitiert, die aus der jeweils eigenen, beschränkten Perspektive kommen. Anschließend versuche ich jeweils aufzuzeigen, wie beeindruckend sinnvoll diese Handlungsweisen oder Haltungen sind, wenn man deren ursprüngliche und immer noch ihnen innenwohnende Funktionen begreift. Aus dem Verstehen wird dann eine wirkliche Begegnung. Aus dem „Du Idiot gegen mich Überlegenem" wird dann ein konstruktives Zusammenfinden. Und das wissen wir ja schon aus der Grundschule: Zusammen schafft man mehr als die Einzelteile für sich allein. Packen wir es also an!

Krankheit oder Lösung?

Als Grundlage meiner Arbeit als Psychotherapeutin habe ich mich schon immer bemüht, einen als „Krankheit" oder „Störung" definierten Zustand mit dem Augenmerk auf den Sinn, die Funktion, die Begabung oder den Lösungsversuch zu sehen. Immer frage ich:

Wozu ist es gut, so und nicht anders zu handeln?

So fiel mir auch Thom Hartmanns Buch „Eine andere Art, die Welt zu sehen – Das Aufmerksamkeits-Defizit-Syndrom" in die Hände. Meine Arbeitsgrundlage wurde hier bezogen auf AD(H)S in einem ganz wunderbaren Ansatz dargestellt. Plötzlich ergab auch die „Symptomatik" der AD(H)Sler*innen einen Sinn. Ich setze das Wort Symptomatik in Anführungszeichen, weil es nach meiner und vieler anderer Sicht gar keine Symptomatik ist. Schon gar nicht die einer Krankheit. Das ist der Kern dieses Buches. Wir könnten die Besonderheiten dieser Menschen stattdessen Hinweise nennen, oder Anzeichen, Begabungen und Herausforderungen oder auch Eigenarten und Merkmale. Aber eben nicht Symptomatik.

Im Versuch, Missverständnissen und Schnellschuss-Aburteilungen aus der Bubble heraus vorzubeugen, hier noch einmal in aller Deutlichkeit:

Massive Störungen der Aufmerksamkeit, der Impulskontrolle, der Eigenstrukturierung und Affektregulation können unmittelbar schwerstes Leid verursachen. Ebenso kann auch eine starre Abhängigkeit von Strukturen, Ritualen und Regeln viel Qual bedingen. Darauf gehe ich in Kapitel 12 und 13 gesondert ein. Aber:

Ursache oder Wirkung?

All diese Symptome und die damit verbundene Qual können aber auch ausschließlich durch äußere Umstände und durch die Reaktionen der Umwelt überhaupt erst zum Problem werden. Da wird pathologisiert, bestraft, bedroht, appelliert, trainiert, benotet und beschimpft. Speziell und besonders bezogen auf AD(H)S und ihre extremen Gegenpole, den Autist*innen, geht mir angesichts all diesen durch Unverständnis, Druck und Verachtung verursachten Leids immer wieder erst die Hutschnur hoch und dann die Phantasie durch.

Da sagen sie:

- „Ich bin ein Versager. Alle meine Geschwister haben Abi, nur ich bin ohne Studium geblieben."
- „An keinem Arbeitsplatz habe ich es lange ausgehalten."
- „Ich strenge mich wahnsinnig an, aber ich habe einfach mit nichts Erfolg."
- „Ich hasse mich. Ich kann mich auf nichts konzentrieren und bin immer gleich wütend. Kein Wunder, dass ich nur Ärger kriege."

Da frage ich:

- Wirklich GAR NICHTS gelernt?
- War denn da überhaupt ein passender Arbeitsplatz dabei und ist Stetigkeit das Einzige, was Wertschätzung verdient?
- Wie ist denn ERFOLG definiert?
- Wirklich IMMER gleich wütend? Oder vielleicht erst nach dem 30. mal ausgebremst und kritisiert werden?

• Wirklich auf NICHTS konzentrieren? Nie?
Verachtung oder Verstehen?

Denn im Gegensatz zu den Verurteilenden und Diagnosti-
zierenden sehe ich diese Klientinnen und Klienten, wie sie
wochenlang durch den Dschungel schleichen. Wie sie blitzschnell auf einen winzigen Impuls reagieren. Wie sie anschließend stolz brüllend ins Dorf rennen und allen von ihrem
Riesenfang berichten, der schnellstens eingebracht werden
muss, damit die Säbelzahntiger ihn sich nicht holen. Während
die Bauern und Bäuerinnen dann aber tagelang mit Zerlegen
und Einsalzen beschäftigt sind, sind diese Späher*innen auch
schon wieder über alle Berge. Plötzlich hatten sie nämlich die
Idee, dem Fluss bis zur Quelle zu folgen, um mehr von diesen
Dingern mit der harten Schale und dem fetten Kern zu finden.
Diese Bäume waren ihnen auf dem Rückweg nämlich aufgefallen. Nur der Stolz über die gerade gemachte Jagdbeute hatte
sie abgehalten, sofort die in den Bäumen wuselnden Eichhörnchen zu verjagen und loszusammeln. Sie hatten auch kein
Gefäß dabei. Also erstmal heim, lautstark berichten und dann
sofort wieder losstürmen. Um aber möglichst viel von diesen
Dingern einsammeln zu können, springen sie noch schnell in
die dörfliche Vorratskammer. Sie brauchten schließlich jetzt
sofort ein Gefäß! Schnell kippen sie den Korb mit den Topin-
ambur-Knollen auf den Boden. Sie werden völlig überrascht
über den Rauch sein, der aus den Ohren der Bäuerin quillt,
wenn sie mit einem phantastischen Korb voller Nüsse zurückkommen. Die soll sich doch gefälligst freuen – aber da wird
man SO (!) empfangen. Soll man die Beute denn den Nagern
überlassen, nur wegen so eines blöden Korbes und der noch
viel saublöderen Ordnung in der Vorratskammer? Saudoofe
Bauernbrut, die nichts, aber auch gar nichts begreift!

Weiter, während die Klientin mit vernichtender Wucht über

sich selbst herfällt, sehe ich, wie ein Erdbeben den Clan aus seiner Unterkunft treibt. Fast alle rennen in blinder Panik herum. Nur Frau Jäger behält die Nerven, kümmert sich hoch konzentriert um die Notversorgung der Verletzten, gibt klare Anweisungen und brüllt diejenigen aus dem Schock hinaus, denen nichts passiert ist. Erst nach diesem Donnerwetter beginnen die Unversehrten das Verbliebene zitternd zusammenzupacken und an der Rettung teilzunehmen. In diesem Moment springt Frau Jäger schon wieder los und macht sich auf die Suche nach einer neuen Höhle. Viel später und viel langsamer folgen die anderen ihrem Pfad, den sie mit zusammengebundenen Zweigen gekennzeichnet hat. Begeistert schlägt sich Frau Jäger an einer erfolgversprechenden Stelle mit der Steinaxt durch die Brombeerhecke, kommt an einen Abhang, seilt sich wagemutig in tiefe, unbekannte Schluchten ab und klettert auf halsbrecherisch schmalen Simsen herum. Währenddessen hockt zaghaft zitternd die große Gruppe Vertriebener auf gewaltigen Gepäckstücken und wartet auf ihre Rückkehr.

Sie sind so wichtig. Diese wilden, kreativen und impulsgesteuerten Späher*innen und Späher. Es sind die, die jagen und sammeln. Die Neuland entdecken, auch mutig eine unbekannte Beere probieren, sich in einen ausgehöhlten Baumstamm aufs wilde Wasser wagen oder die schmackhafte Wurzel unter dem unscheinbaren Kräutchen ausbuddeln und studieren. Herr Tänzer wird blitzschnell auf den angreifenden Tiger reagieren, während Frau Müller erstarrt.

Diese Späher*innen sind ebenso wichtig wie die gedankenvollen Bäuer*innen und Bauern. Denn diese sind es, welche gerne stetig dasselbe tun, welche an Traditionen und alten Erkenntnissen gewissenhaft festhalten, gründliche Ordnung lieben und in allem ein System haben. Sie werden beim Umzug in die neue Höhle nichts zurücklassen und immer wissen, in welchem Sack welches Werkzeug oder welches Saatgut steckt. Sie sind es, die der verschwitzten Späherin ein Tuch, ein paar geknackte Nüsse und einen Kürbis mit Wasser reichen werden, nachdem diese sich wieder über den Klippenrand gezogen hat. Mit glühenden Augen und mit vollen Backen kauend wird die Späherin dann von ihrem Fund berichten, der dem Clan ein neues und sicheres Zuhause werden wird.

Therapie Speziale

Herr Sänger wird allerdings auch in keiner psychotherapeutischen Sitzung nur ein Thema haben, geschweige denn einen roten Faden. Alles wird immer hoch dramatisch und niemals wie erwartet sein. Er wird sich vielleicht auch bei dem üblichen wöchentlichen Rhythmus bald langweilen. So muss ich entweder gewaltig Action machen (och nö), oder aber immer wieder gut begründete Pausen einlegen – dabei aber nicht vergessen, schon den Anschlusstermin auszumachen. Und darauf zu bestehen, dass er diesen jetzt sofort in sein Handy eingibt. Gern lasse ich mir den Alarmton vorspielen. Nicht (nur) zum Spaß, sondern zum „Verankern" (siehe Glossar). Dann mache ich gegebenenfalls noch aus, ihn zusätzlich kurz vorher an den Termin zu erinnern. Besonders passend sind E-Mails, denn die sind ein zusätzlicher Beleg dafür, dass wir diesen Termin wirklich ausgemacht haben. Auch Screenshots von Messengerdiensten speichere ich (natürlich unter Beachtung der DGSVO, siehe Glossar).

Frau Spötter wird denselben Fehler immer und immer wieder machen, weil sie im Moment des Lernens gerade an etwas anderes gedacht hat. Sie wird völlig überrascht sein, wenn ich die Wette gewinne und ihr anhand des Stundenprotokolls belege, dass wir das Thema tatsächlich schon mal hatten. Die (durchschnittlich) 17. Wiederholung wird dann aber auch ankommen. Und bombenfest sitzen. Frau Meyer dagegen zeigt mir ihr sorgfältig geführtes Therapietagebuch, für das sie sich in jeder Sitzung Notizen macht. Auch sie wird denselben Fehler immer und immer wieder machen, weil sie einfach nicht vom Gewohnten wegkommt. Aber sie wird darüber gewissenhaft Buch führen.

Frau Gärtner würde niemals auch nur eine Sekunde zu spät kommen und streckt mir stets zum ersten Termin des Quartals schon bei der Begrüßung die Versichertenkarte entgegen. Herrn Wilder dagegen muss ich jeden dritten Monat mit einer Privatrechnung drohen, damit er diesbezüglich in die Puschen kommt. Während ich die Quartalsabrechnung fast fertig habe, wird er im letzten Augenblick Sturm klingeln und mir die Karte triumphierend mit einem „Wie immer geschafft!" überreichen. Ich strahle mit ihm.

Sind sie nicht alle kostbar?

Ich wünsche viel Vergnügen und Achtung beim gegenseitigen Kennen-Lernen.

P.S.:

Das Mammut war ja noch gar nicht erlegt! Da der beste Gefährte von allen mich kennt, hatte er die Benachrichtigungen wegen der Markise über sein eigenes Postfach laufen lassen. Darum schickte er mir mehrfach täglich das jeweilige Update zum Thema „Der Lieferstatus Ihrer Sendung hat sich verändert". Doch, doch ... seehr spannend. Am Tag vor Vatertag kam die Lieferung an und wurde vor meine Haustür gestellt. Er wusste es noch vor mir. „Hast du nachgesehen? Ist es da?", fragte er per SMS, Messenger und Mail. Zu seinem

großen Bedauern kam er an dem Tag erst sehr spät heim und konnte darum nicht mehr tun, als beide Pakete auszupacken und fachmännisch zu begutachten. Am nächsten Tag – Hundebesitzer*innen werden sofort wissen, was ich meine – sprang er mir ununterbrochen in die Leine. „Nein", bremste ich ihn immer wieder. „Du kannst an einem Feiertag keinen Schlagbohrer benutzen!". Abends kam im Nachbarhaus eine fröhliche Truppe zum Feiern zusammen. Mit wirklich lauter Musik und allem Pipapo. Jetzt war er losgelassen, denn wenn DIE (!) laut sein dürfen, dann darf ER das auch! Zu meinem Glück reichte auch der Akkuschrauber für die Dübellöcher (denn ich möchte niemanden unnötig verärgern). Ich bin mehrheitlich Bäuerin und stets um Frieden mit denen bemüht, die neben mir den Acker bestellen. Denn Streit finde ich furchtbar nervenaufreibend und er stört mich in meiner Routine. Ich kann ja auch nicht einfach so meinen Acker aufgeben. Mein Jäger dagegen hatte die Nachbar*innen trotz meiner ständigen Ermahnungen gar nicht auf dem Schirm. Sein Blickfeld war wie immer ausschließlich und vollständig von dem ausgefüllt, was er gerade im Fokus hatte: den Markisenaufbau.
Jedenfalls kann ich jetzt quasi im eigenen Wald auf meinem Hof sitzen. Die Gegenhalterung der Fotomarkise ist nicht etwa, wie im Plan vorgesehen, in den Boden geschraubt, sondern in einen sauschweren Schamottstein, den ich schon lange vorher hatte entsorgen wollen, aber nicht dürfen. Bei Bedarf kann man das jetzt also sogar entfernen, weiter oder enger stellen. Es sitzt damit auch höher und ist entgegen der Bauanleitung viel besser vor Nässe geschützt. Und man kann durch die Erhöhung von Weitem sehen, ob jemand dahinter sitzt, um sich dann unauffällig zu entfernen.

Perfekt ist ein Dreck dagegen.

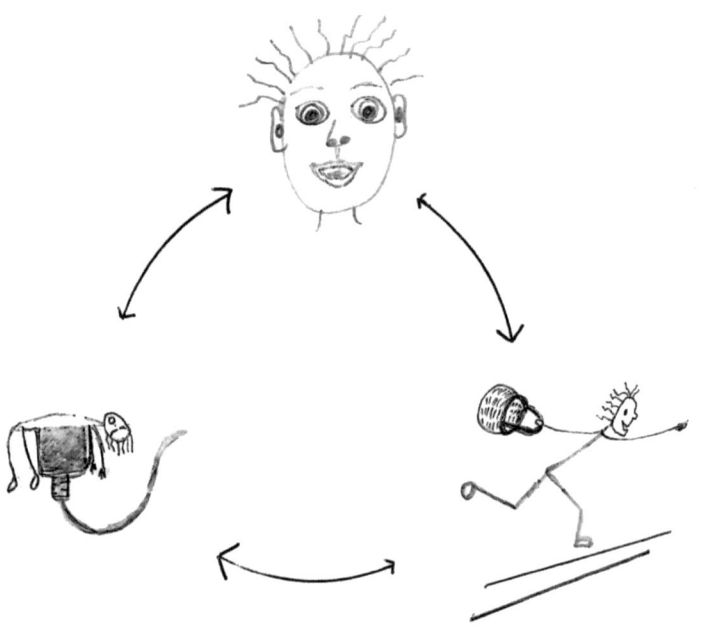

Kapitel 2

2. Vom Glück des Begreifens – Basics

Sicher ist Ihnen schon aufgefallen, dass ich den Späher*innen etwas mehr Aufmerksamkeit zukommen lasse als den Landwirt*innen. Ich möchte hier – mit ihrer jeweiligen Erlaubnis – meine Tochter und den Kollegen A. zitieren:

A. sagt: „Die Bauern kommen zu schlecht weg."

Ebby antwortet: „Weil die Jäger von allen gemobbt und niedergeredet werden. Dieses Buch ist eine Ode an die Vielseitigkeit, an die Arbeitsteilung und Spezialisierung, an die verschiedenen Talentierungen, und ... und ... und ... und, weil die Gesellschaft Jäger mobbt, gibst du ihnen hier eine Portion Extraliebe. So isse, die Mutter."

Genau.

Darum setze ich in diesem Kapitel, bei den drei ineinandergreifenden „Zuständen" der Späher*innen den Schwerpunkt. Diese leben in sinnvollen und nachvollziehbaren zyklischen Prozessen. Sie wissen es nur nicht und klagen mir in der psychotherapeutischen Praxis ihr Leid. Statt Verständnis haben sie für sich nur Beschimpfung übrig, weil sie „es einfach nicht schaffen.". Was ist „es"? Was schaffen sie denn eigentlich nicht?

AUS DEM WIRKLICHEN LEBEN 1

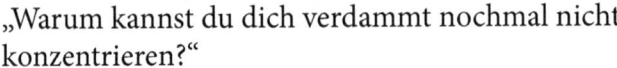

Was so ein Bauer im Laufe eines Tages
alles zu einer Späherin sagt:
„Warum kannst du dich verdammt nochmal nicht
konzentrieren?"
„Ich hab´ dich hundertmal gerufen. Warum reagierst du
nicht?"
„Du bist stinkefaul. Wann kapierst du, das so aus dir nichts
wird?"

Ich hätte da eine Idee, die auf diese als Fragen verkleidete
Vorwürfe Antworten gibt:

Das Leben der Späher*innen verläuft in Zyklen, die von drei
Daseinszuständen geformt werden.
Ich nenne sie Modus 1 bis 3:

1. Modus des Spähens
2. Modus des Jagens
3. Modus des Aufladens

Modus 1:
Das Spähen
hören – sehen – tasten – riechen – schmecken
auseinanderbauen – ausprobieren – erforschen
lauschen – träumen – kritzeln – summen
krabbeln – balancieren – klettern – wippen

Dies ist die Zeit der Suche nach dem nächsten sich lohnenden Ziel, das Schweifen der Aufmerksamkeit – der schnelle Wechsel zwischen verschiedenen Impulsen der Umwelt.

Wenn Späher*innen also gerade keine Fährte verfolgen, aber in Bewegung sind, dann suchen sie eine Fährte. Im Modus des Spähens nehmen sie alles wahr. All ihre Sinne sind weit geöffnet. Sehen, Hören, Riechen, Tasten, Schmecken – alle Wahrnehmung steht auf Aufnahme. Sie können dabei gespannt oder gelassen vorgehen, also aktiv suchend oder auch entspannt schlendernd. Das kommt darauf an, wann sie zuletzt Beute gemacht haben. Wenn sie also besonders hungrig suchen, kann jeder geknickte Halm ein Hinweis sein, jede Duftspur oder jedes Geräusch zur Beute führen. Sei dies nun ein Haufen sch ... önen, frischen Dungs oder eines leisen Knackens im Gebüsch. Ihr Körper ist ständig in Bewegung. Sie schleichen, springen und rennen. Ihr Kopf geht hin und her, sie nehmen mit allen Sinnen auf, was die Umgebung an Impulsen bietet. Da hat etwas gepiept! Da huscht etwas an ihrem Augenwinkel vorbei oder blitzt rot aus dem Gebüsch! Dann werfen sie einen kurzen Blick darauf, erstarren ganz kurz lauschend, schnuppern hier und da, bis wieder ein neuer Impuls kommt. So schweift ihre Aufmerksamkeit völlig ungebunden durch die ganze Umgebung und durch alle Sinne. Nichts fesselt sie. Ohne dass es ihr bewusst ist, fällt die Späherin ununterbrochen neu wieder die Entscheidung:

Geht da was?

Wenn dies Ding hier bedeutungslos für die Jagd oder Sammlung ist, dann nimmt sie es nicht weiter wahr. Denn dann springt ihre Aufmerksamkeit schon wieder zur nächsten Wahrnehmung. Der Blick schweift zum nächsten Objekt, auch Ohr und Nase suchen weiter.

Oder:
Wenn dies Ding ein vielversprechender Hinweis ist, dann wird er zur Fährte. Dann findet der Moduswechsel zur Jagd statt. Dann richtet sich alle Aufmerksamkeit ab sofort ausschließlich auf diese eine Fährte – bis die Beute erlegt ist. Aber bis dahin lag die Konzentration ganz auf der Suche nach dieser einen, vielversprechenden Fährte.

Das sieht nicht jeder Psychiater und jede Lehrerin so. Sie nennen es:
• „Ist oft leicht von äußeren Reizen oder irrelevanten Gedanken abgelenkt (Reizoffenheit), hat oft Schwierigkeiten, die Aufmerksamkeit längere Zeit bei Aufgaben oder beim Spielen aufrechtzuerhalten." (Zitat aus dem DSM. Das ist in den USA der „diagnostische und statistische Leitfaden psychischer Störungen". Mehr dazu im Glossar.)

• „Stört den Unterricht", „Kann sich nicht konzentrieren", „Ist leicht ablenkbar".
Mich macht diese Verkennung und Pathologisierung immer wieder aufs Neue wütend! Sie ist so defizitorientiert und destruktiv! Die Späherin auf der Suche nach einer Fährte oder einer neuen Immobilie für den Clan wird als krank, faul und dumm bezeichnet. Anstatt mal nach dem Sinn dieses Verhaltens zu fragen und den Unterricht endlich fesselnd zu gestalten.

Spähen, bis eine Fährte gefunden ist.

Niemand wagt es allerdings, die heutigen Waidmänner als

faul, verlogen und dumm zu bezeichnen. (Jetzt mal abgesehen von den Argumenten, dass sie ... ach nein, lassen wir das an dieser Stelle lieber ...). Also, so ein Jäger sitzt da in seinem Kabäuschen und döst tagelang vor sich hin. So sieht es von außen aber nur aus. In Wahrheit scannt er mit freischwebender Aufmerksamkeit den Waldrand. (Also natürlich nur, wenn er nicht allzu viel Jägermeister und Bier intus hat, was ja vorkommen soll. Ganz, ganz vereinzelt. (Für diese Einzelfälle habe ich im Wald immer eine Mülltüte dabei, in die ich deren Hinterlassenschaften lade.)) Der Waldmeister ist sofort hellwach, wenn sich am Waldrand etwas bewegt. „Ich gucke nur und genieße das Naturerlebnis", sagen sie, wenn sie auf Kritik stoßen. Ja, gucken tun sie auch. Und zwar gespannt – wie Flitzebögen. Denn wenn sich am Waldrand etwas bewegt, dann legt sich ein Hebel um:

Modus 2:

Die Jagd, die Forschung, Entdeckung und Sammlung

Jetzt gibt es ein PROJEKT!!!
Das ist der Flow! Das Einklinken des Interesses, der Dopamineinschuss, die absolute Fesselung von einer Sache!
Das Projekt, für das sie brennen.
Also: Das alles entscheidende Mammut, das die Horde über den Winter bringen wird: Der Hyperfokus!
(Mehr dazu im Glossar.)
Wenn man einen Bruder hat, der Architekt ist und trotzdem jahrelang nicht auf das Geplauder reagiert, dass man einen

Anbau machen will, dann muss man das eben wissen. Man kann ihn nicht einplanen, sollte aber auf alles gefasst sein. Ich erwähnte den Anbau (ganz ehrlich absichtslos) im Smalltalk hier und da im Laufe vieler Jahre. Er hat immer freundlich, aber konsequent unverbindlich reagiert. Irgendwann empörte ich mich bei ihm, was ich für den einfachen Wintergarten auf einem schlichten Balkon für absurde Kostenvoranschläge bekommen habe. Ich beobachtete ein ganz leichtes Aufglimmen in seinen Augen, als er fragte, an welchen Betrag ich denn so gedacht hätte. Als ich ihm ein Viertel der Summe nannte, die andere Architekt*innen als Kosten benannt hatten, war er sofort elektrisiert. „Das wird sportlich!", war seine Antwort und ich konnte sehen, wie in ihm der Jagdmodus ansprang. Oh, ups – ich war ganz verdattert! Damit hatte ich gar nicht gerechnet, sondern einfach nur so geplaudert.

MERKE:
Pass auf, was du in Gegenwart eines AD(H)Slers sagst! Er könnte den Turbo anwerfen!

Am Ende hat er das Mammut erlegt. Wie eine Bulldogge hat er sich in das Projekt verbissen und trotz wirklich vieler, vieler Widrigkeiten nicht mehr losgelassen. Am Ende akzeptabel nah genug am genannten Preis (da kam etwas Rezession dazwischen). Auch nicht ganz innerhalb des angedachten Zeitrahmens, weil sich wegen fürchterlicher Handwerker*innen- und Materialknappheit das Ganze sehr in die Länge zog. Wir freuen uns jetzt über das Endergebnis: Da isser: der Glaskasten mit Blick über meinen Garten, meinen Teich und meine Hühner. Ein anderes Zimmer brauchen wir eigentlich gar nicht mehr.

Dieser Modus heißt **Hyperfokus.** Das können nur Späher*innen. Dieser Zustand ist etwas entschieden anderes als nur einfach konzentriertes Arbeiten.

Denn in diesem Moment der (unbewussten) Entscheidung für genau diese Beute passiert etwas Spektakuläres in ihnen: Die Späherin wird zur Jägerin. So wie Hulk bei entsprechender Reizlage plötzlich grün aus seinem Hemd platzt, mutiert jetzt auch sie oder er in den Jäger*innenmodus: **Alle Aufmerksamkeit ist jetzt von einer Sekunde auf die andere ausschließlich nur noch auf diese eine Fährte ausgerichtet.** Sei es eine saftige Antilope, ein neu entdeckter Abhang mit ergiebig voll hängenden Beerensträuchern oder ein Billig-Anbau mit Wintergarten. Diese eine Fährte verspricht die Rettung des Clans. **Alles andere rundum wird ab dieser Sekunde absolut bedeutungslos.** Auch der Ruf des Namens, die Bitte um Hilfe oder der Essensgong. Selbst das Klingeln zur Pause kann überhört werden.

Ein solcher Hyperfokus kann sich auch auf Innenwelten beziehen:

B.P. erzählt von ihrem Sohn: „Er blieb alleine im Klassenraum sitzen und sah aus dem Fenster. Er hatte nicht bemerkt, dass alle anderen in die Pause gegangen waren. Die Lehrerin berührte ihn und rief mehrfach seinen Namen. Es dauerte eine Weile, bis er wieder da war und wie aus einem Traum erwachend den Blick langsam auf sie richtete. Er habe Drachen getötet, sagte er auf Nachfrage. Da hab´ ich gedacht, dass ich ihn vielleicht doch mal auf AD(H)S testen lasse.“

Amrei erinnert sich: „Ich soll bewegungslos mit einer Socke in der Hand auf dem Bettrand gesessen und in den Raum gestarrt haben, während meine Geschwister sich für die Schule fertig machten. Ich weiß nur, dass dort Feen und Elfen über Wiesen tanzten.“

Ob in der Außen- oder der Innenwelt, es gibt nur noch diesen einen Fokus mit absolutem Tunnelblick.

Alle (!) Konzentration liegt jetzt auf diesem einen Ziel.

Eine Teepause? – Unmöglich!

Wenn ein Ziel ausgemacht ist, dann muss es verfolgt werden. Und zwar sofort. Warum? Weil es sonst weg ist. Soll der Jäger sagen: „Sorry, Antilope, es ist Teezeit. Warte bitte einen Moment! Auch ein Tässchen?"

Die Erklärung hierfür liegt also in der Aufgabe:

Dem Unfallopfer muss JETZT geholfen werden.
Die Konzertkarte muss JETZT abgegriffen werden.
Der Welpe muss JETZT aus dem Kanal gerettet werden.
Dieser Mann muss JETZT rumgekriegt werden.
Dieses Wissen muss JETZT angeeignet werden.
Dieses neue Handy muss JETZT gekauft werden.

Jagd, Rettung, Eroberung usw. finden nur im JETZT statt. Darum kennen Jäger*innen in diesem Moment weder Pause noch Aufgeben. Und – by the way – darum müssen sie auch nicht die Fähigkeit besitzen, sich irgendwelche in der Zukunft liegenden Sachen zu merken oder diffizile Pläne zu machen.

Ihr Leben im Hyperfokus findet ausschließlich in der Gegenwart statt.

Wenn die Beute dann aber erlegt ist, ist sie ebenso schlagartig uninteressant, wie sie vorher der einzige Mittelpunkt der Welt war. Ab sofort ist sie absolut öde. Manchmal stehen sie vor ihrem schließlich perfekt ausgestatteten Camper-/Werkstatt-/Musikzimmer und der weltrekordverdächtigen Kronkorken-Sammlung und fragen sich ebenso wie es Paula tut: „Was, verdammt nochmal, fand ich daran jemals so spannend? Das frage ich mich hinterher immer. Und ich weiß es nie."

Im richtigen Leben wird daraus eine recht wechselhafte Berufslaufbahn zwischen hartzen und Professur, sowie mindestens sieben Kindern aus fünf Beziehungen.

Gollum – zum Jäger erpresst!

Die Bauern und Bäuerinnen sind anders. Hyperfokus können sie nicht.
Hobbits zum Beispiel angeln gerne. Sagen sie.
In Wahrheit aber sitzen sie einfach nur rum und tun so, als würden sie etwas tun. Denn Jagen ist gar nicht ihr Ding. Sie sind Bäuer*innen und Viehzüchter*innen. Das geht auch gar nicht anders, denn in ihrem Tagesplan sind einfach viel zu viele Essenpausen vorgesehen. Sie mögen es gemütlich, planbar und überschaubar. Sie springen einfach nicht auf. Umso schlimmer, dass Smeagol unter der Macht des Ringes zum Jäger werden musste. Seine Gespaltenheit kann niemals mehr heilen. Die Darstellung seiner Verzweiflung ist einer der meiner Ansicht nach wirklich starken Momente in der Verfilmung des „Herr der Ringe". Gollum ist ein armer Bauer, der unter dem Einfluss einer bösen Macht gezwungen wurde, ein Jäger zu sein. **Er ist so verletzt, so einsam, sich selbst so fremd. So verloren.** Genau so fühlen sich auch meine Klient*innen nach dem jahrelangen, gewaltvollen Druck, jemand anderes sein zu sollen, als sie sind. Obwohl das Umfeld meist nicht einmal so böse war wie Sauron. In der Regel hat man es sogar gut gemeint. In den meisten Fällen passiert aber das Gegenteil von dem, was Smeagol passiert ist. Nämlich völlig vergebliche

Versuche, einen Späher zum Bauern umzupolen. Die schiere Verzweiflung bringt sie schließlich in die Therapie – oder ins Gefängnis.

Die Welt um sie versinkt

Seien es also wilde Kirschen, die im Steilhang stehen und hoch in der Krone ihre Vitamine in der Sonne blitzen lassen. Egal, wie hoch er ist, dieser Baum, und auch egal, wie viel tausend Stare ihn bevölkern: Dieser Baum wird von der Späherin bestiegen und erst wieder verlassen, wenn alle Taschen zum Bersten gefüllt sind. Sei es ein Tier, das Nahrung für viele Wochen verspricht. Oder ein schmaler Schlitz im Fels, hinter dem endlich das gesuchte Wasser blitzt. Da wird sich durchgequetscht, komme, was wolle!
Alle Wahrnehmung ist in höchster Konzentration auf diesem einen Punkt ausgerichtet. Die Welt um die Jägerin herum versinkt. Sie verfolgt die Beute nicht nur einfach, sie verschmilzt mit ihr und mit der Fährte, die zu ihr führt.

Späher*innen können im Hyperfokus nicht eine einzige Aufmerksamkeits-Pause machen. Darum spüren sie weder Hunger noch Durst. Sie werden nicht müde und nehmen Verletzungen nicht wahr. Sie verfolgen, sie lauern – all ihr Sein ist auf das Löwenrudel beim Mittagessen, den Rätsel ratenden Bilbo im Dunkeln oder das flirrende Gewimmel unter Wasser gerichtet. Jetzt können sie sich sogar absolut still verhalten. Leib und Seele lauern auf den richtigen Moment für den Sprung oder den Wurf des Speeres. Die Spannung steigt und wird immer fokussierter, bis der Bogen den Pfeil freigibt. Erst jetzt, wenn die Beute erlegt ist, heben sie den Blick und begreifen, dass zwei Tage vergangen sind und ihnen ein Arm fehlt.

Dieser Mensch soll eine Aufmerksamkeitsdefizitstörung haben?

Dieser Mensch soll sich nicht konzentrieren können?

? ? ?

All das sollen ihnen der Bauer und die Bäuerin doch erst einmal nachmachen!!!

Jagen, bis die Beute erlegt ist.

Vielleicht verstehen Sie jetzt, warum nach dieser übermenschlichen Anstrengung der dritte Modus unausweichlich kommen muss. Es ist der

Modus 3: Das Aufladen

Sie müssen ausruhen. Sie sind auf Stand-by.
Völlig erschöpft und energielos. Einfach offline.
Die Welt dreht sich vorerst ohne sie weiter – egal, was passiert.

Sie haben sich doch weit über ihre Grenzen hinaus verausgabt. Denn sie konnten und durften ja ihre Kräfte während der Jagd, der Suche, der Rettung, der Entdeckung oder der Eroberung auf keinen Fall einteilen. Das Rentier wäre doch einfach über alle Berge gewesen. Die Familie wäre im brennenden Haus erstickt. Die verloren gegangene Pfadfindergruppe wäre erst auf der Reeper- und dann auf die schiefe Bahn geraten.

Die Späher*innen im Jagdmodus mussten in diesem Moment alles geben. Buchstäblich. Und genau darum müssen sie auch jetzt, im Lademodus, wirklich komplett abschalten. Sie müssen ihre Wunden pflegen, sich ausruhen und Kräfte für das nächste Mal sammeln. Denn nur dann können sie bei Bedarf auch wieder mehr geben, als sie eigentlich haben.

Wie das E-Bike am Kabel. Es fährt nicht. Es klingelt nicht. Es zeigt nicht einmal die Uhrzeit an. Es lädt.

Off.
Manche nennen es „AD(H)S-Paralyse".

Oder depressive Episode.

Oder „Lassmichherrgottnochmalendlichinruhe".

Der Lademodus kann ganz verschieden aussehen:
• Nach dem Einsatz folgt erst ein aufgeregtes „Debriefing".
  Kurz danach sitzt die Rettungswagen-Crew bewegungslos auf den Sofas und trinkt ganz langsam und schweigend Kakao.

• Die Studentin liegt nach der letzten Prüfung sechs Wochen auf dem Sofa und guckt sinnlose Serien.

• Frau Professor liegt nach der erfolgreichen Konferenz im Bett und liest 47 Alpenromane.

• Kevin scrollt 17 Stunden durch Reels.
Lasst also eure Partner*innen und Kinder in der Höhle sitzen, **solange es aufgrund äußerer Umstände irgend möglich ist.** Er und sie werden schon wieder rauskommen. Je selbstverständlicher und ungestörter sie ihre Ruhezeit hatten, umso eher kommen sie da auch wieder raus. Es ist auch egal, was sie in der Höhle machen. Sprecht sie nicht an. Fragt nicht, was sie denken oder was sie in der Zeit im TV gesehen haben. Sie denken wirklich nichts. Sie werden die Filme wahrscheinlich gar nicht wahrgenommen haben. Im flackernden Feuer passieren auch keine Geschichten.

Loriot kannte das auch. Erinnern Sie seinen Sketch „Ich will hier einfach nur sitzen"? Das ist er, der Lademodus! Selbst die verständnislose Partnerin ist in dem Film verewigt.

Was für ein unnötiger Stress.

Bleep – Bleep - Bleep – Bleep - Bleep – Bleep - Bleep – Bleep - Bleep – Bleep - !!!

Achtung, Achtung Angehörigen-Falle: Vermeide Co-Abhängigkeit!

! Geht bei allem Verständnis aber nicht über eure eigenen Grenzen.

! Füttert AD(H)Sler*innen nicht jahrelang durch. Gebt nicht mehr, als ihr selber habt.
Denn einer der **Regulatoren für das Wiederauftauchen aus dem Lademodus ist Bedürftigkeit.** Die wird sich aber nicht entwickeln, wenn Mutti ihnen mit 58 noch den Hintern abputzt.
Wer sich hier angesprochen und empört fühlt, könnte co-abhängig sein (siehe Test im Anhang). Nicht, dass AD(H)S eine Abhängigkeit wäre. Das Wort passt nur im Zusammenhang damit, dass Unterstützung und Verständnis auch in Selbstzerstörung eskalieren können. „Co-Abhängigkeit" ist hier ein Stichwort, unter dem man sich selbst verstehen und Auswege finden kann, wenn sich das Ganze auf eine schädliche Art und Weise entwickelt hat.

Buchtipp:
Ein Klassiker in dem Zusammenhang ist das Buch „Kraft zum Loslassen" von Melody Beattie. Nicht von all den spirituellen Formulierungen irritieren lassen. Das ist einfach eines der Standbeine der Anonymen Alkoholiker bzw. ihrer Angehörigen. Ob einem das nun liegt oder nicht, geben die täglichen Texte gute Gedankenanstöße zur Selbstfürsorge.

Aber wie kommen AD(H)Sler*innen dann wieder aus ihrem Hänger raus?

1. Das Leben dem Körper anpassen. Nicht umgekehrt.

Unser mitteleuropäischer Tagesrhythmus passt zum Rhythmus der Späher*innen oft gar nicht.

B. sagt: „Ich muss mich jeden Morgen erst boostern, bevor ich überhaupt ansprechbar bin. Meine Zeit ist das nicht. War es nie. Ich habe mich damit ein Leben lang gequält. Erst seit ich in Rente bin, kann ich nach meinem Rhythmus leben. Und musste vorher auch noch mühsam lernen, dass ich damit nicht verachtenswert bin."
Sehr oft kommen Menschen zu mir und klagen über Schlafstörungen. Wenn sie dann aber lernen, ihren Schlafrhythmus ihrem Körper anzupassen und es nicht weiter umgekehrt zu versuchen, dann lösen sich die Schlafstörungen zum Erstaunen aller in Wohlgefallen auf.

Im richtigen Leben empfiehlt es sich also z. B.

- eine Arbeit mit selbstbestimmter oder Gleitzeit zu suchen. Das darf sogar Nachtarbeit oder schubweises Arbeiten in langen Zyklen beinhalten. Das ist sehr individuell.

- sich mit ihm oder ihr auf eine wirklich vollkommen ungestörte Rückzugs- und Ruhezeit für nach der Arbeit zu einigen. Obacht: Haus- und Kinderarbeit ist auch Arbeit! Gleiches Recht für alle.

- mit ihm oder ihr einen wirklich angemessenen und zuverlässig lebbaren Ausgleich dieser Ruhezeit auszuhandeln.

Das Akkuladen ist also auch eine Art Hyperfokus. Die Späherin im Lademodus zu stören kann seeeehr unangenehme Folgen haben!

Noch so ´ne Idee:

Vielleicht ist Pubertät ja einmal Späher*innenmodus für alle: Explosive Aktivität wechselt mit „Chillen".

2. Ruhen bis zur Langeweile: Nach dem Abenteuer

Mit den letzten Resten Adrenalin in ihrem Blut wird der heimgekehrte Späher*innentrupp also noch schnell allen, die es hören wollen (oder auch nicht) von den tödlichen Gefahren und großartigen Erfolgen erzählen, die sie gerade erlebt haben. Von all dem Verfolgen durch undurchdringliche Dornenbüsche und dürre Steppen, dem tagelangen Anschleichen mit angehaltenem Atem, während Millionen Krähen und Killerbienen sie in eine dunkle Wolke hüllten. Dann dem entscheidenden Moment des Angriffs, dem unfassbar weiten Sprung über die höllentiefe Spalte in der Klippe und dem lauten Jubel des ganzen Trupps, nachdem sie die gigantische Möhre schließlich gemeinschaftlich aus dem betonharten Boden gezogen hatten. Auch jetzt sind sie noch kaum zu unterbrechen. Sie sind sogar sehr ungehalten, wenn man es tut. Lasst sie reden. Das sind nur noch ein paar Nachwehen des Hyperfokus. Letzte Adrenalinreste. Man muss nur ein bisschen warten, denn direkt danach werden sie stundenlang ins Feuer starren, sich nicht mehr bewegen und nichts mehr sagen.

Bis ihre Akkus neu geladen sind. Oder bis jemand ruft: „Die Gnus kommen!" Dann können sie sogar aus dem Stand-by heraus direkt wieder in die Jagd springen.

Denn jeder Modus kann auch direkt wieder in jeden anderen übergehen:

ON/OFF – Nix dazwischen:

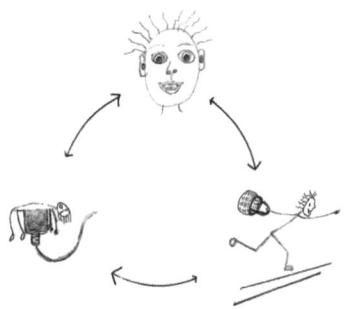

VERSTEHEN – BEGEGNEN – ZUSAMMENFINDEN 1

Statt also vorwurfsvoll zu sagen:
„Warum kannst du dich verdammt nochmal nicht konzentrieren?"
„Ich hab´ Dich hundertmal gerufen. Warum reagierst du nicht?"
„Du bist stinkefaul. Wann kapierst du, das so aus dir nichts wird?"

Vielleicht besser anbieten:
„Das findest du gerade langweilig, gell?", (auf das Aufblicken warten). „Was könnte dich überzeugen, dich damit zu beschäftigen?"

„Ich habe dich schon ein paarmal gerufen. Wie kriegen wir es hin, dass ich zu dir vordringe?"
„Was brauchst du, um dich in das Thema reinzuhängen?" oder

„Das muss halt dooferweise auf jeden Fall gemacht werden. Lass uns gucken, wer es schneller hinkriegt!" „Ich bin überfordert von all den To-dos. Ich brauche deine Hilfe."
„Aber!", sagt Herr Korbmacher.
„Ja, so geht das aber nicht!"

„Das mit diesen drei Zuständen war vielleicht in der Jungsteinzeit so. Aber was hat das mit Heute zu tun?

Im realen Alltag wird oft sogar gebrüllt:
• „Da muss man sich eben zusammenreißen!"
• „Siehst du, du kannst ja, wenn du nur willst!"
• „Hier sieht es aus, wie bei den Neandertalern!"
... nun, wir sind zwar fast keine Neandertaler mehr, aber so richtig viel weiter sind wir tatsächlich nicht.

Verantwortung: Keine Ausreden!

Nicht, dass ich falsch verstanden werde. Der und die erwachsene AD(H)Sler*in trägt volle Verantwortung für das, was er und sie tut oder lässt.
Zum Thema Verantwortung später dann noch mehr. Denn jede*r kann lernen, einen Einfluss auf die Zustandswechsel zumindest wahrscheinlicher zu machen. Die Ausrede. „Ich kann nichts dafür, ich hab´ AD(H)S!" gilt jedenfalls für Erwachsene nicht!
MERKE:
AD(H)S ist eine Erklärung, aber keine Ausrede.

Und trotzdem noch einmal zur Erinnerung:

Diese Zustände und ihre Wechsel sind keine (!) Willenssache.

Und doch sollen sie sich gefälligst anstrengen, diese AD(H)Sler*innen! Immer wieder hören sie das. Dabei ist für sie schon das stille Sitzen übermenschlich anstrengend – wenn sie eigentlich im Jagdmodus sind. Ebenso übermenschlich anstrengend, wie das Sich-Konzentrieren auf etwas Langweiliges, während all ihr Streben aus dem Fenster geht.

DA SOLL DER ADLER ENTENGRÜTZE SCHNÄBELN

- Sie sollen langsam machen, wenn ihr Körper in die Attacke explodieren will.
- Sie sollen schnell machen, wenn sie vor Langeweile in Agonie versinken.
- Sie sollen aktiv werden, wenn ihre Akkus noch nicht wieder aufgeladen sind.
- Sie sollen schlafen, wenn beste Jagdzeit ist.
- Sie sollen ihre Aufmerksamkeit auf etwas Ödes richten, wenn woanders Beute lockt – und so weiter und so weiter und so weiter …

Ein ganzes Leben lang!
DAS KANN NICHT RICHTIG SEIN!!!!
Wir sind verschieden und wir brauchen uns!

Sprint und Marathon

Späher und Späher*innen sind die explosiven Sprinter*innen der Gesellschaft.

Landwirt*innen dagegen laufen Marathon. Sie müssen sich ihre Kräfte über lange Zeiträume hinweg vorausschauend einteilen.

Sowohl Sprint als auch Marathon brauchen Energie, aber die Anforderungen an deren Einteilung ist sehr verschieden. Auf dem Feld kann und muss man planen und dann ganz lange monoton dranbleiben. Auf der Jagd, der Suche oder im Rettungseinsatz kann man nur sehr bedingt planen und muss stattdessen blitzschnell, dann aber mit voller Energie, auf das reagieren, was sich in dem Augenblick bietet.

Späher und Späher*innen können dieses Anspringen der absoluten Aufmerksamkeit, diese bedingungslose Hingabe nicht willentlich steuern. Genauso wenig kann sich ja auch die Bäuerin willentlich in einen Hyperfokus schalten. Sie kennt noch nicht einmal einen Zustand, der sich mit dem Hyperfokus der Späherin auch nur annähernd vergleichen ließe.

Die Urinprobe

Ein Späher kann also nicht zu irgendetwas Beliebigem sagen: „Los, jetzt fessel mich!“. Denn dies ist ein autonomer Prozess. Zu Deutsch: Er unterliegt nicht dem Willen. Man kann ja auch nicht der Niere die Anweisung geben: „Los, jetzt mach mal hinne, ich muss eine Urinprobe abgeben!“ Das geht einfach 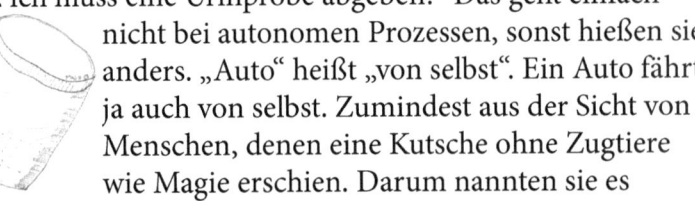 nicht bei autonomen Prozessen, sonst hießen sie anders. „Auto“ heißt „von selbst“. Ein Auto fährt ja auch von selbst. Zumindest aus der Sicht von Menschen, denen eine Kutsche ohne Zugtiere wie Magie erschien. Darum nannten sie es

„Auto-mobil", das Sich-Selbst-Bewegende.
Die Späherin kann allerdings im Laufe des Lebens lernen, welche Merkmale etwas haben muss, damit das Anspringen bei ihr wahrscheinlicher wird. So, wie man eben auch eine Menge trinken muss, wenn der Urologe wartet.

So geht das.
Zum Beispiel.

Trinken, trinken, trinken

Die Umgebung kann genauso wenig befehlen: „Los, sei gefesselt von mir!". Obwohl es Lehrkräfte und Eltern im Homeschooling (ich schreibe diesen Teil in der ersten Coronawelle) genau das mit ihrem „Jetzt konzentrier dich mal endlich!" immer, immer und immer wieder versuchen.
(Ist es nicht lustig, dass die typischen Bauern nach 47 sich sehr ähnelnden Fehlversuchen, das Kind zur Aufmerksamkeit zu zwingen, nicht etwa die Ansprache wechseln, sondern nur immer wieder das Gleiche, dafür zunehmend lauter sagen? Das würde einer Späherin nicht passieren!)

Wie muss also etwas gestaltet sein, damit es ein Zündmechanismus für den Hyperfokus sein kann? Ich stelle dies in Form eines vierblättrigen Kleeblatts dar, weil auch bei Einhaltung aller Regeln immer noch eine ordentliche Portion Glück dazugehört, damit es klappt:

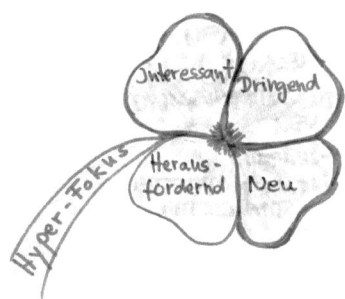

Kleeblatt des Hyperfokus

Interessant:

- eigene Begeisterung.
- Es dockt an Vorhandenes an, gibt aber einen ganz neuen Aspekt dazu.
- Eine Identifikationsfigur tut es.
- Es macht Spaß.
- Es verspricht einen Vorteil.
- Der Zufall.

Dringend:

- Die Zeit wird knapp.
- Eine unangenehme Konsequenz droht.
- Eine akute Not besteht.

Herausfordernd:

- Wettkampf mit anderen.
- Wettkampf mit der eigenen Entwicklung.
- Gegen die Zeit arbeiten. (Schaffe ich es, bis zum dritten Brummen der elektrischen Zahnbürste die komplette Spülmaschine auszuräumen?)

Neu:

- Überraschend.
- Vielversprechend bezogen auf Erwartbares.
- Voller unbekannter Potenziale.

Mal klappt das eine, mal das andere. Wenn nichts klappt, dann kann man immer noch mehrere Kleeblätter miteinander kombinieren. Dabei immer daran denken: Der Hyperfokus ist etwas Angenehmes. Niemand kämpft hier also bei diesem Ringen um die Zündung **gegen** jemanden. Es ist sehr hilfreich, sich das bewusst und klar zu halten.

Viele wählen darum ja auch mehr oder weniger bewusst einen Beruf, der genau das bietet: Neues, Spannung, Überraschung, Höchstleistung auf den Punkt usw.
Wenn man die Aufmerksamkeit einer Späherin auf etwas lenken und diese dann auch noch dabei halten will, dann muss sich beim Kind die Umwelt also wirklich sehr (!) anstrengen (!), um dies zu erreichen. Der Erwachsene ist dafür selbst verantwortlich. Er kennt sich ja auch am besten, was gut funktioniert. Wenn man die Späherin aber schließlich endlich erreicht hat, dann gibt es niemanden, der auf ein Thema intensiver fokussiert wäre, als sie.
Wenn.

Im Zeugnis steht aber:
„Konnte ganz hervorragende Leistungen bei Themen bringen, die sie interessierten."
„Konnte an die Leistungen des Vorjahres leider nicht anknüpfen."
„Zeigte einen überraschenden Leistungssprung in Mathematik, als das Thema Geometrie eingeführt wurde."
„Mit dem Lehrerwechsel verlor sie offenbar die Lust am Fach."
„Sollte sich mehr am Unterricht beteiligen."

„Kann nicht abwarten, bis sie dran ist."

Ja, ja ... hat nix mit den Methoden und dem Lehrpersonal zu tun. Bestimmt. **Gaaarnix.**

Kleiner Tipp für das Halten der Aufmerksamkeit:
• Erklär nicht langsamer, sondern schneller.

• Stell dir das Video mit dem Vortrag auf anderthalbfache oder doppelte Geschwindigkeit.

Dann lass dich überraschen!

Genauso wenig wie das willentliche Anschalten, geht auch das Ausschalten:

Der Lademodus wird gebraucht, oder nicht.
Der Späher*innenmodus ist an, oder nicht.
Der Hyperfokus ist eingerastet, oder nicht.

Ein paar daraus folgende Konsequenzen:

Beispiel 1: Aus der Zeit gefallen

Die Späherin ist buchstäblich von einem Ziel gefesselt – oder sie ist es eben nicht. Wenn sie es aber ist, bedarf es allergrößter Anstrengung, wenn man sie loseisen will – und diese Anstrengung muss von außen kommen. Das kann allerdings auch der Alarm des eigenen Smartphones sein. Ich wiederhole absichtlich: Auch dies gehört zum Erwachsenwerden dazu: Lernen, was mich auch im Hyperfokus erreicht. Und die Bereitschaft, sich bei Bedarf stoppen oder unterbrechen zu lassen. So ist das mit dem Erwachsensein nun mal.

Allerdings braucht die Späherin auch unbedingt die Gelegenheiten, an denen sie wirklich dranbleiben kann, bis sie von selbst mit einer Leinwand in den Händen, strahlenden Augen und leerem Magen auftaucht mit einem: „Schau mal! Ich habe es fertig gemalt. Es ist wunderschön geworden. Ich bin so stolz auf mich! – Ist wirklich schon Donnerstag?"

Ein Zeitgefühl ist nicht willentlich produzierbar. Sie haben keines. Weder während des Ladens, des Jagens oder des Spähens. Zeit ist bedeutungslos. Denn nicht die Zeit gibt den Modus vor, sondern die Umwelt und der innere Zustand.

Wenn man sie zu einer Tätigkeit außerhalb des gerade laufenden Modus zwingt, wird die Zeit dagegen gar nicht mehr vergehen. Sie wird zäh und tödlich erdrückend. Sie können nicht fühlen, dass es Zeit ist, sich zu beeilen und sie können nicht fühlen, dass es nur noch zehn Minuten Gedichtanalyse sind. Das Stundenklingeln kommt irgendwann irgendwie, heißersehnt und doch völlig überraschend und lässt sie in die ersehnte Freiheit explodieren …

BÄM! … Nächster Klassenbucheintrag …

Ein Bauer kann keinen Hyperfokus. Er hat dafür aber ein Zeitgefühl und kann daher jederzeit seine Arbeit unterbrechen und wird trotzdem später unbeirrt genau dort weitermachen, wo er aufgehört hat. Die Bäuerin muss also nicht zwingend durcharbeiten. Sie kann eine Pause nach Bedarf oder Sonnenstand oder Magenknurren machen. Denn ihre Arbeit läuft ihr buchstäblich nicht weg. Sie hat einen Plan und arbeitet den ab. Darum kann die Bäuerin sich auch zur Pause setzen und diese ebenso einfach wieder beenden und zurück zur Arbeit gehen, wenn das Butterbrot gegessen ist. Sie hat sich darauf genetisch eingestellt und kennt Hungergefühl und Sattheit unabhängig von ihrer momentanen Tätigkeit. Sie wird ihre Kräfte so einteilen, dass sie zwar erschöpft, aber nicht über ihre Kräfte hinaus verausgabt ist. (Jetzt mal abgesehen von einem Dammbruch, infolgedessen alle Schafe aus dem Wasser gezogen werden müssen. Da wird auch die Bäuerin keine Brotzeit zwischendurch machen.)

Die Späherin dagegen kann durchaus in der Pause einfach hängenbleiben. Wieder braucht sie einen „Wecker", der sie zurück auf den „richtigen Pfad" ruft. Würde sie in der zu ihr passenden Welt leben, wäre das aber nicht nötig. Sie würde schon aufspringen, wenn es einen akuten Grund gäbe.

Beispiel 2: To-do-Listen

Der Bauer hat nämlich eine To-do-Liste, an die er systematisch Haken setzt. Einen nach dem anderen, in fest gelegter Reihenfolge. Der Späher (sofern er gesund ist und in seinem eigenen Rhythmus lebt) ist viel mehr bei dem, was er gerade mit seinen Händen oder seinem Geist tut und was er gerade mit seinen Sinnen wahrnimmt. Darum kommt er auch nicht pünktlich: Nur noch schnell eine Maschine Wäsche anwerfen, duschen, ein paar Mails beantworten, das Ziel ins Navi eingeben, ein paar Reels gucken, Schuhe anziehen ... verdammt, wo ist der Autoschlüssel? Wenn der Späher aber versucht, bäuerlich zu sein, wird auch er immer wieder To-do-Listen anlegen. Diese aber verlieren, vergessen, ignorieren und verzweifelt eine und noch eine und noch eine neue anlegen.

Beispiel 3: Unterbrechungen und Endlosschleifen

Die Bäuerin kann ihre Arbeit oft ohne geistige Beteiligung tun und ist es gewohnt, neben der Arbeit zu planen und zu reflektieren. Sie mag das oft auch. Auch bei Arbeiten mit geistiger Beteiligung sind eine Unterbrechung und spätere Fortsetzung möglich.

Mein Jäger ruft: „Hunderunde?". Ich rufe zurück: „Jahaa", speichere ab und werde den Faden an dieser Stelle gleich wieder aufnehmen. Umgekehrt würde der Jäger meinen Ruf entweder gar nicht hören, oder genervt sein und/oder nach der Runde nicht mehr wissen, was er vorher getan hat. Im Idealfall gehe ich nah zu ihm hin, spreche ihn ein- zweimal mit Namen an und wenn er mich mit glasigem Blick anschaut, dann frage ich: „Lust auf Hunderunde?". Nach einigen Sekunden wird er antworten: „Ja, Moment. Ich mach das hier grad fertig." Dann legt er sich das als nächstes zu bearbeitendes Bauteil in den Flur auf die Pantoffeln, so dass er es gleich wirklich nicht übersehen kann. Hoffentlich.
Es ist trotzdem nicht nett, einen Bauern dauernd zu unterbrechen. Er will ja auch mal fertig werden. Zumal ihm das Abschalten schwerfällt. Er kennt auch den Ruhemodus in dieser absoluten Form nicht. Sein Kopf macht weiter, solange nicht die letzte Quecke gezogen, das Holzscheit gespalten und die Steuererklärung gemacht ist. Dummerweise fängt in seinem Arbeitsbereich alles durch den Jahreslauf immer wieder von vorn an. Er ist nie fertig. Er kann also nicht einfach aussteigen und sich ans Ladekabel hängen. Sein Nachdenken ist auch kein genussvoller Hyperfokus, sondern ein endloses Weitertuckern. Nicht umsonst boomen solche Sachen wie Awareness-Kurse und Ähnliches. Der Bauer soll abschalten lernen, indem er seine Sinne benutzt. Witzig – er soll wie ein Späher die Welt wahrnehmen. Kann ihn viel Geld kosten, das zu lernen! Sehr viel Geld. Hoffentlich noch vor dem Herzinfarkt.
Wenn die Späherin gesund aufwächst und nicht durch endlose Kritik von ihrer optimalen Arbeitsweise abgelenkt wird, wird

sie bei ihren Arbeitspausen mit leerem Kopf dösen können
oder genussvoll etwas erfinden oder sich einen neuen Hyperfokus suchen.
Bei der Bäuerin ist das anders: Um auch geistig mit der Arbeit
aufhören zu können, wird sie den Hof verlassen und zur
Meck-Pommerschen Seenplatte fahren müssen. Kann aber
sein, dass sie dann nach drei Tagen anfängt, aus dem Kanu ein
Drachenboot zu bauen, weil sie einfach zu gerne werkelt. Die
Entspannung liegt dann darin, dass sie es will und nicht muss.
Und kann gut sein, dass der Späher begeistert mitmacht und
technische Lösungen für Unmögliches findet. Die Bäuerin wird
auch während ihrer Arbeit meist ansprechbar bleiben. Ganz
im Gegenteil sucht sie die Unterhaltung sogar oft. Der Hand-
lungsplan ist in ihr. Der Bauer wird auch ganz sicher keine
Essenspause vergessen. Merry und Pippin z. B., die beiden
mit Frodo verwandten Hobbits, fragen am Beginn des großen

Sehen Sie es?
Unten rechts der Hausgarten,
der auch auf die Reise mitkommt

Abenteuers nach dem zweiten und dritten Frühstück und plappern sogar während der Flucht vor den schwarzen Reitern noch weiter. Sie sind fassungslos, dass man einen Tag ohne all die Pausen überhaupt denken kann. Dieser lange, fassungslose Blick von Aragorn auf der Flucht vor den schwarzen Reitern ist zu köstlich. Dem Hobbit kann und darf aber auch zugemutet werden, seine Grenzen einmal zu überschreiten. Zu wagen, im besagten Drachenboot auf der Flucht vor dem Gewitter über den See zu kreuzen ist für ihn – gelinde gesagt – herausfordernd, während es für die Späherin das reine Vergnügen ist. Bauern dürfen also auch mal wagen, ihr Unbehagen zu überwinden und an der Herausforderung zu wachsen. Das herrliche Wort Komfortzonen-Erweiterung wurde wohl am ehesten für Bäuer*innen erfunden.

Für die Hobbits musste aber nach einem Jahr die Reise auch wirklich zu Ende sein. Denen aus dem „Herr der Ringe" hat ihr Abenteuer für ihr ganzes Leben gereicht. Frodos Reise war länger und durch den inneren Prozess auch tiefer. Auch er wurde wie Smeagol damit weit über sein Vermögen hinaus in ein Späherleben gezwungen. Das hat ihm nachhaltig geschadet und er konnte im Auenland keinen Frieden mehr finden. Sam dagegen hat zwar denselben Weg zurückgelegt, aber er konnte auf der ganzen Reise seinen Fokus beim Sorgen und Hüten lassen. Das hat ihn stabil gehalten. Und Galadriels Sämereien haben ihm nach der Rückkehr sofort die Ressourcen gegeben, die er für seine Heimkehr und Heilung brauchte. Frodo hatte nichts dergleichen. Darum musste er schließlich auch mit den Elben ans andere Ufer gehen. Und Bilbo, der Späher wider Willen, mit ihm.
(Wissen Sie, dass bei der Verfilmung die Szene des Abschieds nach einem hochemotionalen Drehtag wiederholt werden musste, weil Sam in der Mittagspause seine Weste abgelegt und niemand das bemerkt hatte? – Es ist übrigens typisch für

meinen Bäuerinnen-Anteil, dass ich Filme als solche wegen ihrer Dramatik kaum ertragen kann. Aber das Making of finde ich superspannend!)

VERSTEHEN – BEGEGNEN – ZUSAMMENFINDEN 2

Statt:
„Da muss man sich eben zusammenreißen!"
„Siehst du! Du kannst ja, wenn du nur willst!"
„Hier sieht es aus wie bei den Neandertalern!"

Besser:
„Das kostet echt Überwindung, das verstehe ich.
Womit belohnst du dich hinterher?" oder:
„Wie hast du das in der Vergangenheit geschafft,
dich für sowas zu motivieren?"
„Wow, ich freue mich, dass du das so gut hingekriegt hast!
Wie hast du es gemacht?"
„Uhhh, wow! Magst du es so,
oder soll ich dir ein bisschen helfen?"
„Sollen wir mal zehn Minuten werkeln und gucken,
wie weit wir damit kommen?"

Ja, aber die Verantwortung?!

Um es noch einmal ganz klar zu sagen:
AD(H)S is not an excuse, it´s an explanation
(Coby Watts auf Facebook)

Erwachsene Späher*innen tragen die volle Verantwortung für diese ganzen Wechsel von Suchen im Ruhen in Jagen und wieder zurück. Das ist kein Widerspruch dazu, dass die

Wechsel der Modi willentlich nicht beeinflussbar sind. Ich trage ja auch die Verantwortung dafür, nicht zu stinken. Dafür muss ich eben regelmäßig in die Dusche. Ich drehe auch am Hahn. Und bezahle meine Wasserrechnung und sorge für Seifennachschub ohne Palmfett und Schlachtabfälle. So stehen die Chancen gut, dass ich auch wirklich sauber werde. Mehr muss ich nicht tun. Mehr kann ich aber auch nicht tun. Späher*innen müssen so früh wie möglich lernen, was ihre Ziele sind, worauf sie Einfluss haben und worauf nicht. Das ist ihre volle Verantwortung.

Sie können und sollten im Laufe ihres Lebens also lernen, welche Themen oder Tätigkeiten in welcher Wahrnehmungsform sie wahrscheinlicher fesseln werden als andere. Dann müssen sie selbst dafür sorgen, dass sie sich die wichtigen Dinge des Lebens eben entsprechend des Kleeblattes des Hyperfokus aufbereiten. Und wenn sie es nicht selbst können, dann sollten sie dafür einen Coach beauftragen. Oder Mama oder den Partner.

Denn auch das ist Übernahme von Verantwortung: Die Umsetzung des Wissens, was man kann und was nicht. Dafür gibt es ja all die Steuerberater*innen, Elektriker*innen, Ärzt*innen, Psycho- und Physiotherapeut*innen, Gärtner*innen und Mechatroniker*innen. Wir müssen gar nicht alles ganz alleine können. Kann ja auch sonst niemand!

Ich habe übrigens nicht gesagt, dass es einfach ist, sich als erwachsener Mensch einen Coach für den alltäglichen Mist zu buchen:

Das Dilemma

So können und sollten auch AD(H)Sler*innen wirklich lernen, sich den öden Notwendigkeiten einer Nebenkostenabrechnung zu stellen. Denn es darf auch ihnen durchaus zugemutet werden, sich für unliebsame Tätigkeiten anzustrengen. Müssen alle anderen ja auch. Außerdem sind sie ja durchaus auch in der Lage, sich anzustrengen. Sogar in unfassbarem Maß – wenn es nämlich um etwas geht, auf das sie Bock haben. Auch haben sie nicht das Recht gepachtet, ständig prächtig unterhalten zu werden. Hat ja auch sonst keiner. Nur geht sowas Diszipliniertes eigentlich gegen ihre Natur und darf darum nicht Dauerzustand sein. Die Verantwortung dafür, sich nicht nur den netten Dingen des Lebens zu stellen, tragen sie aber trotzdem selbst. Auch dann, wenn das in Kindheit und Jugend noch nicht gut angebahnt wurde. Dann kostet es eben mehr Anstrengung, es nun zu lernen.

Erwachsen ist nun mal erwachsen

Erwachsene Späher*innen tragen darum auch selbst die Verantwortung dafür, vor dem Versinken in den Lademodus oder den Hyperfokus gegebenenfalls so starke Weck- oder Störreize zu setzen, dass auch diese beiden Formen des Hyperfokus mit Sicherheit unterbrochen werden. Sie können auch andere damit beauftragen, den Hyperfokus zu durchbrechen und sich für diesen Fall zu Friedfertigkeit verpflichten. Denn wenn ich gerade für ein Kind verantwortlich bin, darf ich einfach nicht für 17 Stunden im Bastelkeller verschwinden. Dann muss ich mir eben fünf mordsmäßige Wecker für die Zeit stellen, wenn ich mittags für das Schulkind kochen muss. Oder ich muss mir den Gang zum aktuellen Projekt eben ganz verkneifen. **Wer das nicht will oder kann, sollte eben weder** ein Kind kriegen noch im Atomkraftwerk arbeiten.

Tipp: Machen Sie sich eine Kopie von diesem Kreislauf und dem Kleeblatt auf Seite 84. Nehmen Sie diese als Lesezeichen. Es gibt Ihnen im ganzen Buch Orientierung. Und tun Sie die Kopie in Ihr Portemonnaie. Als kleine Erinnerung daran, sich liebevoll anzunehmen mit dem, was eben gerade ist.

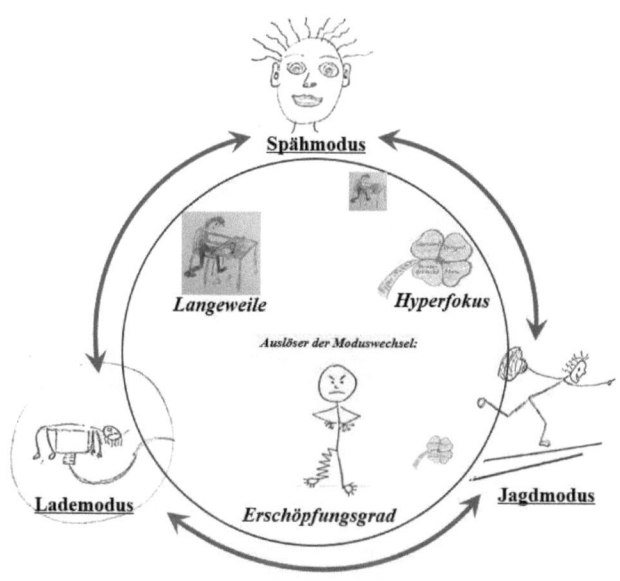

Was aber sagen die „Fachleute"?

Wie sieht denn „die Fachwelt" dieses Thema mit der Aufmerksamkeitssteuerung, mit den verschiedenen Zustände der AD(H)Sler*innen und ihrer angeborenen Art zu sein?
Wie ist die psychiatrisch/neurologische Sichtweise?
Wie sehen es die Psycholog*innen?
Was sagt die Pädagogik?
Schauen wir mal.

Kapitel 3

3. Neurologie und Co: Woher kommt´s?

Neurologie – Erklärungsversuch 1

Aktueller Stand unter Neurolog*innen ist, dass AD(H)S Folgendes ist:

- entweder ein neurologischer Defekt in der Anatomie des Gehirns und/oder
- ein Defizit bestimmter Botenstoffe (vor allem Dopamin) bei den Kontaktstellen zwischen den Nervenzellen.

Soll ich das hier genau erklären? Lieber nicht, ich bin keine Neurologin. Ich kann vielen von denen nicht wirklich folgen. Das liegt aber sicher nicht nur an meinen mangelhaften medizinischen, statistischen oder wissenschaftlichen Kenntnissen. Ich ärgere mich zuviel.

Das Gehirn und seine „Defekte"

Ich habe zum Beispiel einige neurologische Vorträge gehört. Auch über AD(H)S. So auch von einem der AD(H)S-Koryphäen: Dr. Russel Barkley. Vielleicht liegt es an meinem

Englisch, aber ich bin nach seinen Vorträgen mehrfach zutiefst verstört gewesen. Zum Beispiel, wenn er sagt (und andere übernehmen das dann auch), dass man neuroanatomische Unterschiede in den Gehirnen zwischen ADHS-Menschen und den sogenannten neurotypischen – d.h. „normalen" – Menschen finden kann. Dass diese Unterschiede allerdings so minimal sind, dass sie in der großen Varianz alles Menschenmöglichen untergehen. Versteh ich nicht. Also, es gibt Unterschiede, aber wenn man alle Menschen anguckt, dann eigentlich nicht? Oder doch?

Dann sagt er, dass man kein Gehirn nehmen und daran sehen kann, ob das einem AD(H)Sler gehören würde oder nicht. Dass es aber eindeutige Unterschiede gibt. Hä? Also ja, aber nein? Tut mir leid, aber das finde ich nicht so richtig logisch. Wenn man z. B. in ein entsprechendes Gehirn guckt, kann man sofort erkennen, ob das einem Parkinsonkranken gehörte. Oder einem Menschen mit Tourette-Syndrom. Man kann auch am lebenden Objekt Epilepsie erkennen. Das sind alles neurologische Erkrankungen. Irgendwie scheinen für AD(H)S aber andere Gesetze zu gelten: Man findet zwar nichts Sichtbares, aber die Koryphäe sagt: „Wohle sind die da!". Wie gesagt, ich verstehe es nicht.

Dann hören wir der Koryphäe mal weiter zu: Es werden von Dr. Russel Barkley etliche Strukturen des Gehirns benannt, die bei ADHSler*innen kleiner sein sollen (Aber wie gesagt, nicht sooo viel kleiner, dass man es am individuellen Gehirn sieht und auch nicht bei allen und auch nicht soooo deutlich kleiner, dass es aus der allgemeinen Verteilung herausfällt).
Er nennt z. B.
1. Das Verbindungsstück zwischen den Hirnhälften.
2. Den Teil, der Bewegung koordiniert.
3. Den Teil der entscheidet, ob etwas ein Gedanke bleibt oder in Worte bzw. Taten umgesetzt wird etc.

Andere Strukturen benennt er als nicht (nur) kleiner, sondern auch noch als weniger aktiv (mit den gleichen Einschränkungen, wie gerade oben aufgezählt). So meint er z. B. den Teil als Troublemaker identifiziert zu haben, der sich negative Verhaltensrückmeldungen merkt. Je kleiner und inaktiver, umso schwerer sei die Symptomatik.
Aber das ist noch nicht alles:

"Up, out and done." – Echt jetzt?

Barkley benennt als weiterer der von ihm konstatierten fundamentalen Unterschiede, dass AD(H)S-Menschen nur laut denken können und es keinen Unterschied zwischen Gedanke und Handlung gibt. Zitat: „Up, out and done."

Was???

Ich weiß ja nicht, was er für AD(H)Sler*innen er kennt, aber die die ich kenne, tun den ganzen Tag so, als wären sie „normal". Sie dirigieren in ihrem Kopf wilde Affenrudel, ausgerastete Hornissenschwärme und hundert Kaleidoskope – ohne dass irgendetwas davon nach außen dringt. Nix mit „Up, out and done". Es ist doch u.a. genau dieses gnadenlose Trainieren und Tragen von Masken, was die neurodivergenten Menschen so fürchterlich quält und erschöpft!
Was mich bei ihm auch noch irritiert: Weil dies „Up, out and done" bei Menschen mit Tourette-Syndrom ganz extrem ist, geht er vorerst davon aus, dass dieser Schalter eben auch bei den ADHSler*innen kaputt ist. An dieser Stelle sagt er, dass genau diese Fähigkeit, ein privates und ein öffentliches Selbst zu haben, uns von den anderen Affen unterscheiden würde.

Hossa!!!

Dr. Russel Barkley sagt auch, dass die anatomischen Entwicklungsrückstände etwa zwei bis drei Jahre betragen und sich dann auswachsen. Die Symptomatik aber nicht. Das ist aber seltsam. Das Gehirn macht wie gehabt weiter, obwohl es im erwachsenen Zustand ganz normal geworden ist? Verstehe ich nicht. Zumal er all seine anatomischen Befunde aus den Hirnen Erwachsener gewonnen hat. All sowas sagt der Herr Professor.

Aber wie gesagt, all meine Irritationen könnten auch einfach an meinen begrenzten Englischfähigkeiten liegen. Bei vielen anderen Ärzt*innen, Professor*innen und Doktor*innen war es allerdings auch nicht viel besser. Aber es gibt noch Hoffnung. Da sind noch ein paar Bücher, die ich noch lesen und andere Professoren, die ich noch hören will – dann kann ich in der nächsten Auflage dieses Kapitel vielleicht streichen. Hoffentlich.

... Affen ... er hat wirklich Affen gesagt

Nur so eine Idee – Erklärungsversuch 2

So gesehen kann ich ja auch mal einfach etwas in den Raum stellen. Zum Glück habe ich ein Diplom in Psychologie, bin also in der Methodik der Forschung ausreichend ausgebildet und darf damit auch irgendwelche Hypothesen in den Raum stellen.

Also: Im Zusammenhang mit meiner traumatherapeutischen Ausbildung und im Studium habe ich ja auch ein paar Grundlagen in Sachen Gehirn gelernt. Ausgangspunkt meines Halbwissens war 1982/3 die sehr gerne besuchte Vorlesung von Prof. Linke in Bonn im Fachbereich Neurologie. Die freudige Erwartung auf das Kommende fand ihren ersten Höhepunkt immer mit einem bewundernden Raunen des Auditoriums, wenn er schwungvoll die Queransicht des Gehirns an die Tafel malte.

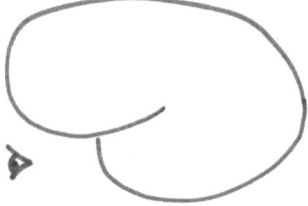

Ich kanns offenbar nicht...
So konnte das nur Prof. Linke. Sorry, ... ich schweife ab ...

(Apropos abschweifen: Soll ich mal schnell von Prof. Linkes größtem Fan erzählen, der ergraut im 33. Semester immer wieder in dieser einen Vorlesung saß und immer wieder eifrig alles mitschrieb? Zehn Jahre später fuhr er mit demselben Mantel und derselben Tasche weiter mit dem Zug nach Bonn. Ob er wohl bis heute ...? Na gut, ich erzähle es nicht.)

Übrigens: Ein Späher*innenhirn hat nicht nur eine, sondern sekündlich Dutzende solcher Assoziationen abzuwehren. Wie kann man bloß behaupten, dass diese Menschen zwischen Gedanke, Aussage und Handlung keinen Unterbrecher haben? Zurück zu meiner höchstpersönlichen Hypothese:

Linke und rechte Hirnhälfte

Für meine Vorträge über Trauma und seine Behandlung benutze ich immer eine Aufstellung der Aufgabenverteilung in unserem Gehirn. Diese habe ich mir im Laufe der Zeit anhand entsprechender Fachliteratur und Fortbildungen zusammengestellt und baue sie immer entsprechend neuer Erkenntnisse aus. Irgendwann fiel mir auf, dass die rechte Hirnhälfte eine Späherin oder ein Späher sein könnte und die linke eine Bäuerin oder ein Bauer. Vielleicht ist es ja einfach nur das:

Je mehr Späher*in, umso rechthirniger. Je mehr Bäuer*in, umso linkshirniger. Wer mag, möge das erforschen. Ist nur so eine Idee.

Aber Sie können ja auch selber mal darüber sinnieren, ob da was dran sein könnte. Wenn man sich nämlich unsere Gehirne und deren Aufgabenteilung anguckt, dann findet man unter vielen anderen unglaublichen Phantastigkeiten auch diese Arbeitsteilung der beiden Hirnhälften. Diese ist nicht absolut, aber deutliche Begabungsschwerpunkte sind identifizierbar. In einem richtig guten Gehirn kommunizieren die beiden Abteilungen so schnell, dass von dieser Arbeitsteilung nichts zu merken ist. In einer gut funktionierenden Gemeinschaft wird auch nicht erst stundenlang darüber diskutiert wird, wer in halsbrecherischer Fahrt in die Notfallapotheke rast und wer derweil die Splitter des beim Salto im Wohnzimmer heruntergetretenen Kronleuchters noch aus der letzten Ecke fegt. Es wird arbeitsteilig gehandelt und fertig.

Wieso Notfallapotheke? Wieso Kronleuchter?

Frau Schütze, 47, hat ihren beiden erwachsenen Kindern Hildegard und Kevin nur schnell beweisen wollen, dass sie den Rückwärtssalto noch draufhat. Dabei hat sie sich beide Fußgelenke und den Rücken ein wenig verstaucht. Es besteht mal wieder Bedarf an Kühlauflagen, elastischen Binden und Schmerzsalbe. Frau Schütze hatte wie immer versäumt, ihren diesbezüglichen Vorrat nach der letzten derartigen Aktion selbst wieder aufzufüllen.

Zurück zum Gehirn und meiner Hypothese

Das Gehirn sieht von oben aus wie eine Walnuss. Zwei verbundene, sich recht ähnlich sehende Hälften eines zusammenhängenden Gebildes.

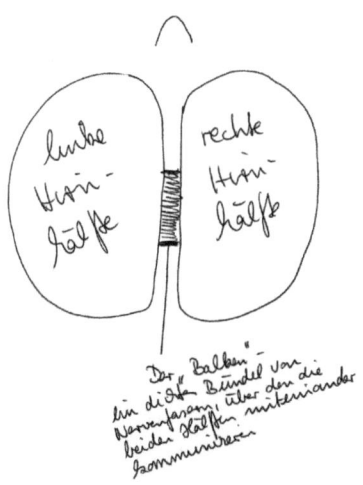

Nach jetzigem Stand der Wissenschaft haben die beiden Hälften sehr eindeutige Begabungsschwerpunkte und Fähigkeiten. Beide sind aber ständig in derart schnellem und intensiven Austausch miteinander, dass man davon nichts mitbekommt.
Diese Begabungs-Verteilung hat übrigens nichts mit Händigkeit zu tun. Sie ist bei jedem Menschen so.

Auf der nächsten Seite ist eine Tabelle, welche Hirnhälfte was am besten kann.

LINKE GROSSHIRNHÄLFTE	RECHTE GROSSHIRNHÄLFTE
(Vielleicht die Bäuer*innennseite)	(Vielleicht die Späher*innenseite)

Die Welt vestehen

Die Welt rational verstehen und ordnen	Die Welt intuitiv verstehen und empfinden
* Wissen	* Weisheit
* Konzentration auf einen Punkt	* Überblick über die ganze Situation
* Erkennen und Analysieren von Details	* Ganzheitliches Erfassen
* Hypothesenbildung	* Intuition
* Logische Schlussfolgerung	* Neugier
* Regelanwendung	* Kreativität
* Strukturanwendung	* Spontaneität
* Verallgemeinerungen	* Impulsivität
* Texte	* Melodien und Geräusche
* Symbolisierung	* Musikempfinden
* Rechnen	* Raumempfinden/-orientierung
* Innere Uhr und Kalender	* Farb- und Mustererkennung
* Bewusstes Erkennen von Zusammenhängen, und Gesetzmäßigkeiten und Regeln	* Unbewusstes Erfassen von Lösungen

Auf die Welt einwirken

* Inhaltliche Strukturierung (z.B. wenn, dann)	* Freies Spiel/Verspieltheit
* Sequenzielle Strukturierung (erst x, dann y)	* Intuitives Herumprobieren
* Gezielte Bewegungen	* Unbewusstes Handeln

Die Welt im Kopf behalten

* Bewusste Erinnerung	* Unbewusste Erinnerung
* Verbale Erzählfähigkeit	* In unabhängigen Bruchstücken
	* Szenisch, vorwiegend visuell
	* Verarbeitung der emotionalen Aspekte einer Erfahrung
	* Assoziatives Verbinden der Sinneseindrücke

Sprache

* Sprachproduktion	* Bewegen und Wahrnehmen des Sprechapparates
* Hören und Verstehen	* Melodische Aspekte von Sprache und Musik
* Formale Aspekte wie Worterkennung	* Bildersprache
* Grammatische Strukturbildung	* Floskeln, Dreiwortsätze
* Liedtexte	* Eintauchen ins Gelesene und Gehörte
* Lesen (technische Aspekte)	* Körpersprache (unbewusstes Produzieren und Wahrnehmen

Motivation (im Stirnhirn)

* Was ich will	* Was ich nicht will

... Ist das nicht absolut faszinierend?

Da könnte ich mich an jedem einzelnen Punkt aufhalten. Zum Beispiel bei der Motivation. Das Späherlein hat deutlich keinen Bock darauf, Schwungbögen auf Linien nachzuziehen, aber seine Bewegungsunruhe hat außer „Raus hier!" auch erstmal kein bestimmtes Ziel. Es weiß nicht, was und wohin es will, aber das mit ganzer Macht.

Rechts vorne ist allerdings auch dafür zuständig, Verhaltensweisen zu unterdrücken. Es gibt Neurolog*innen, die sagen, dass rechts vorne bei AD(H)Sler*innen kleiner ist, als bei den anderen. Vielleicht liegt die Impulsivität auch daran. Dazu siehe ein paar Seiten weiter vorne.

Oder Künstler*innen – das sind rechtshirnisch hochaktive Menschen. Oft gelten sie als AD(H)Sler*innen.

Die Begabung in der einen oder anderen Richtung kann also auch etwas damit zu tun zu haben, welche Hirnseite stärker genutzt wird oder dominanter ist. Wie gesagt, fiel mir nur so ein und auf. Fachkompetente Forscher*innen seien herzlich ermutigt, sich hiermit näher zu beschäftigen.

Anders = krank?

Muss man angesichts dieser Wunder die Besonderheiten des neuro-untypischen Gehirns eigentlich wirklich zwingend pathologisieren (als krank definieren)? Viele tun es nicht mehr. Sie bevorzugen den Begriff „neurodivergent". Der betont eben, dass wir eine große Bandbreite an Möglichkeiten haben, die Welt zu sehen, uns in ihr zu bewegen und mit ihr zu kommunizieren. Das ist nicht dasselbe wie krank, behindert, dumm, ungezogen oder bescheuert. Es ist nur eben einfach nicht so, wie die meisten anderen Leute sind.

„Normal"

Wenn man irgendeine Eigenschaft anguckt und diese nach der Häufigkeit ihres Auftretens in ein Diagramm einträgt, so ergibt sich in den meisten Fällen eine sogenannte „Glockenkurve". Das hat der Herr Carl Friedrich Gauß um 1811 entdeckt. Im Psychologiestudium muss man sich mit ihm und den darauf aufbauenden Folgerungen endlos rumschlagen.

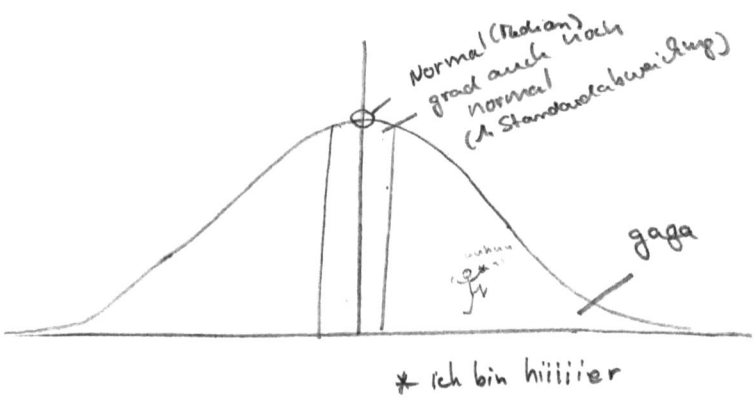

Diese Kurve kann auch mal schief, steiler oder flacher, voller Einkerbungen oder glatt sein. Aber die Verteilung einer beliebigen Eigenschaft – und oft auch ihrer Bewertung – sieht meist so aus: Als normal gilt, was am häufigsten vorkommt. So einfach ist das. Da ergeben sich nur dummerweise so Sachen wie: „Die meisten Alleinerziehenden haben 1,41 Kinder." Weil das mathematisch zwar korrekt, in der Realität aber zumindest grenzwertig ist, akzeptiert man von diesem Punkt aus rechts und links eben noch einen Bereich, der immer noch gerade so als normal gilt. Dann ist aber Schluss! Witzig ist, dass man diesen Bereich „Standardabweichung" nennt.

Ich persönlich fände das 0,41-Standardkind ziemlich – mmh – krank. Aber normal wäre es. Das würde den meisten Menschen schon reichen, weil „normal" für sie das einzige Maß aller Dinge ist.

Biochemie – Erklärungsversuch

3: Dopamin – auf der Suche nach dem Glück

Aktueller Stand unter Psychiater*innen ist, dass wir es bei AD(H)S mit einem Stoffwechseldefekt zu tun haben. Soll ich das hier genauer erklären? Lieber nicht. Ich bin weder Psychiaterin noch Endokrinologin, noch habe ich mit der Pharmabranche zu tun. Allerdings kann ich deren Erklärungen ebenfalls nicht wirklich folgen. Auch hier liegt das nicht unbedingt an mangelnden sprachlichen, medizinischen, statistischen oder wissenschaftlichen Kenntnissen. Vielleicht liegt es ja nur daran, dass so etwas in AD(H)S-Aufklärungs-Broschüren steht, die mit freundlicher Unterstützung von Janssen-Cilag, Novartis und anderen gedruckt wurden. Oder in Büchern, die davon abgeschrieben haben.

Dort liest man vielfach, dass AD(H)S die Folge eines auf bestimmte Art gestörten Stoffwechsels ist.

Vor allem wird an dieser Stelle immer der **Mangel an Dopamin oder ein Ungleichgewicht der Botenstoffe Dopamin und Noradrenalin genannt,** welche sehr wichtige Funktionen im Stoffwechsel haben. Dopamin gilt als das Glückshormon. Weil nun AD(H)Sler*innen, so die Hypothese, „zu wenig" oder ein so genanntes Ungleichgewicht davon haben, brauchen sie mehr und stärker positive Erlebnisse, um sich überhaupt zu freuen. Oder noch besser, Medikamente, die Dopamin ersetzen.

Wer hat eigentlich Normabweichungen im Zusammenhang mit Dopamin, Noradrenalin und Co. in ausreichender Evidenz (also überzufällig über die normale Varianz hinausreichend) nachgewiesen? Oder sind das alles wieder nur so Theorien, welche der eine vom anderen abschreibt? Nach ein paar Tagen hatte ich keine Lust mehr, die Originalquellen und -belege zu suchen. Ich habe nur die „Ist-so -Texte" gefunden und bin für jeden Tipp dankbar. Mit nachgewiesen meine ich übrigens nicht, dass ein Dopaminmangel aus dem Verhalten geschlossen wurde. Ich meine damit Werte, die im Blut, Plasma oder Urin auf korrekte Weise gewonnen wurden. Zum Beispiel muss der Mensch 20 Minuten ruhig liegen, um den aktuellen Wert im Blut bestimmen zu können. Ein liegender Späher im Jagdmodus dürfte dadurch allerdings in einer grundlegend mieseren Stimmung sein als ein liegender Bauer. Wurde das bei den Untersuchungen berücksichtigt?

Also wieder: Ursache oder Wirkung, Artefakt oder echter Wert? *(Wink mit dem Gartenzaun: Falls jemand mich unbedingt angreifen will, so wäre hier ein möglicher Punkt: „ AHAAAAA! „Sie haben also nicht die weltberühmte Studie von Prof. Dr. Dr. Xy gelesen, der belegt, dass...?!"* „Stimmt. Hab ich nicht. Freu mich über einen Link!")

Zumindest kann man mit dieser Dopamin-Hypothese einige Verhaltens- und Gefühlsweisen gut erklären. Aber wäre das Vorhandensein solcher Abweichungen von der Norm wirklich zwingend als krankhaft zu sehen? Vielleicht hatte es irgendwo einen Evolutionsvorteil?
Es ist doch logisch, dass viele Funktionsweisen des Gehirns sich auch an bestimmten Botenstoffen etc. ablesen lassen. Und es ist auch logisch, dass Psychopharmaka Erleben und Verhalten verändern. Das ist schließlich ihr Job. – Noch einmal aber: Beides ist meines Erachtens kein Beleg dafür, dass AD(H)S eine „Krankheit" ist und dass diese von einer Stoffwechselstörung, einem Hormonmangel o.ä. ausgelöst wird. **Die unterschiedlichen Stoffwechsel haben vielleicht viel**

eher eine wirklich sehr sinnvolle Funktion. Dazu an anderen
Stellen mehr.

Ein weiterer vermeintlicher Indizienbeweis dafür, dass
AD(H)S eine Krankheit sei ist, dass AD(H)Sler*innen öfter als
depressiv diagnostiziert werden und öfter Angsterkrankungen
haben. Das wird als tragische Folge des Dopaminmangels
erklärt. Statistisch kommt das hin, ABER:

1. ADHSler*innen neigen dazu, bei Fragebögen die **Extrem-
werte anzukreuzen.** Sicher hat das Einfluss auf die Diagnose-
häufigkeit, wenn man das nicht sorgfältig recherchiert. Zum
Beispiel in ausführlichen Gesprächen an unterschiedlichen
Tagen die Kreuzchen nochmal bespricht. Welche Ärzt*in
nimmt sich dafür die Zeit? Welche Forschenden haben das
auf dem Schirm und kennen die Untersuchungsobjekte genau
genug, um diese Feinheiten zu erkennen?

2. Hier muss die Frage aufkommen, ob die Depressionen und
die Angsterkrankungen direkt mit diesem Stoffwechsel zu tun
haben, oder vielleicht doch eher mit der für die
AD(H)Sler*innen besonders schädlichen Umwelt. Vielleicht
lässt ja genau dieses von außen kommende Übel die Serum-
werte in den Keller sacken und/oder die Fragebogenwerte
nach oben schießen. Beides dürfte leichter zu lösen sein als die
Henne-und-Ei-Frage. Wir müssten nur mal gnadenlos wertschätzend und auf die Besonderheiten eingehend mit ein bis
zwei Generationen Späher*innen umgehen. Dann würde man
sofort sehen, ob die trotzdem häufiger ängstlich und depressiv
sind. Oder stattdessen vielleicht sogar zu den Stimmungsboos-
tern der Gesellschaft werden.

Fazit:

Was, – falls überhaupt wirklich vorhanden – wenn diese Trans-
mitter-Unterschiede Sinn und Funktion haben? Was, wenn
sie einen evolutionären Vorteil bieten? So, wie eine unfassbar
vergrößerte und mit der Nase verwachsene Oberlippe keine

Monstrosität sein muss. Fragen Sie mal einen Elefanten. Eine solche dramatische Fehleinschätzung wäre in der Psychiatrie/Neurologie nicht das erste Mal. Ein aktuelles Beispiel:

Die Serotonin-Hypothese

Es hat in der Psychiatrie (wie auch in anderen Disziplinen) schon viele andere und furchtbare Holzwege gegeben. So Sachen wie das Pürieren des Stirnhirns gegen Bettnässen, das Fast-Ertränken gegen Ungehorsam etc. Oder auch die als selbstverständlich richtig angenommene Geschichte mit dem behaupteten Serotoninmangel bei Depressiven. Da gab es mal eine Studie, die das zu belegen schien. Seitdem galt es als feststehende Tatsache. Nur nachgewiesen worden ist das tatsächlich noch nie. Keine Studie konnte das „Ergebnis" replizieren. Aber „alle" schreiben es wieder und wieder voneinander ab. Kürzlich habe ich dazu wieder mal eine Fortbildung gemacht. Die Beweislage für eine tatsächlich positive Wirkung von Antidepressiva (und nicht nur solche der Serie SSRI) ist erschütternd dünn bis gar nicht vorhanden. Wenn das, was ich da gehört habe, stimmt, dann ist die Lage um alle Antidepressiva noch viel schlimmer, als ich sowieso schon gedacht habe. Inzwischen ist sogar belegt, dass die Serotonin-Hypothese schlicht falsch ist. (Das Ergebnis einer Metastudie unter der Leitung von Prof. Dr. Med. Joanna Moncrieff, z. B. nachzulesen in der medizinischen Fachzeitschrift „Molecular Psychiatry", Juli ′22). Darum wirken all die Medikamente, die darauf basieren, auch eher schlecht, bis gar nicht über den Placebo-Effekt hinaus. Bei 14% der schwer Depressiven kann man mit einer leichten Verbesserung der depressiven Symptomatik rechnen. Also nicht so ganz der überzeugende positive Effekt. Im Gegenteil – in aller Regel schaden Antidepressiva massiv, das dafür recht zuverlässig! Nicht nur damit, dass der Appetit extrem angeheizt werden kann. So, dass die Leute danach nicht nur weiter Depressionen haben, sondern auch noch um 50 kg fetter sind als vorher. Es werden trotzdem immer neue Serotonin-Wiederaufnahmehemmer (SSRI) entwickelt und tonnenweise verschrieben. Viele meiner Klient*innen nehmen allerlei Antidepressiva über Jahrzehnte hinweg. Auf die Frage, ob sie denn helfen, kommt meist ein zögerliches: „Eigentlich nicht, aber der Arzt hat gesagt, ... „

Hallo?

Nach einer Entzündung der Bauchspeicheldrüse bekam meine alte, durch die Krankheit ausgemergelte Podenco-Hündin ein Antidepressivum. Die Ärztin sagte: „Dass die nicht gegen Depressionen helfen weiß man ja. Aber als Appetitanreger sind sie super." Kann ich bestätigen. Plötzlich hatte ich einen Labrador zu Hause.

Ich habe schon drei Minuten nichts mehr gegessen!
Ruf den Tierschutz!

Methylphenidat und Co

Offensichtlich reagieren die meisten AD(H)Sler*innen bei Einnahme von Methylphenidat und verwandten Medikamenten mit Reduktion der Unruhe und besserer Anpassung an das Erwartete. Tatsächlich macht man sogar gerne auch einen Medikationsversuch als Teil der Diagnostik. Die Frage ist dabei: Wird die Späher*in mit Methylphenidat bäuerlicher? Wenn ja, dann ist die Verdachtsdiagnose bestätigt und die „Therapie" (also Medikation) gleich mit eingeleitet. Hier scheinen wir also etwas „erfolgreicher" rangehen zu können, als bei der Medikation der Depression. Zum Glück gibt es inzwischen auch eine Auswahl an ADHS-Medikamenten, sodass mit etwas Engagement und Geduld auch etwas Passendes gefunden werden kann. Der Vorteil dieser Medikamente ist, dass sie recht schnell den Körper wieder spurlos verlassen. So können sie am Ende sehr gezielt, selbstbestimmt und bedarfsabhängig eingesetzt werden.

Aber: Muss man die Besonderheiten des Stoffwechsel-untypischen Organismus deshalb zwingend pathologisieren (zur Krankheit erklären)?

Längenpathologie

Ein Beispiel, um diese Frage zu verdeutlichen:

Ich bin recht klein. Nur etwa 6 cm von einer Schwerbehinderung entfernt. Um an meine oberen Küchenschränke zu kommen, brauche ich eine Leiter. Ist meine bessere Funktionstüchtigkeit mit Leiter der Beleg dafür, dass ich eine Längenpathologie habe? Ist die Leiter zwingend notwendig und die einzige Lösung? Nein, denn wären alle meine Möbel an meine Größe angepasst, bräuchte ich keine Leiter. Lustig ist, wie viele Menschen sich an meiner Küchenlampe den Kopf stoßen. Sind dann jetzt diese Leute längenpathologisch?

Jetzt wird's aber noch schwieriger, denn seit dem Einbau eines falschen Hüftimplantats ist das operierte Bein jetzt viel länger als das andere. Ist dies nun weniger längenpathologisch als das kurze? Immerhin ist es jetzt näher am Gauß'schen Median als das andere. Oder ist eher doch das in Folge des zu großen

und schräg eingebauten Bauteils nicht plangemäß verlaufende Einwachsen pathologisch? Oder ist es eine gesunde Abwehrreaktion des Körpers auf die Wahl dieses zu großen Implantats? – Oder haben vielleicht die Chirurgen der berühmten Klinik St. J. in W. einen pathologischen Ego-und-Verantwortungs-Defekt, weil sie die Beinlängendifferenz als „gefühlt" und die Schmerzen als „kann nicht sein" beschreiben und jedwede Verantwortung von sich weisen?
Frag mich mal, ich habe da eine ziemlich klare Haltung zu.

Zucker oder Radieschen – Erklärungsversuch 4

Diskutiert wird und wurde auch, dass die Symptome Folge falscher Ernährung seien. Da war schon allerlei in Verdacht. Von Zucker über Weizenmehl oder sonst was. Ließ sich nicht nachweisen.
Auch nicht, wenn man ganz, ganz fest daran glaubt oder es immer und immer wieder behauptet. Und auch nicht, wenn man ein Beweiskind nach vorn schiebt und sagt: „Hier, der Max-Kevin, der ist viel ruhiger, seit er keinen Zucker mehr bekommt."
Lieber Max-Kevin, kann es sein, dass Du noch nicht einmal ADHS hast, aber endlich einen Halt bekommst, indem deine Eltern mal irgendetwas durchziehen? Und dass die beiden viel entspannter und damit bindungsstärker und zuverlässiger sind, seit sie sich als selbstwirksam in der Erziehung erleben? Du weißt gar nicht, wovon ich rede? Macht nix, Max-Kevin, lass es Dir einfach gut gehen. Und das mit dem Zucker kannst Du in Ruhe abwarten. Die ziehen das eh nicht durch.
Und wenn er nun doch ADHS hat? Ja, weniger Zucker schadet nie. Nur auf AD(H)S hat es keinen Einfluss. Nur auf die Zuckerindustrie, die es gar nicht leiden kann, dass ihre legale Droge immer mehr in Verruf gerät.

Drogen und Wickeltisch? – Erklärungsversuch 5 und 6

Ja, der Sturz vom Wickeltisch war der Klassiker, mit dem früher die Zappelkinder erklärt wurden. In meinem Studium Anfang der 80er haben wir das noch unter MCD (Minimale cerebrale Dysfunktion) zu diagnostizieren gelernt. AD(H)S/ADHD/ADD gab es damals noch nicht. Ja, Schädel-Hirn-Traumen können eine ähnliche Symptomatik auslösen. Darum geht die Diagnose auch nicht Hopplahopp, sondern erfordert viel Zeit, Präzision und Kennenlernen. Ja, auch innere Schädigungen des Gehirns wie die Vergiftung des Fötus mit Alkohol, Nikotin und anderen Drogen produzieren Zappeligkeit, Konzentrationsstörungen und all diese Symptome. Trotzdem ist das dann noch längst nicht automatisch AD(H)S. Also auch dort muss man wirklich genau hinschauen.

Das nennt man Differenzialdiagnose. Um die korrekt zu erstellen, muss man den Menschen Zeit und Aufmerksamkeit schenken, sie ernst nehmen und ihnen wirklich offen zuhören. All dies eben, was nicht nur in der Psychobranche unbezahltes „Gedöns" ist.

Dann eben die Mütter! – Erklärungsversuch 7

Jawohl, die Mütter, die nicht ordentlich begrenzen können und „nur endlich einmal konsequenter sein müssen". Und überhaupt, dieser ganze „antiautoritäre Mist" (wobei der üblicherweise mit der Laisser- faire-"Erziehung" verwechselt wird). Da muss eben nur mal einer dem Kind zeigen, wo der Hammer hängt.

Nunja, man KANN natürlich auch ein Jägermädchen und seinen Bruder drillen. So, wie man Linkshänder*innen natürlich auf rechts umtrainieren kann. Ich kann den Befürworter*innen dieser Art Bootcamp-Dressur aber sagen: Das ist Folter. Es zerstört Menschen. Es richtet Schäden im Gehirn an. Es verschafft mir also viel Kundschaft. Aber lieber wäre mir, ich müsste die Opfer dieser Zerbrechenskultur nicht behandeln.

(Liebe Mutti von Max-Kevin, ich widerspreche mir nicht. Denn Dressur ist nicht das Gleiche wie Erziehung. Schau doch mal bei Positive Parenting Program/Triple P oder Ben Furman. Lass Dich inspirieren.)

Genetik – Erklärungsversuch 8

Es scheint nachgewiesen, dass AD(H)S einen starken genetischen Anteil hat. Es gehört sogar zu einer sauberen Diagnostik, nach Symptomen bei der Verwandtschaft zu fragen. Eltern erkennen sich selbst, während ihr Kind diagnostiziert wird. Meine erwachsenen Patient*innen denken über ihre Eltern nach und ein Groschen nach dem anderen fällt:
„Der hatte überhaupt keine Selbstkontrolle. Wenn der losgeprügelt hat, dann gab es kein Halten mehr." *„Der war total jähzornig und hat selber auch nichts zu Ende gebracht."*
„Die hat immer nur aufgeräumt, wenn Besuch kam – indem sie alles unters Bett geschossen hat."
„Da gab es dieses eine Zimmer, wo alles reingestopft wurde."
„Sie war so kreativ, so lustig und leider gar nicht verlässlich. Aber wenn wir was zusammen gemacht haben, dann war es der Himmel auf Erden."
„Mein Vater war viermal verheiratet, meine Mutter zweimal."
„Mein Vater hat sich totgesoffen. Er war ein solches Genie."
„Wir sind zwölfmal umgezogen. Einfach, weil es denen zu langweilig wurde. Wenn auch das Geld oft knapp war, hatten wir zusammen aber auch immer viel Spaß."

Auch Zwillingsstudien, Adoptionsstudien etc. zeigen einen hohen genetischen Anteil. Da scheint also nachweislich wirklich was dran zu sein. Man konnte sogar die zugehörigen Genabschnitte finden.
Auf Chromosom 16, wer es wissen will.

Zusammenfassung:

1. Woher also kommt es? (=Ätiologie)

„Die Ätiologie der ADHS ist bisher nur in Teilen verstanden, sicher ist jedoch, dass genetische Faktoren einen bedeutsamen Beitrag zur Entstehung der Erkrankung leisten."
steht in einem Artikel über die genetischen Grundlagen (bei eHogrefe vom 6.5.2022. in der Zeitschrift für Kinder- und Jugendpsychiatrie und Psychotherapie, Vol. 50, No 3. Von Sarah Hohmann und anderen.) Das fasst den Wissensstand ziemlich zusammen. Sie sehen, es mangelt nicht an Theorien für die Ursache dessen, was man heute „Aufmerksamkeit-Defizit-(Hyperaktivitäts)-Störung" nennt. Wir werden dranbleiben

2. Ist es eine Krankheit und/oder eine Behinderung? (= Einordnung)

Weder noch.
Es ist eine Variante des Menschenmöglichen.

3. Wozu dient es? (= Funktion)

Vielleicht ist die wesentliche Frage ja gar nicht, woher es kommt, sondern wozu es dient.
Dafür müsste man aber endlich mal von der Pathologie-Schiene runter. **Vielleicht hat das Ganze ja einen Sinn.** Sobald man die Funktion einer so genannten „Störung" verstanden hat, hört das Leid oftmals auf. Sei es, weil man bessere Lösungen für das Angestrebte findet. Oder sei es, weil gar keine „Störung" vorliegt, sondern eine unverstandene Funktion.

Zu theoretisch? Okay. Ich versuche es anders:

Depression oder Panik oder ein Zwang waren irgendwann mal Lösungen für Probleme. Zum Beispiel kann einem absolute Passivität tatsächlich das Leben retten. Auch blindes Wegrennen ist super, wenn der Feind nicht so schnell zu Fuß ist. Auch der Versuch irgendetwas zu finden, über das man Kontrolle hat, wenn einem ansonsten alles aus dem Ruder läuft, ist ein guter Ansatz. Erst hat es ja auch geklappt. Aber dann hat sich dies Verhalten immer mehr ausgeweitet. Warum? Weil es ja keine wirkliche Lösung war. Weil es sich im ersten Moment aber gut angefühlt hat, macht man es weiter. Und zwar umso intensiver. So sind wir: Wenn der Hund auf Rückruf nicht kommt, schreie ich einfach lauter. Eine Lösung wäre allerdings, in die Gegenrichtung wegzulaufen. Machen wir aber nicht. Wir brüllen uns immer wütender werdend die Seele aus dem Leib. Der Hund versteht das als Unsicherheit und Dummheit oder es macht ihm Angst. Er läuft also nur umso weiter weg. So wurde die „Lösung" selbst zum Problem. Therapie heißt u.a., das dahinter liegende Bedürfnis zu finden und dafür tatsächliche Lösungen zu finden.
Depression hört (u.a.) auf, wenn ich meinen Zorn nach außen

statt nach innen richte. Panik hört auf, wenn ich mich als wehrhaft erlebe. Zwang hört auf, wenn ich mich der Angst vor Kontrollverlust stelle. Das ist also die eine Sorte „Störungen". Und dann gibt es noch die, zu denen meines Erachtens die AD(H)S gehört. Kiemenatmung ist nur an Land ein Problem. Eine Mutation, die einen Hund ohne Unterwolle sein lässt, ist in nur Alaska ein Problem. Auf Kreta aber überlebenswichtig. Totale Blindheit ist in einer ewigdunklen Höhle kein Problem. Vor allem nicht, wenn man die Gabe des Ultraschalls besitzt. Beim Wandern durch einen Kakteenwald kann es schon ein Problem sein. Das Umfeld macht also den Unterschied. Und die Lebensumstände. Man kann es auch ökologische Nische nennen.

Darum also noch eine Hypothese von mir:

AD(H)S ist die sinnvolle Anpassung an lebenswichtige Aufgaben innerhalb einer Gruppe von Menschen, die sich durch natürliche Auslese erhalten und/oder verstärkt hat und sich möglicherweise in einer besonderen Nutzung und Anatomie des Gehirns, einzelner seiner Unterabteilungen, Nervenverknüpfungen und seiner Biochemie zeigt und in bestimmten Wahrnehmungs-, Denk-, Informationsverarbeitungs- und Verhaltensweisen äußert.
Diese Theorie finde ich natürlich am allersympathischsten.

Und am konstruktivsten.

Selbst wenn sie völliger Quatsch ist. Sie könnte viele Leute glücklich machen. Das ist es wert.

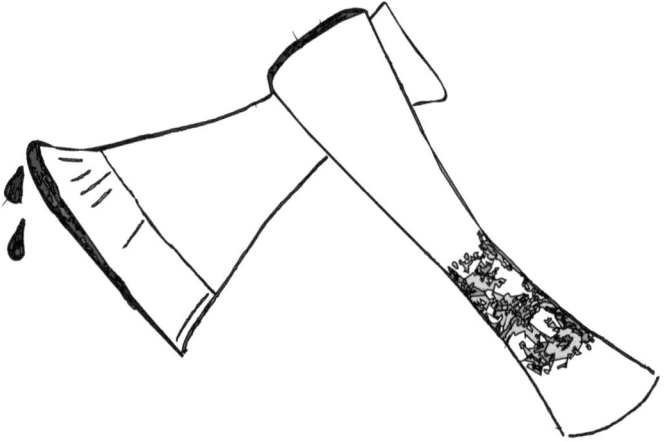

Kapitel 4

4. Diagnosen und Fehldiagnosen

Wenn die Diagnose Therapie ist

Eins vorweg. Eine sauber gestellte Diagnose kann wie eine Erlösung sein. Ich erlebe das oft. Schuld- und Schamgefühle können drastisch nachlassen oder sind zumindest endlich einer Veränderung zugänglich. „Ich bin also nicht einfach nur ein faules Arschloch?", fragt mich M. noch einmal zur Sicherheit.

„Nein. Sind Sie nicht."

Eine kleine Backstagesammlung:
Nach der Diagnose kann unterschieden werden, womit man sich konstruktiv arrangieren muss und was man tatsächlich bearbeiten/verändern kann:
„Seit 20 Jahren bekriegen wir uns und wollen den anderen verändern. Jetzt verstehen wir, was los ist und können unter all dem Schutt die Liebe wiederfinden.", sagt Familie K..
Die Aufmerksamkeit kann sich auf das verschieben, was dem

Leben Gewinn und Würze bringt, statt auf die unüberwindbaren Hürden:
„In mir ist ein Adler. Der hat den Überblick. Dabei dachte ich, ich sei eine Maus, die hin- und herhetzt, um alle Projekte zu vollenden. Das hört jetzt auf.", sagt Frau L.

Aus der totalen Verlorenheit des „Ich dachte, ich sei der einzige, der so ist.", wird ein:
„Ich war das erste Mal bei der Selbsthilfegruppe. Das waren alles solche Nerds. Alles genau so geile Typen wie ich. Endlich war ich zuhause.", sagt Herr R..

Das alles habe ich auch aus dem Grund zitiert, damit Sie wissen, warum u.a. ich meinen Beruf so liebe. Erblühende Gärten sehen. Ich mag das.

Gesundheit und Krankheit

Laut Weltgesundheitsorganisation ist die Gesundheit eines Menschen „ein Zustand des vollständigen körperlichen, geistigen und sozialen Wohlergehens". Laut Psychiater*innen, Psycholog*innen, Lehrer*innen, Eltern und von AD(H)S selbst betroffenen Menschen scheint sich ein ganz bestimmtes Begabungsprofil damit offenbar nicht vereinbaren zu lassen.

Es gibt zwei internationale Klassifikationen psychischer Erkrankungen. Zum größten Teil sind an der Erstellung dieser Werke Ärzt*innen beteiligt. Vereinzelt auch Psycholog*innen. Mal wird ihnen wohlwollend väterlich gewährt, auch ihre Sichtweise zusätzlich noch kundzutun. Ob sie auch Stimmrecht haben, weiß ich nicht. Jedenfalls sind diese Sitzungen ein endloses und ständig fortgeführtes Geschacher um Diagnosen und deren Definitionen, die gleich überkulturell für die ganze

Welt gelten sollen. Da geht es tatsächlich oft zu wie auf einem Basar: „Nur wenn du meinen Borderliner akzeptierst, darfst du deine Internetsucht mit aufnehmen." Sie geben sich wirklich Mühe, sind aber eben auch nur Menschen. Meist männliche mit entsprechend zerbrechlichem Ego. Das merkt man dann auch. Aber wie auch immer diese Werke zustande kommen, sie sind absolut verbindlich. Die Krankenkassen bezahlen Behandlungen nur, wenn etwas eine ICD-oder DSM-Nummer hat.

Eine was für eine -Nummer?

ICD, DSM und andere Kürzel

ICD

Das ICD ist von der Weltgesundheitsorganisation (WHO) herausgebracht. Es ist das Kürzel für „International Statistical Classification of Diseases and Related Health Problems", kurz ICD. Alle Arten von Erkrankungen sind in alphabetischen Kapiteln aufgezählt und beschrieben. Das Kapitel „F" bezieht sich auf psychische Erkrankungen. Hier ist AD(H)S zu finden.

DSM

Amerika braucht natürlich was Selbstgebrautes und hat analog zum Kapitel F der ICD das „Diagnostic and Statistical Manual of Mental Disorders", kurz DSM, entwickelt. Derzeit ist Variante 5 aktuell.

Achtung Verwirrungs-Falle beim ICD:

Bis Ende 2021 galt die ICD 10. An diese ist dies Buch angelehnt. Mein Pech, dass ich so getrödelt habe mit der Veröffentlichung, denn seit dem 01.01.2022 gilt die ICD 11. Jetzt könnte man spitzfindig allerlei zerreißen, was ich im Folgenden schreibe. Muss man aber nicht. Denn zu meinem Glück gilt eine fünfjährige Übergangszeit. Bei Bedarf kann mein Text daran aber auch angepasst werden. Ich kann es aber auch aus einem weiteren Grund so lassen: Die defizitorientierte Sichtweise und Beschreibung der einzelnen Symptome, die zur Diagnose führen, bleiben auch in der neuen Version erhalten. Wie das jetzt im Einzelnen zugeordnet und aufgedröselt wird ist für meine Sichtweise daher irrelevant.

Mit der ICD 11 hat sich die ICD noch mehr an die DSM angenähert. Kommt ja aus Amerika. Muss gut sein. Damit ist in der ICD 11 die AD(H)S den neuronalen und mentalen Entwicklungsstörungen zugeordnet. So wie etwa Autismus. Oder das Tourette-Syndrom. Aus meiner Sicht keine gute Entwicklung.

Die F90 etc.-Diagnosen gibt es in der ICD 11 nicht mehr, diese heißen jetzt

6A05 und sind folgendermaßen aufgeteilt:
- Aufmerksamkeitsdefizit-Hyperaktivitätsstörung, überwiegend unaufmerksame Darstellung (6A05.0)
- Aufmerksamkeitsdefizit-Hyperaktivitätsstörung, überwiegend hyperaktiv-impulsive Darstellung (6A05.1)
- Aufmerksamkeitsdefizit-Hyperaktivitätsstörung, kombinierte Präsentation (6A05.2)
- Aufmerksamkeitsdefizit-Hyperaktivitätsstörung, andere spezifizierte Darstellung (6A05. Y)
- Aufmerksamkeitsdefizit-Hyperaktivitätsstörung, Präsentation nicht spezifiziert (6A05. Z)

... damit wird ja jetzt wirklich alles viel einfacher und klarer ... (Ironie Ende)

Wer sagt schon Joule?

Idiotischerweise gibt es auch heute noch immer wieder neue Namen für das gleiche Phänomen. Ich denke aber, dass die aktuellen Namen sich in etwa so gut durchsetzen werden, wie Joule statt Kilokalorie. Schließlich esse ich lieber etwas mit 400 kcal, als mit 1675 kJ.

Bei der Gelegenheit also mal der aktuell gültige Kürzelkram:

ADHS = Aufmerksamkeits-Defizit-Hyperaktivitäts
-Syndrom
ADS = Aufmerksamkeits-Defizit-Syndrom/attention
-deficit-syndrom
ADHD = attention-deficit-hyperactivity-syndrom
ADD = attention-deficit-disorder

(ADD ist außerdem auch die Aufsichts- und Dienstleistungs-direktion in Rheinland-Pfalz. Will uns das was sagen? Wenn ich an so manche Schulentscheidungen denke, mmh ... oder Entscheidungen nach dem Ahr-Hochwasser. Da könnte ein gewisses Aufmerksamkeitsdefizit durchaus vermutet werden. Also ist dies Kürzel wohl doch kein Zufall!)

Einstein, Schach und Prüsseliese: Die exekutiven Funktionen

Interessanterweise sagt die aktuelle (auch die neurologische) Forschung und Theorie, dass es sich bei AD(H)S ganz grund-sätzlich gar nicht um eine Störung der Aufmerksam-keit handelt, sondern um eine Störung der soge-nannten exekutiven Funktionen.

Was ist denn das schon wieder?
Es sind, zusammengefasst, all unsere Fähigkeiten, die uns ermöglichen, mit der Gegenwart zurecht zu kommen und uns auf die Zukunft hin auszurichten:

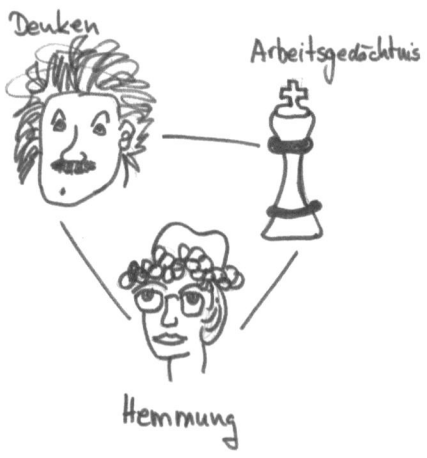

Die exekutiven Funktionen setzten sich aus drei Bereichen zusammen (die je nach Autor*in hier und da auch anders aufgeteilt und beschrieben werden):

1. **Geistige Fähigkeiten/Denken:** Mit Fähigkeiten wie Perspektivwechsel, uns auf etwas Neues einstellen, entscheiden, Probleme lösen, ein Hauptziel in Unterziele unterteilen.
2. **Arbeitsgedächtnis:** Mit Fähigkeiten wie z. B. planvolles Handeln, über Handlungen nachdenken, an Zwischenzielen arbeiten, Zwischenstände speichern, sich Regeln merken.
3. **Hemmung:** Mit Fähigkeiten wie z.B. Lenkung der Aufmerksamkeit, Frustrationstoleranz, Prioritäten setzen, Impulse kontrollieren.

Diese Fähigkeiten gelten bei AD(H)Sler*innen als kaputt.
Oder als nicht so ausgeprägt.
Jedenfalls anders.
Irgendwie.
Dass trotzdem im DSM 5 und auch in der ICD 11 das
Aufmerksamkeitsdefizit und die Hyperaktivität im Namen
bleiben, hat politische und abrechnungsrelevante Gründe.
Keine sinnvollen Gründe jedenfalls.

Diagnotik nach DSM und ICD 10

Was sagten nun aber die beiden Klassifikationssysteme bis
Ende 2021 konkret zu unserer Zielgruppe? (Und sagen es mit
anderen Schwerpunkten, Zuordnungen und Einteilungen
heute noch genauso?)

Ich zitiere den **ICD 10**:

*„F90-F98 Verhaltens- und emotionale Störungen
mit Beginn in der Kindheit und Jugend*

*Diese Gruppe von Störungen ist charakterisiert
durch einen frühen Beginn, meist in den ersten fünf
Lebensjahren,
einen Mangel an Ausdauer bei Beschäftigungen, die kognitiven
Einsatz verlangen,
und eine Tendenz, von einer Tätigkeit zu einer anderen zu wechseln, ohne etwas zu Ende zu bringen;
hinzu kommt eine desorganisierte, mangelhaft regulierte und
überschießende Aktivität.*

*Verschiedene andere Auffälligkeiten können zusätzlich vorliegen.
Hyperkinetische Kinder sind oft achtlos und impulsiv,*

neigen zu Unfällen und werden oft bestraft, weil sie eher aus Unachtsamkeit als vorsätzlich Regeln verletzen. Ihre Beziehung zu Erwachsenen ist oft von einer Distanzstörung und einem Mangel an normaler Vorsicht und Zurückhaltung geprägt. Bei anderen Kindern sind sie unbeliebt und können isoliert sein. Beeinträchtigung kognitiver Funktionen ist häufig, spezifische Verzögerungen der motorischen und sprachlichen Entwicklung kommen überproportional oft vor. Sekundäre Komplikationen sind dissoziales Verhalten und niedriges Selbstwertgefühl."

Ich zitiere die Wiki-Übersetzung von Mitte 2021
„Laut DSM-5 (2013) müssen von AD(H)S Betroffene mindestens eins der folgenden zwei Verhaltensmuster zeigen:
• Unaufmerksamkeit (inattention)
• Hyperaktivität-Impulsivität (hyperactivity-impulsivity)
Für beide Verhaltensmuster werden jeweils neun mögliche Symptome angegeben und näher beschrieben:

Unaufmerksamkeit
1. schafft es oft nicht, genau auf Einzelheiten zu achten oder macht Flüchtigkeitsfehler bei Schularbeiten, der Arbeit oder anderen Tätigkeiten,
2. hat oft Schwierigkeiten, die Aufmerksamkeit längere Zeit bei Aufgaben oder beim Spielen aufrechtzuerhalten,
3. scheint oft nicht zuzuhören, wenn direkt angesprochen,
4. folgt Anweisungen oft nicht vollständig und schafft es oft nicht, Schularbeiten, lästige Arbeiten oder Pflichten am Arbeitsplatz zu vollenden (Verlust von Konzentration; Ablenkung),
5. hat oft Schwierigkeiten, Aufgaben und Aktivitäten zu organisieren (z. B. unordentliches, planlos-desorganisiertes Arbeiten; hält Termine und Fristen nicht ein),
6. vermeidet oft, mag nicht oder ist widerwillig bei Aufgaben,

die längere geistige Anstrengung erfordern (z. B. Mitarbeit im Unterricht; Ausfüllen von Formularen),

7. verliert oft Gegenstände, die für Aufgaben oder Aktivitäten nötig sind (z. B. Schulmaterial, Stifte, Bücher, Werkzeug, Portemonnaie, Schlüssel, Schreibarbeiten, Brille, Mobiltelefon),

8. ist oft leicht von äußeren Reizen oder irrelevanten Gedanken abgelenkt (Reizoffenheit),

9. ist oft vergesslich bei täglichen Aktivitäten (z. B. bei Besorgungen, Bezahlen von Rechnungen, Einhalten von Verabredungen).

Hyperaktivität-Impulsivität

1. hampelt oft mit Händen oder Füßen, schlägt mit ihnen Takt oder windet sich auf dem Sitz,

2. verlässt oft den Sitzplatz in Situationen, in denen Sitzenbleiben erwartet wird,

3. läuft oft herum oder klettert in unpassenden Situationen (bei Jugendlichen oder Erwachsenen reicht hier ein subjektives Gefühl der Unruhe),

4. ist oft nicht in der Lage, ruhig zu spielen oder an Freizeitaktivitäten ruhig teilzunehmen,

5. ist oft „auf dem Sprung" oder handelt „wie getrieben" (z. B.: kann nicht länger ruhig an einem Platz bleiben bzw. fühlt sich dabei sehr unwohl, z. B. in Restaurants),

6. redet oft übermäßig viel,

7. platzt oft mit einer Antwort heraus, bevor die Frage fertig gestellt ist oder beendet die Sätze anderer,

8. kann nur schwer warten, bis er/sie an der Reihe ist (z. B. beim Warten in einer Schlange),

9. unterbricht oder stört andere häufig (z. B. platzt in Gespräche, Spiele oder andere Aktivitäten hinein; benutzt die Dinge anderer Personen ohne vorher zu fragen; bei Erwachsenen: unterbricht oder übernimmt Aktivitäten

anderer)." Das klingt ja wirklich alles ziemlich „gestört".
(und wird uns in späteren Kapiteln noch öfter begegnen)

Erwischt?

Wenn Sie dort ausgestiegen sind, wo es mit Definitionen
losging und erst beim nächsten fett geschriebenen Wort wieder
eingestiegen sind, dann ist das ein Hinweis auf das „Symptom"
„vermeidet oft, mag nicht oder ist widerwillig bei Aufgaben,
die längere geistige Anstrengung erfordern" (haben Sie jetzt
AD(H)S oder hatten Sie einen Vater, welcher zu seeeehr
umfangreichen Ausführungen zu Himmel und Heimatkunde
neigte?)

Nochmal erwischt?

Sind Sie spätestens jetzt vollends woanders und können trotz
aufrichtigen Bemühens diesem Buch keine weitere Lebenszeit
mehr opfern? Oder – wenn Sie bei der Aufzählung der Symptome angefangen haben, sich selbst zu diagnostizieren statt
weiter zu lesen – ist das etwa ein Hinweis auf das Symptom
„Tendenz, von einer Tätigkeit zu e
iner anderen zu wechseln, ohne etwas zu Ende zu bringen"?
Dann ist das ja wohl AD(H)S!
Oder sind Sie vielleicht ein Hypochonder?
Oder einfach sehr wissbegierig und selbstreflektiert?
Oder Sie haben eine PTBS und Erklärungen sind Trigger?

Kein Deutungsspielraum!

Ich finde, bei Symptomen, welche zu Diagnosen mit großer Tragweite führen, sollte es keinen Deutungsspielraum geben. Die beiden Systeme ICD und DSM argumentieren dagegen, dass sie ja nicht nach den Ursachen gucken, sondern nur danach, was man beobachten kann. ... Mmh ... aber AD(H)S den neuronalen und mentalen Entwicklungsstörungen zuzuordnen, das geht dann trotzdem?

Manchmal finde ich mich selber lästig.

Den Teller leer essen

K., eine hochintelligente, kreative und vielseitig begabte Klientin, sagt voller Selbstanklage: „Ich habe 500 Bücher, von denen die ersten 50 Seiten intensiv durchgearbeitet und voller Kommentare sind. Die restlichen Seiten sind leer. Ich habe sie nicht gelesen." Sie beschimpft sich für ihr mangelndes Durchhaltevermögen, für ihre Unfähigkeit, den eigenen Unwillen zu überwinden, für ihre Neigung, sich zu langweilen, ihre Dummheit, ihre Unfähigkeit, ihre Inkonsequenz ... Sie ätzt so lange gegen sich selbst, bis ich endlich dazwischengrätschen kann. Nämlich ganz ehrlich: So what? Wenn der Autor oder die Autorin sie wirklich gepackt hätte, dann hätte sie es bis zum Schluss gelesen. Das kommt bei ihr nämlich durchaus auch vor. Dann frisst sie einen dicken Schinken in einer einzigen Nacht. In welchen heiligen Schriften steht denn überhaupt, dass man ein Buch bis zur letzten Seite zu lesen hat? Ist das ein Gesetz oder sowas? In der Art von: Was du dir auf den Teller getan hast, das musst du auch aufessen? Dabei ist das doch so egal. Ich würde kein einziges Buch mehr aufschlagen, wenn mich dieser Akt gnadenlos zum Zuende-Lesen verurteilen würde.

Gerade lernt K., dass sie aufhören darf, wenn sich das für sie richtig anfühlt. Dass niemand das Recht hat, bis zum Schluss gelesen zu werden.
Sie brauchen den Rest dieses Buches auch nicht mehr lesen, nicht mal dieses Kapitel. Niemand hat das Recht, Sie zu Tode zu langweilen.

Außer natürlich, Sie sind AD(H)Sler*in – dann müssen Sie das natürlich gefälligst aushalten!
Wo kämen wir denn da sonst hin?

Bevor ihr mich schlagt!

Ich möchte nur zur Sicherheit und speziell für die mich bestimmt sehr kritisch beäugende bis hellauf empörte Fachleser*innenschaft noch einmal ausdrücklich darauf hinweisen, dass diese Symptome zusammengefasst natürlich ein spezielles Bild abgeben. Man kann unter diesen einzelnen Symptomen und unter dem Syndrom natürlich sehr leiden und damit auch viel Leid verursachen. Und darüber Familie, Haus, Boot und Job verlieren (dazu mehr in Kapitel 12 und 13). In diesen Fällen ist dann auch die Definition von Krankheit durchaus erfüllt. Denn, zur Erinnerung, ICD und DSM beschreiben mit ihren Symptomen „einen Zustand verminderter Leistungsfähigkeit, der auf Funktionsstörungen von einem oder mehreren Organen, der Psyche oder des gesamten Organismus beruht." Ergänzend sagt die WHO außerdem (ich sag´s einfach nochmal): „Gesundheit ist ein Zustand des vollständigen körperlichen, geistigen und sozialen Wohlbefindens und nicht nur die Abwesenheit von Krankheit und Gebrechen."
Definitiv sind demgemäß viele AD(H)Sler*innen wirklich krank.
... beruhigt, Frau Doktor?

Wenn der Blutdruck damit wieder unten ist, kann ich ja mit meiner, dies alles ein wenig ergänzenden, Sichtweise fortfahren. Vielleicht mögen Sie mir ja trotz Ihres misstrauisch-empörten Grimms doch noch ein Stückchen weiter folgen.

Oder haben Sie etwa jetzt doch schon aufgehört, dies Buch zu lesen? Na, na, na, ... wenn da jetzt auch noch ein zuckender Fuß unterm Tisch ist, könnte man einen gewissen Verdacht bekommen ... ups, ist jetzt der Blutdruck wieder oben? Ich mach nur Spaß ... Sie haben ja weder die ICD, noch das DSM geschrieben und offenbar haben Sie ja auch nicht mitten im Kapitel mit dem Lesen aufgehört. Ein herzliches Merci also an ihr rechtes Stirnhirn, Ihr limbisches System und den heute großzügig gönnerhaften Narzissmus in Ihnen.

Recherche
Ich surfe mal wieder ein bisschen, denn ich will ja keinen Quatsch schreiben. Worauf stoße ich als Erstes? Auf „Wie Sie erkennen, ob Sie oder ihr Kind AD(H)S haben". Punkt 1: „Häufig sind es Schreibabys. Sie schreien stundenlang ohne Grund" (Hervorhebung von mir).

Ohne Grund!!! Kein Baby schreit ohne Grund. Warum sollte ein Lebewesen sich „ohne Grund" in einen Zustand völliger Verzweiflung, Kopf- und Halsschmerzen, Erschöpfung, Trauer und Wut manövrieren? Korrekt wäre zu sagen, dass Betreuende oftmals an ihre Grenzen kommen mit Gefühlen von Hilflosigkeit, Zorn und Mitleid, weil sie den verdammten Grund für die Verzweiflung des Menschleins nicht finden.

„Schreibabys" sind eine Aussage über die Betreuenden, nicht über die Babys !

AUSRUFUNGSZEICHEN!

Wir hatten einen Aha-Moment, als wir mal (aus Gründen) bei einem Karnevalsumzug mitgegangen sind. Unsere damals anderthalbjährige Tochter saß als Clown verkleidet im Buggy und bestaunte all das Gewusel um sie herum mit strahlenden Augen. Eigentlich war Schlafenszeit und da konnte sie normalerweise wirklich ziemlich ungehalten werden. Aber 14:11 Uhr ist eine heilige Zahl und das Dorf kann auf solche Befindlichkeiten keine Rücksicht nehmen. Unsere Truppe wurde zufällig genau vor eine riesige Musikband platziert und mir brach in meinem Clownskostüm der Schweiß aus. Da war mit einigen Dezibel zu rechnen. Was aber tat mein Töchterlein? Kaum donnerte das Rumtata los, schlief sie schlagartig ein. Sie hat von dem ganzen Zug nichts mitbekommen und wachte erst auf, als wir sie Stunden später vorsichtig in die stille Wohnung tragen wollten.

Ich lese ihr das vor, um nach ihrer Freigabe zur Veröffentlichung zu fragen. Sie möchte, dass ich auch schreibe, dass ich ihr erzählt habe, sie sei als Zweijährige auf einem Fest eingeschlafen, nachdem ich sie in ihr Tragetuch gepackt und zu Gypsie Kings getanzt habe. Drei Jahre später legte sie sich schon von ganz allein auf die Bühne vor die Band zum Schlafen, den Kuschelbär fest im Arm. Auch davon gibt es Fotos, denn den anderen erschien das einfach zu skurril und sie wollten es festhalten.

Der Grund, warum das Baby schreit, könnte also zum Beispiel auch darin liegen, dass alle flüsternd auf Zehenspitzen herumlaufen, um das Baby nicht beim Ein- und Durchschlafen zu stören. Wir jedenfalls haben ab dem Moment den Hauptteil der Hausarbeit auf den Abend gelegt. Noch heute ist Geschirrklappern ihre liebste Einschlafmusik.

Also bitte, bitte, liebe verzweifelte Eltern von „Schreibabys": Sie tun, was Sie können! Niemand hat das Recht, Ihnen

einen Vorwurf zu machen! Wir hatten Glück. Versuchen Sie es einfach auch mal mit Krach. Wenn es nicht hilft, tut es mir leid. Irgendwann hört die Schreierei auf. Wirklich, wir können nicht mehr tun, als wir tun können. Alles wird gut. *Noch eine kleine Ergänzung in diesem Zusammenhang: Als diese Tochter ihren ersten Geburtstag hatte, fragte mich mein Vater ganz besorgt, ob mit ihr alles in Ordnung sei. Er habe sie nämlich noch nie schreien hören und mache sich Sorgen, ob sie ganz in Ordnung sei.* Darum schreiben die ICD-Herren auch nicht, dass es immer Schreibabys seien. So ist es auch mit den anderen Symptomen. Nichts ist zwingend für die Diagnosen. AD(H)S ist eine derartige Gummidiagnose, dass niemand oder auch (nahezu) jeder dazu passend diagnostiziert werden kann. Prinzip Brigitte-Horoskop. Zählen Sie mal spaßeshalber in den ganzen ICD- und DSM-Texten die relativierenden Verallgemeinerungen bei AD(H)S. – Ja, ja, ich weiß, ich diagnostiziere ja selbst häufig. Und ich weiß, dass ab einer bestimmten Punktzahl eben das Cut-Off kommt, nach welchem ich „ist" oder „ist nicht" sage. Es ist eben so definiert. Das gefällt mir einfach nicht.

Sowas soll eine Diagnose sein?

Das haben sich auch andere gedacht und einen genialen Schachzug eingeführt, damit man eben doch von einer Diagnose sprechen kann:

Das (–Trommelwirbel –) Spektrum (auch im Glossar)

Erklärbar „Spektrum": Achtung Missverständnis!
Mit Spektrumsstörung ist eines vor allem NICHT gemeint.
Nämlich, dass alle Menschen auf einem Spektrum sind und man daher sagen darf: „Sind wir nicht alle ein bisschen autistisch?" oder „Haben nicht alle ein bisschen AD(H)S?" Das ist ein Missverstehen des Wortes „Spektrumsstörung". Diagnose

heißt zu sehen, ob man ein so genannter normaler, d.h. statistisch am häufigsten vorkommender Mensch ist, oder eben zu einer selteneren Sorte Mensch gehört. Seit einiger Zeit nennt man das das jetzt „neurotypisch" versus „neurodivers". Abgekürzt NT versus ND. Mensch sind beide. Zum Spektrum aber gehört man ganz, oder garnicht. Warum dann aber „Spektrum"? Wir haben gerade ein neues Wohnmobil gekauft. Es steht da so ganz friedlich neben dem alten. Beides sind beeindruckende Maschinen, in beiden kann man schlafen, beide können fahren, in beiden kann man Kaffee kochen. So weit, so gut. Das alte hat aber drei Pedale, das neue zwei. Der alte hat eine Schiebetür, der neue eine mit Scharnier. Bei dem alten kann der Kühlschrank mit Gas oder Strom betrieben werden, bei dem neuen nur mit Strom. Was im Winter zu einem Problem werden kann, weil der nur mit Solarmodulen geladen wird. Und so weiter. Beide gehören zur Familie „Camper", aber sie unterscheiden sich in vielen Punkten fundamental voneinander. Der neue hat nicht ein bisschen ein drittes Pedal, sondern er hat garkeines. Man kann den neuen Kühlschrank auch nicht ein bisschen mit Gas betreiben, oder die Tür ein wenig zum Öffnen schieben. Man kann es gar nicht. Der alte ist neurotypisch (den gibt es zurzeit noch deutlich häufiger auf der Straße), der neue ist neurodivers. Korrekterweise in dem Fall nicht neuro-, sondern technodivers.
Spektrum heißt also, dass es innerhalb der Kategorie AD(H)S bezogen auf eine bestimmte Auswahl von Eigenschaften eine sehr große Variation gibt. Manche sind äußerlich sichtbar sehr unruhig, andere nicht. Manche leiden unter Hyperakusis, andere nicht. Manche lesen extrem ungern, andere fressen täglich ein halbes Dutzend Bücher. Aber sie alle gehören zum Spektrum. Diagnostik bedeutet also nachzusehen, ob man zum Spektrum gehört oder nicht. Zur noch genaueren Diagnostik kann man dann noch untersuchen, wie die zugehörigen Eigenschaften verteilt sind.

Zusammenfassung: AD(H)S ist eine der Spektrum-Störungen. Das bedeutet, dass die Art, wie AD(H)S sich zeigt, sehr unterschiedlich sein kann. Die einzelnen Merkmale können ganz oder gar nicht vorhanden, stark oder schwach ausgeprägt, in dieser oder jener Kombination gegeben sein.

Wenn aber ein Fundament bestimmter Symptome da ist, darf ich von einer Diagnose sprechen.

Das lässt sich doch sicher noch verkomplizieren!

Aber sicher doch: Um alles nicht allzu einfach zu machen, können die Symptome der AD(H)S auch überdeckt oder verformt sein. So zum Beispiel von:

> anderen Erkrankungen, neurotischer Abwehr, (Über-)Anpassung, Stoffkonsum, Dressur Erziehung, Traumatisierung ... und watt nich noch alles.

Auch dies sind Gründe für das Über- und unterdiagnostiziert-Werden. Darum muss man sich auch den ganzen Menschen in seiner gegenwärtigen Situation und in seiner ganzen Geschichte ansehen. Sonst ist keine seriöse Diagnose erstellbar. Aber ist sie das angesichts einer solchen Fülle an „kanns" und „wenns" und „vielleichts" überhaupt? Die bisherigen Einschränkungen sind ja auch noch nicht alles:

Das Syndrom „Aufmerksamkeits-Defizit -Hyperaktivitäts-Störung"

Ein Syndrom ist die Sammlung von Symptomen, denen dann ein zusammenfassender Name gegeben wird. Zum Beispiel „Grippaler Infekt" oder „Aufmerksamkeits-Defizit-Hyperaktivitäts-Störung".

Hexenkessel

Bei dieser von der WHO seit 2003 als Krankheit anerkannten bzw. definierten und mit einem Behindertengrad versehbaren Störung wird einfach alles in einen Pott geworfen:

Begabungen und Schwächen, Deutungen, Defizite und
Versagen der Umwelt, Folgeerkrankungen und Schicksalhaftes,
Verhaltenstendenzen und Charaktereigenschaften,
spezielle Wahrnehmungs- und Informationsverarbeitungs-
formen, Entwicklungsvorgänge und Anpassungen, Reaktionen auf ständiges Missverstanden-Werden und andere miese
Lebenserfahrungen, Energielevel und Konzentrationssteue-
rung, zyklische Vorgänge, neurologisches, psychologisches,
endokrinologisches und unlogisches sowie allerlei Buntes
werden munter in einen Kessel geworfen, kräftig umgerührt
und dann vielen Individuen als eine einzige Krankheit zugeordnet:

Fertig ist die Diagnose ICD10 F90.0-98.8 oder DSM5 314.0-5.

Ich finde, das ist ausgesprochen unsauber gearbeitet.

Um es noch einmal zu sagen: Das völlige Versinken in eine
Sache kann tatsächlich pathologisch sein (wie bei einem
Extrem-Autisten). Ebenso der unstoppbare Bewegungsdrang
(wie bei Restless legs), Gedächtnisprobleme (Alzheimer),
Impulskontrollschwäche (wie bei einer Sucht) oder nicht
stoppbarer Rededrang (blonde amerikanische Präsidentschaft)
– all das ist für die meisten Betroffenen und/oder ihr Umfeld
qualvoll.
Das gilt aber nicht immer und nicht für alle Betroffenen und
schon gar nicht für alle „Symptome", die zur Diagnose AD(H)S
führen können. Die Eigenschaften oder Fähigkeiten als solche
müssen nicht zwingend Leid verursachen. Es kommt auf die
Umstände an. Und auf deren Betrachtungsweise. Ob dieses
Syndrom also tatsächlich auch eine Krankheit ist, wird ja nicht
nur von mir intensiv diskutiert.

Ein Beispiel: Das Gefühl, wertvoll zu sein

Ein paar Extraworte zu einer ganz besonderen Zutat in diesem Hexenbraukessel
Das „**geringe Selbstwertgefühl**" wird tatsächlich im DSM als Symptom (!) der AD(H)S benannt!
Wie absurd ist das denn? **Kein**(!) Kind wird mit geringem Selbstwertgefühl geboren.

Her mit dem Service!

Jedes Kind flutscht in die Welt, krakeelt herum, sperrt den Mund auf, kackt sich voll und erwartet mit absolutem Recht prompten, zuverlässigen und mit leuchtend verliebt entzückten Augen gelieferten Service. So gehört sich das!

Unwissend, unfähig, unwillig

Wenn dieser Service aber nicht zuverlässig und liebevoll kommt, zerstört dieser Umstand das Selbstwertgefühl und einiges andere noch dazu. Das „geringe Selbstwertgefühl" ist also ausschließlich ein fürchterlich leidvoller Aspekt, welchen die Gesellschaft erst mit ihren Reaktionen auf die Besonderheiten der 5% verursacht! Mit ihrer verständnis- und gnadenlosen Abwertung der AD(H)Sler*innen und der Unwissenheit, Unfähigkeit oder dem Unwillen, konstruktiv mit diesen Besonderheiten umzugehen.

Stolze Übergröße: Dick und glücklich

Es ist doch auch kein Symptom zur Diagnose einer – sagen wir mal – Adipositas („Fettleibigkeit"), dass die Betroffenen ein geringes Selbstwertgefühl haben! Dies kaputte Selbstwertgefühl ist – sofern neben dem hohen Gewicht überhaupt vorhanden - ausschließlich eine Folge unseres irrsinnigen Schönheitsideals. In anderen Ländern müssen Frauen so breit wie hoch sein, um als schön zu gelten. Dort schämen sich die Dünnen. In manchen fürchterlichen Settings werden Mädchen sogar zwangsgemästet oder bekommen Tabletten, damit sie grotesk anschwellen. Das steigert ihren Marktwert gewaltig. In anderen Settings werden sie von sadistischen Heidis öffentlich gedemütigt, wenn ihre Haut irgendwo Falten oder Röllchen schlägt. Meines Erachtens gehört also zwar ein bestimmter BMI oder eine bestimmte Speckfaltendicke zur Diagnose Adipositas, aber doch nicht das Selbstwertgefühl!

Und zwar weder bei AD(H)S, noch bei der Adipositas!

Selbstwertgefühl

Fakt ist, dass AD(H)Sler*innen in aller Regel ein wirklich sehr

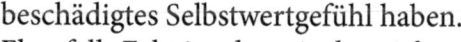

beschädigtes Selbstwertgefühl haben. Ebenfalls Fakt ist, dass sie das nicht von Geburt an haben, so wie einige der anderen Eigenschaften. Das miese Selbstwertgefühl entwickelt sich ausschließlich nach und nach als Anpassungsleistung an eine verletzende Umwelt.

Wie jetzt – Selbstverachtung entwickelt sich?

Unser sicheres Gefühl für unseren Wert wird von Geburt an nur durch den Glanz in den Augen unserer Aufzuchtspersonen weiter gehalten und entwickelt. Ist da keiner, erlöscht der Funke. Sich selbst für ein „Stück Scheiße" zu halten, ist nicht angeboren. Es ist die Haltung der Umwelt, die als Bewertung verinnerlicht wird. Das tun wir alle. Mit allen Haltungen der Umwelt. Indem wir nämlich die von außen kommenden Bewertungen übernehmen, können wir uns so manche Lieblosigkeit oder Strafe ersparen. Der Trick ist, alles uns Gesagte zu glauben und uns schon im Voraus anzupassen. Zumindest kann man es versuchen. Wenn ich mich nämlich vorab schon mal selbst mit Worten oder handgreiflich ohrfeige, dann habe ich wenigstens die Kontrolle über die Stärke und den Augenblick des Schlags (zumindest manchmal). Das (!) nennt man dann geringes Selbstwertgefühl!

Was machen die Späher*innen dann mit ihrem beschädigten Selbstwertgefühl?

- Sie versuchen, sich mit verschiedensten Chemikalien zu mehr bauerngerechter Konzentration und Langmut zu zwingen. Wenn es ihnen aber trotzdem nicht gelingt, dann können sie mit den Chemikalien wenigstens die damit verbundene Frustration abdämpfen. Was noch mehr Konsum bedeutet. Gut für alle Dealer zwischen Apotheke, Pommesbude und Bahnhofsklo.
- Sie versuchen mit zwanghaften Ritualen und Korsetts, sich den gewünschten Strukturen unterwerfen zu können.
- Sie tragen ununterbrochen Masken (Siehe Glossar), halten sich für Betrüger und wissen nicht, wer sie sind. Bis sie erschöpft zusammenbrechen.

- Sie rebellieren und werden aggressiv und trotzig, begehren auf und brechen alle Regeln, bis sie verzweifelt und einsam hinter Gittern sitzen.
- Sie kapitulieren aus dem Gefühl heraus, es sowieso niemals zu schaffen und fallen in die Energielosigkeit und Antriebslosigkeit der Depression und/oder sind vor Angst blockiert und vermeiden jeden Kontakt und jede „Gefahr". Ununterbrochen beschimpfen sie sich.
- Sie hassen sich selbst so sehr, dass sie anfangen, ihren Körper zu zerschneiden, ihn vollkommen auszuhungern oder grotesk zu stopfen.
- Sie entwickeln Traumafolgestörungen wie die Posttraumatische Belastungsstörung (PTBS). Selbst Persönlichkeitsveränderungen nach Extrembelastung kommen vor.

u.a.

Ja, aber die anderen Symptome?

Analoges gilt für viele andere „Symptome", die zur Diagnose des Syndroms AD(H)S führen:

Prügel für das Verlieren von Sachen führt zu Zwanghaftigkeit oder dem Ausstieg aus der Gesellschaft.

Beschimpfungen und schlechte Noten wegen des Nutzens falscher Lehrmethoden führen zum Ende der Anstrengungsbereitschaft, zur Unkonzentriertheit und zum Schulabbruch.

Bewegungsverbot führt zu innerer Unruhe, Impulskontrolldurchbrüchen, Störverhalten, sozialer Isolation und (psycho-)somatischen Erkrankungen. Abwarten müssen, obwohl man die Antwort weiß, führt zu innerem Abschalten mit einer interessierten Gesichtsmaske. usw.

!Obacht liebe Kritiker*innen!

Ich habe weder gesagt, dass alle AD(H)Sler *innen alle diese Krankheiten bekommen und Störungen zeigen noch habe ich gesagt, dass nur AD(H)Sler*innen diese Krankheiten bekommen und Störungen zeigen!!!

All das nennt man in der Diagnostik dann Komorbidität. Übersetzung: Krankheit, die halt noch so obendrauf kommt. Mehr hierzu unter „Komorbiditäten" im Kapitel 13.

Im Ärzteblatt 2017.0149 ist das so treffend formuliert: „Mindestens 75% der betroffenen Kinder und Jugendliche entwickeln eine komorbide Störung, welche die Diagnostik erschwert, die Therapie verkompliziert und die Prognose verschlechtert."
Da sind wir aber überrascht!

Aufmerksamkeits-Defizit-Hyperaktivitäts-Syndrom

Die Kernsymptome der AD(H)S selbst stammen, so die weisen Herren, aus folgenden vier Bereichen:

1. Unaufmerksamkeit
2. Hyperaktivität
3. Impulsivität
4. Unstrukturiertheit

In dem einen Diagnosesystem sind sie zusammengefasst oder explizit einzeln benannt, in dem anderen nicht.

Feel free to sortier anders

Ich orientiere mich darum in den folgenden vier Kapiteln an diesen so genannten Leitsymptomen, obwohl es Schnittmengen gibt und sich die Bereiche untereinander auch gegenseitig bedingen und beeinflussen. So, wie Husten und Rotznase ja auch eine Verbindung und eine Ursache haben können, in der Diagnostik trotzdem einzeln benannt werden und auf unterschiedliche Erkrankungen hinweisen können.
Die Ursachen für die Schwierigkeiten, sein Leben zu strukturieren, kann man z. B. auch verschiedenen Leitsymptomen zuordnen. Je nach Betrachtungsweise. Ich mache es mal so, mal so. Dies ist ja zum Glück kein wissenschaftliches Buch, darum darf ich das.
Feel free to sortier anders.

Defizitorientierung

Bemerkenswert ist, dass in der Diagnostik sowie in Beratungsbüchern und -filmchen fast nur auf die Schwierigkeiten eingegangen und alle Potenziale völlig ignoriert werden.
Ein Beispiel: AD(H)Sler*innen gelten z. B. grundsätzlich als unfähig oder beschränkt darin, sich zu konzentrieren. Ihrer schweifenden Aufmerksamkeit wird eine Menge Aufmerksamkeit gewidmet.
Aber ihre Fähigkeit, sich absolut unablenkbar in ein Thema hineinzustürzen, wird entweder ignoriert oder als eine Art Selbsthilfe o.ä. dargestellt. Was ist, wenn beides einfach verschiedene Aufmerksamkeitszustände sind, die einen Sinn haben und die nur AD(H)Sler*innen so können?

Fehldiagnosen und Therapie

Ich habe mal nachgesehen.

In knapp 30 Jahren als Psychotherapeutin für Erwachsene waren die Posttraumatische Belastungsstörung und AD(H)S die Diagnosen, die am häufigsten zu Gunsten anderer Diagnosen NICHT gegeben wurden. Für beide gab es stattdessen wirklich alles: Schizoaffektive Störungen, Psychosen, Zwangsstörungen, Panik- und andere Angststörungen, Depressionen, Suchterkrankungen, Persönlichkeitsstörungen und vieles andere mehr. Nichts, was es nicht gab.

Ich habe bei den Basics ja schon gesagt, dass es nicht einfach ist und man sich in der einen oder anderen Richtung leicht vertun kann. Man übersieht es, oder man diagnostiziert es fälschlicherweise etc.

Folge einer zutreffenden Diagnose:
Raus aus dem Hilflosigkeitsdschungel

Einmal mit dem richtigen Blick geguckt, wird aus sieben Diagnosen plötzlich nur noch eine einzige. Oder der Fokus verschiebt sich. Auf einmal ist eben AD(H)S die Grundausstattung und alle darüber hinaus gehenden Erkrankungen sind Folgen der üblen Erfahrungen und Anpassungsversuche, die diese Menschen auf Grund dessen gemacht hatte. Hier hat es schon oft viel Tränen über die vielen verlorenen Jahre, grauenvoll falschen Medikamentierungen mit all ihren krankheitswertigen Folgen, sinnlosen Klinikaufenthalten und ewigen Therapieversuchen bzw. -abbrüchen gegeben.

Der therapeutische Ansatz ist anschließend ein auf die AD(H)S bezogener. Er basiert, wie auch sonst, auf dem Bearbeiten des ganzen Folgeschutts, Erlernen von Selbst-Verstehen,

Selbstliebe, besseren Lösungen und später dann einem guten Coaching. Diesmal aber mit dem richtigen Fokus. Das ist tatsächlich für Klient*in und Therapeut*in viel einfacher und viel, viel erfolgreicher als die Behandlung einer nicht vorhandenen schizoaffektiven Störung.

Endlich nicht mehr das Thema verfehlen!

So hat Therapie auch Aussicht auf Erfolg, denn:

- Was wie eine Zwangsstörung aussah, war nur ein vergeblicher und verzweifelter Versuch, sich zum Bauern zu dressieren. Muss er oder sie dann nicht mehr.
- Was wie eine rezidivierende Depression aussah, wird der akzeptierte und dann gar nicht mehr leidvolle Lademodus bzw. das angebrachte Auftanken vor und nach dem Vollbringen einer großen Tat.
- Aus einer Frau, die angeblich eine bipolare affektive Störung hat oder einer anderen, die jahrzehntelang erfolglos mit Borderline-Programmen traktiert wird, wird eine gesunde Späherin mit besonderer Gefühlsintensität und Begeisterungsfähigkeit.
- Aus einem hoffnungslosen Politoxikomanen wird ein Mensch, der sich mit verzweifelten Selbstmedikamentierungs-Versuchen zu einem akzeptierbaren Bauern zu machen versucht. Nach der Entgiftung ist der Weg frei zu einer passenden Medikation, Aufbau von Selbstwertgefühl und einem soliden Coaching.

Selbstläufer, Läuse und Flöhe – und die therapeutische Herausforderung

Einige dieser Selbstheilungsversuche sind irgendwann aber leider „Selbstläufer" geworden, wie es z. B. bei der Sucht ist. Mit dem Verstehen der Ursache hat man aber so etwas wie den Schlüssel zur Lösung gefunden. Dann stehen die Heilungs- oder Linderungschancen wirklich viel, viel besser. Einige Erkrankungen bestehen zufällig gleichzeitig, andere oft tatsächlich in Folge des Kämpfens mit AD(H)S (bzw. der Tatsache, ein Späher oder eine Späherin zu sein). Diese Erkrankungen bedürfen dann auch passender Behandlung. Doch muss die AD(H)S auch dann immer mitgesehen werden! Nicht nur, weil in der Therapie hier meist noch höhere Ansprüche in Sachen Authentizität, geistige Regsamkeit, Überblicksfähigkeit, Strukturierung und Aufmerksamkeit gestellt werden. Bis ich es verstanden hatte, musste ich mich auch in mehr Toleranz, Flexibilität, Nachhaken und unkonventionellen Lösungen üben: Der Unterschrift muss ich eben eine Weile hinterherlaufen. Um die Sitzung auf den Schim des Patienten zu bekommen muss ich gnadenlos ein paar Bereitstellungsrechnungen schreiben und zum Stundenbeginn kann ich erstmal noch Kaffee aufsetzen. Denn sie wird 10 Minuten später kommen. Dafür wird sie aber auch mehr Themen mitbringen und schneller reden als all die sorgfältigen Landwirte.

Prioritäten richtig setzen: Trauma vor Training

Wie in jeder anderen Therapie ist es wichtig, die Ziele korrekt zu gewichten und eine gute Reihenfolge zu finden. So hat z. B. die qualvolle Symptomatik einer Posttraumatischen Belastungsstörung auf jeden Fall Vorrang vor dem Verbessern einer Aufschieberitis. Wir sagen immer: Trauma vor Training. Das ist mir auch ganz Recht, weil ich Trauma eh besser kann als Training. Das delegiere ich darum auch gerne in ergotherapeutische Praxen. Aber da müssen meine Klient*innen mit hoch erhobenem Haupt hingehen können, sonst wird das eh nichts.

Erblühen

Jedenfalls ist es schön, Erblühen miterleben zu dürfen, nachdem diese Menschen hoffnungslos kamen und sicher damit rechneten, „sowieso wieder weggeschickt zu werden". Warum? Weil sie halt öfter mal zu spät kommen. Zum Beispiel. Das KANN ich als Therapie-Widerstand deuten, MUSS es aber nicht. Was sich unter dem Einfluss von Verstehen und Wertschätzung ent-wickeln kann, ist wunderbar und ich empfinde es als große Ehre, wenn ich an der explodierenden Fülle des erwachenden Brachlandes teilhaben darf.

Erwachsene und AD(H)S

Inzwischen hat sich ja sogar ein wenig herumgesprochen, dass ein sehr hoher Prozentsatz der mit AD(H)S diagnostizierten Kinder auch im Erwachsenenalter noch „Symptome zeigt". Ich verzichte bewusst darauf, hier Zahlen zu nennen, weil diese je nach Untersuchung, Veröffentlichung oder Sichtweise sehr verschieden ausfallen. Das Erstaunen ist erstaunlicherweise bei Vielen tatsächlich immer noch groß, wenn sie die Worte „AD(H)S" und „Erwachsene" in Kombination hören. Gleichzeitig soll es eine angeborene Störung (der Gene, des Stoffwechsels, xy) sein. Müssten denn dann nicht eigentlich alle Erwachsenen noch „Symptome zeigen"? Schließlich verändern sich Gene und Stoffwechsel ja nicht plötzlich am 18. Geburtstag.

Irritation Nummer 1
Im Prinzip müssten dann doch alle ehemaligen AD(H)S-Kinder auch AD(H)S-Erwachsene werden. Warum ist das nicht so?

Irritation Nummer 2
Im Prinzip müssten dann doch alle AD(H)S-Erwachsene auch als Kinder mit AD(H)S aufgefallen sein. Warum ist das nicht so?

Ursache 1 für die beiden Irritationen: Schlampige Diagnostik

Hier ist es wie mit den Pilzen. Wer sich nicht sehr genau auskennt, sollte die Finger davon lassen. Die Kennerin weiß, wie sie den Karbolchampignon identifiziert. Der Dummkopf haut sie in die Pfanne und lässt sich nicht einmal von dem aufsteigenden Gestank aus seiner Selbstgewissheit blasen. Die AD(H)S-Diagnose wird oftmals sehr unsauber gestellt. Es wird unter- und überdiagonstiziert.

Irgendwelche Heiopeis, Karriereberater*innen oder Laienpsycholog*innen versuchen sich daran. In vielen Arztpraxen legt die Sprechstundenhilfe einen Fragebogen vor und schon ist es passiert. Oder eine „Klinik" verpasst diese Diagnose standardmäßig einfach jedem Kind. Wobei das gerade wieder abebbt. Zurzeit kommt kaum ein Kind ohne Autismus-Diagnose aus der Kinder- und Jugendpsychiatrie. Oder gerne auch mit beidem. Es gibt ebenso Modehunde wie Modediagnosen.

Die aktuelle französiche Bulldogge ist der Autismus. Bis vor Kurzem war der Australian Shepherd der Psychoszene das AD(H)S. Läuft auch noch, aber in der Miniversion. Solange alle dran verdienen, machen Krankenkassen, Ärzt*innen, Jugendhilfe und Therapeut*innen gerne mit. (Sitz und Aus jetzt aber! Das sagt man nicht!).

Am Ende werden oftmals eben die Falschen in die Pfanne gehauen und es klebt eine Diagnose an ihnen, die einfach nur Schaden anrichtet. Spätestens, sobald alle zwangsweise mit der elektronischen Patientenakte versehen sind. Dann geht es ihnen, wie denen, die nicht mal vor einem Knollenblätterpilz Halt machen: Der soziale Tod ist unausweichlich. Oder der finanzielle Ruin. Oder die Arbeitslosigkeit. (Nicht? Was machen wohl Hacker mit einer bisher verheimlichten AD(H)S-Diagnose? Oder der Betriebsarzt der Wunschfirma? Vor allem, wenn er dann die zwei Abtreibungen gleich mitentdeckt? Verschwörungstheorie? Nein, man muss nur die Länder ansehen, die so eine E-Akte schon haben – oder auch wieder abgeschafft haben. Aus Gründen.)

P.S. Man kann dem Freischalten der E-Patientenakte widersprechen. Juhuuuu.

AD(H)S und PTBS

Ich kann nur sagen, dass die Diagnose einer AD(H)S sehr zeitaufwändig ist und mit viel biographischem Wissen, Selbstauskunftsbögen, Fremdauskünften, Gesprächen, Verhaltensbeobachtungen etc. verbunden ist. Auch muss man in der Lage sein, saubere Differenzialdiagnosen zu stellen. So kann z. B. eine Posttraumatische Belastungsstörung (PTBS) einer AD(H)S auf den ersten Blick verteufelt ähnlich sehen: innere

Unruhe, Ablenkbarkeit, Irritierbarkeit, intensive Gefühlsausbrüche etc. Wenn es jemanden interessiert: Ich habe mal für (und ein wenig mit) einer Arbeitsgruppe eine Gegenüberstellung der Symptome von AD(H)S und PTBS erarbeitet. Das würde hier aber zu weit führen. Sie können mich gerne danach fragen.

AD(H)S und Autismus

Auch mit Autismus gibt es Verwechslungsmöglichkeiten. Hier kann z. B. die Fähigkeit zum Hyperfokus in die Irre führen. Da muss man genau hingucken: Denn der Hyperfokus der ADHSler*innen ist eher lustbetont, der Hyperfokus der Autist*innen kommt einfach daher, dass etwas unbedingt fertig gemacht werden muss. Das kann sogar quälend sein, aber an ein Aufhören ist trotzdem nicht zu denken. Solche Beispiele von Verwechslungs- und Abgrenzungsmöglichkeiten zwischen diesen beiden Neurodivergenzen gibt es ganz viele.

AD(H)S und Zwangsstörung

Der Klassiker der Verwechslungsgefahr sind Zwangsstörungen, wenn ein ADHSler seine Desorganisiertheit mit extrem engem Regelwerk zu kontrollieren versucht. Ein Bauer kann übrigens ebenfalls für einen Menschen mit Zwangsstörung gehalten werden. Ihm bereiten die Regeln aber Lust und Befriedigung, dem Zwangskranken sind sie eine Qual.

Ursache 2 für die beiden Irritationen: Menschen lernen, ihre Eigen-Arten immer besser zu verstecken

Und zwar so:

- Ausklinken: Sie sagen schnell „ja", „hm" und „doch", wenn der Tonfall des sprechenden Gegenübers sich signalgebend verändert, während sie tatsächlich inhaltlich überhaupt nicht zuhören. Der vorwurfsvolle Klang von „Hast Du mir überhaupt zugehört?" ist aber unverwechselbar. Die linke Hirnhälfte ist also anderweitig beschäftigt, während die rechte Hirnhälfte auf der Lauer ist. Sie scannt die Satzmelodien genau und gibt im richtigen Alarm-Moment die passende Floskel „Natürlich höre ich zu!" von sich. Zusammen mit einem beschwichtigend-interessierten Gesichtsausdruck.
- Maskieren: Sie machen einen wachen und interessierten Gesichtsausdruck, während sie ganz weit weg sind.
- Unterdrücken: Sie sind körperlich vollkommen ruhig, platzen aber fast vor innerer Unruhe und explodierendem Gedankenkarussell.
- Sichtbar wird höchstens ein zuckender Fuß. Hörbar wird höchstens das Klicken des Kugelschreibers. Außen Bauer, innen Jäger.
- Vergiften: Sie haben gelernt, Drogen so gezielt einzusetzen, dass sie bäuerlich wirken.
- Erschöpfen: Sie toben sich bei drastischen sportlichen Aktivitäten so aus, dass sie vor schierer Erschöpfung unauffällig ruhig wirken. (Einer meiner Klienten kommt oft mit dem Fahrrad zur Sitzung. Jede Strecke 80 km. Neben seinem Job geht er auch noch jede Woche bergsteigen. Oder bouldern. Oder beides.)
- Anpassen: Sie haben sich so extrem enge Ordnungs- und Kontrollregeln auferlegt, dass man glaubt, sie seien wirklich ganz besonders ordentlich und erfolgreich. Das ist der „braves Mädchen-Modus". Im Zeugnis steht: „Ist immer lieb,

bringt stets gute Leistungen, ist hilfsbereit und angepasst". Eine Klientin entdeckte, dass sie immer Annika gespielt hat, dabei aber all ihre Lebendigkeit verloren ging, weil sie eigentlich Pippi war. Und ist.

- Erstarren: Es wird ihnen antrainiert, keinem einzigen ihrer Impulse zu folgen. So warten sie bewegungslos und schweigend ab, bis der Reaktionsdruck nachlässt. In diesem unsichtbaren Panzer leben sie in elender Gefangenschaft. Dazu lächeln sie.

- Abhängigkeit: Sie haben sich in eine Beziehung und Lebensform begeben, in der sie so gründlich von außen strukturiert werden, dass sie immer pünktlich sind und es aussieht, als würden sie nichts mehr vergessen. Innerlich sterben sie vor Zorn und Scham.

- Krankheit: Sie haben derart schwere Komorbiditäten entwickelt, dass die AD(H)S darunter völlig verschwindet. Wer sieht dem betrunkenen „Penner" und dem depressiv Erstarrten denn noch den brillanten, kreativen, feinfühligen, leidenschaftlichen Späher an?

- Relativität: Sie waren von vornherein ein „Mischling", und im Laufe des Lebens rückten bäuerliche Eigenschaften immer mehr in den Vordergrund. Durch kindliche Neugier, Bewegungslust, pubertärem Abgrenzungsverhalten und Chaos verstärkter sichtbarer Sphäereigenschaften verschoben sich unter dem Einfluss von Sozialisation, Reifungs- und Lernprozessen schließlich zu mehr bäuerlicher Struktur und Impulskontrolle.

„Hä?!"
„Bei Mischlingen kommt bis Ende der Pubertät mehr der Späher raus, danach der Bauer. Wegen Erziehung und so."
„Ach so. Dann sag das doch auch so."
„Ja, sorry. Ich fand den Satz halt so schön."

„Restsymptomatik"

Aus all diesen Gründen kommt es dann, dass man von „Rest-symptomatik" oder „hat sich ausgewachsen" liest. Oder einen Erwachsenen vor sich hat, bei dem gar nichts auf AD(H)S hindeutet. Aus meiner Praxis und meinem Umfeld sehe ich aber, dass hinter dieser glatten Fassade oft schreckliche Unwetter toben.

DAS verursacht viel Leid.

1. Unmittelbar aus der Symptomatik heraus,
2. aus den „Lösungen" heraus (Sucht, Zwang, ...)
3. aus Missverständnissen heraus
4. aus der Abwertung heraus.

Das Gefühl, anders, falsch, unpassend, unfähig – kurz, eine „Fehlkonstruktion" zu sein – hat sich bis dahin schon fest ins Gehirn gebrannt.

Siehe dazu auch Kapitel 12 und 13.

Ruckediku – Blut ist im Schuh

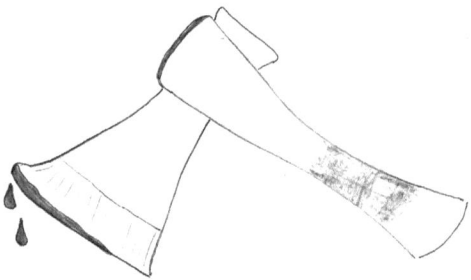

Ich fände es einfach viel schöner, wenn Späher*innen sich das passende Leben auswählen würden, anstatt sich selbst für irgendein fremdbestimmtes Leben passend zu machen. Ich denke da manchmal an Aschenputtels Schwestern. Anstatt sich ordentliche Boots zuzulegen und sich einen handfesten Mann statt dieses gefallsüchtigen, oberflächlichen Prinzchens zum Objekt der Begierde zu suchen, hacken sie sich lieber Fersen und Zehen ab. Fand ich schon als Kind gruselig. Ruckediku, Blut ist im Schuh ... Heute bezeichnen sich Späher*innen-kinder selbst öffentlich auf YouTube als gestört und krank und bezeichnen das Schlucken von Pillen als ihre persönliche „Erlösung". Und alle sind stolz darauf, dass es „jetzt in der Schule klappt". Nur das Malen und Tanzen, das mussten sie halt aufgeben.

Ruckediku.

Siehe dazu auch Kapitel 12: Das eigene Leid.

Ursachen für das Phänomen des späten Erkennens (kommt ja auch vor):

Entweder:
Menschen hatten sehr strukturierende, wertschätzende und beschützende Eltern – aber dann müssen sie die Kinder irgendwann doch in die weite Welt entlassen. So ein Mist. Da hat man DIE (!) Super-Duper-Eltern und was kommt dabei raus? Mit dem Übergang in die höhere Schule, die Ausbildung oder den Beruf zeigt sich, dass alle Struktur von außen kam. Das ehemalige Kind war nur derart gut begleitet, dass die fehlenden Exekutiv-Funktionen (da oben bei Prüsseliese auf Seite 126 steht, was das ist) bis zum Auszug einfach nicht aufgefallen sind. Dieser Realitäts-Schock kann schon mit dem Schuleintritt geschehen, oder auch erst später. Manche haben früh genug die passende Super-Partnerin geheiratet, die das Management übergangslos von den Eltern übernimmt. Empfehlenswert sind hier Kandidat*innen mit Helfer-Syndrom. Da darf nur keine Trennung kommen. Dann kommt das böse Erwachen zwar noch später – aber es kommt.

Oder:
Menschen waren (meist) Mädchen und haben ihre ganze AD(H)S-Dynamik nach innen getragen. Erst, wenn der Zwang, im Außen zu leben, zu groß wird – etwa, wenn sie Kinder bekommen oder in einen normalen Beruf einsteigen sollen – dann sind plötzlich „Symptome" da.

Oder:
Die Eltern lebten selbst dermaßen in der Szene der Künstler*innen oder Outcasts, dass die Kinder in dem Setting wirklich nicht weiter aufgefallen sind. Erst als Erwachsene merken sie, dass man auch anders leben kann. Dazu habe ich gerade ein sehr bewegendes Buch von Jeannette Wallis gelesen: Schloss aus Glas.

Ruckediku – irgendwann wird es eben so richtig ernst.
Ich versuche hiermit hoffnungsvoll, da mal ein bisschen Differenziertheit zu entwickeln und **Auswege aus der Problem-
trance aufzuzeigen.**

Und wenn diese ganze These Quatsch ist?

Ist mir das an dieser Stelle völlig egal.
Denn in dieser Schrift geht es mir um einen ergänzenden, vielleicht sogar erweiternden Blickwinkel. Das Ganze könnte vielleicht doch einen Sinn haben! Und wenn es keinen hat, dann
schaffen wir eben einen. Wenn also diese ganze Späher*in-
Bäuer*in-Nummer nicht stimmen sollte, dann können wir
mit dieser Sichtweise trotzdem viel Frieden in und zwischen
Menschen schaffen. Wer war schon dabei, um es genau wissen
zu können? Alle Archäologie bleibt These.
So wie mit dem Klimawandel: Wenn es ihn gar nicht gäbe,
woran manche ja tatsächlich entgegen allen Belegen glauben,
dann wäre es doch trotzdem super, die Meere und die Luft zu
säubern, die Biodiversität zu erhalten, endlose Tierfolter zu
beenden und phantastische neue Energie-Gewinnungsmög-
lichkeiten zu schaffen.

Also so what?

Meine hunderte Klient*innen jedenfalls profitieren ziemlich
von der Wertschätzung, dem Vergnügen und dem Verstehen
ihrer besonderen Herausforderungen: Der Suchtdruck lässt
nach. Ehen arrangieren sich neu und erstmals ohne gegensei-
tiges Zerfleischen. Kinder dürfen rennen. Depression weicht
Stolz und der qualvoll schmale Pfad des „Nur-dies-ist-richtig"
weitet sich in eine große grüne Ebene, auf der die wilden Pfer-

deherden endlos weit laufen können. Außerdem – viel speku-
lativer, als das, was auf den DSM/ICD-Konferenzen so überaus
gewissenhaft und unter Einsatz aller narzisstischen Bedürftigkeit (und sicher auch dem Wunsch zu helfen) bekakelt wird, ist
dies hier auch nicht. Die Grundfrage ist eben: Mit was haben
wir es hier zu tun?
Bis vor Kurzem – bis 2010! – war auch Homosexualität im
ICD noch als Erkrankung aufgeführt, Transgeschlechtlichkeit
gar bis 2019! Vielleicht erlebe ich es ja noch, dass Menschen,
die bis heute in Schubladen gestopft werden, deren Etikett auf
„Defizit", „Störung" oder „Syndrom" endet, als das gesehen
werden, was sie meiner Meinung nach sind:
Menschen mit einem ganz besonderen Begabungsprofil. Mit
Eigenschaften und Fähigkeiten, die anderen Menschen unerreichbar erscheinen. Die selber dafür andere Fähigkeiten gar
nicht oder nicht so ausgeprägt haben. Gesunde Menschen
eben. Und genauso wichtig für die Gesellschaft wie andere.

Puh, Amen.

Darum wollen wir doch jetzt mal systematisch gucken, was es
mit diesen

Erkrankungen
   Eigenarten
      Störungen
         Auffälligkeiten
            Fähigkeiten
               Begabungen
                  Defiziten
                     Defekten etc.
der Menschen mit dem „Aufmerksamkeits-Defizit- (Hyperaktivitäts) -Syndrom" so auf sich hat:

Kapitel 5

5. Aus dem Leben des Clans – "Unstrukturiertheit"

Wenn wir mit Wertschätzung miteinander umgehen würden,
dann würden wir erkennen,
dass die zeitliche Weitsicht der Bäuer*innen
und die räumliche Umsicht der Späher*innen
sich perfekt ergänzen.

***

AUS DEM WIRKLICHEN LEBEN 3

Verzweifelte Eltern zum Späherlein: „Schlaf doch bitte endlich"!
Realitätscheck: Nicht falsch, nur anders.

Späher*innenkinder scheinen weniger Schlaf zu brauchen. Schon als Babys fallen sie als „Glühwürmchen" auf. Kleiner Tipp: Machen Sie sie mit Vorlesen und geschickt platzierten Cliffhangern scharf aufs Lesen. Wenn sie dann lesen können

(was auch sehr früh sein kann), bleiben sie auch endlich im Bett.
Okay, zugegeben: Nicht alle wollen lesen. Die ersten paar Jahre können wirklich hart sein – für den Fall, dass man dabei bleibt, sie wirklich zum Schlafen zwingen zu wollen.

Aber so what: Vielleicht kann man sich auch darauf einigen, dass sie wach bleiben dürfen. (Denn das bleiben sie ja sowieso, ob mit oder ohne Erlaubnis), aber die Eltern in Ruhe lassen sollen. Dann schlafen sie halt zwischen ihren Spielsachen ein, statt gesittet im Bett.

P.S.: Manche schlafen sehr gut bei viel Randale um sie rum. Wer also nicht gerade Horrorfilme guckt, kann sie auch bei sich lassen. Die Wahrscheinlichkeit, dass unter den Eltern mindestens noch eine Nachteule ist, ist sehr hoch. Also was soll's. Diese Zeit geht wirklich ganz schnell vorbei und dafür gibt es Jahre später allerlei Anekdoten zu erzählen.

P.P.S.: Bei unserer Tochter war es das abendliche Geschirrklappern, das sie in den Schlaf brachte. Also nur nicht leise sein! Einige Versuche ist es wert. (Ohje, da fällt mir ein, dass sie mit drei Jahren tatsächlich Mittagsschlaf im Ruheraum des Kindergartens machen sollte. Was für eine Katastrophe!)

Viele AD(H)Sler*innen haben auch noch als Erwachsene einen sehr vom Tag-Nacht-Rhythmus abweichende Lebensweise. Damit weicht der Schlaf-Wach-Rhythmus sehr von anständigen deutschen Sitten ab. Ebenso: So what? Ist das denn verboten? Es wird sich jedenfalls nicht ändern. Dann muss man eben das Leben an diese Taktung anpassen. Nach 30 bis 50 Jahren Umpolungsversuchen mit Medikamenten, Meditation und anderen Maßnahmen darf man das dann auch mal als gegeben hinnehmen. Gerne und wertschätzend. Eine Klientin macht seit 35 Jahren ausschließlich Nachtwachen und ist sehr glücklich damit.

Backstage:

„Der stille Morgen gehört mir.", sagt sie andächtig seufzend. „Die ersten Sonnenstrahlen möchte ich um nichts in der Welt verpassen. Und dann schlafen gehen, wenn alle anderen arbeiten müssen. Das ist mir das größte Vergnügen."

Wie kommt das?

Wurzeln lassen sich ungestörter ausgraben und Blätter in größerer Höhe pflücken, wenn weder grasende Nashörner noch astbrechende Elefanten in der Nähe sind. Ich denke, dass es auch nachts jagdbares Wild gegeben hat. Vielleicht sogar vor allem. Ein schlafendes Tier ist ja vielleicht etwas leichter zu fangen als ein Rennendes. Begehrte Früchte lassen sich bei weniger Nahrungskonkurrenz viel leichter pflücken. Auch ein Bienenstock lässt sich viel leichter plündern, wenn die Insekten in der Nachtkühle kaum bewegungsfähig sind. Nachtwachen sind effektiver, wenn man tatsächlich wach ist. Auch angreifende Raubtiere oder Skorpione, auf deren Weg gerade der jüngste Nachwuchs des Stammes liegt, sind deutlich effektiver abzuwehren, wenn man nicht gerade schläft. Künstlerische Eingebungen und Begegnungen mit Geistern finden sicher eher statt, wenn nicht der ganze Clan um einen herumwuselt. Nur mal so gedacht.

Und das gilt heute noch genauso. Auch heute noch kann der Sternenhimmel die schönsten Eingebungen vermitteln und ist die Autobahn nachts am leersten. Wenn man weggeböllerte Finger anzunähen hat, wird man der auch nach Mitternacht noch hellwachen Chirurgin zutiefst dankbar sein.

BEGEGNEN – VERSTEHEN – ZUSAMMENFINDEN 3

Statt:
„Schlaf doch bitte endlich!"

Besser:
„Es ist okay, dass du wach bist. Für uns ist Feierabend und wir möchten unsere Ruhe. Hier ist dein Buch, dein Kuscheltier und deine Musik. Du bleibst ab jetzt im Bett, bis die Sonne aufgeht. Guck sorgfältig aus dem Fenster, damit du den Moment nicht verpasst."

***

AUS DEM WIRKLICHEN LEBEN 4

Bäuerin zu Späher*in: *„Du hast überhaupt keine Struktur!"*

Realitätscheck: Späher und Späher*innen haben
durchaus eine Struktur
aber eine völlig andere als der Bauer und seine Frau.

**Späher*innen unterscheiden durchaus
zwischen wichtig und unwichtig
– aber ausschließlich dann, wenn die Dinge Hinweise auf
eine lohnende Fährte geben.
Eine andere Struktur brauchen sie nicht.**

Außerhalb der Jagd und außerhalb der Sammeltour erscheint ihnen alles im großen Universum der Dinge gleich. Sie gucken mal auf diesen Hinweis, mal auf jenen, solange sie noch auf der Suche nach einem wirklich guten Ziel sind. Zeit ist hier völlig bedeutungslos und darum haben sie auch keinen Sinn dafür. Es

erscheint ihnen durchaus möglich, dies und jenes noch zu tun, denn das Fortgehen der Zeit fühlen sie nicht.
Sie sind zeitblind und gleichzeitig weltoffen.

Denn wenn Späher*innen schließlich ein lohnendes Ziel ausgemacht haben, dann bringt sie auch nichts auf der Welt mehr davon ab – außer ein noch lohnenderes Ziel. Und auch dann fühlen sie die Zeit nicht. Es ist sinnlos, sich darüber zu ärgern, oder sie womöglich dafür noch zu beschimpfen, denn sie steuern dies nicht bewusst. Das Beschimpfen ist nicht nur sinnlos, sondern sehr schädlich und evolutionär völlig sinnlos.

Echt? Ja! Denn:

1. Wenn Späher*innen sich vorher theoretisch genau auf einen Korb Beinwell festlegen würden und dann würden sie auf dem Weg zum Waldrand eine frische Hasenfährte entdecken – sollen sie die etwa sausen lassen, nur weil sie bereits einen anderen Plan hatten? Oder womöglich sogar nur, weil jemand anderes ihnen gesagt hat, was ihr Plan zu sein habe?
2. Wenn sie mit dem Glockenschlag zuhause sein sollen, dann kann es durchaus sein, dass die Stare gerade dann in der Abenddämmerung über den Kirschbaum herfallen und am nächsten Tag nichts mehr zu holen ist. In Zeiten der Mikrowelle kann man sich selbst einen Hopfentee machen und der Späher*in bei ihrem viel späteren Abendessen noch Gesellschaft leisten und ihren Erzählungen zuhören.
3. Weil sie, wie alle Menschen, auf die Wertschätzung der Gruppe angewiesen sind, wird das Beschimpfen sie ängstigen und verunsichern. Sie werden von ihrer Natur und ihren Begabungen abweichen, um den Druck zu vermeiden. Sie werden einen hohen Preis dafür zahlen. Und ihre Umwelt mit ihnen.

 Beide Gruppen orientieren sich also auf ihre ganz eigene Art an ihrem jeweiligen Projekt. Die Bäuerin an ihrem Feld und ihrem Plan. Ungestörte Jäger*innen und Späher*innen leben fast ausschließlich in der Gegenwart. Sie orientieren sich also nicht in der Zeit, sondern im Raum und seinem aktuellen Sinnesfutter. Dies wird immer so bleiben, egal, welchem „Training" man sie unterzieht. Gestörte (also von der Umwelt aus ihrem Weg getretene) Späher*innen werden dann eben jede Orientierung verlieren und verzweifeln.

BEGEGNEN – VERSTEHEN – ZUSAMMENFINDEN 4

Statt:
„Du hast überhaupt keine Struktur!"

Besser:
„Ich durchblicke dein System nicht. Kannst du es mir erklären?"
oder „Bist du gerade an einer Sache dran oder noch auf der Suche?"

＊＊＊

AUS DEM WIRKLICHEN LEBEN 5

Späher zur Bäuerin: *„Du hast dich ja schon wieder verlaufen, das gibt´s doch gar nicht!"*

Realitätscheck: Wandernde Äcker gibt´s nicht.
Auch der Mangobaum wird nach 30 Jahren immer noch am selben Ort sein.

Bauern und Bäuer*innen brauchen keine besonderen Fähigkeiten in Sachen räumlicher Orientierung. Sie brauchen auch nur ein viel, viel kleineres Territorium zur Ernährung. Darum kann ein Getreide- und Gemüsebauer viel mehr Menschen ernähren als ein Jäger. Wozu brauchen sie also besondere räumliche Orientierung? Bäuer*innen müssen nur den Weg zum Acker und zurück kennen, denn sie leben viel mehr in Plänen und Strukturen. Vergangenheit und Zukunft müssen sie dabei mit einbeziehen. Sie orientieren sich daher viel mehr in der Zeit als im Raum.

A. erzählt, dass ihn eine Klientin angerufen hat. Sie hat sich auf dem Weg zu ihm verlaufen. Vom Bahnhof zu ihm muss sie um zwei Ecken. Auf diesem Weg liegt ein Bäcker. Von dort aus sieht man sowohl den Bahnhof, als auch die Praxis von A.:

„Ich bin auf dem Friedhof", sagt sie. Der Friedhof liegt in der entgegengesetzten Richtung und ist etwa 15 Minuten Fußweg von der Praxis weg.

A. fragt: „Wie kommen Sie denn dahin?"
M. antwortet: „Ich wollte vorher noch Brötchen holen."
A: „Auf dem Friedhof?"
M: „Ja, also ich weiß auch nicht, wieso der da war, wo vorher die Bäckerei war."
A: „Okay. Was sehen Sie gerade?"
M: „Gräber!"
A: „Okay. Sehen Sie auch eine Mauer?"
M: „Ja."
A: „Gehen Sie an der Mauer entlang, bis Sie ein Loch finden."
M: „Hab´ ich! Ich hab´ ein Tor. Und jetzt?"
A: „Jetzt immer geradeaus, an der nächsten Ecke hole ich Sie ab."

Backstage:
Und noch eine wahre Geschichte: Fürsorglich sendet mir meine
Tochter in Kenntnis meines nicht vorhandenen Orientierungs-
sinns einen GPS-Punkt für unser Treffen. Anhand dessen lasse
ich mir von meinem Handy lautstark jeden Meter vorbeten,
während ich mit dem Fahrrad über herrliche Radwege cruise.
Ist mir egal, dass die Leute die Köpfe drehen. Das tun sie in den
Niederlanden schon allein deshalb, weil ich einen Helm trage.
Jetzt auch noch wegen der unüberhörbaren Bewegungsanwei-
sungen. Aber das ist in jedem Fall besser als in den beängs-
tigend unendlichen Weiten des Groninger Megacity-Jungels
verloren zu gehen. Trotz aller Ansagen fahre ich ein Stückchen
zu weit und übersehe mein Kind erst komplett. Das wäre ihr
nicht passiert! Sie hatte mich schon längst aus der unendlichen
Menge der Radfahrenden zielsicher herausgepickt und sich
über mein Vorbeifahren sehr gewundert.

Apropos. Sie glaubt, eine behinderte Jägerin zu sein. Sie hat
nämlich keinen besonderen Orientierungssinn. Aber meine
Gene dürfen ja auch irgendwo eine Rolle spielen, oder?
Ich denke aber vor allem, dass sie ihn bisher einfach nicht
gebraucht hat. Wozu also damit beschäftigen? Denn sie
hatte immer Leute bei sich, die man mit verbundenen Augen
irgendwo aussetzen konnte und die trotzdem den Weg nach
Hause gefunden haben. Ihren jüngsten Bruder zum Beispiel,
der hier eine ziemliche Hochbegabung hat. Und dann kamen
die Navis. Es wäre für sie unökonomisch gewesen, das Orien-
tieren besonders zu trainieren. Sie hat das aber schnell drauf,
wenn sie es muss. Das habe ich an dem Affenzahn bemerkt, mit
dem sie sich in Groningen zurechtgefunden hat.

Backstage:
Ich kam mit 13 Jahren mitten im Schuljahr an eine neue
Schule. Orientierungslos latschte ich monatelang nach dem

Unterricht den anderen Schüler*innen zur Bushaltestelle hinterher. Doch eines Tages gingen diese an der Bushaltestelle einfach vorbei. Ich war derart schockiert, dass ich wie ange-wurzelt stehen blieb. Offenbar gingen sie in die Stadt und dort fühlte ich mich vollkommen verloren. Den Weg über die Rhein-brücke und von dort aus nach Hause kannte ich aber bereits durch jahrelange Wiederholung. Also ging ich die 8 km zu Fuß nach Hause. Diese Chance hatte ich in Chemnitz nicht, als ich nach der Wende dort als Bewerbungstrainerin anfing. Einmal hatte ich den Bus verpasst und war absolut unfähig, mich von dort aus neu zu unserer Funktionärs-Wochenendhaus-Sied-lung zu orientieren. Schließlich stieg ich in irgendeinen der folgenden Busse und fuhr die Runde einmal komplett mit, bis eine Haltestelle mir am ehesten vertraut vorkam. Sechs Wochen war ich in den Semesterferien mit einem Bekannten in Berlin von unserer Unterkunft in die Fabrik gefahren, um dort Klappenstutzen zu montieren. Als er krank wurde, war ich völlig verloren in dem Gewirr von U- und S-Bahnen. Ich wurde dann lieber auch krank.

BEGEGNEN – VERSTEHEN – ZUSAMMENFINDEN 5

Statt:
„Du hast dich ja schon wieder verlaufen, das gibt´ s doch gar nicht!"

Besser:
„Guck mal, das hier ist Outdoor-Active. Da kannst du deine Tour eingeben und dich genau leiten lassen."
„Ich übe die Strecke mit dir und dann machst du es alleine. Zur Not rufst du mich an und ich navigiere dich. Wir schaffen das."

***

AUS DEM WIRKLICHEN LEBEN 6

Bauer zur Späher*in: „Fang halt früher an, dann schaffst du das auch."

Realitätscheck: Prokrastination passt zur Hirnstruktur. Entgegenkommen hilft mehr als Dagegenstemmen.

Kurz gesagt: Es gibt Gründe.

- Damit die Jägerin aktiv wird, muss sie wirklich überzeugt sein, dass es sich lohnt. Für eine Mücke steht sie nicht auf. Für einen Elefanten schon. Deadlines, zornige Anrufe der Kundschaft, drohende Strafen, wachsende vorgestellte Befriedigung – all das macht aus einer Kleinigkeit etwas Großes. Dann und erst dann steht sie auf.
- Die Orientierung an den gegenwärtigen Umweltreizen (Spähen) dem gegenwärtigen Hyperfokus (Jagen) oder gegenwärtigem Ruhemodus (Laden) ist viel, viel wirkmächtiger als eine im Nebel der Zukunft liegende Prüfung, ein zu renovierendes Zimmer oder eine abzugebende Steuererklärung. Das alles ist NICHTS gegen das, was gerade ins Auge, in das Ohr oder die Nase springt. Oder das, was gerade 98% des Gehirns besetzt. Oder die Erschöpfung, die bis ins Mark reicht.
- Ihrer Erfahrung nach wird sie sowieso versagen. Warum sich überwinden und anstrengen, wenn sowieso nur Beschämung dabei herauskommt? Da steckt man doch lieber den Kopf in den Sand. Diese Hoffnungslosigkeit bewirkt Vermeidungsverhalten. Bis es nicht mehr anders geht. Manchmal auch darüber hinaus. Weit darüber hinaus. Im Nachhinein nennt man das dann „Versagerkarriere". Eine sich selbst erfüllende Prophezeiung auf zwei Beinen.

BEGEGNEN – VERSTEHEN – ZUSAMMENFINDEN 6

Statt:
„Fang halt früher an, dann schaffst du das auch."

Besser:
Um den Elefanten sehen zu können, muss er im Raum sein.
Das geht mit Sätzen wie: „Das muss jetzt sofort sein!"
Oder der glaubhaften Androhung unmittelbarer (!) unange-
nehmer Konsequenzen bei Rausschieben.
Auch eine denkbar kurze Taktung kann helfen.
Gibt es einen Arbeitgeber, wird dieser gebeten, eine klare Prio-
ritätenliste und absolute Deadlines zu benennen.

Jeder lange Vorlauf und jede Unklarheit lassen dem Elefanten
die Luft ab und ihm wachsen schillernde kleine Flügelchen.
Dann wird datt nix.

Kindern bringe ich es bei, Erwachsene haben dafür selbst die
Verantwortung.
Apropos Kinder: Wir tragen nicht die Verantwortung für deren
Hausaufgaben. Das tun die Kinder selbst und auch deren werte
Lehrkörper. Es ist nett, wenn wir uns zum Helfen anbieten,
aber den Kampf um die Motivation haben wir verloren, bevor
er anfängt.

Backstage:
Ich habe mich also 30 Minuten nach dem Mittagessen an den
Hausaufgabentisch gesetzt und bin eine gute Stunde später
wieder aufgestanden. Ich war das halb schlafende Body Double
mit Kaffee und Tiefenentspannung. Warum? Weil: Nicht meine
Baustellen. Fragen wurden beantwortet und Hilfestellungen
gegeben – aber den Hintern herbewegen und ihn vor den
Heften antackern mussten meine drei schon selber. Die Konse-

quenzen wurden in der Schule ausgetragen. Ich habe mir damit doch nicht den Familiennachmittag versaut! Wer störte, musste den Tisch so lange verlassen, bis er oder sie sich selbst wieder in den Arbeitsmodus gebracht hatte. Wenn nicht, dann eben nicht! Sie werden es nicht glauben: Trotz einer Altersspanne über sechs Jahre, einer IQ-Spanne zwischen 70 und 140 sowie einer Kindheit zwischen goldenen Löffeln (eigene Brut) und schweren Traumatisierungen (Pflegekinder), dazu Neurodiversitäten zwischen ADHS und FASD, ging es dort meist friedlich und konstruktiv vor sich. Um 16 Uhr ging es in den Wald. Zur dunklen Jahreszeit in umgekehrter Reihenfolge. Basta.

- Feste Zeiten (täglich und/oder oder wöchentlich) zur Erledigung unangenehmer Sachen können also hilfreich sein. Sie werden dann eher zur Routine.
- Das Ganze an einem ansonsten leeren Schreibtisch mit Anwesenheits-Selbstverpflichtung, Stimming-Erlaubnis (siehe Glossar), aber ohne Handy. Dann könnte es klappen.
- Dazu noch ein Body Double (siehe Glossar) und eine „Belohnung", die für den Erwachsenen an Erledigung und nicht an Zeitabsitzen oder Bleistifte sortieren gebunden ist, erhöhen die Erfolgswahrscheinlichkeit noch mehr.
- Dem Kind organisiert man die Aufgaben in erfolgversprechende kleine Einheiten. Der Erwachsene muss das selbst tun oder jemanden bestimmen, der das für ihn tut.
- Neue To-dos werden nur zu festen Zeiten benannt. Das verhindert, dass diese neuen Aufgaben zum Ausweichen vom aktuellen To-do genutzt werden. Es wird also nicht irgendwann der Kopf ins Büro gesteckt und hingeworfen: „Wegen der Konferenz nächsten Monat – sind die Plakate fertig?" Denn dann werden weder die gegenwärtige Aufgabe noch die Plakate fertig. Die Jägerin wird das eine oder das andere vernachlässigen. Oder auch beides nicht zu Ende bringen, weil sie zwischen beiden hin und her oszilliert.

- Lerne zu diagnostizieren, in welchem Modus du gerade bist. Und passe dein Verhalten daran an:

Du bist im Ruhemodus? Scrollen gilt nicht als angemessenes Ruhen. Scrollen lenkt von allem ab, auch vom Ruhen. Es ist einfach tote Zeit, in der ein wenig Dopamin gesammelt, aber nicht geladen wird. Suche einen guten Lademodus. Ob er gut ist merkst du daran, dass du dich danach erfrischt und tatkräftig fühlst.
Alles andere ist Murks.

Du bist im falschen Hyperfokus? Der darf auch gestoppt werden, BEVOR es brennt. Eine kalte Dusche (nur selbstbestimmt!!!), eine Runde joggen oder Lachyoga – egal – Hauptsache der Kopf wird frei für die jetzt wirklich anstehende Aufgabe!
Dann versuch, die Aufgabe entweder mit kleinen Portionen erträglich zu machen oder versuch, sie in den Hyperfokus zu klicken (siehe dazu Kleeblatt des Hyperfokus Seite 84). Mach sie interessant, mach sie im Gehen, mach sie im Kopfstand, erzähl jemandem davon, mach es 10 Minuten etc.

Du bist im Suchmodus? Auch der kann durch dieselben Maßnahmen wie beim Wechsel des „Hyperfokus" gestoppt und beendet werden. Auch hier gilt scrollen oder jedwede andere Berieselung (fernsehen, ziellos rumgoogeln etc.) nicht als hilfreich. Es ist ein sinnloses Herumschnüffeln im Kreis. Da findet man keine Fährte, sondern da liegt man an der Kette und rennt immer um denselben Baum

- Akzeptiere, dass die verschiedenen Gehirne verschiedene Herangehensweisen an Lern- und Erledigungsaufgaben haben. Ein Jäger wird immer in der letzten Nacht inhalieren, was der Bauer ein halbes Jahr vorher begonnen hat, zu lernen. (Nur kein Neid!)
- Betrachte Rausschieben neu: Es ist nicht Faulheit, sondern die „Inkubationsphase" (= Bebrütungszeit) vor dem Schlüpfen einer neuen Tat. Die Zeit braucht´s halt. (Idee von Hedda Lenz, einer wunderbaren Psychotherapeutin, Ärztin und Poetin.)
Es würde doch auch niemand ein Vögelchen vorzeitig aus dem Ei kloppen, weil man den Schlupf nicht abwarten kann, oder?
- Lerne, dass der Wert eines Lebewesens nicht von seiner Leistung abhängig ist.
- Trenne die Tat von der Person und unterscheide strikt zwischen einer ruhigen Bitte und beleidigenden Verallgemeinerungen: „Schatz, bitte bring jetzt den Mülleimer an die Straße." Statt: „Du faule Sau hast wieder vergessen, dass mir die Tonne zu schwer ist. Auf nichts kann man sich hier verlassen!"

∗∗∗

AUS DEM WIRKLICHEN LEBEN 7

Bauer zur Späher*in: „Nie kommst du pünktlich!

Realitätscheck:
Späher*innen orientieren sich an Impulsen der Umgebung

Späher*innen planen ihr Jahr und ihren Tag nur äußerst grob, wenn überhaupt. Denn Tiere sind nur sehr ungefähr berechenbar, und ob die Nüsse reif sind, wird man auch erst vor Ort sehen. Darum müssen Späher*innen immer und ausschließlich nur dem folgen, was in dem Augenblick vielversprechend aussieht. Es ist für sie existenziell wichtig, sofort jeden Impuls zu studieren, den die Umwelt ihnen bietet. Das Wild wartet schließlich nicht auf sie und vergibt auch keine Termine. Für den Bienenstock gibt es auch noch andere Interessent*innen und wenn der Tiger Hunger hat, dann liest er auch nicht im Wartezimmer die Brigitte des vorletzten Jahres, bis er aufgerufen wird.

Es gibt nur jetzt oder nie.

Darum richten sich Späher*innen nach allen Hinweisen aus der unmittelbaren, gegenwärtigen Umgebung und nicht nach einer inneren Uhr.

Das würde sie schließlich nur behindern. Jagd- und Sammelbeute richtet sich nicht nach Terminen, die Späher*in also auch nicht. Denn die Sammeltour ist kaum bis nicht berechenbar. Auch, ob der Spaziergang plötzlich zu einer Sammeltour oder einer Jagd wird, zeigt sich in aller Regel erst unterwegs. Impulsivität ist demnach im richtigen Umfeld kein Manko, sondern absolute Voraussetzung, um als Späher*in und Sammler*in Erfolg zu haben!
Wenn eine Sammeltour geplant ist, zieht die Sammlerin mit leerem Korb los und will erst mit wirklich vollem Korb zurückkommen. Die Tour ist erst zu Ende, wenn alles gesammelt ist, was da war, oder sie einfach nicht noch mehr tragen kann. Die Tour ist nicht zu Ende, weil sie Hunger kriegt oder die Kirchenglocken läuten. Das lässt sich aber nicht so planen wie der Tag der Aussaat oder der Ernte. Das sind einfach

vollkommen verschiedene Lebensumfelder. Mit vollkommen verschiedenen Anforderungen. Sowohl Späher*innen, als auch Bäuer*innen sind an ihre jeweiligen Aufgaben perfekt angepasst.

Es gibt zwei Ausnahmen von der Unpünktlichkeit.

Es passiert, dass auch Späher*innen „von allein" pünktlich kommen. Sie müssen dafür nur Angst haben. Viel Angst. Dann fixieren sie den Uhrzeiger oder den jähzornigen Vater und erstarren bis zu dem Moment, dass jemand oder die Uhr ihnen sagt, dass sie JETZT losmüssen. Ist das eine gute Lösung?

Nein. Aber natürlich gibt es auch eine gute Lösung! In Zeiten von Smartphone und Selbstliebe können Späher*innen lernen, sich klare Anker und Signale für den nächsten Schritt zu setzen. Sie können sogar lernen, das ganz entspannt zu beachten. Und ebenso entspannt zu bleiben, wenn´s nicht ganz so gut klappt. Warum? Weil Selbstachtung keine Bedingungen stellt. Und Achtung auch nicht. Es liegt am Umfeld, dann eben allein loszufahren, ganz tricky einen früheren Termin zu benennen oder grundsätzlich unabhängig voneinander zu planen.

Apropos Zeit: Matronen

Kleiner Exkurs in die Geschichte: Hier bei uns in der Eifel (bzw. im ehemaligen Großraum Niedergermanien) stehen etliche alte Tempel mit behauenen Steinen, auf denen immer drei Frauen dargestellt sind. Die drei stellen die junge Frau, die Mutter und die alte Frau dar. Sie haben meist Feldfrüchte und Blumen auf ihren Schößen liegen. Es wird also das zyklische Geschehen der Natur mit Frauen und den Früchten auf ihren Schößen (!) dargestellt und angebetet. Man nennt sie die „Matronensteine". Sie datieren aus etwa 70 bis 240 n. Chr. Wen das mehr interessiert, der kann zum Beispiel die Görresburg bei Nettersheim besuchen. Ein magischer Ort.

Wunderbar, wie hier das Leben in der Zeit dargestellt ist! Vielleicht ist dies auch ein Grund, warum statistisch belegt ist, dass die hyperaktive Form der AD(H)S bei Männern eher vorkommt als bei Frauen. Äußerlich sichtbare Hyperaktivität kommt bei Frauen seltener vor. Sie nimmt bei ihnen eher die Form hyperaktiven Denkens an. Schon in den Körpern aller Frauen ist eine starke Zyklusbestimmtheit eingebaut. Sie leben viel mehr in und mit der Zeit. – Das kann ich mit nichts belegen. Ist nur so eine Idee.

Also, Achtung!

AD(H)S kommt bei Männern und Frauen gleich häufig vor.
Es sieht nur oft anders aus.

Apropos 1: Wieso eigentlich „Hyper"? Das heißt ja „zu viel". Jedenfalls im Vergleich zur Norm. Schon im Wort ist die Bewertung.
Apropos 2: „Hyper"aktivität sieht bei Männern und Frauen oft (nicht immer) verschieden aus. In der Diagnostik wird aber nur auf die körperlich sichtbare Aktivität geachtet. Dass Frau ihr Gehirn nicht abstellen kann, erzeugt zwar oft viel Leidensdruck, ist aber für die zurzeit gültige Diagnostik irrelevant. Dies ist nur ein weiteres Beispiel für geschlechtsspezifische Diskriminierung in der Medizin. Ich jedenfalls frage auch nach innerer Hyperaktivität und beziehe das in die Diagnose mit ein.

BEGEGNEN – VERSTEHEN – ZUSAMMENFINDEN 7

Statt:
„Nie kommst du pünktlich!"

Besser:
„Hast du deinen Drei-Stufen-Wecker scharf gemacht? Du weißt ja: Vorwarnung und Erinnerung! Ohne Verzögerung nur noch: Fertigmachen zum Losgehen!"

∗∗∗

AUS DEM WIRKLICHEN LEBEN 8

Warum hatte der Wolf überhaupt eine Chance?

Na, weil er Rotkäppchens Suchmodus, Reaktionsbereitschaft und Spontaneität gut kannte. Denn natürlich ist das Raubtier Wolf ein präziser Beobachter seiner Beute. In diesem Fall äußerte sich Rotkäppchens Impulsivität als Bereitschaft zur Ablenkbarkeit in einen alternativen Hyperfokus. Wenn der öde Auftrag, der Omma Kuchen und Wein zu bringen, überhaupt jemals ein Hyperfokus war …
Die Mutter wird ihr Rotkäppchen natürlich auch gut gekannt haben. Schon wie sie sie angezogen hat. In ROT! Die Farbe sprühender Lebendigkeit und Gefahr! Aber die liebe Mutti konnte bei ihrer Tochter mit ihren ebenso end-, wie sinnlos wiederholten Ermahnungen von wegen: „Komm nicht vom Wege ab!" nicht landen. Das ist dem Rotkäppchen im Blabla-Rhabarber völlig untergegangen.
Der Wolf hat Rotkäppchen einfach auf eine alternative Fährte gesetzt.

Rotkäppchen KONNTE nicht pünktlich sein.
So konnte er in Ruhe die Großmutter fressen.
Allerdings hätte ein Bäuerlein die Konfrontation mit dem Wolf
gar nicht erst gewagt. Sich wahrscheinlich vor lauter Schiss
nicht mal einen starken Jäger ins Team geholt.
Rotkäppchen wusste genau, was sie tat. Und sie hatte alles, was
sie brauchte: Spaß, Abenteuer, große Gefühle, große Fragen
und eine Lösung mit Knalleffekt.

(Warum hat der Wolf das Rotkäppchen eigentlich nicht einfach
als Aperitif gefressen? Ach ja, weil dann das Märchen keine
Moral gehabt hätte: Ein gutes Kind hält sich an den Plan und
kommt pünktlich, sicher und pflichtbewusst zur hilflosen Omi.
Klar! Und so langweilig!)

BEGEGNEN - VERSTEHEN – ZUSAMMENFINDEN 8

Statt: „Und komm ja nicht vom Wege ab!"

Besser:
- Ich wette, du schaffst den Weg zur Oma nicht in 25 Minuten.
- Ich begleite dich und zeige dir auf dem Weg ein paar neue Pilze.
- Da wird dich unterwegs der Wolf ansprechen. Bin gespannt, welche Kickboxtechnik du auswählst. Bisher hast du ihn ja noch immer ausgeknockt.

***

AUS DEM WIRKLICHEN LEBEN 9

ICD: achtlos
DSM: Verliert oft Gegenstände, die für Aufgaben oder Aktivitäten nötig sind (z. B. Schulmaterial, Stifte, Bücher, Werkzeug, Portemonnaie, Schlüssel, Schreibarbeiten, Brille, Mobiltelefon.)"
Das sieht der Bauer auch so. Man kann es aber auch anders sehen:

Späher*in zum Bauern: „Ja, dann such deinen Schlüssel doch einfach irgendwo!"

Realitätscheck:
Der Bauer weiß, wo sein Schlüssel ist, oder er weiß es nicht.

Der Bauer sucht nicht „einfach".
Und schon gar nicht „irgendwo".

Stufe 1: (selbstgefällige Gewissheit)
Wenn ein Bauer etwas ablegt, dann bewusst oder mit System. In aller Regel bewusst und mit System. Wenn er also etwas sucht, wird er die richtigen Plätze durchgehen. Oder natürlich den einen (!) richtigen Platz überprüfen. Ist das Ding nicht da, wundert er sich schon ziemlich.

Stufe 2: (Ruhe vor dem Sturm)
Bedeutet: „Wenn ich es gehabt hätte, wo hätte ich es logischerweise hingetan?" Darum muss er nicht mal ein besonders gutes Gedächtnis haben.

Ich schreibe an diesem Text im Camper, weil wir uns eine Bürowochen-Homeoffice-Reise gönnen. Unser Camper ist unser Home. Wo das steht, ist ja egal. Office geht überall, solange die Kaffeemaschine in erreichbarer Nähe steht und man mit Strom- und Netzkabel bzw. WLAN gut versorgt ist. Am ersten Abend habe ich also meinen Schlafschal gesucht. Einen, an dem das Licht eines anderen Stellplatzes nicht zu sehr durch die Fenster dringt und meinen Schlaf stört.

Es gibt immer diesen einen, tendenziell sehr chaotischen Moment, an dem man vom Reisemodus in den Standmodus wechselt. Bei Reisen in Richtung meiner studierenden Tochter ist die Herausforderung noch höher, da dazu noch der Lieferservice mit allerlei Bestelltem gehört, welches während der Reise bis zur Decke auf Bett und Tisch gestapelt wird. Auf dem Boden geht ja nicht, weil da die zwei großen Hunde liegen. Und diesmal noch die Besonderheit, unsere kranke, alte Katzendame bei der Studentin für die eine Woche einzuquartieren, weil wir sie nicht alleine zuhause lassen wollten. Es war also vor der Abfahrt denkbar viel Tetris für Erwachsene angesagt.

(Zwischen dem Reise- und dem Standmodus gibt es auch noch den Stellplatzwechsel-Modus, bei dem alles irgendwie, aber nicht richtig verstaut wird. Da kann die Spüle schon mal voll Gerümpel und das Bett nicht gemacht sein. Aber ich will ja niemanden verwirren. Das verstehen nur Leute mit einem Camper. Jedenfalls ist die Strukturierung des Lebens auf knapp 10 qm² immer wieder eine Herausforderung.)

Unter allen Umständen konnte ich mich aber beim Moduswechsel darauf verlassen, dass der Schlafschal grundsätzlich im Camper sein musste, denn er steht auf der Dauerpackliste und war abgehakt. Ich musste mich nicht fragen: Wo habe ich ihn hingetan? Ich habe mir das auch nicht merken müssen, denn ich konnte mich fragen: Wo hätte ich ihn logischerweise hingetan? Und, tadaa, er steckte natürlich in der Kissenhülle bei meinen Spezialgewohnheitskissen, die auch immer unbedingt mitmüssen.

Stufe 3 (Aufkommende Unruhe):
Sollte der durchschnittliche Bauer bei einer Suche mit seiner ihm eigenen Logik nicht sofort zum Ziel kommen, wird er schon einigermaßen beunruhigt sein. Er wird sich aber im Idealfall heroisch zusammenreißen, hinsetzen und systematisch überlegen, was er oder jemand anderes mit Ding X wann und wo zuletzt gemacht hat.

(Die Brötchen habe ich eben fürs Frühstück natürlich im Brotfach gesucht. Aber da wir die Tüte für ein gemeinsames Abendessen mit Familie mitgenommen hatten, und mein Jäger ritterlich die Taschen getragen und anschließend verstaut hatte, waren sie DA eben nicht. Der Ritter war eben nicht im Verstau-Hyperfokus gewesen, sondern beim Abstellen mit dem Kopf woanders. Keine Sorge, ich musste nicht unterzuckert den PC hochfahren. Wir haben (ich habe!) die Brötchen rechtzeitig gefunden, indem ich seinem Bewegungsweg gefolgt bin.)

Die Landwirtin ist sich – ziemlich – sicher, dass sie mit diesem Nachvollziehen fündig werden wird. Etwas unruhig ist sie nur, weil sie nicht schon längst fündig geworden ist.

Keine Stufe 4 (Katastrophenalarm)
Wenn dieses Nachvollziehen dann aber ebenfalls nicht zügig zum Erfolg führt, gibt es keine Stufe vier. Es gibt beim Bauer Schockstarre und Verzweiflung, häufiger noch Zorn, Zeter und Mordio! Er kann nur überfallen und bestohlen worden sein, ohne dass die Späherin es bemerkt hat. Der Bauer verliert nichts. Niemals! Böse Mächte oder wahlweise seine Brut lauern stets und überall. Da kann der Bauer sehr ungehalten werden.

Der Bauer darf aber lernen, dass es meistens keine wirkliche Katastrophe ist, wenn er statt eines Wutausbruchs an dieser Stelle mit der Suche aufhört und sich **z. B. dem unsystematischen Gewurstele der Späherin anvertraut.**

Wenn (und nur wenn) der Bauer das Glück hat, dass sie auf die Fährte anspringt, sucht die Späherin die Taschenlampe auch im Kühlschrank und den Korkenzieher bei der Gummiband-Sammlung. Sie tut dies intuitiv und mit all ihrer Erfahrung aus endlos vielen Suchen. Der Bauer will schon längst das Ersatzdings holen, aber die Späherin wird „Nein, warte!" brüllen. Und erstaunlicherweise wird sie sogar sehr oft fündig werden. Weil es für sie ein lustvoller Beutezug ist, den sie triumphierend mit dem Gesuchten in der Hand abzuschließen gedenkt.

Und dann wird es auch nicht immer sie gewesen sein, die die Schere im Garten hat liegen lassen. *„Verdammt!", sagt die Bäuerin. „Ich hatte ja auch die Tomaten hochgebunden und die Schere für die Schnur gebraucht. Aber dann hatte ich plötzlich Hunger und hab's darüber vergessen."*

*Meine Schwester sagt zu dem Thema: „Ich finde alles!" Und sie
hat recht:
Ich bin neuerdings Frauchen eines Putzroboters. In das
Wann-und-Wie-der-Reinigung-und-der-Fehleranzeigenanalyse
habe ich mich systematisch eingelesen, die Gebrauchsanleitung
laminiert und in den Putzschrank gehängt. (Wer denkt sich
bitte sowas aus: „Ein Piep und 17mal blinken bedeutet Sperre
der rechten Rotationsbürste". Ich stehe jetzt stundenlang da und
zähle meinen Roboter an!). Plötzlich war jedenfalls ein winziges
Einzelteil weg. Ich suchte es ewig und berichtete nach einigen
Tagen schließlich hoffnungsvoll meiner Schwester davon. Sie
brauchte keine drei Minuten, um es zu finden.*

Pippin und Aragorn

Mir kommt noch ´ne Forschungsidee, wo ich gerade an meine Schwester denke. Sie kann dieses Intervallfasten. Ich kann das absolut nicht. Ich muss hochfrequent essen. Ist das Fasten vielleicht eine AD(H)S-spezifische Fähigkeit? Hypothese: Sie können Hunger ausblenden, die Nicht-AD(H)Sler*innen können das nicht. (Ich bin wie Pippin und sie ist wie Aragorn. Oder so.)

Beide können wir außerdem auch dies gedankenlose Nebenher-Essen. Die Bäuer*innen scheinen aber – so mein subjektiver Eindruck – deutlich mehr Wert auf bestimmte Essensrituale zu legen. Seien es Zeiten oder Benimmregeln, Zutaten oder Anlässe. (Kann ja auch mal jemand erforschen.)

Wut, Schuld und Rettung

Wenn der Späher etwas sucht, kann auch er einen Wutausbruch kriegen. Wie der Bauer. Während der Bauer bei der Suche dann aber tausend andere Schuldige nennen kann, wird der durch unsere erbärmlich miese Schule des Lebens gegangene Jäger wahrscheinlich sich selbst mit Worten beschimpfen wie „schon wieder", „Immer verliere ich alles", „Natürlich habe ich das verloren" und „Ich bin so eine Fehlkonstruktion!".
In einer liebevollen Beziehung kann man versuchen, das zu stoppen. Das gilt übrigens auch für die Beziehung zu sich selbst.

Denn Sachen verlegt man nicht (!) „immer"!
Es ist nicht (!) ein Zeichen für Wertlosigkeit!
Es ist nicht (!) ein Beweis für Versagen!
Es ist nicht (!) willentlich beeinflussbar!

Wozu also die Prügel? Ausschließlich Freundlichkeit zu sich und dem anderen Menschen klärt den Geist und eröffnet Möglichkeiten. Aber mit Tränen in den Augen, unter Angst und Stress findet man gar nichts.
Wenn der Späher also sein eigenes Zeug wirklich vergeblich sucht, gibt es **drei Möglichkeiten:**

Erste Möglichkeit: Egal!
Was, wenn es wirklich für ihn unauffindbar bleibt?
So what? Wenn es sich nicht gerade um das eigene Kleinkind handelt, dann ist es ersetzbar.

Zweite Möglichkeit: Hilfe!
Er fragt die Bäuerin, (wenn er denn eine hat):
Er war schon am Hochkochen, da fand ich das Monitorkabel des besten Partners der Welt natürlich in der „Monitorverpackung". Diese bestand im Camper aus allen verfügbaren Kissen. Meine Logik gebot mir, dort zuerst zu suchen. Stichwort: Multifunktions-Lösungen.

Dritte Möglichkeit: War was?
Wenn der Späher aber unbedingt meint, das Ding selber finden zu müssen? Dann wird er meist zwar sehr heftig, aber auch nur sehr kurz verzweifeln – mit Betonung auf kurz. Denn sehr bald wird er seine Suche schlicht und einfach vergessen, weil er während der Suche nach Ding X auf das superfesselnde Ding Y gestoßen ist. Erst Tage, Wochen oder Jahre später wird ihm einfallen, dass er doch mal einen Zweitschlüssel hatte. Wo ist der eigentlich abgeblieben?

Wenn es sich also nicht gerade um den vermissten Sitzrasenmäher handelt, wird er eben spontan einen zweiten, fünften oder hundertzwölften kaufen, wenn er einen im Laden sieht. Denn dann wird vage in seinem Kopf aufblitzen, dass er sowas doch mal gesucht hat. So kommen dann die recht ansehnlichen Sammlungen von Sparschälern, Akkuschraubern und T-Shirts zusammen.

Ist ja auch nicht nur schlecht. So hat man in Notzeiten immer was zum Verkloppen.

BEGEGNEN – VERSTEHEN – ZUSAMMENFINDEN 9

Statt:
„ICD: achtlos
DSM: Verliert oft Gegenstände, die für Aufgaben oder Aktivitäten nötig sind (z. B. Schulmaterial, Stifte, Bücher, Werkzeug, Portemonnaie, Schlüssel, Schreibarbeiten, Brille, Mobiltelefon)."„Ja, dann such deinen Schlüssel doch einfach irgendwo."

Besser:
„Soll ich dir suchen helfen?"

∗∗∗

AUS DEM WIRKLICHEN LEBEN 10

Bäuerin zur Späherin: „Wieso kannst du nur arbeiten, wenn ich entspannt daneben sitze?"

Realitätscheck: Niemand rührt sich. Flirrende Hitze steht über der Steppe. Nur das Rupfen des Grases ist hörbar. Die Anführerin hebt die Augenbrauen. Alle schauen sie gebannt an. Sie halten Pfeil und Bogen gespannt in beiden Händen. Bedeutungsvoll geht der Blick der Anführerin zum schwächsten Zebra in der Herde. Stumm wählt sie mit einem Weisen des Kinns das Opfer aus.

Jäger*innen und Späher*innen schwingen sich auf die Stimmung der anderen ein. Denn sie sind ein Team. Nicht nur eine überschäumende Jagdgeschichte lässt sich mit gegenseitigem Übertrumpfen noch spektakulärer erzählen. Schon bei der Arbeit selbst muss ein winziger Bewegungsimpuls reichen, um den richtigen Moment des gemeinsamen Losspringens zu kommunizieren. Ein stummes Nicken weist die Richtung und den Moment. Nur dann hat die Gruppe Erfolg. Niemand darf vorpreschen oder zurückbleiben.

Je größer das Projekt, umso weniger kann es einer alleine schaffen. Die Anwesenheit eines gelassenen, positiv gestimmten anderen Menschen inmitten des Chaos und der Gefahr, der Hochspannung und des Drucks, gibt also Orientierung, macht Hoffnung und Mut. Denn die Truppe zieht zusammen los und will auch vollständig wieder zurückkehren.

Gemeinsam wird gebrüllt, gejubelt und geweint. Wer ausschert, gefährdet den Erfolg aller.

Bei der Feldarbeit kommt es darauf nicht so sehr an. Selbst wenn große Menschengruppen zusammen sind, kann man jemanden ankoffern, sich zu einem Schäferstündchen verdrücken oder auch ganz alleine schmollend vor sich hin jäten. Die Kommunikation muss überhaupt nicht auf den Punkt und auch nicht um die Sache gehen. Man kann auch singen, plappern und am Feldrand mal grad ein Kind kriegen. So genau kommt es nicht drauf an. Wenn weniger dabei sind, dann dauert es halt länger. Mehr Unterschied macht das nicht.

Body Double

Wenn also Aufräumen ansteht, dann hilft ein vertrauter, respektvoller Mensch, der auf dem Sofa entspannt an seinem

Cappuccino süffelt wirklich sehr. Meine Tochter nennt dies „den Body Double machen". Es reicht, wenn er nur da ist, höchstens hier und da einen kleinen Wink gibt. „Sammel mal alle Essensreste ein." oder „Jetzt leg mal alle Papiere auf den Tisch." und „Jetzt machen wir einen Spaziergang und danach geht es weiter mit der Wäsche." Das ist aber gar nicht das Entscheidende. Wichtiger ist die Struktur und emotionalen Halt gebende Anwesenheit eines anderen.

Darum klappt das auch mit Lernen, Home-Office, Abheften und allem anderen.

Für manche muss es nicht einmal ein Mensch oder leibhaftige Anwesenheit sein. Ein Hund oder eine telefonische Standleitung tut es oft auch. Denn nur die Liebe zählt. Darum geht allerdings auch so manches Coaching völlig daneben. Sobald auch der geringste Mief eines „Von-oben-herab", „Wie-kann-man nur" oder „Das-ist-doch-nicht-normal" hereinweht, ist es einfach vorbei. **Ein Team zeichnet sich durch gegenseitige Achtung aus. Kränkungen machen einfach alles kaputt.**

BEGEGNEN – VERSTEHEN – ZUSAMMENFINDEN 10

Statt:
„Wieso kannst du nur arbeiten, wenn ich gut gelaunt daneben sitze?"

Besser:
„Brauchst du ein Body Double?"

***

AUS DEM WIRKLICHEN LEBEN 11

Späher zur Bäuerin: *„Deine blöde Etikettenkleberei, du hast doch eine Zwangsstörung!"*

Realitätscheck:
Bauern und Bäuer*innen sortieren ihr Saatgut.

Überblick

Bäuer*innen haben immer den Überblick, wie viel im Laufe des Jahres gegessen werden darf und was für die nächste Ernte gebraucht wird. Sie werfen hemmungslos weg (oder essen auf), was nicht perfekt ist oder nicht ganz sicher noch anderweitig gebraucht wird. Warum? Weil verdorbenes Saatgut die ganze Saat vedirbt. Was nicht gesät wird, wird gegessen. Was nicht gebraucht wird, nimmt nur Stauraum weg. Oder ist unnötiger Ballast für z. B. teilsesshafte Clans oder solchen, die im Jahreslauf zwischen Sammeln und Anbauen wechseln.

Die Bäuerin hat also ein Fach mit Wintersachen, eines für Sommer- und eines für Übergangssachen. Vielleicht auch ein System mit „Passt" und „Wird nach der Diät wieder passen". Es gibt aber kein Fach mit einer „Kleidersammlung", jedenfalls kein großes. Die anderen Fächer dagegen können durchaus groß sein. Die Lavendelsäckchen werden alle sechs Monate beim rituellen Ausmisten ausgetauscht und machen auch langes Lagern problemlos.

Auch Späher*innen versuchen Ordnungssysteme. Im Schnitt 17 pro Jahr.

BEGEGNEN – VERSTEHEN – ZUSAMMENFINDEN 11

Statt:
„Deine blöde Etikettenkleberei,
du hast doch eine Zwangsstörung!"

Besser:
„Faszinierend, wie unterschiedlich unsere
Bedürfnisse sind."

**

AUS DEM WIRKLICHEN LEBEN 12

Bäuerin zum Späher: „Bei dir ist nur Chaos!"
Realitätscheck:
Späher*innen bringen mit und haben Projekte!
Horten heißt das nur bei anderen.

Biomüll

Alles, was sie finden, ist zu 100 Prozent biologisch abbaubar.
Wenn also eine Späher*in etwas mitnimmt, was ihr interessant
erscheint (weil sie denkt, dass sie es vielleicht später mal brauchen könnte), dann wirft sie das zuhause erst einmal auf einen
Haufen. Denn wenn sie dort ankommt, wird sie zwar etwas
in Händen, doch schon längst wieder etwas anderes im Kopf
haben. Vielleicht klingelt auch in dem Moment, in dem sie die
Brennesselbast-Eingangsmatte beiseite schiebt, das Steinzeittele-
lefon – schon ist das hübsche Geweih vergessen, das über dem
Kamin prangen sollte. Außerdem verfällt sie kurz nach dem
Eintritt ja in den Lademodus, falls sie nicht eh sofort wieder
loszieht. Sie wird das Geweih also später sofort aufhängen.

Ganz bestimmt.
Dieser Ich-leg-es-nur-ganz-kurz-hier-ab-Haufen wächst also stetig. Unter normalen Umständen verrottet er aber auch genauso stetig wieder. Was der Späher wirklich braucht, das nutzt oder verwertet er sofort – oder nie. Oder er findet es im großen Haufen zufällig wieder und benutzt es spätestens dann sofort ... Mehr oder weniger sofort.

Restmüll

Heute ist halt alles aus Plastik. Darum funktioniert das nicht mehr so. Denn es gibt:

- die Variante der vielen aktuellen Projekte. Da braucht man halt auch viel Zeug.
- Und die Variante des „Das ist für ein späteres Projekt.". Da braucht man noch mehr Zeug.
- Und die Variante des „Das könnte ich mal brauchen."
- Und die Variante des „Ich weiß, dass Frau Shirazi Mohnblumen liebt, also sammle ich für sie jedes Mohn-Bildchen, jeden Mohn-Artikel, jede mohnbedruckte Tasse und jedes Mohn-Samentütchen."

Dies ist ein Dauer-Hyperfokus, der ständig im Untergrund mitläuft und bei jedem Mohn-Auslöser anspringt ... Ich finde es süß. Auch wenn ich jetzt echt Mohn-abgedeckt bin. Macht aber nichts, ich kenne Leute, die sind es noch nicht. Und mein Herz wärmt es trotzdem.

- Und die Variante des Hyperfokus: Er strahlt und ruft mit vor Begeisterung vibrierender Stimme: „Komm mal schnell gucken – ich habe auf dem Speicher sechs Fenster gefunden! Da bau ich jetzt ein Gewächshaus draus! Das wolltest du doch schon immer haben! Ich brauch nur noch ein paar mehr Fenster und eine Glastür. Ich geh grad bei ‚Pusemuckel schenkt' auf Facebook gucken, ob ich da welche finde!" Zwei Tage später habe ich 47 Fenster und zwölf Glastüren im Garten stehen.

* Zuletzt noch diese Variante: „Wolltest du nicht eigentlich den Speicher entrümpeln? Nicht? Na gut, wohl nicht."

Upcycling

Der Bauer hat sich vor allem das Essbare aus dem Sammelgut direkt geben lassen bzw. rausgesucht und verwertet, um es vor dem Verderben zu retten. Der andere Kram interessierte ihn vorerst nicht. Bis er irgendwann etwas ganz Bestimmtes zu basteln hat und dann völlig unverbindlich, aber durchaus mit Recht sehr zuversichtlich bei der chillenden Späher*in nachfragt, ob sie nicht ganz zufällig einen dreigabligen Ast in ihrem Haufen hat. Die Späher*in wird es spontan nicht wissen, aber so eine Ahnung haben (rechte Hirnhälfte), und – falls es sie interessiert – in den großen Haufen eintauchen. Oftmals strahlend vor Stolz auf ihr Jagdglück wird sie nach einer Weile mit dem Gewünschten wieder auftauchen. Und sie wird triumphierend rufen: „Siehst du, jetzt bist du DOCH froh, dass ich das aufgehoben habe, woll?" Ja. Bin ich.

Aktuell war's ein alter Fahrradständer: „Soll noch einmal jemand sagen, dass ich nichts aufheben soll!" Jetzt sind auf den Urlaubsreisen unsere Räder fest auf dem Hänger verankert und mit dem darüber installierten Boot auch noch vor Regen geschützt. 20 Jahre haben diese Fahrradständer im Schuppen an der Wand gelehnt. Generationen von Spinnen haben nun ihr Heim verloren, aber das war's wert.

Ein bisschen Schwund ist immer

Eine meiner Lieblingsspäher*innen hat mal gesagt:
„Chaos macht Jägern nichts aus.“

Da muss ich ihr aber leider ein bisschen widersprechen. Ich glaube, dass Späher*innen das Chaos um sie herum meistens schlicht und einfach gar nicht wahrnehmen und es darum auch kein Problem für sie darstellt. Sobald sie es aber wahrnehmen, z. B. weil sie etwas im Chaos finden müssen, oder das Über-Ich mit dem erhobenen Zeigefinger wackelt, dann macht es ihnen durchaus auch etwas aus. Schlagartig leiden viele dann furchtbar. Denn wenn sie dann den siebten Akkuschrauber kaufen müssen, weil sie alle anderen nicht finden – oder auch nur das Ladegerät nicht finden, dann können sie durchaus sehr verzweifeln. Kann sein, dass sie andere Gründe vorschieben, warum sie schon wieder ins Bauhaus müssen. Der wahre Grund ist aber, dass Akkuschrauber und/oder Akku irgendwo im großen Haufen der hintersten Höhle im Dunkeln liegen und nie wieder das Tageslicht sehen werden. Das ist teuer und das ist bitter. Es kann sogar existenzgefährdend sein, wenn so etwas mit wichtigen Büchern, Versicherungspolicen oder ausgeliehenen Raupenbaggern passiert.

Über-Ich

Unbedingt sollte man bei solchen Anfällen von Verzweiflung einmal fragen, ob dieses Streben nach einer bestimmten Ordnung tatsächlich dem eigenen Bedürfnis entspricht. Vielleicht ist es das nicht, sondern die entrüstete Stimme der Mutter, die zwar nur noch im Kopf, aber dafür umso lästiger ist: „Du Sau! Wie sieht es hier aus? Wenn in einer Stunde nicht Ordnung herrscht, dann fliegt alles aus dem Fenster!“

Erwachsenwerden bedeutet eben auch, bewusst entscheiden zu dürfen, welche elterlichen Werte ich übernehmen will und welche nicht.

Also willkommen dem kreativen Chaos!
Und willkommen dem Wunsch nach Ordnung!

Im Zweifel darf man auch als Paar in getrennten Wohnungen wohnen. Oder in einer Wohnung klar getrennte persönliche Bereiche haben und sich auf Regeln für die Gemeinschafts-räume einigen. (EINIGEN!). Oder das Halten von Ordnung wirklich delegieren und für einen angemessenen Ausgleich sorgen. Wie auch immer: Alles ist erlaubt, was alle glücklich macht.

BEGEGNEN – VERSTEHEN – ZUSAMMENFINDEN 12

Statt:
„Bei dir ist nur Chaos."

Besser:
„Brauchst du ein Body Double?"
„Ich kann das hier gerade schlecht aushalten. Bitte hilf mir, die Gemeinschaftsräume diese Woche noch in Ordnung zu bringen. Lass uns für heute bitte mit dem Wohnzimmertisch anfangen."
„Bitte halt dich wie verabredet mit deinem System ausschließ-lich an deine eigenen Räume."

***

AUS DEM WIRKLICHEN LEBEN 13

Bauer zu Späher*in: „Wie – du hast noch nicht gepackt? Der Flug geht in vier Stunden!"

Realitätscheck:
Die Späher*in hat ihr Gepäck immer griffbereit.

Allzeit bereit

Soll die Späher*in erst noch packen, wenn der Ruf ertönt: „Die Mammuts kommen!"?
Nein, sie greift nach ihrem Speer und rennt los. Alles Weitere würde sie bremsen und dann wäre es vorbei mit guten Erfolgsaussichten. Sie musste also niemals lernen, eine Packliste zu schreiben. Wenn sie es müsste, wäre die sowieso nur ultrakurz.:

    1. Bola?   Check!
    2. Sammelkorb?   Check!

Ihre Tragkraft braucht sie für den Rückweg.

Ursprüngliche Späher*innen hatten nur so viel Besitz dabei, dass sie ihn unterwegs selbst tragen und trotzdem noch tagelang rennen konnten.

Apropos: Kleiner altsteinzeitlicher Exkurs:

Angesichts unserer erbärmlichen Ausstattung mit Waffen (lächerliche Zähnchen und schwache Fingerchen ohne feste Krallen) waren dies, wenn sie überhaupt aktiv jagten, höchstens Hetzjäger*innen. Sie rannten also solange hinter einem ausgesuchten, möglichst kranken und schwachen Tier her, bis das erschöpft zusammenbrach. Nur für diese Art Jagd sind unsere Körper perfekt ausgestattet. Für eine fleischlastige Ernährung sind unsere Körper allerdings gar nicht gemacht. Die sogenannte Paleo-Diät ist nachweislich gesundheitsschädlich. Darum waren fleischlastige Ernährungsweisen auch nur in Notzeiten und nur für kurze Zeiträume möglich. Dann konnten auch mal Orgien gefeiert werden, in denen das Speckfett über die prallen Bäuche lief. Die dem folgende Verdauungs-Agonie kennt jeder, der tierische Produkte konsumiert. Wer es öfter macht, kennt Gicht, Bluthochdruck, Krebs, Osteoporose etc. Wir sind dafür einfach nicht gebaut. Es gibt einige Menschen-Vorläufer, die viel Fleisch aßen – und alle ausgestorben sind. Nur ein paar ihrer Gene haben wir noch irgendwo behalten, denn nachweislich hat man sich untereinander sexuell attraktiv gefunden.

Nachgewiesen ist aus unseren frühen Zeiten vor allem Aas-Esserei, was wenig mit Jagd zu tun hat und eine Gelegenheits- oder Notlösung war. Mit explosivem Anspringen und Abenteuerlust hat das auch nur wegen der Notwendigkeit zu tun, andere Gäste vom verwesenden Kadaver zu verjagen. Das waren nämlich die realen Urmetzger und Urschlachter: Raubkatzen und Co.

Manchmal war das Tier auch schon gebraten – nach Waldbränden. Diese haben die Tiere getötet, aufgebrochen und zerlegt. Nicht unsere Vorfahren selbst. Die Kadaver waren dann also schon mal zubereitet und vorverdaut durch Zerreißen, Verbrennen und vor allem Verwesen. Wenn auch ohne Kühlung, Vakuumierung und Zusatzstoffe (und auch ohne Lachgesicht). Später kam noch Fallenbau dazu. So richtige Raubtiere sind wir allerdings niemals gewesen.

Im Vergleich zur stetigen Verfügbarkeit von Pflanzenprodukten durch Ernten, viel bessere Lagerfähigkeit etc. waren

Kadaver als Nahrungsmittel also wohl eher die Ausnahme. Das wird auch von neuesten Untersuchungen bestätigt: Hauptsächliche Jagdbeute waren Kartoffeln.

Aber die Jagdszenen!

All die Höhlenmalereien zu dem Thema können ja auch genau damit zu tun haben, dass die ganze Schießerei die Ausnahme war. Jäger*innen legten genau darum so besonderen Wert darauf, dass man auch ihren Beitrag gefälligst angemessen wahrnehmen, gebührend bewundern und auf keinen Fall vergessen sollte. Im Vergleich war der Beitrag eben vielleicht nicht ganz so stetig und verlässlich und haltbar wie der der Bäuer*innen. Bis heute hängt man sich ja auch eher die seltenen und besonderen Momente an die Wand und nicht „Papi auf dem Klo, September 1995".

Je seltener es war, umso nachdrücklicher und eindringlicher musste man das Herumschießen eben festhalten. Klappern gehört eben auch hier unbedingt zum Handwerk.

Zurück zum Handgepäck

Jedenfalls war das bisschen Sack- und Wurfschleuder an Ausgangsgepäck schon mal nicht viel. Fallen wurden sicher aus dem vorhandenen Material vor Ort gebaut. Und die zogen bestimmt auch keinen Werkzeugkoffer mit Kappsäge und Akkuschrauber hinter sich her.

Zu dieser Grundausstattung sammelten sie dann auch nur so viel dazu, wie sie tatsächlich tragen konnten. Da war kein SUV dabei. Wozu auch? Autobahnen und Zubringer zu den Einkaufszentren, wofür man diese Monster ja unbedingt braucht, gab es noch keine. Also hatte das gezielte Einsammeln natürlich genau an dieser Transportmöglichkeit seine Grenze. Kein DHL, kein Ups oder Hermes, nicht mal ein Einkaufswagen. Auch kein Internet, kein Kofferraum und auch kein Lieferservice oder All-you-can-eat-Büffet mit heimlicher Vertupperung.

Späher*innen können also locker den Überblick über einen einzigen Korb und einen Rucksack behalten. Plus baumelndem Sammelsack und Messer im Gürtel des Lendenschurzes bzw. ein paar Pfeilspitzen im Beutelchen. Aber alles, was diese Menge übersteigt, ist einfach nicht ihr Ding.

Mach was draus

Ich stelle mir das so vor, dass sie ihre Funde nach Hause brachten und sie fallen ließen, damit sich jemand anderes drum kümmerte. Wenn sie nämlich nicht völlig verausgabt und ausgelaugt vor dem Feuer – bzw. dem Fernseher – zusammenbrachen, dann zogen sie ja sofort wieder los. Wahrscheinlich aber erst, nachdem sie mit ihrer zum Großteil noch in der

Steppe liegenden Beute lautstark geprahlt haben, um möglichst viele Mitträger*innen noch mit aufzurütteln. Sie waren also die, die so lange sammelten, bis sie nicht mehr konnten. Oder bis der Bauer sagte: „Genug! Wir kriegen nicht noch mehr verarbeitet und wollen weder Fäulniskrankheiten noch Aasfresser in den Kral locken."

Darum brauchen sie die Fähigkeit, große Koffer zu packen oder ein Haus in Ordnung zu halten, wirklich nicht. Und sie selbst müssen auch nicht wissen, wann es genug ist. Weil ihr Job das Sammeln ist, und nicht der Bedarfsplan. (Ich verkneife mir an dieser Stelle ausdrücklich, die acht Dosen Kidneybohnen im Camperkeller zu erwähnen). Denn die Crew daheim ist die, die es zerteilt, trocknet, sortiert, knackt, schält, kocht, abhäutet, aufhängt und einlagert. Wenn die Späher*innen also gezielt auf Sammeltour waren und dabei nicht in eine Jagd geraten sind, dann werden sie dem Bauern den Sack vor die Füße werfen und sagen: „Machste mal was draus, bitte?" Der Bauer freute sich wie Bolle und schüttete zu den brodelnden Kartoffeln eben auch noch einen Rucksack voll Engerlinge und Zwiebelknollen.

Zum Chillen, Angeben und Fürs-nächste-Mal-in-Stimmung-bringen kritzelten die bastbeschurzten Höhlenbewohner*innen Ugumu und Pokahoga noch die Wände voll, bis die Suppe gar war.

Verreisen

Da der Späher aber heutzutage lebt, weiß er – wenn überhaupt – höchstens intellektuell um die um ein Weniges größere Differenziertheit des heutigen alltäglichen Bedarfs. Wir gehen auf unseren Reisen ja nur noch selten Survivalwildcampen und -jagen. Wir fahren zum Sightseeing oder Rad oder spielen Scrabble am Pool. Aber immer noch packt der Späher – irgendwie ... irgendwas. Es kann also sein, dass ich in seinem Camper vier Sparschäler und kein kleines Messer finde. Kann nämlich sein, dass das Zuhause „mal kurz" für irgendwas anderes gebraucht wurde. Wenn ich also nicht selbst alles kontrollieren will, dann muss ich das eben so hinnehmen. Geht auch. Ist alles eine Frage der Erwartung, der Gelassenheit und der Improvisationskunst.

Ungecoacht wirft der Durchschnitts-Jäger in der letzten Sekunde also irgendetwas in die Taschen. Sicherheitshalber vielleicht den ganzen Inhalt des Kleiderschrankes – oder außer seiner Mastercard und einem gemischten Paar Socken gar nichts. In meinem kleinen Klamottenfach im Camper ist alles farblich aufeinander abgestimmt und sauber getrennt. Ich habe drei Wochen vorher angefangen, die Sachen so zusammenzustellen, dass sie multifunktional und pflegeleicht sind und alles zu allem passt. Er aber wirft ganz zum Schluss drei Pappkisten voller beliebiger Klamotten und ... Dingen auf´s Camperbett, die er aus Schrank, Wäschekorb und Stuhllehnen zusammengewürfelt hat.
Geht es also an eine größere Reise mit Koffern, Handgepäck und Picknicktasche, wird der ungecoachte Späher eher hilflos dastehen und kein Konzept haben. So kommt es vor, dass sich meine bald 30-jähre Süße von mir telefonisch vor ihrer Reise durch die Kofferpackerei coachen lässt. Warum auch nicht? Dafür kann sie mich auch mit etwas Angang dafür motivieren, eine Reise über 40 km hinaus zu machen.

Auf der Rückreise wird die Bäuerin die Schmutzwäsche farblich sortiert in verschiedenen Wäschebeuteln zurücktragen. Sie hat 23 Postkarten abgeschickt und keine Souvenirs gekauft. Der Späher aber wird mit neuen und vollen Taschen strahlend aus dem Flugzeug steigen. Die Mastercard wird er irgendwo in einem Automaten auf Bali steckengelassen haben, aber er wird einen Koffer voll Andenken aus dem Souvenirshop, ein paar schöne Steine vom Strand, einen Satz neuer Klamotten, wunderbare Ideen und einen schwangeren Straßenhund mitbringen.

Geht beides. Ehrlich. Die Straßenhunde sind eh die Besten.

BEGEGNEN – VERSTEHEN – ZUSAMMENFINDEN 13

Statt:
„Wie, du hast noch nicht gepackt? Der Flug geht in vier Stunden!"

Besser:
„Kriegst du es noch hin, oder magst du Hilfe bekommen?"
„Ich werde auf jeden Fall um 6 Uhr das Taxi besteigen. Und ich bin nicht gewillt, mich vorher noch stressen zu lassen. Wir können es also jetzt schnell zusammen machen oder es herrscht Kontaktsperre, bis wir im Flieger sitzen. Zur Not fliege ich auch alleine!"
P.S.:
Unbedingt sechs Monate vorher mal zusammen in die Reisepässe gucken!!!

***

AUS DEM WIRKLICHEN LEBEN 14

ICD: *desorganisierte, mangelhaft regulierte und überschießende Aktivität.*
DSM: *Hat oft Schwierigkeiten, Aufgaben und Aktivitäten zu organisieren (z.B. unordentliches, planlos-desorganisiertes Arbeiten; hält Termine und Fristen nicht ein.)*

Bäuerin zur Späher*in: Du hast noch nicht angefangen (zu lernen, zu putzen, zu renovieren, zu packen ...)

> *Realitätscheck: Wenn die Sache als solche öde ist, bekommt sie nur durch Zeitdruck den nötigen Pfeffer – oder überhaupt erst Sinn!*

Auf den Punkt

Vergnügt fragt mich meine Tochter, während wir mit ihrem köstlichen Curry zwischen Bauholz und reißfesten Müllsäcken auf vollen Kartons sitzen: „Was glaubst du, wann ich mit Packen für den Umzug angefangen habe?" Ich kenne sie ja seit 26 Jahren und sage selbstsicher: „Na, gestern." Sie strahlt mich lachend an und sagt: „Um halb 9 abends bin ich nach Hause gekommen und um 4 Uhr morgens war alles gepackt." Oha! Das könnte mir nicht passieren. Ich pflege etwa ein halbes Jahr für einen Umzug zu brauchen. Zugegeben sitzt sie nur in einer Studierendenbude und außerdem gerade an zwei Masterarbeiten und hat nebenher einen Halbtagsjob – ABER TROTZDEM! Meine Nerven! Das könnte ich nicht.

Das Aufschieben können beide, aber die Späher*in wird im letzten Moment schließlich doch brüllend und speerschwingend auf die Hyänen zu rennen, die das tote Mammut vor ihr gefunden haben. Währenddessen gerät die Bäuerin in Panik. **Es ist gerade dieser Druck, der die Befähigung bei der Späherin aktiviert, genau auf den Punkt hin absolut DA zu sein.** Bis zu diesem Punkt ist das Projekt einfach tödlich langweilig oder beängstigend oder unüberschaubar gigantisch oder alles zusammen.

Ganz blöd

Oder es ist einfach aus anderem Grund noch nicht der richtige Moment gekommen. Der Pfeil wird nämlich erst dann, wenn das Mammut in der richtigen Position steht, abgeschossen. Und nur dann wird er sein Ziel auch treffen. Würde es denn IRGENDEINEN Sinn machen, den Pfeil VORHER abzuschießen? Nein! Die Beute wäre damit verschreckt und gewarnt, die Jagd vorbei und ein Pfeil verloren. Ganz blöd.

Ach ja: Fünf Minuten (5!), bevor der Vermieter zur Wohnungsabnahme kommen soll, springt sie „noch schnell" fröhlich unter die Dusche.

Was soll's? Hat ja geklappt.

Der wahre Moment

Was also aussieht wie Aufschieben, ist in Wahrheit oft ein Warten auf den einen, den wahren, den genau richtigen Moment. Darauf müssen wir alle vertrauen. Manchmal geht es schief. Das ist dann blöd, aber auch eine Lebenserfahrung.

Elterntraining

Als Eltern müssen wir unseren Kindern die Erfahrung ermöglichen, DEN richtigen Augenblick zu erkennen und nicht zu verpassen. Raten können wir ihnen dabei nicht.  Drängeln nützt auch nichts. Sind alles nur Worte, die im Wind verwehen. „Warme Luft" sagt man auf Persisch. Liebevoll und wertschätzend dürfen Kinder mit den logischen Konsequenzen des Lebens ihre Erfahrungen machen.

Bitte altersangemessen und unter Wahrung von Sicherheit und Menschenwürde! Zeitweilig müssen wir Organisation und Struktur auch für sie übernehmen, müssen aber auch rechtzeitig wieder damit aufhören. Daher darf sich das gute Kind spätestens ab der weiterführenden Schule mit den Lehrer*innen auch direkt auseinandersetzen. Wir dürfen uns als Puffer vor den Folgen des Zuspätkommens, nicht gemachter Hausaufgaben oder vergessener Turnbeutel immer mehr zurückziehen. Ab zehn Jahren waren meine Kinder für ihre gesamte Wäsche selbst verantwortlich. Ich habe auch ein paar Jahre den Umgang mit Packlisten gezeigt. Danach hat der Knabe eben für das Schullandheim keine Badehose eingepackt. Beim dritten Mal wahrscheinlich dann doch. Später, wenn Einschreibe- oder Bewerbungstermine ein paarmal verpasst wurden, dürfen wir auch den Geldhahn zudrehen. Das wirkt sehr motivierend. Wie sollen sie es denn sonst lernen? Wollen Sie Ihrer Tochter oder Ihrem Sohn noch mit 33 die Miete bezahlen?

Vertraut ihnen, sie werden es lernen.

Manchmal, indem sie wissen, wann es Zeit ist, sich Hilfe zu holen.

Auch gut.

Selbstliebe

Voraussetzung hierfür ist neben dem frühen Coaching, dass die Späher*in an sich glaubt und auf ihr Anspringen des Hyperfokus im richtigen Moment vertraut. Sie darf sich darum nicht mit Vergleichen und Selbstzweifeln belasten. Und es sollte ihr nicht ausgetrieben worden sein, sich Hilfe zu holen, wenn die Beute oder der „Schlunz" tatsächlich eine Nummer zu groß sein könnten. Sie muss die Fähigkeit entwickeln, das abschätzen zu können. Dafür ist sie als Erwachsene sogar selbst verantwortlich. Um hier aus Lebenserfahrungen Nutzen zu ziehen, darf sie aber nicht schon ihr Leben lang gehört haben, dass ihr Arbeitsstil minderwertig oder falsch sei. Wenn man sie lässt, wird der Erfolg allen Zweifler*innen den Atem rauben. So ist das und so gehört sich das. (Man kann locker knapp drei Jahre nach dem Abitur herumtrödeln. Anschließend zwei Master in sechs Jahren rauszuklotzen gleicht das locker wieder aus.)

Wichtig ist auch, dass wir Fehler machen dürfen. Dass wir lernen dürfen. Dass unser Wert nicht von Leistung abhängt. Ist so.

Zusammenfassung und Wiederholung: Aufschieberitis

Immer wieder bekomme ich von Klient*innen den Auftrag, ihre Aufschieberitis wegzubehandeln. Dann pflege ich zu fragen, ob diese denn schon so richtig Schaden angerichtet habe. Manchmal schon. Aber ganz oft kommt dann auch die Antwort. „Nein, ... eigentlich nicht ... im letzten Moment schaffe ich dann in einer Nacht, wofür andere ein paar Wochen brauchen." Also bitte, warum soll ich helfen, das zu ändern? Weil es nicht „normal" ist? Der Erfolg gibt dem Menschen

doch recht. Ich kann und will nichts ändern, nur weil „man"
„normalerweise" früher anfängt, zu lernen/zu arbeiten/ein
Programm zu schreiben etc.

Wenn sie darauf aber sagen: „Ich bin aber so gestresst durch
das Aufschieben.", dann stellen wir bei näherer Betrachtung
fest, dass es ihnen selbst eigentlich ziemlich gut geht. Sie
schlafen lange, gucken YouTube-Videos oder ganze Serien
am Stück, treffen sich mit Freund*innen, lernen eine Fremdsprache, spielen Minecraft (ja, ist wieder in) oder fressen sich
durch Abertausende von Seiten Phantasy-Romane. Nur das
schlechte Gewissen in Form zorniger Väter und bittender
Mütter oder zorniger, bittender Ehefrauen ist es einzig und
allein, was stresst. Dem haben sie nichts entgegenzusetzen.
Junge Menschen können dem noch nicht entgegenhalten: „Was
glaubst du, wie ich Abi gemacht habe?" Und auch Erwachsene brauchen viel Selbstsicherheit, um sagen zu können: „Ich
schicke die nächste Bewerbung los, wenn das Konto auf null
zugeht. Hat doch bis jetzt immer geklappt, mein Schatz, oder?"

Also:

Nur wenn das Aufschieben wirklich so lange dauert, dass auch
die dritte Ausbildung scheitert, der Gerichtsvollzieher
schon vor der Tür steht oder die ungeöffneten Briefe
sich bis zur Decke stapeln, besteht Handlungsbedarf.
Dann ist es aus dem Ruder gelaufen. Und dann kann
man therapeutisch und/oder mit einem Coaching
sogar eine Menge erreichen. Dann wird man aber
auch oft auf Versagensangst treffen. Die ist dann
nämlich das eigentliche Problem.

Therapie

Dann braucht es Therapie. Die wird hoffentlich das Fenster zur Wirklichkeit öffnen – sowohl zum Blick auf's Bankkonto als auch auf die realen Fähigkeiten – und vielleicht wird Therapie auch ein wenig den inneren Schweinehund an die Leine nehmen. Vielleicht wird man auch entdecken, dass die Erziehung eine völlige Abhängigkeit von anderen produziert hat, die sich heute in trotzigem bzw. passivem Widerstand oder unterwürfigem Verharren äußert. Vielleicht wird man entdecken, dass man selbst ganz andere Ziele hat, als man bisher glaubte. Und der engagierte Mensch wird auch die Fähigkeit entwickeln, sich im richtigen Moment Hilfe zu holen.

Vor allem wird die Therapie hoffentlich lehren, dass Fehler absolut okay sind. Sogar erwünscht, weil wir daraus in aller Regel am meisten lernen.

Aber das Losspringen erst im letzten, dafür wirklich richtigen Moment, wird grundsätzlich so bleiben. Ein Adler ist nun mal keine Laufente.

„Sie sagen, ich vertu meine Zeit."

BEGEGNEN – VERSTEHEN – ZUSAMMENFINDEN 14

Statt: ICD: desorganisierte, mangelhaft regulierte und über-schießende Aktivität etc. pp.

Besser: All das ist nur ein Missverständnis. „Desorganisiert", „mangelhaft reguliert" und „überschießende Aktivität" ist nur dann vorhanden, wenn dem Späher und der Späherin die Art der Bauern aufgezwungen wird. Seht stattdessen zu, (dass ihr das Selbstwertgefühl und die Selbstwahrnehmung) eurer Kinder nicht zerstört. Baut es für euch als Erwachsene wieder auf. Ihr seid nur anders, nicht falsch. Macht euch bewusst, in welchem Modus ihr seid (siehe Kreislauf auf S. 80) und setzt das Passende um. Lernt, den Hyperfokus anzusteuern (siehe Kleeblatt auf S. 84). Lernt eure eigene Art zu leben und hört auf zu versuchen, euch in das Laufentenleben zu zwingen, obwohl ihr Adler seid. Für euer Leben als Adler seid ihr selbst verant-wortlich. ihr werdet jagen müssen, wenn eure Küken im Nest nicht verhungern sollen

✳✳✳

AUS DEM WIRKLICHEN LEBEN 15

Bäuerin zur Späher*in: „Du hast überhaupt kein Durchhaltevermögen!"

Realitätscheck: „Da kann ich echt nur lachen."

*Ernsthaft, wer mal versucht hat, eine in ein Ziel verbissene Späher*in von ihrem Ziel abzubringen, der weiß erst, was Durch-haltevermögen wirklich ist!*

Und Hartnäckigkeit.
Und Zielstrebigkeit.
Wir haben spontan ein Geburtstagsfest in coronagerechtem Rahmen vor dem Blockhaus geplant. Während ich noch rechne, wie viele Biertischgarnituren rausgestellt werden müssen, sagt mein Jäger: „Wir brauchen Stühle!!!" Ich denke das nicht, aber außer: „Ich denke nicht.", sage und tue ich nichts weiter. Ich kenne die Grenzen meines Einflusses. So braust er ein drittes Mal mit dem Hänger vom Blockhaus ins Haus. Diesmal, um (m.E. überflüssige) Stühle zu holen. Nicht im Traum würde ich versuchen, ihn davon abzuhalten. Das gäbe verzweifelten Streit und miese Gefühle bei allen. Ist ja auch egal. Es haben dann ja auch Leute auf den Stühlen gesessen. Also, so what.
Auch, wenn er ein Schwimmbad in den Garten oder einen Wintergarten im ersten Stock bauen will. Versuch doch mal, ihn zu stoppen!
Ich lach mich tot.

Kapitulieren

„Ich traue mich nicht, weiter zu machen. Ich weiß nicht, was normal ist oder was realistisch ist. Und ich versage sowieso."
– Dann wird kapituliert und das großartig gestartete Projekt bleibt für den Rest der Existenz des Universums unvollendet stehen. Hier kann man – sofern man dies auf Einladung und mit Wertschätzung macht – Unterstützung anbieten.

Druck macht es nur schlimmer.

Bewusstes Aufgeben aus Gründen

1. Wenn sich eine bessere oder leichtere Beute findet, dann

folge ich doch der. Dann bleibt das andere Flussufer zwar unentdeckt, aber ich kann auf dieser Seite herausfinden, dass man Rohrkolben essen kann. Wow!
2. Wer das Ziel aus den Augen verloren hat und nicht mal mehr die Scheißhaufen findet, die die Beute auf ihrer Flucht hinterlässt, der jagt doch nicht weiter! Und wer die Übermacht der Karnickel im Wildemöhrenfeld anerkennt, der gibt das Buddeln auch auf. Wie bescheuert wäre das denn, hier weiter zu machen? Wenn die Beute über alle Berge oder unerreichbar ist, dann beende ich doch logischerweise die Jagd und schone meine Ressourcen. Alles andere wäre strohdumm. Und Stroh ist die Abteilung der Viehzüchter*innen. Die haben ihr Vieh schlachtbereit hinterm Zaun stehen.

BEGEGNEN – VERSTEHEN – ZUSAMMENFINDEN 15

Statt: „Du hast überhaupt kein Durchhaltevermögen!"

Besser:
„Scheint, dass dich das Thema nicht wirklich packt. Wie kriegen wir das hin?"
Und:
„Wow, dein Durchhaltevermögen möchte ich mal haben! Du hast nicht mal gemerkt, dass du dich derart vermackt hattest."

***

AUS DEM WIRKLICHEN LEBEN 16

Bäuerin zum Jäger: *„Wie sieht es denn HIER aus?!"*

Realitätscheck: „Die Späher*in kennt nur den Zustand

„Aufgeräumt" und „Nach der Explosion" (Zitat Amrei).

Es bleibt der Späher*in ein „ewiges und unergründliches Rätsel", wie das passieren konnte. Eben war noch alles picobello. Aber was ist schon „eben" für jemand ohne Zeitgefühl, der ständig etwas „mal grad" irgendwo abstellt?

Backstage
Tipps von meiner Schwester:
*1. Die trainierte Späher*in richtet ihre Wohnung so ein, dass es keinerlei Abstellflächen gibt.*
2. Sie formuliert ihre Ziele präzise. Sie sagt nicht: „Ich spüle jetzt.", wenn sie eine aufgeräumte Küche haben will. Sie sagt: „Ich mache alles, damit das Geschirr in den Schrank kommt und die Oberflächen sauber sind."
3. Sie hält sich an absolut feste Basisregeln wie: „Essen NUR am Tisch", oder: „Schlüssel immer und sofort an das Schlüsselbrett."
4. Sie holt sich Hilfe, wenn der Haushalt ihr über den Kopf wächst.

Frau K. sagt: „Ich brauche eben jemanden, der hinter mir her kehrt." Das war gar nicht überheblich oder auf andere Art negativ gemeint. Es ist einfach nur realistisch.

Einer meiner sehr vielseitig begabten Klienten der Abteilung „unfassbares Genie", der im selbstverursachten Chaos zu ertrinken drohte, schaffte sich eine kleine Bauchtasche an. Darin sind jetzt IMMER seine Schlüssel, sein Handy voller Erinnerungsfunktionen, seine wichtigsten Karten, seine Tabletten, etwas Kleingeld und Taschentücher. Diese Tasche hat ihm in den letzten fünf Jahren sicher drei Jahre Such- und Wiederbeschaffungszeit erspart. Er kommt nur noch hin und wieder zu mir. Ein ganz bestimmtes Ritual ist uns daher ein

nur noch seltenes, aber wiederkehrend großes Vergnügen:
Wenn er kommt, frage ich, ob er seine Versichertenkarte dabei
hat. „Selbstverständlich!", sagt er mit einem großen Strahlen,
und reckt das Kinn, während er in sein Täschchen greift. „Ich
habe immer alles Wichtige am Mann!" Ich freue mich wie Bolle
mit ihm.

BEGEGNEN – VERSTEHEN – ZUSAMMENFINDEN 16

Statt:
„Wie sieht das denn HIER aus?"

Besser:
* Prüfe, ob es dich was angeht. Wenn nicht, halt dich raus.
* Wenn doch, sorge so bald wie möglich dafür,
  dass es dich weder etwas angeht noch betrifft.
* Frag, ob eine Änderung und Hilfe gewünscht ist.
  Falls du Lust zu helfen hast.
* Frag, ob du einen Vorschlag machen kannst,
  um Ordnung wahrscheinlicher zu machen.
  Falls du eine gute Idee hast.
  Biete mal die Tipps meiner Schwester an.
  Kann gut sein, dass du damit echt Punkte machst.

***

AUS DEM WIRKLICHEN LEBEN 17

Bauer zur Späher*in: *„Jetzt entscheide dich doch endlich!"*

Realitätscheck:
Späher*innen entscheiden ökonomisch korrekt.

Einheitsbrei

Späher*innen und Späher auf der Suche nach einer Fährte müssen jedem Detail erst einmal gleich viel oder auch gleich wenig Aufmerksamkeit schenken. Alles ist gleich wichtig oder unwichtig. Im Suchmodus wird erst einmal gar nichts abgewogen. Sofern es nicht unmittelbar auf ein eindeutig lohnendes Ziel hinweist, ist ein Für und Wider für diese Menge an Informationen weder möglich noch nötig. Details geben einen Hinweis oder sie sind bedeutunglos.

Dann kann schon einmal ein Haufen Dung und ein Stück des Wegs weiter das Büschel Haare an der Rinde Hinweise geben. Doch werden auch diese nicht gleichzeitig wahrgenommen, sondern vorerst nur irgendwo im Arbeitsspeicher abgelegt. Da verblassen die Hinweise dann allmählich, wenn nicht in kurzer Zeit neue und relevante Hinweise nachgelegt werden. Irgendwann summieren sich diese Hinweise aber schnell, stark und zahlreich genug, um Jäger und Späherin zu elektrisieren. Jetzt, und erst jetzt (!) wird nicht mehr abgewogen. Jetzt wird entschieden:

BÄM. Dies ist es! Diesem folge ich. Die Zeit des Nachdenkens oder Zweifelns ist vorbei.

Jetzt entscheiden die Späher*innen blitzschnell. Und zwar eher intuitiv als bewusst. Also eher mit der rechten als mit der linken Hirnhälfte. Denn wenn man sie hinterher fragt, können sie das oft gar nicht begründen. Es sei denn, man erkennt „Bauchgefühl" als Grund an. Ich würde das dringlich empfehlen.

Die Entscheidung ist deswegen nicht besser oder schlechter als alles, was mit der bewussten Logik der linken Hirnhälfte entschieden wird. Denn links sitzt alles Erfahrungswissen, alles Erlernte. Rechts sitzt die Intuition und alles unbewusst Gespeicherte. Zusammen bilden sie das ganze Bild ab. Darum reden im Idealfall bei einer Entscheidung auch beide Gehirnhälften mit (Zickzack-Linie):

Allerdings wird in diesem Beispielfall das Bäuerlein absolut logische Argumente liefern, um zum exakt gleichen Ergebnis zu kommen. Und wenn es nur ein grantiges: „Ist doch gar nicht wahr!" ist.

Gewinner ist immer die Eisdiele. Egal, bei wem.

 **„Logik ist nur der Anfang aller Weisheit, nicht ihr Ende."** (Na, wer hat das gesagt? Die Auflösung folgt einige Zeilen später, aber hier zeigt sich, wer durch

das Fernsehen der 70er sozialisiert wurde.)
Intuition ist das Wissen, das sich aus unbewussten Erinnerungen nährt. Dieses Erfahrungswissen wird nicht logisch, sondern assoziativ verbunden. Das ist weder gut noch schlecht. Es ist einfach.

Spiritualität

Die bildlichen und emotionalen Verbindungen zwischen den Gedächtnisinhalten sind also der sprudelnde Quell, auf dessen Grundlage meist etwas entschieden wird. Darum sind die AD(H)Sler*innen auch die **Schaman*innen** im Clan. Sie schöpfen ihre Entscheidungen, Rat und Visionen aus der rechten Hirnhälfte – intuitiv und oft sehr zutreffend bzw. hilfreich. Das ist sehr wichtig und nützlich.

Dies Rechtshirnige kann für Späher*innen aber auch manchmal belastend sein. Vor allem dann, wenn sie nebenher noch mit Selbstbeschimpfungen und dem Anspruch beschäftigt sind, logisch zu denken.

Dabei – wie wird Mr. Spock es in gut 250 Jahren sagen? „Logik ist nur der Anfang aller Weisheit, nicht ihr Ende." (Er war´s, er war´s!)

Relativität der Zeit

Wann es also so weit ist, dass eine Entscheidung von einer Jäger*in gefällt wird, kann nicht beschleunigt oder verlangsamt werden. Es passiert eben dann, wenn es passieren soll. Und erst in diesem Augenblick werden all die anderen Wege und Möglichkeiten aus der Wahrnehmung gedrängt. Ab dem

Moment gibt es auch kein Zurück mehr.
Es passiert auch oft, dass dies sehr, sehr schnell geht. Also:
Input und Entscheidung im nahezu gleichen Augenblick
passieren. Das sind dann die Momente, die hinterher oft bereut
und „Impulsivität" genannt werden. Und später die Aufschieberitis wahrscheinlicher machen. Das sind aber auch die
Momente, in denen spektakuläre Dinge geschehen. Denn im
gefährlich-aufregenden Leben der Kampfpiloten, Börsenmak-
lerinnen und Rettungsärzte muss es zack-zack gehen.

Und wenn keine von mehreren Möglichkeiten die Späherin
wirklich interessiert, weil sie im Lademodus ist – dann wird sie
auch gar nichts entscheiden. Dann muss man warten, bis sie
wirklich Hunger bekommt.

Vom Unsinn, Druck zu machen

Nutzt es also etwas, den Späher und die Späher*in zu
schubsen?
Nutzt es etwas, ihn zu beschimpfen und zu drängeln?
Nein! Jede Entscheidung braucht ihre eigene Zeit und
erst, wenn genug Informationen gesammelt wurden, wird
entschieden. Dann – und erst dann! – geht die Jagd los. Keine
Sekunde früher und keine später. Denn Energie ist kostbar und
darf nicht mit sinnloser Rumrennerei verschleudert werden.
Seit etwa 2015 hatte mein Partner davon gesprochen, ein
Schwimmbad in den Garten bauen zu wollen. Immer mal
wieder. Ab und zu ließ er einen Gedanken darüber verlauten.
Außer „Klingt spannend", sagte ich nichts dazu. 2019 saß ich
arglos lesend im Wintergarten, als die Motorsäge aufheulte
und der Kirschbaum fiel. An seine Stelle legte mein Partner
eine LKW-Plane von den Ausmaßen des zukünftigen
Schwimmbades aus und baute „zu Testzwecken" darauf einen

kleinen Pool auf. Wir hatten einen schönen Sommer. Sogar eine Schwimm-Maschine baute er aus einer hohen Stange, an die ein langes Gummiband und ein Bauchgurt befestigt wurde. Das Ganze hat er mit Schraubzwingen an den Trekker montiert. Das war besser als jede Gegenstromanlage! (Davon gibt es aus Gründen des Jugendschutzes kein Bild.)

Anschließend hörte ich immer öfter vom Bau. „Scheint ernst zu werden", dachte ich und schenkte ihm eine kleine blaue Kachel zu Weihnachten mit der Aufschrift: „Bleib dran, das wird gut!". Im April 2020 hat er sich einen Bagger ausgeliehen, damit ein unfassbar großes Loch gebuddelt und dann wurde jede (!) freie Minute ununterbrochen gebaut.

Ab Juli desselben Jahres schwammen wir.
Das Dach kam im November drauf und die Fenster wurden kurz vor Weihnachten geliefert.

Die Wände sind bis heute unverputzt und der Maschinenpark arbeitet einfach in einem rohen Erdloch. Die Raumheizung

besteht aus einer Höllenmaschine, die sich Gaskanone nennt.
So wird es wohl vorerst bleiben. Aber das Mammut ist erlegt
und wir können jeden Tag schwimmen gehen. Uns reicht das.

Nachtrag: Noch bevor es Gesetz wurde, hat er es umgesetzt.
Das Wasser wird mit einer PV-Anlage, Wärmepumpe und
riesigem Batteriespeicher geheizt. Punktgenau erworben, als
die Mehrwertsteuer abgeschafft wurde. Mach mal nach.

BEGEGNEN – VERSTEHEN – ZUSAMMENFINDEN 17

Statt:
„Entscheide dich endlich!"

Besser:
Halte dich gefälligst raus, wenn es dich nichts angeht.
Wenn es dich was angeht, sprich nur von dir. Zum Beispiel:
„Du, ich hab´ jetzt Druck, das heute noch zu entscheiden. Was
brauchst du, damit du es auch heute mitentscheiden kannst?"

Das könnte z. B. eine Pro- und Contra-Liste sein. Oder die
Frage danach, ob offiziell du es jetzt alleine entscheiden darfst.
Oder ein klares: „Wenn du nicht bis 14 Uhr entschieden hast,
dann entscheide ich es alleine."

∗∗∗

AUS DEM WIRKLICHEN LEBEN 18

DSM: entwicklungsverzögert

Realitätscheck: Anders ist nicht das Gleiche wie weniger!

An diese Stelle gehört auch noch einmal, dass man betroffenen Kindern oft nachsagt, entwicklungsverzögert zu sein. Oder eine „mangelnde Hirnreife" mitzubringen. Das ist eine Sichtweise, die man nur bekommt, wenn man sie mit Nicht-AD(H)S-Reifungsskalen vergleicht. Für sich genommen, also als eine ganz eigene Gruppe innerhalb des Menschenmöglichen, sehe ich das anders. Sie können anderes als die anderen Kinder. Das ist nicht das Gleiche wie „weniger".
Dän*innen gelten ja auch nicht als krank wegen ihrer hellen Haut. Man sorgt dafür, dass sie den Umgang mit Sonne lernen. Man sagt ihnen aber nicht, dass sie falsch sind. Mangelhafte Pigmentierung? Nein. Sie zeigen eine Normvarianz, die man pathologisieren kann – aber nicht muss. In den sonnenarmen Gegenden des Nordens ist diese geringe Pigmentierung sogar von Vorteil. Sie hätten sonst keine Chance, mit den wenigen Strahlen den notwendigen Anschub zur Bildung des lebenswichtigen Vitamin A zu bekommen. In sonnenreichen Gegenden ist dunkle Haut das Normale. Alle sind sie normal. Es kommt eben auf das Wissen an, ob man etwas pathologisiert, oder ob man es willkommen heißt und das Beste draus macht.
Noch mehr dazu auf Seite 213.

BEGEGNEN – VERSTEHEN – ZUSAMMENFINDEN 18

Statt:
Etwas als „entwicklungsverzögert" zu definieren.

Besser:
Die Haltung annehmen, dass Entwicklung sehr individuell ist und ein Entwicklungsstand weder etwas über einen Wert, noch etwas über die Zukunft aussagt. Viele Kinder sagen mit drei Jahren noch kein Wort. Mit vier sagt man ihnen: „Bitte, bitte, sei für einen Moment still."
Förderung ist gut. Aber bitte ohne Vergleiche mit anderen.

***

AUS DEM WIRKLICHEN LEBEN 19

Späher zum Bauern: „Du bist der größte Langweiler der Welt."
Bauer zum Späher: „Dann bring DU doch erst mal eins deiner Projekte zu Ende, bevor du wieder mit was Neuem anfängst. Immer nur Strohfeuer! Früher hat dir Ikebana sooo einen Spaß gemacht und jetzt verstaubt das ganze teure Zeug!"

Realitätscheck: Ein erlegtes Wild ist Vergangenheit und ein halb bestellter Acker bringt nur die halbe Ernte.

Was dieses Thema mit der frei schwebenden Aufmerksamkeit auf der Suche nach einer Fährte zu tun hat, habe ich an anderer Stelle ausführlich dargestellt. ICD und DSM ignorieren bei dieser Aussage absolut die Fähigkeit zum Hyperfokus. Von dem ausgehend wird der Jäger nämlich erst aufblicken, wenn das Mammut erlegt, der Pool gefüllt und der Hubschrauber flugfähig ist. Besteht bei all dem aber irgendwann keine Aussicht auf Erfolg, oder hat er seinen definierten Erfolg erreicht, dann ist eben Schluss mit diesem Projekt. Wann etwas nämlich zu Ende getan ist, ist reine Definitionssache! Eine Freundin erklärte mir: „Ich sage eben zu mir: Ich bringe die Wäsche endlich in den Keller. Damit ist aber doch die Wäsche noch nicht gemacht. Ich habe aber genau mein Ziel erreicht und damit ist die Beute erlegt. Zu mehr kann ich mich dann nicht mehr aufraffen. Wenn die Wäsche wirklich gemacht sein soll, muss ich das Ziel anders definieren."

Damit ist also etwas uninteressant, sobald ein irgendwie definiertes Ziel erreicht ist.

Genauso ist es: Die Beute des vorletzten Jahres ist doch schon lange verdaut. Warum sollte sich eine Späher*in dafür noch interessieren? Ihr lodernd brennendes Interesse für die Antilope der letzten oder vorletzten Jagd steht in keinerlei Widerspruch zu dem Vergessen genau dieser Antilope und deren jetzt in einer Ecke vergammelndem Gehörn. Das Ding ist eben gegessen. Buchstäblich. Und steht darum auch in keinerlei Widerspruch zu dem nun hoch lodernden, brennenden Interesse für die Boa Constrictor, die gerade jetzt da um jenen Baum geringelt ist. Ui – zu groß! Dann eben für diesen gefallenen Baum, der schon halb im Wasser liegt und den man doch nur ein bisschen kürzer hacken und aushöhlen müsste. Dann könnte man vielleicht drin sitzen. Das Ufer da drüben sieht echt spannend aus. Schnell zum Steinmetz, ein paar Hackebeile holen, mit Feuereifer starten ... und wenn sich ein paar Bauern anfangen zu beteiligen, schnell zurückziehen! Nur ein paar perfekte Äste zum Rudern suchen gehen.

Für den Bauern ist das in seinem Lebensbereich völlig anders. Er muss die Ernte des letzten Jahres ständig im Auge und im

Kopf behalten. Er darf sie auf keinen Fall vergessen, denn dann wäre sie verdorben. Das Saatgut und das Unkraut sind immerwährende, ständig wieder aufgelegte Themen, welche im Wesentlichen inhaltlich die gleichen bleiben.

Ein verantwortungsvoller, erwachsener Späher weiß um diese Strohfeuernummer. Er wird bei Entscheidungen mit Langzeitwirkung daher jemanden mit einbeziehen. Jemanden, der die Langzeitfolgen einer solchen Entscheidung gerne zu tragen bereit ist:

Der Jäger will unbedingt (!) jetzt (!) sofort (!) einen Hund. Das ist völlig okay. Aber nur, wenn eine Familie dabei ist, die in Jahrzehnten statt in Tagen denkt und auch einen Hund will. Wenn nicht, dann sollte es keinen Hund geben. Wir haben gesehen, wie sich die Tierheime mit Corona-Hunden füllten, die UNBEDINGT angeschafft werden mussten und dann langweilig oder lästig wurden.

Stattdessen sollte der Jäger lernen, mit seiner Frustration konstruktiv und vernünftig umzugehen. Vielleicht kann er eine Weile Hunde aus dem Tierheim ausführen, bis das Strohfeuer erloschen ist. Oder ein neues brennt. Dem umfassenden Equipment für Aquarellmalerei ist es im Gegensatz zu einem Hund oder einem Kind nämlich völlig egal, wenn es in der Ecke verstaubt. Wenn er Glück hat, entdeckt seine Bäuerin ihr Interesse an Malerei. Nach einer Weile des Wehrens wird er ihr das Zeug überlassen. Dann war das Geld wenigstens nicht aus dem Fenster geworfen.

Geerntet wird später

Und der langweilige Bauer? Ein halb bestelltes Feld bringt nur die halbe Ernte ein. Aber immerhin Ernte. Kontinuierlich und geduldig ziehen sie Furche um Furche, legen Korn für Korn, sensen Strich um Strich. Sie achten nicht darauf, ob es sie interessiert, sie machen es einfach. Der Erfolg ihrer Arbeit wird durch langmütige Ausdauer bestimmt. Was sie tun, zeigt nie den leisesten Hinweis auf das, was daraus einmal werden wird. Nur in ihrem Kopf sehen sie die dicken Kolben, die in sechs Monaten aus diesem Korn gewachsen sein werden. Nur in ihrem Plan und ihrer Hoffnung. Sie wissen aber, was sie dafür tun müssen, und das reicht, um ihnen Ansporn zu geben.

Geerntet wird sofort oder nie

Die Späher*in dagegen muss unmittelbar sehen, was sie jagt oder sammelt. Ihre Arbeit ist explosiv und schnell vorbei. Hatte sie unmittelbar Erfolg, ist das Tagwerk vollbracht. Hatte sie keinen, geht sie wieder auf Suche oder nach Hause. Aktion und Erfolg sind dicht beieinander. Es gibt keinen Bedarf nach endloser Wiederholung desselben. Eine Späher*in muss dem Wild voraus sein. Das ist definitiv aufregender als das Anhäufeln von endlosen Reihen Kartoffeln. Für die Späher*in. Der Bauer findet sein Glück in der Stetigkeit.
Sie sehen, die Strukturen beider ergänzen sich. Und sie sind beide wichtig.

P.S.:
Die extrem und gewaltvoll an das bäuerliche Umfeld angepasste und völlig in ihrem Inneren versteckte Jägerin Barbara sagt: „Ich kann durchaus stundenlang Unkraut jäten. Das macht *mein Körper dann aber ganz alleine. Mein Geist fliegt ins Universum.“*

Das nur dazu, dass man mit Erziehung und Dressur eine Menge erreichen kann.

Kann man.
Natürlich.
Fragt sich nur, ob es das wert ist.

Glücklich ist Barbara nicht. Gar nicht. Und arbeitsfähig schon lange nicht mehr.

BEGEGNEN – VERSTEHEN – ZUSAMMENFINDEN 19

Statt:
Späher zum Bauern: „Du bist der größte Langweiler der Welt!"
Bauer zum Späher: „Dann bring DU doch erst mal eins deiner Projekte zu Ende, bevor du wieder mit was Neuem anfängst. Immer nur Strohfeuer! Früher hat dir Ikebana sooo einen Spaß gemacht und jetzt verstaubt das ganze teure Zeug."

Besser:
„Boah, da würde ich mich langweilen. Cool, wie verschieden wir sind."
„Ja, stimmt. Bei dem Tempo, mit dem du dich für Neues interessierst, wird mir ganz schwindelig. Aber halt mich auf dem Laufenden, vielleicht springt ja auch mal ein Funke auf mich über."
P.S.: Jeder und jede zahlt den eigenen Kram höchstselbst.

***

Kapitel 6

6. Aus dem Leben des Clans – "Unaufmerksamkeit/Ablenkbarkeit"

Wer von einer Dysregulation der Aufmerksamkeit spricht,
wird auch bei Pinguinflügeln, Elefantenrüsseln und dem
Mittelfinger des Aye-Aye
von Fehlbildungen sprechen müssen.
***

AUS DEM WIRKLICHEN LEBEN 20

Bauer zu Späher*in: „Die Mitarbeitsnote ist wieder unter aller Sau!"

Im Zeugnis steht: „Träumte ständig", „War oft geistig abwesend", „Guckte ständig aus dem Fenster", „Muss lernen, sich zu beteiligen" ... Statistisch gesehen ist hier wahrscheinlich eher von einem Mädchen die Rede. Aber es gibt auch verträumte Jungs und wilde Mädchen.

Labyrinthe

Auch diese Träumerles können die Nachfahren von Späher*innen sein. Wenn man diese Eigenschaft wertschätzt, ihnen zuhört, Kontakt mit ihnen aufnimmt, dann entdeckt man unendliche Weiten und Tiefen:

- Sie erzählen wilde und zauberhafte Geschichten, werden sehr philosophisch und sind sehr sensibel.
- Ihr Mitgefühl lässt sie beim Anblick eines in Kälte erstarten Schmetterlings in Tränen ausbrechen.
- Sie stellen Fragen, die all dein überkommenes Denken zum Stillstand bringen.
- Ihr feines Gehör macht sie zu gefühlvollen Musiker*innen, macht sie aber auch sehr verletzlich bei Störgeräuschen. Diese tun ihnen nahezu körperlich weh.
- Sie haben ein klares Empfinden für Schönheit und Harmonie, können gut alleine sein und werden in Gruppen oft unsichtbar.
- Sie tauchen in Bücher weg und schaffen selbst unendliche Phantasiewelten.
- Sie machen sich Gedanken über die Rettung ihrer Familie, des Regenwurms in der Pfütze und der ganzen Welt.
- Sie erfinden komplexe Maschinen, Schachtelbilder und Schachtelsätze.
- Sie basteln filigrane Kunstwerke voller Details und verborgener Schönheiten.
- Sie schauen dich an, sie schauen tief in dich hinein und durch dich hindurch – sie sehen dich, wie du wirklich bist.

Du kannst sie beschimpfen, schütteln, dumm nennen, in die Kälte schubsen, ihre Kunstwerke zerstören, ihre Bücher zerreißen, sie schlagen und rauswerfen. Du kannst sie damit zu völlig verzweifelten, sich selbst hassenden Menschen machen. Aber du kannst nicht ändern, dass sie so sind. Dass sie so fühlen und so denken.

Wozu bloß?

Aber welchen Sinn machte all das zu Urzeiten? Was kann der Auslesevorteil gewesen sein? Vielleicht waren sie es, die die Traumzeit der Aborigines in Australien erfanden. Vielleicht waren es die Träumenden, die die Labyrinthe entwickelten, von denen man jahrtausendealte auf der ganzen Welt findet – als Symbol für die Reise nach innen. (Legal aus dem Internet geladen, im Anhang eine Anleitung, selbst ein Labyrinth zu zeichnen)

Vielleicht waren dies die Vorfahren, die eine Höhle nicht nur nach ihrem praktischen Nutzen, sondern auch nach ihrem Potenzial zu spiritueller Tiefe erforschten. Wo sie bei flackerndem Fackellicht ihre eigenen Hände und die Tiere ihrer Umgebung an den Wänden verewigten. Für „sowas" hat der durchschnittliche Bauer weder Sinn noch Zeit. Er wird eher einen neuen Korb flechten, als in monatelanger Arbeit Tierbilder in Felsen zu ritzen. Aber er wird es dankbar annehmen, weil der Clan überlebt und dies – wer weiß, wer weiß – vielleicht auch mit den brotlosen Künsten der Späher*innen zu tun hat, die ja nicht immer nur bewegungslos ins Feuer starrten.

Innere Fülle

Bis heute erschaffen besonders spirituelle Späher und Späher*innen den Zustand der inneren Überfülle absichtlich. Sie wirken nach außen hin völlig ruhig. Ihr Blick scheint aus dem Fenster gerichtet, doch geht er eigentlich nach innen. Dies sind vielleicht die Kinder und Kindeskinder der Schamaninnen und Schamanen. Diese gehörten mehr zu den Späher*innen, denn auch sie waren auf der Suche, sammelten Eingebungen und jagten Wegweiser. Sie schauten nach innen, warteten auf Halluzinationen und deuteten diese auf Hinweise, wo die nächste Beute zu finden und wie sie einzubringen ist. Sie sorgten durch Schlafentzug, Drogen oder andere Maßnahmen wie Trommeln (DSM: „Trommelt rhythmisch") oder Sichdrehen absichtlich dafür, dass dieser Zustand hervorgerufen wurde. Bis heute ist das so. Äußerlich wirken sie untätig, aber innerlich vibrieren Gedanken, Phantasien, Zukunftsentwürfe, Planungen und Erinnerungen – bis der Schlüsselbund des Lehrers vor ihnen auf den Tisch klatscht und sie im Klassenbuch erneut einen Strich für Träumen statt Mitarbeit erhalten.

Nach und nach wird so die wunderbare Gedankenwelt von Selbstabwertungen vergiftet. Statt den Baum zu träumen, an dem der Schwefelporling die ersten Proteine des Frühlings bringt, beschimpfen sie sich selbst in einer endlosen Kette von Verwünschungen. Die Diagnose heißt dann ADS – ohne das H für die Hyperaktivität. Völlig unpassend, wie man mit Blick auf die innere Fülle zugeben muss.

Backstage
Von Karin Shola Wolf
Der Troll erzählt vom Eichhörnchen

Es war einmal ein Eichhörnchen, das lebte bei Kühen
und Schafen und Bienen und Hühnern. Denen
schaute es oft zu ... Was die alles konnten!
Und weil es leicht vergaß, dass es ein Eichhörnchen war
(ein bisschen seinesgleichen braucht man ab und zu!),
glaubte es immer wieder mal, dass es selber nichts zu
geben habe – keine Milch, keine Wolle, kein Honig.
Kein Eierlegen. Was blieb denn da? Wie traurig!
Zum Glück kam ab und zu ein guter Troll vorbei,
der zeigte auf den Rechner des Eichhorns und sagte:
„Du altes Hörnchen, du vergisst immer die Nüsse in
deiner Kiste!" – „Stimmt!", sagte das Hörnchen dann
und war schon gleich wieder viel froher.
Und Mensch ... es hatte doch gerade wieder eine Nuss
eingesammelt? (Des Eichhörnchens Nüsse waren, was
es alles so schrieb - na gut, schrieb und fertigstellte.)
Wo war diese Nuss denn jetzt -
Aha! So ging das Hörnchen auf E-Tour und bei ein paar
Bekannten vorbei. „Hi! Hier hast du meine Nuss von
letzter Woche", sagte es. „Ist ja sinnlos, wenn alles in
in der Kiste liegt und keiner was davon hat! Viel Spaß."

Fand ich gut, dass es das gemacht hat.
Hallöchen übrigens, ich bin der Troll.
Ich sag immer: Alles eine Frage des Trainings!
Wir alle müssen uns wieder dran erinnern, wer wir wirklich
sind, oder?
In diesem Sinne, macht's mal gut,
haut rein,
Euer Troll

BEGEGNEN – VERSTEHEN – ZUSAMMENFINDEN 20

Statt:
„Die Mitarbeitsnote ist wieder unter aller Sau!"

Besser:
„Ich geb´ einen Verlagsgutschein dafür zu wissen, in welcher Welt du gerade bist."

***

AUS DEM WIRKLICHEN LEBEN 21

ICD: niedriges Selbstwertgefühl

Realitätscheck: KEIN Kind wird
mit niedrigem Selbstwertgefühl geboren!
„Ach, könntest du nur die Fülle in meinem Inneren sehen!"

Eigentlich ist dies ja das Hauptthema dieses Buches und ich könnte dieses Kapitelchen überall einschieben. Oben bei dem Babybild (auf Seite 140) habe ich dazu ja auch schon einmal etwas gesagt. Aber um mal eine Geschichte zu Ende zu erzählen, nochmal zu L., unserem Beispielmädchen:
Das Abitur machte sie trotz allem, war aber jetzt auch selbst völlig davon überzeugt,
1. in Mathe eine absolute Niete zu sein
2. dass Anstrengen sinnlos sind (weil Benotungen auf Bulimie-Lernen setzen und nicht auf Kreativität oder Selberdenken)
3. dass keiner sie mögen kann
4. dass aus ihr nichts werden wird
5. dass sie niemals lernen wird, wie man lernt

6. dass sie niemals lernen wird, wie man sich strukturiert oder Impulse kontrolliert
7. dass das, was sie kann, wertlos ist und sie niemandem zeigen sollte, was sie draufhat
8. dass man alles unterrichtsartige am besten mit offenen Augen dösend weggeschaltet verbringt
9. dass sie selbst minderwertig, das Umfeld gefährlich und missgünstig und die Zukunft schwarz sei
10. dass Hilfsbedürftigkeit ein Beweis für Schwäche ist.

... sie brauchte zweieinhalb Jahre, um sich von der Schule zu erholen und arbeitet immer noch daran, diese negativen Selbstüberzeugungen komplett loszulassen.

Inzwischen hat sie im Ausland parallel zwei Master gemacht, sich dabei durch mehrere Jobs ihr Studium zum Teil selbst finanziert, nebenher einen Unisportverein mitgeleitet, viel Erfolg in exotischen Sportarten wie Parkour (urbaner Hindernislauf) und Acro-Yoga (also akrobatisches Yoga) gehabt, zwei weitere Sprachen gelernt, sich in Integrations- und Friedensprojekten engagiert, einen wunderbaren Freundeskreis aufgebaut und schon während des Studiums Kontakte in die Bereiche geknüpft, die das Potenzial hatten, später Arbeitsplätze zu werden. Inzwischen reißen sich namhafte Firmen und die Uni um sie. Und zwar nicht obwohl, sondern weil (!) sie so ist, wie sie ist.

Ihr Weg ist jetzt ein guter und es geht ihr meistens gut. Aber nicht wegen, sondern trotz unseres Schulsystems.

BEGEGNEN – VERSTEHEN – ZUSAMMENFINDEN 21

Statt:
„Niedriges Selbstwertgefühl" zu diagnostizieren

Besser:
Angesichts der Neigung der Menschen, andere zu bewerten, muss man bei diesen weniger normkonformen Menschen besonders auf die Förderung eines gesunden Selbstwertgefühles achten. Und weniger auf eines, das an die Erfüllung von Standardwerten und Normen gebunden ist.

***

AUS DEM WIRKLICHEN LEBEN 22

ICD: Beeinträchtigung kognitiver Funktionen ist häufig.

Realitätscheck: Lass den Tyrannosaurus
ein Liedlein zwitschern.

Intelligenz ist das, was der Intelligenztest misst
(siehe dazu auch das Glossar)
Das mag für das ein oder andere Kind tatsächlich zutreffen. Es gibt aber ebenso viel dumme wie kluge Bäuer*innen und Späher*innen. Intelligenz hat aber mit dem hier beschriebenen speziellen Begabungsprofil nichts, aber auch gar nichts zu tun! Intelligenz ist das, was der Intelligenztest misst. Und der ist auf Bauern und Bäuerinnen zugeschnitten. Das ist der Grund, warum viel häufiger, so glaube ich, einfach nur unfassbare Ketten von Missverständnissen vorliegen. Nur dadurch kommt es dann auch zu sehr schlechten Schulzeugnissen und generell negativen Urteilen über die angebliche Beeinträchtigung

kognitiver Funktionen.

Wenn ich einem Späherkind eine lange Rede halte, um ihm ausführlich zu erklären, wie man den Inhalt von Dreiecken berechnet, wird es nach spätestens drei Sätzen nicht mehr zuhören. Darum wird es das Gehörte auch nicht wiedergeben können. Das kann ich locker als Beweis einer „Beeinträchtigung kognitiver Funktionen", zu Deutsch: Dummheit, interpretieren. Ich kann aber auch mit Spanngurt, Zollstock und Kreide auf den Schulhof gehen und dabei mit einer absurden Herausforderung sein Interesse wecken („Wer findet auf der rechteckigen Platte die größten Dreiecke?"). Dann das Kind auf der steinernen Tischtennisplatte herumklettern lassen, auf sein „Wie und warum?" warten, es ihm zeigen und höchstens zwei Erklärungssätze dabei abgeben. Darauf wird es meinen Gedanken weiterführen und sich selbst Zusammenhänge erarbeiten, im Zweifel wieder fragen, etwas ausprobieren usw. Das Be-Greifen wird im Zweifel nicht mal länger dauern als meine Rede an die Bauernkinder. Und Luzia wird auf dem Schulhof den Sachverhalt schnell verstanden haben, während sich Sophie-Marie um ihr weißes Kleidchen sorgt und sich mit bittend zum Himmel gerichteten Äuglein in den Klassenraum und nach Erklärungen im Frontalunterricht sehnt.

Besser? Schlechter?
Nichts davon. Es ist einfach. Einfach anders.

Ein sehr begabter Klient von mir sagt, dass der Wechsel in die Waldorfschule für ihn die Rettung gewesen sei. Am Horizont zeichnete sich schon bedrohlich ein „vollkommenes Schulversagen" ab. Dies hätte ohne Schulwechsel mit Sicherheit dafür gesorgt, dass aus ihm „nichts geworden wäre". Nach dem Abitur (auch für Waldörfler staatlich und nicht getanzt – das für die mit den doofen Vorurteilen) hat er studiert und war noch nie arbeitslos. Geht doch.

Exkürschen Waldorfschule und Tanzen

Die Waldörfler*innen machen im Schnitt deutlich häufiger und mit besseren Noten Abitur als die Regelschulkinder. Nein, nicht getanzt, sondern mit externen staatlichen Prüfungen, eines fast ganzen Schullebens ohne Noten und dazu mit Zusatzwissen in Gartenbau, Technik, Handwerk, Kunst, Musik – und ja – auch Eurythmie. Komisch, gell?

Auch wird in vielen IQ-Tests und mit den so genannten Kulturtechniken nur eine sehr schmale Auswahl an Fähigkeiten abgefragt. Herr R. gilt als praktischer Analphabet, ist auf eine Förderschule gegangen und hat keinen Schulabschluss. Aber er baut aus einer Waschmaschine ein Laufband und macht aus drei Schrott-Motorrädern ein funktionsfähiges, das im ersten Anlauf durch den TÜV kommt. Einfach so. Mit Holz und Stein vollbringt er ähnliche Wunder – aber er hält sich für **dumm!**

Die kleine L. hat immer eine Sechs in Mathe. Warum? Weil sie das Ergebnis einfach immer weiß, es aber nicht herleiten kann. Sie kann also dem Lehrer nicht erklären, wie sie zu dem Ergebnis gekommen ist. Also kann sie es lehrerlogischerweise nur abgeschrieben haben – sie hält sich für mathematisch vollkommen unbegabt.

Shola ist mit 44 Jahren berentet, sie hat auf dem Arbeitsmarkt keine ökologische Nische für sich gefunden. Sie traut sich vor Scham nicht mehr vor die Tür. Aber sie hat die Wände ihrer Wohnung mit magisch-opulenten Bildergeschichten bemalt und produziert Sprach-Jonglagen, bei denen einem Herz und Hirn flitternd zu leuchten beginnen – und sie nennt sich eine „beispiellose Looserin".

Barbara sagt: „Ich war einfach mein Leben lang nicht in

meinem Element." Und weiter: „Bei Vorträgen gehen die anderen mit Beute raus und ich mit einem leeren Zettel." Als ich sie frage, ob sie denn wirklich glaubt, **zum Lernen unfähig** zu sein und wie es zum Beispiel ist, wenn sie etwas interessiert oder wenn der Vortrag gut bebildert ist, da leuchten ihre Augen: „Oh doch! Da, wo Interesse ist, werde ich sofort zur Spezialistin!" und „Natürlich, wenn es was zu sehen oder zu machen gibt, dann sitzt das sofort."

Die Zerstörung der Begabten

Außerdem – man soll´s nicht glauben – können auch Jäger-lein sogar hochintelligent sein. Sie sind es zum Erstaunen der Durchschnittslehrerpsychiaterväter sogar sehr oft. Aber unser Schul- und Berufssystem ist nicht nur an den Bäuerlein, sondern zudem auch noch an den Langsamsten ausgerichtet. Keiner soll sich gekränkt fühlen durch andere, die an ihm vorbeiziehen. Es gibt Förderunterricht noch für die letzte Torf-nase. (Sorry, aber ich darf das sagen, denn ich nenne ein Torf-nasenkind mein Eigen – es ist auch liebenswert und hat seine Vorzüge.)

Aber Turbokinder werden in Deutschland systematisch ausge-bremst und unterfordert. (Ja, ja, ich weiß, es GIBT auch Turbo-klassen und Begabtenschulen etc. Die sind aber die Ausnahme und oft mit Internat verbunden. Also kann das intellektuell, musisch oder sportlich begabte Kind zwischen Verblödung und Verlust der Familie wählen. Förderunterricht für Minder-begabte gibt es in jeder Kuhdorfschule. Das finde ich wirklich wunderbar, aber diese Kinder sind ja nur das eine Ende des Spektrums von Intelligenz. Was ist mit den Überflieger*innen vom anderen Ende?) (Frau Shirazi, jetzt bitte ... auuuuu-saaaatmen ... wieder sachlich weeeeerden ...) Also das ... das ist noch einmal ein ganz anderes Thema. Jedenfalls landen diese ganzen Da Vincis nicht selten auf Förderschulen – sei es auf solchen für Lernbehinderung oder solchen für Störungen des Sozialverhaltens.

Da sind sie falsch. Punkt!

Ich denke zum Beispiel an ein viel gescholtenes kleines Jägermädchen, das endlich einen IQ-Test absolvieren durfte. Mit neun Jahren sprach sie auf dem Niveau einer 16-jährigen. Ihr IQ zeigte das AD(H)S-typische Zacken-Profil (siehe Glossar), lag insgesamt aber bei 142. Zu dem Zeitpunkt war schon Unbeschulbarkeit und Internat diskutiert worden. Dieses Kind sollte, wie alle anderen eben auch, seitenweise Aufgaben auf dem Niveau von 3 + 8 rechnen und es rastete darüber ab der dritten Klasse regelmäßig aus. Ihre Lehrerin versprach der Kleinen, ihr andere Aufgaben zu geben. Aber zuvor habe sie DIESE Arbeitsblätter erledigen. Die ihr angemessenen Aufgaben bekäme sie dann zur Belohnung. Sie selbst bewertete diese Maßnahme als Entgegenkommen und pädagogisch brillant. Jeden Tag hatte die Kleine also Arbeitsblätter zu erledigen, die sehr – wirklich sehr! – weit unterhalb der Fähigkeiten dieses Kindes lagen.
Weil nämlich? Ah ja, weil sie „Geduld und Frustrationstoleranz üben" sollte.
Jeden Tag. Jahrelang.
Sie sollte auch den anderen helfen, wo diese nicht weiterkamen. Weil nämlich?... Ihr „Sozialverhalten" schließlich auch gefördert werden sollte.

Sie konnte schon lesen und schreiben, als sie mit fünf Jahren in die Schule kam. Ohne, dass ihr das von irgendjemand gezielt beigebracht worden war. Sie konnte auch Plus und Minus bis

100 rechnen und begriff ohne Weiteres Dividieren und Multi-
plizieren. Sie war eifrig und hilfsbereit, kreativ und kommuni-
kativ. Sie hatte wirklich keinen Förderbedarf in Sachen Sozialverhalten, was in den ersten vier Zeugnissen sogar mit viel
Anerkennung ausformuliert worden war. Nachdem sie dann
aber zwei tödlich langweilige Schuljahre sowohl Hilfsarbeiten
für die Lehrerschaft als auch qualvolle „Idiotenarbeiten" (wie
sie es nannte) erledigt hatte, wollte sie endlich wieder etwas
lernen. Sie wollte endlich auch zeigen, was sie schon alles
konnte! Und nachdem besagte vier Zeugnisse lang „bringt
die Klasse weiter" etc. zu lesen gewesen war, kam plötzlich
der berühmte „Kann nicht abwarten", Ist nicht teamfähig",
„Verweigert die Leistung" „Könnte mehr, wenn sie wollte" und
„Scheint nicht begreifen zu können" -Kram in die Zeugnisse.
– Schwupps, wird der Haken an Anstrengungsverweigerung
und kognitive Entwicklungsverzögerung gemacht. Ja, sie hat
die Diagnose AD(H)S und sie ist hochbegabt. Und sie ist damit
nicht allein.

**Es ist nicht wahr, dass AD(H)S standardmäßig mit einer
Beeinträchtigung kognitiver Funktionen einhergeht. Es
ist meines Erachtens eher wahr, dass diese Menschen auf
eine Art beschult und in etwas getestet werden, was weder
ihren Lernstärken noch ihren Begabungsschwerpunkten
entspricht. Dass sie also in ein ihrer Natur völlig zuwider
laufendes Setting gepresst werden, in dem sie nur versagen
KÖNNEN.**

BEGEGNEN – VERSTEHEN – ZUSAMMENFINDEN 22

Statt:
„Beeinträchtigung kognitiver Funktionen ist häufig."

Besser:
Das Leistungsvermögen dieser Menschen ist von den Standardverfahren nicht erfassbar. Auch ihre Eingangskanäle für Lernen sind anders. Dem sollte sowohl in der Didaktik als auch bei Bewertungen – sofern diese überhaupt notwendig sind – Rechnung getragen werden.

***

AUS DEM WIRKLICHEN LEBEN 23

DSM: „Scheint oft nicht zuzuhören, wenn direkt angesprochen."

Realitätscheck:
Wie lange kann Frau Doktor denn höchstselbst zuhören, wenn ihr das Telefonbuch vorgelesen wird?

Stimmt. Ihr stärkster Aufnahmekanal ist oft nicht die Sprache. Schon gar nicht, wenn sie monologisch daherkommt. Dazu habe ich an anderer Stelle schon etwas gesagt.

Monologe können Sie sich sparen

Wenn ich will, dass eine AD(H)Sler*in mir zuhört, dann muss ich die Sechs-K-Regel einhalten:

Sechs-K-Regel der Kommunikation

kreativ
und konstruktiv,
kurz,
klar,
konkret
und im Kontakt

– sonst hab ich Kommunikation ver ... loren.

Wenn Sie mit ihm oder ihr sprechen. (ich wiederhole das gerne, weil es so wichtig ist ... und weil nicht jeder Mensch ein Buch systematisch liest):

Monologe können Sie sich sparen.

Die werden ganz sicher zu bedeutungslosem Hintergrundrauschen, die im Idealfall höchstens nach einzelnen Worten abgescannt werden.

Denn bei Monologen passiert das „Fade out", das „weg isse". Das sieht man. Es passiert einfach. Da muss die Pädagogik sich eben was einfallen lassen. Und der Monologisierende mal in den Dialog gehen. Und insgesamt mehr im Kontakt sein.

Das gilt auch für Schriftliches. Darum bemühe ich mich hier auch um kurze Absätze und kurze Sätze, klar strukturierende Elemente (wie Überschriften), konkrete Beispiele und Kontakt durch direkte Ansprache.

Gelingt mir nicht immer, aber ich gebe mein Bestes. Vielleicht findet sich ja jemand, der das Ganze in anderen Ausgaben noch farbig unterlegt und noch mehr Bilder reinbringt. Oder jedes Wort mit fetten Buchstaben beginnen lässt. Dann ist es noch späher*innengerechter.

Ich bin an anderer Stelle so arg böse mit dem netten Herrn Prof. Dr. Barkley. Er gibt aber auch konstruktive Tipps an Eltern und Lehrer*innen wie z. B.: „First touch, then talk" und „Keep it short and sweet." ... Nicht, dass gesagt wird, ich hätte kein gutes Haar an ihm gelassen!

     * Übersetzung: „Erst anfassen, dann ansprechen" und „Halte es kurz und süß".

Win-win

Was ich mit konstruktiv meine? Was nützt all das Gerede, wenn mein Gegenüber sich nur in die Ecke gedrängt, bedroht, verletzt, gedemütigt und überfordert fühlt? Oder befürchtet, dies zu werden? Wenn AD(H)Sler*innen etwas kennen, dann ist das Kritik, Beschämung und Verletzung! Natürlich ist Abschalten dann eine gute Lösung. Erstmal jedenfalls. Wie wäre es also mit:

- einem netten Wort vorweg
- grundsätzlich „und" statt „aber"
- Einhalten der Regeln gewaltfreier Kommunikation (nach Rosenberg, mehr im Anhang unter Sammelsurium)

Schlimmstenfalls wird trotzdem nicht zugehört. Ich kann trotzdem stolz auf mich sein, sehr strukturiert und impulskontrolliert mein Bestes gegeben zu haben.

BEGEGNEN – VERSTEHEN – ZUSAMMENFINDEN 23

Statt:
„Scheint oft nicht zuzuhören, wenn direkt angesprochen."

Besser:
Mit dem Hund spreche ich hundisch, mit dem Wal spreche ich walisch, mit dem Normmenschen spreche ich normkonform, mit nonkonformen Menschen spreche ich nonkonform.
Und halte mich an die Regeln zur konstruktiven Kommunikation.

∗∗∗

AUS DEM WIRKLICHEN LEBEN 24

Bauer zu Späher: *„Du brauchst doch wirklich ab und zu einen Schuss vor den Bug, um aufzuwachen!"*

Realitätscheck:
„Nein, eine lohnende Fährte täte es genauso gut."

Unsere Gesellschaft ist auf Bauern ausgerichtet. Vor allem auf die männlichen. Unser Bildungssystem, unsere Wohnformen, unsere Beziehungsentwürfe – sie sind für Späher und Späher*innen totlangweilig. Sie werden zum Stillhalten und zum Nachmalen von Schwungübungen gezwungen. Dann zum Auswendiglernen endloser Vokabelkolonnen und dann zum Verfolgen einer geradlinigen Berufslaufbahn.

Aus dem Therapiealltag

Gerade war ein Klient bei mir, den ich das letzte Mal vor zehn Jahren gesehen habe. Er will wissen, ob er überhaupt arbeitsfähig sei. Ich frage ihn, was er denn so die letzten Jahre gemacht habe und was er gerade mache. Nun, ich hatte ihn damals kennengelernt, da steckte er in seiner zweiten Ausbildung. Die hat er abgeschlossen und ein paar Jahre in seinem Ausbildungsberuf gearbeitet. Dann wurde es echt öde und er hat eine dritte Ausbildung gemacht und wieder ein paar Jahre in diesem Bereich gearbeitet. Nun steckt er mit Anfang 50 mitten in Ausbildung Nummer 4. Ja und? Er verlässt meine Praxis wieder aufgerichtet. Dabei habe ich ihn nur daran erinnert, dass das für einen ADHSler absolut normal ist:

Doktorin der Chemie – Schauspielerin – Einzelhandelskauffrau - Permakulturausbilderin

Bürofachangestellter – Facharzt für Kardiologie – Maler und Lackierer – Wanderführer

Bergsteigerin – Mitglied beim Cirque du Soleil – Polizistin – Imkerin

Aber das darf „man" so nicht! Das ist nicht „normal". Das ist Abstieg, brotlose Kunst, Hirngespinste, Selbsterfahrungstrip, Egoismus, Terrorismus, Dubrichstmirdasherz-ismus … Das muss mit allen Mitteln bekämpft werden! Also zurück auf den einzig wahren:

Pfad der Tugend

Dieser ist geradlinig, hat keine Abweichungen und keine Interessensveränderungen. Natürlich auch keine Besinnungspausen, kein Träumen und keine auf den ersten Blick ineffizienten Unterbrechungen.

Was für eine Energie- und Talentverschwendung!
Ein guter Späher und eine gute Späherin wechselt die Jagdbeute regelmäßig. Sollen sie denn ihr Leben lang weiter versuchen, einen Rundbogen zu mauern, auch wenn er den Kniff schon längst raus und an andere weitergegeben hat? Darf er keinen anderen Weg zum Brückenbau mehr suchen, wenn er einmal die Variante mit den Stangen entwickelt hat? Soll sie jetzt wirklich für den Rest ihres Lebens um das erlegte Mammut tanzen? Was für ein Schwachsinn! Dafür sind Späher*innen nicht ausgelegt.

Lebenselixiere

Erst suchen sie, dann jagen sie. Dann haben sie fertig. Dann ruhen sie.
Um ihre Energien für die große Jagd zu bewahren – dösen sie also ganz oft irgendwie weg oder mengen auch irgendwas vor sich hin. Immer dann, wenn sie sich eben nicht grad mit der Suche nach der einzig wahren Beute beschäftigen. Sie verlassen sich dabei mit Recht unbewusst darauf, dass sie schon wach werden, wenn eine Herde Zebras ins Tal donnert oder die Ausguck-Späherin Alarm gibt, dass Geier in der Ferne kreisen. Bis dahin wursteln sie halt so rum. Machen mal dies, mal das, scrollen durch Reels, hüpfen an ein Gummiband gebunden von Hochhäusern, erfinden zwischendurch in einem Hyperfokus das Internet oder zeugen ein paar Kinder.

(Tatsächlich bekommen der durchschnittliche Späher und seine Späherfreundin früher und mehr Kinder als der durchschnittliche Bauer und seine angeheiratete Landfrau. Das liegt wohl an der ausgeprägteren Fähigkeit zu absoluter Begeisterung von jemand oder etwas. Und an dem kleinen Zeitfenster der Wahrnehmung des Augenblicks, der höheren Risikobereitschaft, der reduzierten Impulskontrolle und der Fähigkeit zum Hyperfokus – welcher statistisch nachweislich im entscheidenden Moment eben nicht gerade auf die Verhütung gerichtet ist. Er und auch sie gleichen das zahlenmäßig, aber locker durch eine durchschnittlich höhere und frühere Sterblichkeit (12 Jahre) wieder aus. Bungee-Seile reißen schließlich hier und da auch mal.)

André sagt, dass das umgekehrt sei:
„Sie gleichen ihre höhere Sterblichkeit absichtlich durch eine höhere Geburtenrate aus, damit sie nicht aussterben.“

Zurück zum Thema „Schuss vor den Bug":

So sind sie einfach. Aber die Bäuerin glaubt, sie müsse ihrem Späherkind oder -partner darum ab und zu „einen vor den Bug" geben, damit er aus dem Dösen oder Hyperfokus aufwacht, um sich ihren Vorgaben anzupassen. Nun, dem Kind müsste sie die erforderlichen Aufgaben so anbieten, dass diese es wirklich packen. Es zu beschimpfen und zu frustrieren wird daraus keinen Bauern, sondern einen weiteren unglücklichen Jäger machen. Und bezüglich des Partners ist dieser selbst verantwortlich für sein Leben. Ihn anzukoffern wird ihn nicht ändern. Sie wird sich trennen oder sich arrangieren müssen. Und wenn sie ganz viel Glück hat – oder sehr sorgfältig in der Partnerwahl ist – dann wird sie sich mit einem Jäger verpartnert haben, der zwar ewig unpünktlich sein, aber viel Würze in ihr Leben bringen wird. Und ihr ganz viel Gelegenheit gibt, an sich selbst zu arbeiten. Z. B. unabhängig davon zu werden, dass der geliebte Geliebte hier und da die Existenz der Partnerin schlicht vergisst. Und die Späherin kann von der Ausgeglichenheit und Struktur ihres Bauern ebenso profitieren.

Lesetipp: Bei Cordula Neuhaus*, z. B. „Lass mich, doch verlass mich nicht" kann man eine Menge zu Partnerschaften und AD(H)S lernen.

Und wer unbedingt etwas Bestimmtes von seiner Späher*in will oder ihr etwas beibringen möchte, der muss wertschätzend (!), hartnäckig und geduldig immer wieder mit neuen Zugängen versuchen, das Thema an die Frau zu bringen. Es ist erstaunlich, wie schnell auch ein Späherkind eine Fremdsprache inhaliert, wenn es den richtigen Zugang dazu findet.

So wurde einer Schülerin bei einem Schulwechsel in der 7. Klasse die Aufnahme in die anvisierte Schule verweigert, weil sie mit Latein und nicht mit Englisch angefangen hatte. Eine Zwischenstation war nicht in der Lage gewesen, ihr in einem Jahr auch nur die Ansätze der Sprache beizubringen. (Das könnte daran gelegen haben, dass der Schuldirektor zu Übergriffigkeiten neigte und die Englischlehrerin nichts als ihr ödes Lehrbuch konnte). Das Gymnasium, welches sie danach trotzdem gnädig aufnahm, arbeitet mit viel Musik und Kreativität auch in den Fremdsprachen. Nach sechs Monaten war sie weit über dem Wissensstand ihrer Mitschüler*innen, die schon seit zweieinhalb Jahren die Sprache lernten. Die gleiche junge Frau galt als komplette Matheversagerin – im Studium absolvierte sie alle Statistik- und Methodenkurse mit Eins. Geht alles. Ganz ohne Druck. Es muss nur die richtige Tür gefunden werden.

Alarm schlagen

Wenn es nicht um einen Lernvorgang, sondern um eine schnelle Reaktion geht ... wenn es also brennt, dann muss man darauf ohne viel Worte, aber mit Nachdruck und Knalleffekt auf diese Situation hinweisen. Das gilt für Kinder, wie für Partner*innen. Das ist aber kein bremsender Schuss vor den Bug, sondern das Aufreißen einer Tür.

Wenn ich von einer AD(H)Sler*in sowas will wie Müll rausbringen oder mit Hausaufgaben anfangen, dann muss ich es für JETZT (!) einfordern. Ein „Ja, gleich!" wird mit vergessen und dann Streit enden. Oder ich muss den Müllsack auf Kopfhöhe in den Türrahmen hängen und den Durchgang so verrammeln, dass der Müllsack in die Hand genommen werden muss! Denn selbst bei bestem Willen wird der nur im Sinn sein, wenn er in den Augen ist.

Für die Partnerschaft gilt in dem Zusammenhang, dass man sich im Idealfall liebt, aber nicht braucht. Das heißt, dass man sehr unabhängig voneinander ist. Dann ist es nämlich möglich, die Abfahrtszeit für den gemeinsam geplanten Ausflug einen Tag und eine Stunde und zehn Minuten vorher anzukündigen – um im Zweifel ohne Groll dann doch alleine zu fahren. Ein Plan B ist definitiv immer empfehlenswert.
Wenn das ohne Vorwürfe, nur im Sinne einer logischen Konsequenz passiert, dann kann es sogar einen Hallo-Wach-Effekt haben – verlassen kann man sich darauf allerdings nicht. Aber man kann sich darauf einstellen und auch alleine einen schönen Tag verbringen.

BEGEGNEN – VERSTEHEN – ZUSAMMENFINDEN 24

Statt:
„Du brauchst doch wirklich ab und zu einen Schuss vor den Bug, um aufzuwachen!"

Besser:
Einen Gutschein für einen Fallschirm-Tandemsprung. Mit Datum. Und Abholservice.

***

AUS DEM WIRKLICHEN LEBEN 25

Späherin zu sich selbst: *„Wo habe ich denn diese blauen Flecken wieder her?"*

Realitätscheck:
Das Ziel ist das Ziel. Und nicht der Weg.

Späher*innen kriegen oft die Kurve nicht. Sie rempeln an die Tischecke und die Türkante, sie reißen sich an Dornenhecken den Arm auf, bleiben mit dem Fuß unter dem Kupplungspedal hängen und lassen den heißen Kaffee fallen. Weil ihre Aufmerksamkeit nicht in ihrem Körper ist, sondern bei dem Ziel, das sie erreichen wollen. Darum merken sie die Folgen all dieser Unfälle oft auch erst, wenn sie die Blutspur im Flur entdecken oder sie am nächsten Morgen unter der Dusche stehen und nachsehen, warum die Seife an der Wade so brennt. Würden sie sich mit all diesen Dingen aufhalten, dann würden sie niemals Beute machen. Angesichts des angestrebten Zieles ist das alles wirklich völlig egal. Natürlich hat das seine

Grenzen, denn sie sterben tatsächlich häufiger an Unfällen als die Neurotypischen. Aber nicht nur, dass sie einfach nicht auf sich achten, sondern sie suchen ja auch das Risiko. Sie fahren schnell, sind häufiger in Risikosportarten und bei echten Abenteuern zu finden.

Backstage:
Ich sehe es noch wie heute vor mir, wie meine Tochter ohne Sattel eine langgestreckte Wiese bergab auf der durchgehenden Alyssa sitzt. Mitten im Galopp lässt sie sich plötzlich an einer Seite vom Pferd gleiten, hält sich aber mit beiden Händen an der Mähne fest und lenkt das Tier mit dem zusätzlichen Gewicht so zur Seite ab, dass es wieder bergauf gehen muss. Das bringt Alyssa aus dem Takt und sie geht recht bald in Trab, dann in Schritt über und bleibt schließlich schwer pumpend stehen. Ebby ist immer noch in ihre Mähne verkrallt, lässt dann aber los und klopft dem dampfenden Tier beruhigend den Hals. Die ganze Zeit über hatte sie lauthals gelacht und strahlt auch jetzt über das ganze Gesicht. Ich nicht.
Der verdammte Bauer, der uns mit seinem Trekker geradezu angegriffen hatte, war nicht mehr zu sehen. Nur noch seine Wagenspur im hohen Gras zeigte an, dass er wohl nicht hatte mit ansehen wollen, was er angerichtet hatte. Auf kürzestem Weg hatte er sich aus dem Staub gemacht. Er ist bekannt dafür es zu hassen, das Leute auf dem Wanderweg gehen, der leider mitten durch seine Wiesen führt.

Zu ihrer Lust am Risiko ist im Zusammenhang mit Dopaminsuche und Überlebensmodus für den Gesamtclan an andere Stelle einiges zu finden.

BEGEGNEN – VERSTEHEN – ZUSAMMENFINDEN 25

Statt:
„Wo habe ich denn diese blauen Flecken wieder her?"

Besser:
Arnikasalbe auf den Einkaufszettel schreiben und Möbel mit runden Ecken bevorzugen.

∗∗∗

AUS DEM WIRKLICHEN LEBEN 26

Späher zur Bäuerin auf dem Weg zu seiner Hochzeit: „Guck mal, die haben im Baumarkt die neuen Akkuschrauber im Angebot. Nur heute! Lass uns schnell reinhüpfen."

Realitätscheck:
Ohne das Brautpaar kann eh nicht geheiratet werden.

Der Jäger muss superflexibel sein. Egal, wie attraktiv eine aktuelle Fährte ist – wenn er eine attraktivere wahrnimmt, dann wird er die Spur wechseln. Das heißt nicht, dass die andere Beute nicht attraktiv gewesen wäre. Es heißt nur, dass da noch was Spannenderes mitten auf dem Weg lag. Und dass er beizeiten auf die Ursprungsfährte auch wieder zurückkommen kann. Es ist eine große Kunst, dies nicht persönlich zu nehmen. Aber erleichtert das Zusammenleben ungemein.
Also ruhig bleiben.
„Schau mir in die Augen.", sagen.
„Guck mal, was wir gerade anhaben.", sagen.
Warten, bis er geguckt hat.

„Das geht heute nicht." sagen und den Blickkontakt dabei halten. Sein Mienenspiel bewertungsfrei registrieren. „Oh. Okay. Ja. Okay.", hören
Küssen.

BEGEGNEN – VERSTEHEN – ZUSAMMENFINDEN 26

Statt:
„Guck mal, die haben im Baumarkt die neuen Akkuschrauber im Angebot. Nur heute! Lass uns schnell reinhüpfen."

Besser:
Ausatmen. Den Blick ins Wageninnere lenken. Küssen.

AUS DEM WIRKLICHEN LEBEN 27

Bäuerin zur Späher*in: *„Was riecht hier so komisch?"*

Realitätscheck:
Wer sicher sein will, dass das Haus nicht abfackelt, lässt weder Späher noch Späherin unbeaufsichtigt in der Küche.

Eben roch es komisch. Metallisch. Heiß.

In der verwaisten Küche habe ich die Herdplatte schnell abgestellt, bin mit der glühend-heißen Pfanne auf den Balkon gerannt und habe dort zum Abkühlen heftig mit ihr herumgewedelt. „Oh verdammt!", hat meine Tochter zu mir heraufgerufen. Sie hatte intensiv an ihrem Auto im Hof gearbeitet und war durch die heftigen Bewegungen und mein Gequietsche auf die Situation aufmerksam geworden. „Ich wollte nur, dass die Pfanne schnell trocknet und dann fiel mir ein, dass ich im

Auto mein Portemonnaie suchen wollte. Dabei habe ich die neuen Scheibenwischer gefunden, die ich die ganze Zeit schon montieren wollte ..."

Das ist nicht immer lustig. Ich kenne einen jungen Mann, der deswegen eine Art Zwang entwickelt hat. Ständig muss er gucken, ob seine Mutter nicht die Platte angelassen hat. Es wäre besser, die Mutter würde hier ein sicheres Prophylaxe-System entwickeln. Das kann man von erwachsenen ADHSler*innen verlangen.

BEGEGNEN – VERSTEHEN – ZUSAMMENFINDEN 27

Statt:
„Was riecht hier so komisch?"

Besser:
Absolute Tabus und Regeln aufsetzen und eintrainieren wie:
Bevor ich den Raum verlasse, schalte ich alles aus. ALLES!
IMMER! SOFORT! AUS!

***

AUS DEM WIRKLICHEN LEBEN 28

ICD: „Mangel an Ausdauer bei Beschäftigungen, die kognitiven Einsatz verlangen."
DSM: „Vermeidet oft, mag nicht oder ist widerwillig bei Aufgaben, die längere geistige Anstrengung erfordern (z. B. Mitarbeit im Unterricht; Ausfüllen von Formularen)."

DSM: „schafft es oft nicht, genau auf Einzelheiten zu achten

oder macht Flüchtigkeitsfehler bei Schularbeiten, der Arbeit oder anderen Tätigkeiten."
Bäuerin zu Bäuerin: *„Kann der Chef eigentlich lesen?"*

Realitätscheck:
Späher und Späherinnen können gut delegieren.

Charisma

Der fisselige Kleinkram ist im Allgemeinen nichts für Späher*innen. Für viele von ihnen zählt dazu auch Lesen und Schreiben. Denn je größer die Beute, umso größer das Interesse. 47 Reihen „E A E A" zu schreiben und „UMU MAG ADA" zu lesen, gehört nicht zur Definition von „große Beute". Solche Aufgaben überschreiten nicht einmal die Blut-Hirn-Schranke.

Und warum? Weil das unmittelbare Ergebnis so groß sein muss, dass der ganze Stamm davon überleben kann. Also machen er und sie große Pläne. Sie geben sich nicht mit einzelnen Käferlarven oder einer Wacholderbeere ab.

Manche Späher*innen unseres hochindustriell getakteten Lebens lernen allerdings im Laufe ihres Lebens, dass da ein Heer Mainzelmännchen für sie bereit steht. Die machen all das Zeug, was trotz seiner Öde einfach gemacht werden muss. Denn was passiert mit erjagter Beute, wenn niemand sie in tagelanger Kleinarbeit zerlegt, heimschleppt, und haltbar macht?

Sie vergammelt ziemlich geruchsintensiv in der Gegend und man kriegt noch Ärger mit Geiern, Hyänen und Infektionen. Also lernen kluge Späher*innen, die notwendigen starken Impulse an andere zu richten – lautstark, autoritär oder charis-

matisch. Manchmal alles zusammen. Wenn das Fußvolk endlich in Bewegung gekommen ist, werden sie schon vom nächsten Mammut gepackt. Also jetzt nicht in echt, sondern als neuer Hyperfokus. Falls sie nicht in die Erholungs-Agonie kippen.
Um die Ausführung und die Feinheiten kümmern sich in der Zeit die, denen Kleinteiligkeit und Routinetätigkeiten ein Genuss ist. Arbeitsteilung eben.

Darum habe ich am Wochenende auch einen wirren Haufen Werkzeuge, Schrauben, Pappdeckel, Ösen, leere Tuben, Bindfaden-Stücke und Unterlegscheiben fein säuberlich in Kästchen sortiert, während mein Späher mein Auto zerlegte, um es noch einmal durch den TÜV zu kriegen.

Ein weiterer Hinweis

So kommt es auch, dass viele charismatische Firmenleiter*innen tatsächlich oft Legastheniker*innen sind. Und unter Legastheniker*innen sind viele Späher und Späherinnen. Beides kommt auch unabhängig voneinander vor, doch gibt es überzufällig viele Menschen, die beides in sich vereinen. Jetzt wissen Sie vielleicht auch, warum das so ist.
Doch noch nicht? Okay, dann noch ein Hinweis: Gerade den Legastheniker*innen ist oft eine besondere Begabung zu räumlichem Denken eigen. Merken Sie jetzt was? Das ist doch gerade eine der besonderen Fähigkeiten der Späher*innen!

Noch mehr Hinweise

Auch andere Formen der Lese-Rechtschreibschwäche kommen bei Firmengründer*innen öfter vor als bei der Durchschnittsbevölkerung. Da sie aber andere oft schnell und intensiv begeistern und sich ab einem gewissen Reichtum auch Sekretär*innen leisten können, fällt das nicht weiter auf. Sie halten ihre Reden aus dem Stegreif ohne Aufzeichnungen und reißen andere trotzdem – oder gerade deswegen – mit. Und vor allem: Sie lassen lesen und sie lassen schreiben. Ganz Erfolgreiche lassen sich ihre Zeit völlig entspannt von Bäuer*innen strukturieren:

„Frau Gärtner, welche Termine stehen heute an?" „Herr Wolf, ich komme sofort mit dem Kalender und zeige es Ihnen." – Denn Frau Gärtner weiß sogar, dass Herr Wolf die Termine im Kalender schön bunt gemarkert SEHEN muss, damit sie zu ihm durchdringen. Die Perle des Büros hat die Termine daher verschiedenfarbig sortiert: pink für Hochzeitstag und Geburtstage, blau für Verabredungen mit dem Sportsfreund und orange für die Vorstandssitzung.

Das macht einen guten Chefsekretär aus: Er holt Frau Geschäftsleiterin da ab, wo sie ist. Und gibt ihr damit den Entfaltungsraum, den sie für ihre Kreativität braucht. Solange sie im Rahmen bleiben, nimmt er auch ihre Ausbrüche nicht krumm, denn er weiß, dass die nichts mit ihm, sondern nur mit ihrer Impulsivität zu tun haben.

Die Ausnahmen

Ich möchte hier auch die anderen AD(H)Sler*innen erwähnen. Die, die plötzlich mit vier Jahren lesen können. Ohne, dass ihnen jemand das beigebracht hätte. Ohne, dass sie dafür wahrnehmbar geübt hätten. Wieso bleiben die eigentlich in ICD und DSM unerwähnt?

Die Träumenden

Nun gibt es ja auch die ADS-Menschen. Die, die angeblich „ohne Hyperaktivität" sind, wie ICD, DSM und ihr Fachpersonal glauben. Dabei sind auch diese so genannten „Träumertypen" äußerst aktiv.

(Das bewertende „hyper" finde ich, wie oben schon erwähnt, sowieso unmöglich.)

Von außen sieht man ihnen die Aktivität allerdings nicht an. Sie gehen im Gegensatz zu den „Hypis" keineswegs buchstäblich über Tisch und Bänke. Nein, sie sind geistig in ganz anderen Universen unterwegs, während sie vollkommen bewegungslos aus dem Fenster blicken oder auf einem Baum aus der Zeit fallen.

Diese großen Träumer*innen, sind bezüglich der Welt der Buchstaben und Bücher oftmals ganz anders. Sobald sie lesen gelernt haben (das kriegt man bei denen manchmal gar nicht so recht mit, denn plötzlich können sie es) verschwinden sie vollkommen beim Lesen in Welten der Phantasie oder auch Wissenschaft. Auch können sie Phantasiewelten selbst erschaffen – ihre kreative Kraft ist unerschöpflich. Ich kann es mit nichts belegen, aber ich glaube, dass Leute wie William Shakespeare, Stephen King, Joanne Rowling, Walter Moers, Astrid Lindgren, Tolkien, Brandon, Alan Dean Foster, Sandersson oder Terry Pratchett die Schaman*innen unter den Spähern und Späher*innen sind. Sie befinden sich ständig im Modus der Entdeckung neuer Welten. Nur, dass sie diese nicht leibhaftig durchstreifen, sondern selber erschaffen. Die magischen Welten, die dank ihrer geistigen Schöpferkraft entstehen, sind ihr ständig neuer Hyperfokus. Darin erleben sie ihre Abenteuer und feiern erfolgreiche Beutezüge, Eroberungen und Entdeckungen:

Terry Pratchet beschreibt seinen Helden Rincewind im Roman „Das Licht der Phantasie" so: „Wenn er mit irgendeiner Gefahr konfrontiert wurde, reagierte er mit solcher Gelassenheit, dass die Gefahr den Mut verlor, aufgab und verschwand."

In früheren Zeiten können es genau diese Menschen gewesen sein, die den Standort neuer Wohnhöhlen, die Furt über das Wasser und den Durchgang unter dem Gletscher erträumten und ihre zaghaft hinter ihnen herlatschende Gruppe dort hindurchführten. Sie waren es auch, die auf einem einsamen Felsen über der Steppe das Kommen der Gnus vorhersahen und die richtige Jagdstrategie ersannen. (Der Hypi ist einfach drauflosmarschiert und wenn er unter dem Gletscher nicht erfroren ist, hat er auf seine Art auch einen Weg gefunden.)

Heute können wir nur inständig hoffen, dass Späher*innen dieser Art nicht zu sehr von ihrer bäuerlichen Lehrerschaft entmutigt werden. Und dass jemand anderes sie unermüdlich strukturiert und das Catering übernimmt, damit sie nur ja nicht mit dem Phantasieren und Schreiben aufhören. So werden sie zu Meister*innen des Geistes.

Übung macht die Schützenkönigin

Gleiches gilt für Musiker*innen oder andere Künstler*innen. Zur Meisterschaft kommt man nur durch Üben. Das scheint auf den ersten Blick widersinnig. Ein Jäger, der etwas übt? Dem wird das doch langweilig! Malen oder Geige spielen lernen ist wie Lesen üben. Öde.
Stimmt so nicht.
Kann sein, muss aber nicht.
Liegt ausschließlich an der Materie.
Und guter Führung.

Natürlich kann auch ein Späher und eine Späherin üben! Wie sonst soll denn Zielsicherheit oder Ausdauer oder umfassendes Wissen über Heilkräuter oder Geburtshilfe bei Steißlagen zustande kommen? Das Üben, Nachfragen, Nachbohren, hartnäckige Festbeißen werden sie und er genau dann tun, wenn sich die Beute lohnt.
Wenn also das angestrebte Ziel für sie derart attraktiv ist, dass sich auch langes Üben lohnt.

„Lass mich endlich auch mal!", wird sie sagen und sich vordrängen. Um dann hartnäckig wieder und wieder und wieder freudig verbissen die Palme in Angriff zu nehmen. Bis sie endlich heiß glühend oben anlangt und den anderen voller Stolz und losgelassen lachend die Kokosnüsse an den Kopf wirft. Schon kommen drei ältere Späherkolleg*innen den Baum hinter ihr her hinaufgeschossen und eine lustige Balgerei geht los (bisschen Schwund ist ja immer. Zur höheren Sterberate hatte ich oben schon etwas gesagt.)

Pädagogik. Schwarze und weiße.

Üben kann man zwar auch durch erzwungenen Wettkampf, Belohnung und Bedrohung erzwingen, aber das ist meist nicht konstruktiv. Schon gar nicht anhaltend. Wenn Späher*innen nämlich etwas nicht lernen wollen, dann ist es für alle Beteiligten eine Qual. Aber wenn sie lernen wollen, geht das am besten ohne all diese Pädagogik. Denn sie geraten bei Interesse auf Grund ihrer Programmierung immer wieder und auch über viele Jahre hinweg von selbst in den Übungs-Hyperfokus. Und genießen jede einzelne Gelegenheit, ihre Fertigkeiten zu verbessern und ihr Wissen zu mehren.
Das ist eine wunderschöne Alternative dazu, qualvoll und verbissen Fingerübungen zu machen, während die Mutter

dahintersteht und „Nochmal, sonst setzt es was!" kreischt. Schon allein der durch Angst und Zorn erhöhte Adrenalinspiegel erschwert alle Lernvorgänge. Die so erzwungene Übung wird auch sofort beendet werden, wenn der Druck nachlässt. Ich kenne einen ADHSler, der vom fünften Lebensjahr an gezwungen worden war, Akkordeon und Klavier zu lernen. Es hat ihm niemals Spaß gemacht. An seinem 18. Geburtstag hat er die Instrumente das letzte Mal berührt. Erst 40 Jahre später hat er wieder ein Akkordeon in die Hand genommen und alle Noten durchgespielt, die zu finden waren. Das erste Mal mit Freude. Das einzige Mal.

Besser ist es, eine gute Bindung herzustellen, dem übenden Kind gutes Lockfutter hinzulegen, es mit angemessenem Niveau anzuleiten, es anzustrahlen und vor allem vom eigenen Tun selbst begeistert zu sein. Das steckt an. Auf diese selbstgesteuerte Weise kann ein Späherlein dann auch schon mit fünf Jahren zur Virtuosin werden, weil sie sogar zum Essen vom Klavier weggezogen werden muss. Ich kenne ein Video von einem dreijährigen Schlagzeuger. Irgendwann wird der kleine, brüllend sich wehrende Watz von der Bühne getragen, weil er freiwillig einfach nicht aufhört zu trommeln.

Ich mag den.

Kleiner Exkurs in die Erziehungswirklichkeit

Frustrierend ist es allerdings, wenn so ein Späherkind UNBEDINGT (!) ein Klavier oder ein Surfbrett haben will, man sich das Gebettele zwei Jahre anhört und dann denkt: „Okay, es ist ihm offenbar wirklich wichtig". Dann das Equipment kauft und die Kursanmeldung abschickt. Denn kaum, dass man 1000€ ausgegeben und ein Jahresabo abgeschlossen hat, lässt das brennende Interesse schlagartig nach. Die Beute war das Kriegen (oder das Mich-Rumkriegen) und nicht das Üben an Surfbrett oder Klavier. Dieses Pech bzw. das Unwissen hatte ich ein paarmal mit meinen kleinen Jägerleins.

Es kann aber auch ganz anders sein: Einer meiner wunderbaren Söhne ist auf diese selbstbestimmte Weise mit Eiskunstlauf bis ins Deutschlandkader gekommen. Und das, obwohl er erst sehr spät angefangen hat und laut Schule als faul, völlig desinteressiert und nur als Störenfried galt. Ein wirklich saublödes Schicksal hat seine Karriere auf dem Eis mit 16 beendet. Ich sehe mir heute noch gerne die alten Aufnahmen an. Niemand ist in seine Küren vertiefter als er. So sehr, dass er nicht einmal Lampenfieber hatte. Wie man so sagt: Er war eins mit den Schlittschuhen, den Sprüngen, dem Eis. Das können in dieser Art, glaube ich, nur Späher und Späher*innen. Nicht umsonst ist ihr Anteil unter erfolgreichen Künstler*innen und Sportler*innen sehr hoch. Sie verschmelzen mit ihrem Tun und die Welt um sie herum versinkt.

Für die Bäuerin wäre all das Gehüpfe und Geklecksel sinnlose Zeit- und Kraftverschwendung. Sie hat auch nicht so viel Sinn für Kunst und kann sich nicht so fokussieren. Schon gar nicht unter Stress.

Backstage einer Bäuerin:
Ich war der Schrecken der Showtanzgruppe. In die war ich von meiner hyperaktiven, brillanten Rampensau-Mutter gezwungen worden, damit meine Küren in der Leistungsgruppe Turnen etwas weniger (bauern-)trampelig würden. Ich kann mir aber bis heute den Ablauf von Bewegungsabfolgen ohne praktische Bezüge einfach nicht (!) merken. „Du wieder!", zischte es mir entgegen, als die komplette Tanzformation beim Auftritt grazil nach rechts hüpfte und ich wieder einmal

krachend in die Reihe donnerte, weil ich desorientiert in die Gegenrichtung hüpfte. Damit durfte ich dann auch endlich, endlich diese Gruppe verlassen. Habe dann mit Tae-Kwon-Do angefangen. Da hat alles, was man lernt, auch einen praktischen Nutzen.

Und das mit den Einzelheiten und den Flüchtigkeitsfehlern? Die Antwort müsste inzwischen klar sein: Wenn das Thema packend ist, dann werden die filigransten Unterschiede wahrgenommen und der letzte Pinselstrich mit hohem Anspruch meisterschaftlich ausgeführt. Nur öder Kram wird hingehuddelt. Hauptsache, schnell fertig werden und der tödlichen Langeweile entfliehen.

Fazit: So ein Quatsch!

Sie sehen, dieses gnaden- und verständnislose Urteil, dass AD(H)Sler*innen keinen kognitiven Einsatz zu leisten bereit sind, sich nie anstrengen wollen und über alles hinweghuddeln, ist einfach nicht wahr. Sie geben sich eben nicht mit für sie persönlich in diesem Augenblick Sinnlosem ab und jagen stattdessen eben lieber attraktive Beute. Tote Mammuts gehören definitiv nicht dazu.

BEGEGNEN – VERSTEHEN – ZUSAMMENFINDEN 28

Statt:
„Mangel an Ausdauer bei Beschäftigungen, die kognitiven Einsatz verlangen, vermeidet oft, mag nicht oder ist widerwillig bei Aufgaben, die längere geistige Anstrengung erfordern (z. B. Mitarbeit im Unterricht; Ausfüllen von Formularen)."

Besser:
Wenn ich der Pädagoge oder die Pädagogin bin, ist es meine Pflicht, das Material packend anzubieten. Und dann gefälligst auch wahrzunehmen, zu welch beeindruckender Anstrengungsbereitschaft und Präzision dasselbe Kind bereit ist.
Als betroffener Erwachsene muss ich meine Grenzen kennen und mir angemessen Hilfe holen. Und sei es auch nur, um zu sehen, dass auch die Nicht-AD(H)Sler*innen angesichts eines ganz normalen Formulars einen Schreianfall bekommen können. Es liegt an den Formularen, nicht an der mangelnden Bereitschaft, sich geistig anzustrengen.

(Na, Grundsteuererklärung pünktlich abgegeben? Und wie oft angefangen?)

***

AUS DEM WIRKLICHEN LEBEN 29

Bäuerin zur Späher*in: *„Hast Du auch eine eigene Meinung?"*

Realitätscheck 1:
Das Beenden des Denkens zu einem Thema kann das Umschwenken auf einen anderen Hyperfokus darstellen.
Realitätscheck 2:
Späher und Späher*innen
können sich gut (ver-)führen lassen.

Auch die Bereitschaft, unter Umständen das Selber-Denken ganz sein zu lassen, ist in Ergänzung zum vorigen Abschnitt erwähnenswert. Denn unter bestimmten Umständen setzt das Denken tatsächlich ganz aus. Das hat bei Bäuer*innen und Späher*innen aber jeweils verschiedene Ursachen:

Sinn der Hierarchie

Wenn ein Späher sich von der Anführerin hat begeistern
lassen, dann gibt er die Führung bereitwillig und komplett ab –
sofern die Führungs- und Konkurrenzfrage, die Kompetenzen
und das Ziel der gemeinsamen Jagd geklärt sind. Das wird
zwingend vorab erledigt, damit die Jagd auch ein Erfolg wird.
Denn Rangeleien unterwegs würden das gemeinsame Ziel
gefährden. Es macht überhaupt keinen Sinn, sich gegenseitig
ständig die Körbe auszuschütten, nur weil irgendeiner die
Mango für attraktiver hält als den Maniok (eine Tropen-Kartoffel). Das gäbe endlose Prügeleien. Darum muss da eine
ordnende hierarchische Struktur rein.
Wenn der Späher also die Führung abgibt, dann richtig.
Lauwarm ist er nie. Etwas lässt ihn kalt oder er ist Feuer
und Flamme. Die Führungsperson wird entweder zu seinem
Hyperfokus, oder sie ist keine. Für den Hyperfokus muss er
nicht mal inhaltlich überzeugt sein, es muss nur der Funke
überspringen. Einer charismatischen Lehrerin wird ihre Klasse
ergeben und begeistert folgen. Die Bauerskinder brauchen
das auch, aber nicht so unbedingt und nicht so lange, wie die
Späherleins.

Verführbarkeit

Damit ist die Späher*in aber leider auch besonders gefährdet,
wenn sie an eine schlechte Führung gerät. Mit den richtigen
Tricks – mach es emotional, spektakulär, eine Gefahr herauf-
beschwörend. Biete einfache Lösungen, ticker den Hop-oder-
top-Modus an, mache Schwarz-Weiß-Malerei – so können
Späher*innen leicht zu begeistern und damit auch leicht
zu radikalisieren sein. Lauthals brüllen sie dann im Chor
undurchdachte Meinungen heraus, die auf unbelegbaren

Behauptungen beruhen. Diese müssen in keiner Weise durch die Wirklichkeit untermauert sein. Heute nennt man das „Bubble". So kann man den heiligen Gral jagen, einen Virus für einen Komplott und den Klimawandel für eine Erfindung halten. Die Algorithmen der sozialen Netzwerke arbeiten genau damit.

So habe ich schon einen ehemals guten, reflektierfähigen und menschenfreundlichen Freund an die Faschismus-Bubble verloren. Er glaubt im Moment tatsächlich, was er da nach-brüllt. Aber noch hoffe ich.

Wenn die Führungsperson selbst oder eine beliebige Bubble sein Hyperfokus ist, vertraut er als dessen blindes Gefolge ihm völlig ohne eigenes Nachdenken. Dann bringt ihn so leicht auch nichts mehr von ihr und ihren Vorgaben ab. Er wird unreflektiert nachbrüllen, was diese vorgibt. Auf der Jagd wird nicht mehr diskutiert, da wird gesprungen, wenn der Führer sagt: „Spring!". Da werden keine Quellen mehr überprüft, keine Widersprüche aufgedröselt und keine Parolen durch-dacht. Intellektuelle Widersprüchlichkeiten werden mit impul-sivem Aktionismus niedergebügelt.

Die Traurigen

Hier ist eben der Punkt, an dem das eigene Denken durch den Hyperfokus auf eine Person oder Gruppierung ersetzt wird. Besonders anfällig sind dafür Menschen, die hier auch die Chance sehen, im Ausgleich zu ihren bisherigen Lebenserfah-rungen endlich dazu zu gehören, endlich Bedeutung zu haben, endlich „jemand", also endlich wertvoll und willkommen zu sein. Am leichtesten wird man das in der Bubble durch Abwertung anderer, denn das kennen diese Menschen aus ihrer eigenen Opferrolle her selbst nur zu gut. Deswegen wird ab einem bestimmten Punkt – bei manchen praktisch sofort – auf Sachargumente oder Hinterfragung auch nicht mehr mit Sachargumenten oder durchdachten Antworten reagiert, sondern mit Beleidigungen und Brandbomben. (Obacht! Bauern können das auch – aber der Motor ist ein anderer.)

Die gute Nachricht ist, dass man „die Traurigen" genau damit auch abholen kann: Mit ihrer Sehnsucht nach Zugehörigkeit, ihrem Gerechtigkeitssinn, ihrer Leidenschaft. Darauf bauen Aussteigerprogramme erfolgreich auf.

Die Bösartigen

Bösartige Menschen arbeiten exakt damit. Sie wissen genau, welche Knöpfe sie drücken müssen. Die Schlagzeilen müssen fett, Schicksale dramatisch und Lösungen einfach sein. Es muss einen Feind geben und das Ziel ist seine Vernichtung. Komplexität entspricht zwar der heutigen Wirklichkeit, aber nicht einer Orientierung an „Auflauern, verfolgen, zuschlagen". Es werden keine differenzierten, komplexen Zusammenhänge gejagt, sondern das schwächste Gnu in der Herde. Fertig. Es werden auch keine verschachtelten Wirkmechanismen gesammelt, sondern Nüsse. Bis der Korb voll ist. Fertig.

Darum kann Putin unter den Verlorenen, den Armen, den Gefangenen und den Ausgeschlossenen auch so erfolgreich Kämpfer für seinen Wahnsinn finden. Und auch dem neuen Möchtegern-Führer Höcke laufen die Frustrierten brüllend hinterher. Verachtung und Vernichtung ersetzen Verstand und Verantwortung.

Hier muss man erst einmal wirklich Kante zeigen. Also Vereine verbieten, Vermietungen verweigern, Hetze anzeigen und empfindlich verurteilen etc. Dann kann man auch zu den Gefolgsleuten durchdringen. Denn die gehören eigentlich zu den Traurigen.

Ob man die Bösartigen erreichen kann, weiß ich nicht. Glaub ich nicht. Aber man kann sie isolieren, damit sie keinen Missbrauch mehr betreiben können.

Die Frustrierten

Besonders leicht manipulierbar ist das Späherlein, wenn tatsächlich eine Gefahr lauert, er sich dieser aber hilflos unterlegen fühlt. Dann zerhackt er mit seiner Stein- oder Bronzeaxt tatsächlich lieber unschuldiges Buschwerk, als sich dem völlig überlegenen Dingorudel zu stellen, das ihm die Beute abgejagt hat. Je bedrohlicher die Situation tatsächlich ist, umso mehr lässt seine Angst vor dem Verhungern und seine Frustration über seine Hilflosigkeit ihn irrational werden. Oder er leugnet die Gefahr einfach, rottet sich, angeführt von ein paar Schreihälsen mit ein paar Gleichgesinnten, zusammen und setzt sich großen Risiken aus. Die Sterblichkeit der AD(H)Sler*innen ist, auch aufgrund dieser Fehlleistungen, tatsächlich höher, wie schon an anderen Stellen in diesem Buch erwähnt wird.

So ist der Klimawandel eine zu sehr überwältigende Gefahr. Lieber behaupte ich, dass es den gar nicht gibt und reiße verzweifelte Kinder vom Asphalt, die sich dort in der Hoffnung angeklebt haben, jemanden zum Denken und verantwortlichen Handeln zu bewegen. Das kann ich. Die Energieriesen und Tierindustrie stoppen, das kann ich (allein) nicht.

Die Hoffnung

Nun sind wir angeblich ja auch vernunftbegabte Wesen. Der Späher kann also das eigenständige Denken irgendwann auch wieder einschalten. Spätestens, wenn ein paar zu viel aus dem Jagdtrupp beim Sprung in die Schlucht tödlich abgestürzt sind. Wenn die neue Frucht zwar süß ist, aber tagelang höllenmäßigen Durchfall verursacht. Und wenn der Führer immer nur die anderen probieren und springen lässt, sich selbst aber mit den gesammelten Geldern ins Ausland absetzt. Und wenn der vermeintlich brandgefährliche Tiger sich einmal zu oft als nur ausgestopft erwiesen hat.

So ein dunkelhäutiges Kind vom Bobbycar zu treten ist wirklich keine Heldentat. Auch die eigene Geburt in einem bestimmten Land zu einer bestimmten Zeit ist keine bemerkenswerte individuelle Leistung. Da hat irgendjemand, irgendwann, irgendwo gepimpert und nicht verhütet. Wieso kann man auf das daraus entstehende Produkt stolz sein? Das könnte abends im Bett mit zunehmender Nüchternheit vielleicht sogar der Letzte mal begreifen.

Nibelungentreue – oder auch nicht

Im Zweifel ist der Späher seiner Führung dann allerdings trotz dieser Erkenntnisse erstmal weiterhin treu. Auch, um sich nicht der Peinlichkeit zu stellen. Welcher Peinlichkeit? Naja, wie fühlt es sich an zu begreifen, dass man ziemlichen Schwachsinn gebrüllt und getan hat. Irgendwann können ihn die Hinweise auf die Sackgasse aber erdrücken. Irgendwann nimmt er genug neue Impulse wahr und reißt dann das Ruder tatsächlich oft bis in die gegenteilige Richtung herum. Vom Drogenjunkie zum Stadtindianer zum Zeugen Jehovas. Oder vom Neofaschisten zum Linksradikalen (oder umgekehrt). Dann wird er auch für diesen neuen Hyperfokus kein Risiko scheuen. Macht ja nichts, wenn es ein konstruktiver ist.

Wenn man also so einen blindwütigen Haufen erreichen will, muss man hartnäckig dranbleiben und in gnadenloser Freundlichkeit sagen: „Guck mal. Der Kollege ist jetzt total tot. So mit richtigem Blut und allem." Oder: „Wann hast du denn das letzte Mal so ganz in echt einen Tyrannosaurus Rex gesehen?" Oder: „Du weißt sicher, dass man auch bei Wikipedia nach den Quellen schauen muss? Weil da jeder ungeprüft irgendwas reinschreiben kann." Oder: „Das klingt spannend. Kannst du belegen, was du da gerade gesagt hast?" – Wenn als Antwort allerdings gebrüllt oder geknurrt wird, sollte man langsam rückwärtsgehen. Und es vielleicht später noch einmal versuchen. Sie sind nicht dumm. Nur im Moment nicht online.

Aussteiger*innen sagen, dass sie genau hierdurch erreicht wurden. Durch diese wiederholten freundlichen Hinweise und Fragen. Manche auch durch ein kräftiges „Buh!". Nicht sofort, aber nach und nach. Sie begreifen hinterher nicht, wie sie so „verblendet" sein konnten. Diejenigen unter ihnen, die sich erst schämen und sich dann nach besten Kräften um Wiedergutmachung bemühen (sofern möglich), verdienen allergrößte Hochachtung.

Möglicherweise könnte der Späher irgendwann diesen ganzen Scheiß leid sein und stellt sich der Komplexität der heutigen Welt. Dann stellt er so unfassbar erstaunliche Sachen fest, wie, dass ein Stier zum Erwerb seiner ihm körpereigenen großen Mengen Muskeln ja gar keine Steaks isst, sondern nur Gras. Gras! Wenn er (nicht der Stier) dann in diesen Hyperfokus gerät, wird er sogar entdecken, dass die größten Säugetiere vegan leben. Ist ja ein Ding! Wovon leben Gorillas, Nilpferde,

Nashörner, Elefanten? Unglaublich! Gras und Blätter essen sie. Und Früchte! Unfassbar. Und echt – die werden alle uralt? Und haben offensichtlich angesichts ihrer Muskelberge auch genug Proteine? Welche Lebenserwartung haben Pflanzenfresser im Vergleich zu Alles- oder Fleischfressern? Zeig mal, wo steht das?

Komfortzonen-Erweiterung ist also auch für Späher und Späher*innen möglich.

Der Stammtisch

Solche Haltungs- oder Einstellungsänderungen sind aber tatsächlich für Bauern und Bäuer*innen noch schwieriger. Sie kennen nicht diesen beliebig auswechselbaren Hyperfokus, sondern leben in – nahezu – unveränderbaren Traditionen. Wenn der Bauer einmal angefangen hat, etwas als Unkraut zu betrachten, dann ist das auch Unkraut. Dann will er es auch für immer und bis ganz zum Schluss vernichten. Und zwar völlig ungeachtet möglicher Kollateralschäden. Die nimmt er nicht wahr und die bedeuten ihm auch nichts. Roundup drauf, Unkraut tot, alles gut.

Falls er seine Meinungen nicht schon mit der Muttermilch aufgesogen hat, ist er also anfangs viel, viel schwieriger zu kriegen, weil er grundsätzlich jede Veränderung eher scheut. Eine Meinung zu ändern ist nicht sein Ding. Darum ist es für ihn auch schwieriger, einen Irrtum zuzugeben. Allerdings ist er vielleicht für Sachargumente etwas eher erreichbar, da sein Zugang tendenziell etwas weniger emotional ist (linkshirnig eben).

Das haben wir schon immer so gemacht

Gerade heute Morgen bin ich auf ein Video eines Viehzuchtbe-
triebes gestoßen. Launig erzählen sie, dass die Melkmaschine
kaputt sei und dass sie nun manuell melken müssten und
welche Umstände das bereiten würde, wo doch die „Mädels"
schon Schmerzen hätten etc. pp. Jetzt ist es so, dass ich einfach
nicht nichts sagen kann bei so einem Scheiß. Also kommen-
tiere ich: „Hätte man ihnen ihre Kinder nicht weggenommen,
hätte jetzt niemand Probleme." Kurz darauf kommt die scharfe
Zurechtweisung, dass Kühe keine Kinder bekommen, sondern
Kälber. Ich kann´s nicht lassen und sage: „Kühe bekommen
Kinder, die werden Kälber genannt. Schweine bekommen
Kinder, die werden Ferkel genannt. Hündinnen bekommen
Kinder, die werden Welpen genannt. Wie auch immer man sie
nennt, es sind die Kinder von Müttern. Und an deren Milch
kommt man nur, wenn man die Kinder von ihren Müttern
trennt." Darauf kommt – oh welch Überraschung – die Phase
Attacke: Ich sei dumm und ungebildet, beherrsche die deutsche
Sprache offenbar nicht und überhaupt würden sie NICHTS an
dem ändern, was sie tun. Es sei ihnen ein Leichtes, mich mit
einem Klick aus ihrem Leben zu werfen. Da haben sie einerseits recht, dass sie das können. Ich schreibe dennoch, dass
es traurig sei, wenn gepöbelt und geblockt wird, sobald die
Sachargumente ausgehen. Dass ich ihnen und ihren „Mädels"
aber nichtsdestotrotz alles Gute wünsche.

Tiefenpsychologie

Aber – und hier spricht die Tiefenpsychologin – auch so ein
durchschnittlich neurotischer Bauer trägt viel unbewusstes
Drama mit sich herum. Auch sein Denken ist davon getrübt.
Er wird das nicht zugeben, aber sein poltriges Bestehen auf

dem „Das haben wir schon immer so gemacht!" ist nicht immer wirklich so ganz und gar rational begründbar. Und zwar egal, wie laut er: „Ich bin doch ruhig!!!" brüllt. Wenn man ihm aber hartnäckig, immer wertschätzend und sachlich kommt, kann man auch mit ihm Glück haben. Allein die Hartnäckigkeit als solche schafft in ihm irgendwann ein Gefühl des Vertrauten und Vertrauenswürdigen. Dieser neue Gedanke lümmelt dann schon irgendwo auf einem Regal in der linken Hirnhälfte herum und baumelt mit den Beinen. „Das habe ich schon mal gehört", wird er denken, wenn er es noch einmal hört, und dann noch einmal. Das wird er aber natürlich nicht laut sagen. Kommt also der gleiche Impuls noch einmal und trifft auf diesen Gedankenkumpel, dann setzen sich die beiden nebeneinander und schnacken ein bisschen. Neue Gedanken nisten sich so nach und nach ein und werden immer bedeutungsvoller.

Nun ist es so, dass auch der Bauer nicht so gerne als doof dasteht, zumal dieses Vorurteil gerade ihm besonders weh tut. Wenn Sachargumente also irgendwann seine Abwehr durchdringen können, dann kann auch bei ihm Erkennen und Umdenken stattfinden. Er denkt sich: Verdammt, vielleicht ist ja doch was dran, dass Tiere Schmerzen empfinden, Gefühle haben und nicht „Etwas", sondern „Jemand" sind. Dann kann er sich schließlich langsam Neuem öffnen.

Wenn auch erst oft nur heimlich. Denn – ohje – der Stammtisch ...

Nachts im Bett können die Argumente – oder auch Gefühle – dann vielleicht doch endlich zu ihm vordringen. Dann sieht er die Tränen aus den großen Augen „seiner" Tiere rinnen, er hört endlich das schmerzvolle Klagen auch mit seinem Herzen und endlich fühlt er das Leid des Kälbchens und seiner Mutter, die er seit Jahrzehnten immer wieder ausschließlich aus Gewinngründen auseinander reißt. Eine Weile später wird er

etwas an seinem Betrieb verändern. Mal oder erstmal nur ein
wenig und mal sofort von Grund auf.
Es gibt eine Gruppe, das sind die „Vegane Metzger". Man findet
sie z. B. auf Facebook. Tatsächlich sind das ehemalige Fleischer,
Schlachter und Metzger, die es irgendwann an sich herange-
lassen haben. Eines der beeindruckenden Beispiele, wo der
stete Tropfen den Stein schließlich doch ausgehöhlt hat.

Kleiner Exkurs zur Kuh

Seit Kurzem weiß man, dass die Idee, die Muttermilch anderer
Spezies als Nahrung zu nutzen, in Hungersnöten entstanden
ist. Normalerweise kann man ja keine Milch mehr verdauen,
wenn man einmal abgestillt ist. Schon gar nicht die eines
anderen Säugetieres. Heute dagegen sagt man dramatisch
raunend oder im verschwörerischen Ich-gehöre-auch-da-
zu-Ton: „Ich habe Lactoseintoleranz!". Als ob das eine Krankheit wäre. Ja, Erwachsene haben tatsächlich einen Verdauungs-
trakt, der sich seit dem Säuglingsstadium weiterentwickelt hat.
Na sowas aber auch! Was Werbung halt so kann. Wenn's nicht
so traurig wäre … Jedenfalls hatten damals jene Leute einen
Vorteil, deren Gedärm durch einen genetischen Defekt im
Entwicklungszustand eines Säuglings steckengeblieben war.
Sich daraufhin aber ein gerade nachwuchsführendes, Mutter-
tier einzufangen, womöglich das Kind zu ermorden und an die
Zitzen der Mutter zu gehen, ist schon abenteuerlich. Da muss
jemand wirklich verzweifelt gewesen sein, um dies zu tun.
Auch mutig und risikofreudig und über Normen hinausge-
hend. Vielleicht hat man damit auch für Säuglinge angefangen,
die durch fehlende menschliche Mütter sonst gestorben wären.
Jedenfalls ziemlich pervers, was heutzutage daraus geworden
ist.

Hier ein weiteres Beispiel, bezogen auf Hühner:

Trigger-Warnung

für Leute, die Mitgefühl auch mit Tieren haben! Dann besser erst beim BEGEGNEN – VERSTEHEN – ZUSAMMEN-FINDEN auf der übernächsten Seite weiterlesen und auch nicht im Anhang gucken.

Dragas Geschichte

Dies ist Draga, ein von „Rettet das Huhn e.V." frisch ausge-stalltes Legehuhn, wie sie millionenfach im Alter von 15 bis 18 Monaten getötet werden. Im Akkord. Ohne Rücksicht auf brechende Flügel, ausgerissene Beine und heraushängende Legedärme. Etwa 50 Millionen pro Jahr. Allein in Deutschland. So wie Draga sehen sie nach einem einzigen Jahr in der Legefa-brik aus. Ja, auch die so genannten Biohühner aus dem Super-markt. Draga war eines davon.

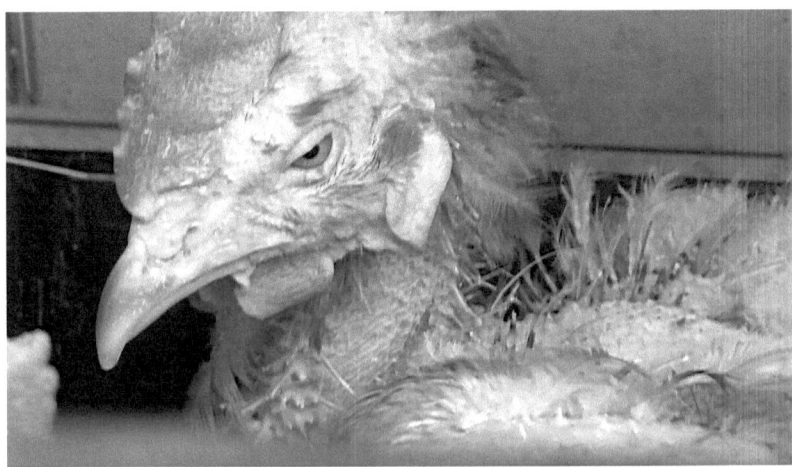

Ein Huhn kann eigentlich zehn Jahre alt werden. Diese hier aber werden getötet, weil sie nur noch fünf Eier die Woche legen. Statt sieben. Das Rentabelste ist, sie also wegzuwerfen und mit einem neuen Schwung Schwestern mit der Folter von vorne anzufangen. Sie sind einfach nur Müll. Und da man ja weiß, dass sie eh in ihrer Jugend schon getötet werden, werden sie auch nicht so ernährt, dass es auf ihre Gesundheit ausgerichtet ist, sondern ausschließlich auf Rentabilität. Darum sind ihre Kämme durch die Suche nach Vitamin D blass und riesig, ihre Brustbeine sind zumeist zerbrochen, sie sind mager und apathisch. Macht alles nichts, solange sie legen.

Aber, wenn man sie wirklich ansieht, dann sieht man ihr Leid. Das Leid einer jeden Einzelnen von ihnen. Draga hat bei mir noch vier Jahre als Huhn leben können. Scharrend, schimpfend und frech. Dann habe ich sie beim Tierarzt erlösen lassen. Trotz Behandlung ist sie wie so viele andere an einer Legedarm-Entzündung gestorben. Denn sie war genetisch dazu verurteilt zu legen und zu legen und zu legen. Selbst für 50 Eier pro Jahr ist ein Vogel nicht gemacht. Aber sie hatte von Anfang an Schmerzmittel und liebevolle Betreuung. Ihre Schwestern verrecken millionenfach irgendwo im Dreck.

Mehr dazu im Anhang

BEGEGNEN – VERSTEHEN – ZUSAMMENFINDEN 29

Statt:
„Hast du auch eine eigene Meinung?"

Besser:
„Mich interessiert, wie du zu dieser Überzeugung gekommen bist. Ich würde mich freuen, wenn du dir meine Argumente auch bis zum Schluss anhören würdest."

Oder:

„Hast du mich gerade aufrichtig gefragt, warum ich an geflüchtete Menschen vermiete? Dann antworte ich dir gerne. Hörst du auch zu?"

Oder:

„Ich bin zutiefst traurig und verzweifelt darüber, dass du dich dieser Bewegung angeschlossen hast. Im Moment scheinen dich keine Argumente zu erreichen. Bitte sag mir Bescheid, wenn du wieder ein offenes Ohr für andere Sichtweisen hast."

Oder:

„Es gibt immer mittwochs einen total nettes Jam-Treffen beim Rudi. Du spielst doch Gitarre. Wir könnten dich gut gebrauchen. Im Moment sind im Verhältnis etwas zu viele Djemben in Aktion."

***

AUS DEM WIRKLICHEN LEBEN 30

Bauer zum Späher: BlablablablablablablaKEKSEblablablablablablabla

Realitätscheck: Aus all dem Blabla hört der Jäger nur das, was ihm wirklich wichtig ist. Und auch nur dann, wenn es zu seinem/ihren gegenwärtigen Modus passt.

Drei Gründe, warum die Späher*in nicht zuhört:

- Der einkommende Reiz ist für sie und ihn aktuell bedeutungslos. Warum? Sie und er sind im Suchmodus: Die Umwelt wird gerade nach etwas Bedeutungsvollem abgesucht. Dein Blabla fällt einfach unter bedeutungslos. Ich höre dich nicht, weil ich nach etwas wirklich Spannendem suche.

- Der einkommende Reiz hat neben dem aktuellen Fokus keinen Platz. Warum? Er und sie sind im Hyperfokus im Jagdmodus: Alle Wahrnehmungskanäle sind auf etwas viel Spannenderem ausgerichtet. Neben dem gegenwärtigen Fokus ist dein Blablabla bedeutungslos.

Ich höre dich nicht, weil ich mit etwas beschäftigt bin, was mich zu 100% fesselt.

- Der einkommende Reiz geht im Rauschen der geistigen Abwesenheit unter. Warum? Er und sie sind im Ruhemodus: Neben der Notwendigkeit, die Batterien wieder aufzuladen, gibt es gerade nichts Bedeutungsvolles und auch keinen Anlass, nach etwas Bedeutungsvollem zu suchen. Ich höre dich nicht, weil ich ausgeschaltet bin.

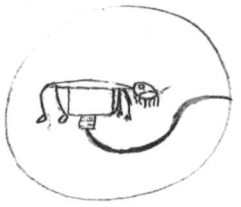

Darum – Obacht jetzt nochmal, besonders für die Lehrer*innen hier:
WAS ein Gehirn für wahrnehmenswert hält, ist ein autonomer (!) Prozess, der von der Abteilung „limbisches System" entschieden wird. Dieser Hirnteil steckt schon in Reptilienköpfen. Hier liegt der Schalter für „öde = überhören" und „spannend = aufsaugen".

Und jetzt sagen Sie mal einem Krokodil, dass es sich gefälligst die nächsten 45 Minuten auf Infinitesimalrechnung konzentrieren soll.

Nicht sehr erfolgsversprechend, oder? (Könnte sogar gefährlich werden, wenn das Krokodil stattdessen gerade Appetit auf Cordhose und Pullunder hat).

Aufmerksamkeitssteuerung ist ein autonomer Prozess

Autonom, wie die Verdauung. Oder wie sexuelles Interesse. Oder Einschlafen. Oder der Ablauf einer Schwangerschaft. Oder das Wegrennen/Zuschlagen/Erstarren oder Erschlaffen bei plötzlicher Todesgefahr. Nichts davon kann man willentlich beeinflussen.

Es ist wirklich keine Willensentscheidung, was das Gehirn aufnimmt.

Es ist nichts, was ich mit einem Anbrüller „Konzentrier dich endlich!", fliegenden Schlüsselbünden, Noten oder Sternchen dauerhaft beeinflussen kann. Ich kann locken, ich kann schimpfen und drohen, strafen und schmeicheln – der Schüler und die Schülerin werden sich sicher auch bemühen. Aber über einen kurzen Zeitraum hinaus kann sich niemand willentlich zu Aufmerksamkeit zwingen. Sie ist da, oder sie ist es nicht.

Wirklich?

Ja, wirklich.

Da werden jetzt Entwickler*innen von Trainings und Apps aber ganz sauer werden. Schließlich verkaufen sie, dass man mit ihrem Programm die Konzentration verbessern kann. Ja, mit manchen kann man das auch. Auch mit ausreichend Schlaf, emotionaler Ausgeglichenheit, einem soliden Vitamin B12-Spiegel etc. Aber trotzdem:

Sicher kennt dies jede und – noch häufiger – jeder: Angesprochen zu werden und dann zugeben zu müssen, dass man gerade „woanders" gewesen ist. Natürlich hat man den Klang der Worte gehört. Die Ohren funktionieren ja. Aber das limbische System hat diese Worte einfach weggefiltert. Im Vergleich zu dem, worüber ich gerade nachgedacht, was ich intensiv studiert oder wo ich stattdessen gerade interessiert hingehört habe, waren sie aber bedeutungslos.

Besonders blöd ist es, wenn so ein Späherkind sich gerade in der Phase der sinnlosen Umdressur befindet und sich gehorsam darauf konzentriert, konzentriert zuzuhören. So doll, dass es den Sinn der Worte nicht auch noch erfassen kann. Mit Tränen in den Augen schluchzt es dann verzweifelt auf: „Ich HABE aber zugehört! Ehrlich!"

„Oder wie oft habe ich irgendwo hingeschaut und nichts gesehen. Ich gucke auf die Uhr und lese die Zeit nicht ab. Da stehe ich und stiere und sehe nichts. Kennen Sie das?" (Zitate Karin Shola Wolf).

Ich spreche dann ein ernstes Wörtchen mit meiner Amygdala (siehe Glossar) und appelliere an ihre Einsicht und Kooperationsbereitschaft. Was sehr sinnlos ist, weil sie ohne Hilfe Sprache gar nicht versteht. „Is mir scheißegal, interessiert mich nicht.", würde sie mit Hilfe der rechten Hirnhälfte sagen, wenn sie es wollte. Denn Dreiwortsätze und Floskeln kann die rechte Hirnhälfte ja.

Links würde je nach Situation umschweifend antworten, abzulenken oder zu beschwichtigen versuchen, wortreiche Erklärungen und Versprechungen abgeben. Aber völlig egal: Ob es sich nun um akustische, optische oder über die anderen Sinne erfolgende Eindrücke handelt – die Amygdala (die Schaltstelle im limbischen System) entscheidet, ob und was in mein Bewusstsein vordringt. Und nicht das Großhirn. Denn das ist entwicklungsmäßig das Baby in unserem Kopf. Und zudem auch noch eine „Minderheit", wie mein (siehe Glossar) EMDR-Ausbilder Dr. Arne Hofmann zu sagen pflegte. Mickrige 4 mm in der Großhirnrinde und das auch noch nur auf der linken Seite bei vollem Bewusstsein und mit Sprachverstehen.

Na, dann appelliert mal schön und haltet eure Motivationsreden à la „Das musst du doch begreifen!"

Willkommen in meiner Welt

„Willkommen in meiner Welt," sagte letztens ein Freund zu mir, als mir das auch einmal passiert war. Er hatte mich angesprochen, aber ich hatte ihn nicht gehört. „Für mich ist das immer so." Er ist ein AD(H)S-Mischtyp, Träumer und Hyperaktiver zugleich. Zu ihm durchzudringen ist meist eine mittelschwere Herausforderung. Als Dauerzustand und daher verbunden mit ständigen Vorwürfen von innen und außen, würde mich das auch sehr anstrengen und stressen.

ADHS, Trauma und die Schnittmenge

Da gibt es Gemeinsamkeiten? Ja, es ist erstens die Art der Fokussierung auf etwas und zweitens die Rechtshirnorientierung. Denn während einer Traumatisierung passiert das, was ich eben beschrieben habe, in extrem verschärfter Variante. Wenn nämlich das limbische System der Meinung ist, dass Todesgefahr droht oder sich gleich eine traumatische Erfahrung wiederholen wird, dann schaltet es einfach die komplette linke Hirnhälfte ab (ausführlicher im Anhang, wo es um Traumatisierung geht). Damit ist bis auf Dreiwortsätze und Floskeln das ganze Sprachverstehen und Sprachproduzieren auf Eis gelegt (vergleiche nochmal die Aufstellung der Fähigkeiten der beiden Großhirnhälften auf Seite 104). Da geht nichts mehr. Eine Schülerin also unter heftigen Stress zu setzen und sich dann an ihrem Stammeln zu ergötzen ist purer Sadismus. Rein statistisch geschieht das den Kevins, Mohammeds und AD(H)Sler*innen besonders häufig. Das sagt aber rein gar nichts über deren intellektuelle Kapazitäten, Begabungen und Wissensstand. Sondern ausschließlich etwas über die pädagogische und charakterliche Inkompetenz des Lehrkörpers. Und nun?

Sind Sie, falls Sie zu den gerade angesprochenen Lehrkör-
pern gehören, (natürlich nicht zu den inkompetenten, sonst
würden Sie dies hier gar nicht lesen) – sind Sie etwa sauer?
Etwas angefressen? Geistern Ihnen Worte wie „alles Vorur-
teile" und „Scheiß Lehrerbashing" im Kopf herum? Können
Sie denn dann noch alles verfolgen, was ich schreibe? Oder
gingen Augen und Hand gerade zur Kaffeetasse? Oder waren
Sie unmittelbar mit Ihren Kränkungen beschäftigt? Z. B.
mit den Erinnerungen an besonders aggressive Eltern. Oder
damit, einen Fehler in meinem Text zu suchen, um mich zum
Ausgleich für eigene erlittene Schmähungen lächerlich zu
machen? Denken Sie seit ein paar Sekunden „Ha, haaa – ich
bin viiiiel besser als diese Kollegen der schwarzen Pädagogik!"
und aalen sich derweil genussvoll in Ihrem Stolz? Oder Sie sind
gar keine Lehrerin und fürchten, gleich sind die Ärzt*innen
oder die Eltern dran? Oder freuen sich eventuell darüber, dass
es die Lehrer*innen erwischt und denken an einen besonders
fiesen aus Ihrer eigenen Kindheit?

War da was dabei? Das waren alles Brüche in Ihrer Konzentration.

Sehen Sie, das ist einfach alles ganz autonom passiert.
Immerhin haben Sie für dies Geschreibsel hier Geld bezahlt
und werden dafür jetzt auch noch blöd angemacht! Dann
hören Sie mir vielleicht nur darum nicht mehr richtig zu, weil
Sie eine Verurteilung fürchten. Oder weil sie verletzt sind.
Schauen Sie mal, das passiert Chantal ständig.
Das war nur ein als kleines Life-Experiment gedacht, um zu
zeigen, dass willentliche Konzentration nur begrenzt möglich
ist. Sie ist da, oder sie ist es nicht.

Aber was hilft das, die müssen sich doch konzentrieren!

Und jetzt? Was soll ich denn tun, wenn ich der Späher*in Lernstoff zu vermitteln oder sonst wie etwas mitzuteilen habe?

Okay, eine Formel dazu:

So kann ich die kleine Späher*in mit meinen Informationen erreichen: Im Prinzip gilt auf die gleiche Weise, wie beim Thema Hyperaktivität und Kommunikation:

Die Könnerschaft der Späher*innenunterrichtung in „K":

Kontakt: konstruktiv und karismatisch
Kommunikation: kurz, klar und konkret

(Ich weiß übrigens, dass man charismatisch nicht mit „k" schreibt – aber Sie haben jetzt eine Eselsbrücke. Das war's wert. Außerdem hat dieser „Fehler" womöglich Ihre Aufmerksamkeit erhöht. Sie wollten mich doch schon seit dem Satz mit dem sadistischen Lehrkörper kontrollieren und korrigieren. Und haben darum umso wacher nach Fehlern meinerseits Ausschau gehalten. Entweder, um die Kränkung von vorhin wieder wett zu machen, oder um meine Kompetenz zu überprüfen. Damit hatte ich Ihre volle Aufmerksamkeit.
Gern geschehen.

Na, wie viele von den sechs „K"s der Kommunikation kriegen Sie jetzt eigentlich noch zusammen? Kommen Sie, ist erst 42 Seiten her.! Nicht mogeln!

(Kreativ, konstruktiv, kurz, klar, konkret und im Kontakt.)

Und sonst noch?

Wenn auch anderes als nur Sprache zur Verfügung steht – und das empfiehlt sich dringend! – dann heraus mit den Bildern, den Experimenten, den Erfahrungs- und Erprobungsmöglichkeiten! Geben Sie jedem Lernstil Futter (den Lesenden, den Lehrenden, den Lauschenden, den Handelnden und den Schauenden). Im Idealfall kombiniert mit Bewegung und häufiger Wiederholung. Eigene Begeisterung und Neugier stecken an. Machen Sie mit! Haben Sie echtes Interesse am Lernenden und am Lernstoff! Das weckt den Wunsch am gemeinsamen Tun und Lernen.

Ach, wem sag ich das? Zumindest die Lehrer*innen unter Ihnen haben im Gegensatz zu mir ja Pädagogik studiert.

Partnerschaften aller Art

Jetzt aber mal weg vom Lehrpersonal. Denn das alles gilt z. B. auch für andere Arten von Partnerschaften. Da hält z. B. – meist die Frau – eine brillante Rede: Sie erklärt ausführlich, warum er schon wieder Mist gemacht hat und wie er es stattdessen machen soll und dass wir das doch schon hundertmal hatten und ich halte das nicht mehr aus und Vorbild für die Kinder wie kannst du nur rhabarberrhabarber rhabarberrhababer rhabarberrhababerrhabarberrhababer

„… DU HÖRST MIR ÜBERHAUPT NICHT ZU!!!!"

Stimmt.

Stimmt absolut!

ABER wenn du möchtest, dass er und sie dir überhaupt zuhören KÖNNEN, dann halte dich an die Regeln für Kommunikation Sihe Seite 241 (noch mehr „K"s speziell für Späher*innen, aber diese Regeln schaden auch nichts bei allen anderen).

Also:

- Redet miteinander im Kontakt. Haltet keine Monologe.
- Bleib konkret. Das heißt handlungs- und situationsbezogen. Keine Vorwürfe, keine Verallgemeinerungen („immer"), keine Deutungen („Das bedeutet doch, dass ...").
- Rede Klartext. Ergieße kein Füllwörter-Geschwurbel über deinen Partner.
- Kalkuliere ein, dass du ein Teil des Anliegens bist. Sprich nur von dir selbst und übernimm Verantwortung für deinen Teil.
- Halte dich kurz: Heißt, nicht nur kurze Sätze, sondern auch ein Thema nach dem anderen. Mit echtem zeitlichem Abstand dazwischen.
- Und vor allem: Bleib konstruktiv.
  Denn Attacken führen zu Ohrenklappen.
  Zu sonst nix.

Kannste alles blöd finden und vorwurfsvoll weiter so machen wie bisher. Wird aber zu keinem neuen Ergebnis führen.

BEGEGNEN – VERSTEHEN – ZUSAMMENFINDEN 30

Statt:
„Du hast schon wieder rhabarberrhabarberrhabar könntest mir eigentlich endlich auch mal mehr helfen, statt immer nur rhabarberrhabarberrhabarrhabarrhabarberrhabarberrhabarrhabarber rhabarberrhabarrhaarberrhabarrhabarberrhabar-

berrhabarrhabarberrhabarberrhabarSchnauzevollrhabarber"
Besser:
„Schatz?"
„Kuckuck Schatzi, schenkst du mir einen Augenblick?"
„Huhuuuuu. (Ins Blickfeld wedeln, zart die Schulter berühren)
Schatz?"
„Ja? Äh. Was?"
„Hast du auch Hunger?"
„Nee. Weiß nich. Nich so. Vielleicht."
„Bald?"
„Oh, es ist ja schon dunkel. Ich hab Hunger!"
„Ja, stimmt, ich auch. Ich brauche Kartoffeln. Gehst du mir
bitte im Keller welche holen?"
„Wann?"
„Jetzt."
„Was?"
„Kartoffeln. Hier ist die Schüssel. Bitte voll machen. Im Keller.
Jetzt."

Check nach drei Minuten, ob er im Keller ist.
Check nach zehn Minuten, was er dort tut.

„Komm bitte jetzt hoch, das Wasser kocht schon!"

Und erst wenn die Kartoffeln wirklich da sind, das nächste
Thema beginnen.

Wenn kein Dialog zustande kommt, kann man auch einfach
schweigen. Ein Monolog wird sowieso nicht gehört, kann aber
durchaus die Stimmung für alle versauen. Darum kann man
sich die Spucke auch sparen. So einfach ist das.

Zusammengefasst:

Ich kann einerseits durch Bedrohung und Zeitdruck, die Späher*in zu Aufmerksamkeit oder in Bewegung kriegen. Aber das geht nur für kurze Zeit und hat einen hohen Preis. Z. B. akuten Ärger, Quälerei, Masking (siehe Glossar), schlimmstenfalls Traumatisierung und Minderwertigkeitsgefühle. Es hält länger und verursacht keine Kollateralschäden, wenn mein Timing stimmt und ich Interesse und Begeisterung wecken kann.

Das ist einem kränkbaren oder machthungrigen Gegenüber im Zweifel ja egal, aber wir suchen ja nach besseren Wegen.

Also:

Vorausgesetzt, die Ruhephase ist vorbei, die Späherin fängt an, sich zu langweilen und geht in den Suchmodus, dann ist es Zeit für Input. Das Timing muss stimmen. Oder der Input muss echt vom Hocker oder dem Hochsitz hauen. Bis dahin wird gedöst und halbwach gewartet, bis was Packendes ins Blickfeld latscht.

Manchmal reichen Kekse.

***

AUS DEM WIRKLICHEN LEBEN 31

Apropos kochen. Wir hatten das Thema schon, aber es passt gerade so schön nochmal:

Bauer zur Späher*in: „Reichst du mir bitte grad das Olivenöl?"

Realitätscheck: „Da is nix."

Doch. Da ist eine Flasche Olivenöl. Aber die Späher*in sieht sie nicht. Auch wenn das Bild der Flasche auf ihre Netzhaut fällt und sogar, wenn es bis zu ihrer Sehrinde vordringt. In ihrer Wahrnehmung ist da kein Olivenöl.

So, wie Worte von der Amygdala bei Desinteresse ausgefiltert werden oder wenn die Aufmerksamkeit woanders ist, werden auch Bilder ausgefiltert. Trotz des meist visuellen Orientierungs-Schwerpunkts der Späher*innen. Die Späher*in WILL das Olivenöl wirklich finden. Aber sie kann nicht kontrollieren, wann das Bild auf ihrer Netzhaut bzw. in der Sehrinde ihres Hinterkopfes auch wirklich Bedeutung erlangt. Das entscheidet allein das limbische System (siehe Glossar).

Eben brauchte sie etwas Nordseesand. „Mittlere Schublade im Sofa, hinten, blaue Schüssel." ... Immerhin sagte sie nicht: „Da ist kein Sand", sondern „Wenn da jetzt Sand ist, erschieß ich mich." Sie musste sich nicht erschießen. Meine Anweisung war nur relativ korrekt. Aber eben nicht absolut. Ich hatte vor längerer Zeit den Sand in eine Tüte umgefüllt, weil ich die Schüssel brauchte. In eine vollkommen durchsichtige Plastiktüte. Darum war kein Sand zu sehen. Mea Culpa.

Ich seh´ nix

Vielleicht kennen Sie dieses Bild.
Wie alt schätzen Sie diese Frau? Ist sie 28 oder 82?

Sie haben recht. Es stimmt beides.

Aber es ist nicht möglich, beides gleichzeitig zu sehen. Und es ist nicht mehr möglich, die beiden nicht mehr zu sehen, wenn man sie mal gesehen hat.

So kann die Späher*in auch nicht die Flasche Olivenöl oder den Sand sehen, wenn ihr Gehirn diesen Zugang nicht öffnet. Entscheiden kann sie sich dafür nicht. Es passiert oder es passiert nicht.

Uns geht das oft in der Pilzsaison so. Erst sehen wir gar nichts, aber dann schaltet unser Gehirn plötzlich autonom in den Suchmodus um und plötzlich ist alles voll mit Pilzen. Wir merken quasi, wie „es" einrastet. Aber diesen Vorgang können wir nicht aktiv herstellen.

Was wir tun ist: aktiv hinsehen – und dann warten.

So macht es die Späherin auch. Der Unterschied ist aber, dass sie es im Suchmodus immer und überall macht. Sie sieht hin und muss abwarten, bis eine Spur im Schlamm Bedeutung erlangt. Am Anfang wurde es ihr gezeigt.

 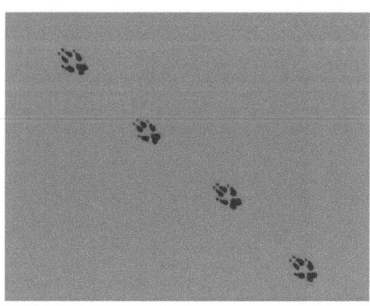

Schau: „Das ist eine Hasenspur."... Und das war ein Fuchs:

Später muss sie diese Spuren im Wirrwarr einer modernen Küche wiederfinden.

„Da ist eine Flasche Olivenöl!"
„Wo?"
„Sie ist grün ..."
„????????"
„Eckig."
„ ???????????????"
„Im mittleren Regal."
„?????????????????????????"
„Guck mal zwischen den Ölflaschen."
„Oh ja, da ist sie ja! Steht ja drauf: Olivenöl. Ich dachte die
Flasche wäre braun."
„Sie ist grün. Danke, Schatz. Gibst du sie mir, bitte?"

Anderes Beispiel:
„Schau, das ist Bärlauch."
„Wo?"
„Da auf dem Boden! Dicht an dicht. Alles, was grün ist. Ein
Blatt, ein Stängel."
„Ach, tatsächlich!"
„Riech mal dran."
„Oh, Knoblauch."

Schon wieder hat das Vieh das Sofa zerlegt!
Sicher ist er hyperaktiv

Kapitel 7

7. Aus dem Leben des Clans – "Hyperaktivität"

AUS DEM WIRKLICHEN LEBEN 32

DSM: „Hampelt oft mit Händen oder Füßen, schlägt mit ihnen Takt oder windet sich auf dem Sitz, läuft oft herum oder klettert in unpassenden Situationen (bei Jugendlichen oder Erwachsenen reicht hier ein subjektives Gefühl der Unruhe), ist oft nicht in der Lage, ruhig zu spielen oder an Freizeitaktivitäten ruhig teilzunehmen, ist oft „auf dem Sprung" oder handelt „wie getrieben" (z. B.: kann nicht länger ruhig an einem Platz bleiben bzw. fühlt sich dabei sehr unwohl, z. B. in Restaurants), redet oft übermäßig viel."
Sowie:
Bäuerin zum Jäger: „*Kannst du dich nicht mal ruhig hinsetzen und still beschäftigen?*"

Realitätscheck:
Der untätige Jäger wird verhungern und sein Clan mit ihm.

#

Für einen Bauern ist es unvorstellbar, dass sich Langeweile tödlich belastend anfühlen könnte. Wir sprechen hier nicht vom leeren, genussvollen Dösen – das können alle, wenn wir satt und sauber sind. Wir sprechen von Langeweile, also dem Zustand hellwach, aber unterstimuliert zu sein. Diesen Zustand finden Bäuer*innen ein bisschen blöd, aber für Späher*innen ist er eine Qual, die sie unter allen Umständen verhindern wollen. Für Späher*innen ist Langeweile ein sich lebensbedrohlich anfühlender Zustand, der unter allen Umständen zu beenden ist. Also mit einer angemessenen Stimulation.

Dies wird von Bäuer*innen dann gerne mit Unterbeschäftigung verwechselt. Denn wenn eine Bäuerin sich „langweilt", macht sie halt was. Darum gibt sie dem Zappelphilipp irgendetwas „Sinnvolles" zu tun und denkt, dass das Problem damit gelöst sei.

Unter „angemessene Stimulation" fällt allerdings nicht das, was so ein Bauer für eine sinnvolle Beschäftigung hält. Oftmals genau im Gegenteil.

Der Sinn von „Hyperaktivität"

Auf Folgendes kam ich während eines Telefonats mit A. Gerade hatte er mal wieder eine „auf die Fresse gekriegt" wegen seiner körperlichen Unruhe inmitten einer Sitzung. Völlig entnervt von all den negativen Rückmeldungen seiner Umwelt umrundete er, wie immer ununterbrochen, seine Kücheninsel und brüllte ins Telefon: „Und was soll bitte der verdammte Sinn von Hyperaktivität sein?"
Der Sinn ist, dass dem Jäger in die Gene geschrieben ist, dass sein Clan verhungern kann, wenn er nicht aktiv sich bewegend loszieht. Der Sinn des Aktivitätsdruckes liegt also darin, dass man vom Sofa aus keine Beute machen kann. Nicht mal eine neue Fährte finden. Es sei denn, man bohrt mit dem Finger

ganz, ganz, gaanz tiefe Löcher in die Polsterung ...
„Hyper" ist die Aktivität also nur im Auge der bäuerlichen
Betrachterin.
„Hyper" ist sie also auch nur in unseren quadratischen Beton-
burgen.

Ist das Langhaus also eingeschneit, alle Speere poliert und
Pfeilspitzen geschlagen sowie die Erfindungen des Jahres an
die Handlanger gebracht, wird der Aktivitätsdruck schier unerträglich. Zur Abwehr dieses grauenvollen Gefühls wird an den
Fingernagelhäutchen gezupft, gekritzelt, Drogen eingeworfen,
ständig nach Sex gesucht oder irgendein Ärger gemacht –
Hauptsache, es PASSIERT ETWAS!

Schon wieder hat das
Vieh das Sofa zerlegt!
Sicher ist er hyperaktiv

Können sich Bäuer*innen langweilen?

Im Prinzip ja, aber nicht so sehr wie Späher*innen. Denn,
ihnen fällt immer etwas ein. Die Beschäftigung muss sie
dabei nicht mal faszinieren oder ihnen Spaß machen. Es
reicht, wenn sie auf der To-do-Liste steht. Und da die sich im

Tages- und Jahreslauf immer im Kreise dreht, gibt es auch immer etwas zu tun. Der Adventskranz, der Osterzopf, der Tanz um den Maibaum ... alles Kreissymbole. Mit Sicherheit von Bäuer*innen erfunden. Allein die jahreszeitlich korrekte Deko kann einen endlos beschäftigen. Bisschen schade, dass der Jägersmann die kunstvollen Arrangements meist gar nicht wahrnimmt. Ist aber egal. Das haben wir schon immer so gemacht. Darum geht es schließlich.
(Seine Kunstwerke neigen dazu, monumental zu sein. So der aktuelle Stand der Archäologie. Wie gesagt: Sein Beitrag soll auf keinen Fall übersehen werden!)

Die Bäuer*innen haben also immer zu tun. Sie wünschen sich oft sogar Langeweile, meinen mit diesem Wort aber nicht das Gleiche wie Späher*innen. Bauern meinen damit: mal aus dem Hamsterrad aussteigen. Mal nichts zu tun haben. Das gibt es in ihrer Welt des ewigen Kreisens von Saat, Ernte und Bevorratung aber nicht so leicht. Das ist nicht schlimm! Sie sind auch schon damit zufrieden, abwechselnd goldene statt roter Kerzen auf den Kranz zu stecken. Das ist Aufregung genug.

Wenn sich also sogar schon Bäuer*innen manchmal einen Ausstieg wünschen, wie mag sich das ewig gleiche Spelzen rausfummeln, Körbe flechten und Samen zählen erst auf die auf große Aktion angelegten Späher*innen und Jäger*innen auswirken? Ihre Not wird größer, je länger solche Tätigkeiten dauern. Sie rutschen auf dem Hocker hin und her und werden schließlich vor Spannung platzen. Der Druck entlädt sich dann oft explosiv und oft an einem denkbar ungeeigneten Ort. Sie brechen einen Streit vom Zaun (was für eine lustige Redewendung ...) oder springen plötzlich krakeelend auf und werfen dabei die frisch sortierten Saatgutkörbe um.

Behandlung und die Folgen

Was haben die heute erwachsenen Jägerleins in solch einem Fall aber in ihrer Jugend in den 50ern bis 70ern gehört? „Suchst du Ärger? Dir juckt wohl das Fell?" Und dem folgten dann auch schnell handfeste Taten. Sehr handfeste.

Wie soll so Selbstwertgefühl oder Vertrauen in andere Menschen entstehen? Als Psychotherapeutin kann ich nur sagen:
So (!) jedenfalls nicht.

Heute wird den Kindern die Dosis Ritalin vom Arzt hochgesetzt und einmal wöchentlich eine erlebnispädagogische Maßnahme in einer therapeutischen Praxis angewiesen. Sie bekommen damit aber dieselbe Botschaft: Du bist falsch. Du musst korrigiert werden.
So (!) entsteht auch kein Selbstwertgefühl.

Besser wäre es, man ließe sie sich durch den Schnee graben und dann laufen. Sie werden einen gefriergetrockneten Hasen, Preiselbeeren und Hagebutten finden und das wird dem ewiggleichen Bohneneintopf auch etwas zusätzliche Würze bringen.

BEGEGNEN – VERSTEHEN – ZUSAMMENFINDEN 32

Statt:
DSM: „Hampelt oft mit Händen oder Füßen, schlägt mit ihnen Takt oder windet sich auf dem Sitz, läuft oft herum oder klettert in unpassenden Situationen (bei Jugendlichen oder Erwachsenen reicht hier ein subjektives Gefühl der Unruhe), ist oft nicht in der Lage, ruhig zu spielen oder an Freizeitaktivitäten ruhig teilzunehmen, ist oft „auf dem Sprung" oder

handelt „wie getrieben" (z. B.: kann nicht länger ruhig an einem Platz bleiben bzw. fühlt sich dabei sehr unwohl, z. B. in Restaurants) redet oft übermäßig viel."
„Kannst du dich nicht mal ruhig hinsetzen und still beschäftigen?"

Besser:
Gib dem Späher und der Späher*in freie Bahn und das „hyper" wird sinnvoll, zielgerichtet und effektiv.
Geh mit der Klasse in den Wald. Der „Störenfried" wird zur begeisternden und umsichtigen Führungspersönlichkeit.
Übt die Vokabeln im Rennen, sie werden sitzen.
Lass sie Djembe statt Blockflöte lernen.

***

AUS DEM WIRKLICHEN LEBEN 33

Späher*in zum Bauern: „Du bist absolut öde. Bei dir passiert überhaupt nichts."

Realitätscheck:
Bauern und Bäuer*innen können und
müssen dieselbe Handlung sehr lange wiederholen können.

Es gibt die Hypothese, dass AD(H)Sler*innen ebenso wie Jugendliche weniger Andockstellen für das Glückshormon Dopamin haben. Jedenfalls brauchen sie viel mehr „Kicks", um überhaupt an etwas Spaß zu haben. Diesen Kick würden sie auf dem Acker niemals finden. Ihr Gehirn ist eben genau passend zu dem, was ihre Aufgabe ist und nicht zu Routinen.

So ein Acker dagegen kann sehr groß sein und das Unkraut

hartnäckig. Tage- oder wochenlang muss gesät oder gejätet oder geerntet werden. Der Bauer kann das auch ohne Weiteres. Nebenher scherzt er, träumt vor sich hin, singt, unterhält sich oder philosophiert. Bis zur Erfindung der Großmaschinen war das eine Gruppentätigkeit, in der eine Menge sozialer Interaktion passieren konnte. **Seine Tätigkeit beschäftigt ihn, fesselt ihn aber nicht.** Er kann sie endlos wiederholen, das ist für ihn angenehm. Es beruhigt ihn. Und er ist erst zufrieden, wenn wirklich der gesamte Acker bestellt ist. Er weiß und fühlt bis in seine Knochen, dass er die **Arbeit konsequent zu Ende führen – und dann wieder von vorne anfangen** muss. Denn ein halb bearbeiteter Acker bringt eben auch nur die Hälfte der Ernte. Er muss dranbleiben und das mag er. Darum sitzt er auch heute noch entspannt und tagelang im klimatisierten Monstertrecker, hört Musik und lässt sich vom GPS über das Feld kutschieren. Ein Jäger würde hier vor Langeweile durchdrehen.

Wenn ich in den Garten gehe, dann wird mein Kopf völlig leer. Darum genau gehe ich gerne in den Garten. Denn meine Ernte-Ergebnisse sind grottenschlecht. Das liegt am mangelnden Wissen und zu wenig Zeit. Macht aber nichts, weil ich ja einkaufen gehen kann. Wäre ich darauf angewiesen, würde ich es besser machen. Es ist die Tätigkeit, die mich beruhigt und erfüllt.
Jäte-Trance.

Wenn der Späher etwas von seiner Bäuerin will, während sie in diesem Zustand ist, dann muss er ihr das seeehr schonend beibringen. Nur nicht überfallen. Ich erschrecke jedes Mal zu Tode, wenn mein Partner mit Pardauz von seiner Arbeit kommt und ich im Garten bin. Aber er arbeitet dran. Meine Hunde fangen ihn ab und die lautstarke Begrüßung in gegenseitiger Verzückung warnt mich schon einmal vor. Wenn er dieses mittellaute Anpirschen und leise Ansprechen als Jagdstrategie versteht, dann wird es ihm sogar Spaß machen. Er muss nur wirklich merken, wenn ein ernsthaftes „Jetzt nicht!" gesagt wird. Das sollte er unbedingt beachten, wenn er seine Bäuerin nicht ernsthaft verärgern will. Alternativ kann er ihr auch Kaffeeduft unter die Nase wedeln. Das klappt immer, um sie aus der Jäte-Trance zu erwecken.

Aber wir waren ja bei der Langeweile

Die Bäuerin wird also nach 20 Jahren Nordsee nicht sofort nach Benin verreisen wollen. Viel zu fremd, zu weit, zu unheimlich, zu alles. Der Späher muss sie über Brunsbüttel-koog, Belgien und die Bretagne erst langsam an das Reisen heranführen. Wenn das Reisen als solches einmal etabliert ist, kann die nächste Stufe erklommen werden und die Bäuerin wird schonend an andere Fahrzeuge als den Regionalexpress gewöhnt. Nur Geduld, das wird schon! (Und immer eine Häkelnadel und Wolle in ihr Handgepäck tun, dann hat sie was zum Festhalten ... Ist es ein Bauer, dann wird er sowieso seine Pfeife dabeihaben.)

„Ich muss ja gar keinen Bauernkrieg führen!", sagte nach einer Weile des Reflektierens die AD(H)Sler*in B. zu ihrem vergebli-chen Kampf gegen die Veränderungsresistenz ihrer bäuerlichen Bekannten.

Nein, muss sie nicht! Nicht gegen die Bauern, nicht gegen das Bäuerliche in sich selbst und auch nicht die Bauern gegen sie. Wenn wir Respekt voreinander und Verständnis füreinander haben hört jeder Krieg auf.

BEGEGNEN – VERSTEHEN – ZUSAMMENFINDEN 33

Statt:
„Du bist absolut öde. Bei dir passiert überhaupt nichts!"

Besser:
„Jedem Tierchen SEIN Plaisierchen."
„Mach, was du willst und lass mich tun, was ich will."

***

AUS DEM WIRKLICHEN LEBEN 34

Späher zur Bäuerin: *„Ich habe dein Handy upgedatet. Du hast
jetzt geile neue Features!"*

Realitätscheck:
„AHHHHHHHHHHHHHHHHHHHHHHHH!!!!!!!!!!!!!!!!"

Mach langsam

Willst du eine Bäuerin glücklich machen, dann lässt du alles
genau (!) so (!), wie es ist!
Oder wenigstens lässt du Neuerungen höchstens im
Wuchstempo einer Salatgurke wachsen. Orgaaaanisch!
Laangsaaam! Änderungen bereiten der Bäuerin körperliches
und seelisches Unbehagen.

Sie will keine Updates.
Sie will auch kein neues Auto.
Nicht mal eine digital betriebene Küchenmaschine. Diese
Dinger machen ihr Angst. (Erst, wenn eine andere Bäuerin
ihr vorkocht und es offensichtlich überlebt, dann kocht sie ab

sofort nur noch damit.)
Was will sie denn?

Sie will ein Wählscheibentelefon.
Sie will die Autofenster mit der Kurbel bedienen.
Sie will einen lebendigen Weihnachtsbaum mit echten Kerzen.

Der Bauer frisst eben nicht, was er nicht kennt.

Was hat das alles jetzt mit der „Unaufmerksamkeit" oder
„Ablenkbarkeit" der Späher*in zu tun? Sie liebt im Gegensatz
zum Bauern das Neue, das Aufregende, das Unbekannte. **Das
Neue ist das Gegenteil des Langweiligen.** Darum ist sie aktiv
und scannt ihre Umgebung. Erst das Neue beendet die Suche.
Es ist die attraktive Fährte der noch nicht erlegten Beute, des
noch nicht ausgegrabenen Manioks. Apropos Maniok: Der ist
giftig. Es bedarf umfangreicher Vorbereitungen, damit man
diese Tropen-Kartoffel gefahrlos essen kann. Wer hat das wohl
erforscht? Wer hat sich getraut, es auszuprobieren?

Die Bäuerin dagegen hält am Gewohnten fest. Dem schenkt
sie Aufmerksamkeit, davon lässt sie sich nur ungern ablenken.
Neues kostet Energie, es ist riskant, es ist anstrengend. Der
Schuster bleibt bei seinen Leisten. – Bis heute werden die
meisten Schuhe mit anatomisch völlig falschem Schnittmuster
hergestellt. Da werden wohl noch viele Generationen Hallux
Valgus produziert und „Entenschuhe" verlacht werden. So
lange, bis auch der letzte Schuster begreift, dass es besser ist,
die Schuhform an den Fuß anzupassen, statt umgekehrt.

BEGEGNEN – VERSTEHEN – ZUSAMMENFINDEN 34

Statt:
„Ich habe dein Handy upgedatet, du hast jetzt geile neue Features!"

Besser:
„Wenn es dir nicht gehört, dann bitte, bitte lass deine Finger weg davon! NICHTS, aber auch gar nichts unaufgefordert updaten, neu kaufen, umstellen, um-, ab-, aus- oder anbauen!"

Und auch wieder das Fazit:
Nur die Kombination ist perfekt: Das Bewahrenswerte wird bewahrt und trotzdem kommt es zu Weiterentwicklungen. Für beide gilt: Die Dosis und der richtige Zeitpunkt machen es.

∗∗∗

AUS DEM WIRKLICHEN LEBEN 35

Klack Klack Klack macht der Deckel des Holzkistenmäppchens.

Realitätscheck:
Zünden Sie eine Kette mit Knallfröschen, werfen das Ganze in einen Dampfkochtopf und drehen den Deckel zu. Wundern Sie sich, wenn es knallt?

Schwarze Pädagogik

Nun stellen Sie sich ein solches Jägerlein also mal im Klassenzimmer vor. Durfte es im Kindergarten wenigstens ab und zu
noch herumtoben, soll es nun über stundenlange Ewigkeiten
hinweg Schwungbögen sauber in Linien malen. Eine Zeile,
noch ´ne Zeile, eine Seite, noch ´ne Seite ... ahhh! ... das ist
nicht auszuhalten! Wenn dann noch eine gewisse geistige Befähigung dazukommt, ist es ganz aus! Im Zeugnis steht dann:
„Ging über Tische und Bänke ... konnte nicht abwarten ... hätte
mehr leisten können ... hätte nur wollen müssen ...".

Bis Ende der 70er wurde es in die Ecke gestellt, wo man es
vor allen anderen mit harten Worten und einer Eselsmütze
auf dem Kopf demütigte und ständig ermahnte, sich nicht zu
bewegen oder gar umzudrehen. Tat es das doch, gab´s Hiebe
mit dem Haselstock und Maulschellen, bis es schließlich
erstarrt, geräusch- und tränenlos weinend mit hängendem
Kopf und Schultern auf den Boden starrte und einen erbärmlichen Selbst- und Welthass auszubrüten begann. Die Jüngeren
werden´s nicht glauben, aber so wurden wir Nachkriegskinder
und teilweise auch noch -enkel tatsächlich „erzogen"!
Heute wird mit Noten, Verweisen, verweigerten Versetzungen,
Bossing und subtilen Demütigungen drangsaliert. Auch mit
der Suggestion, nicht gut genug, therapiebedürftig und defekt
zu sein. Die blauen Flecken sind unter die Haut gewandert.
Aber sie wirken trotzdem.

Und die Folgen

Diese Menschen füllen heute meine Praxis. Sie hassen sich,
sie verzweifeln an sich, sie halten sich für Versager*innen auf
ganzer Linie. Sie haben sich ihr Leben lang selbst mit diesen

verachtenden Augen der Mitschüler*innen, Lehrer*innen und Eltern angesehen. Sie haben dasselbe mit ihren Lehrherren erlebt. Noch vor wenigen Wochen hat eine brillante junge Frau den Ausbildungsplatz verlassen müssen, weil sie nicht wie erwartet funktioniert hat. Diesem Betrieb ist eine geniale Elektrotechnikerin verloren gegangen. Sie muss wieder bei null anfangen.

Weiße Pädagogik?

Heute wird die Korrektur-Maschinerie wie gesagt subtiler verpackt als mit ausgerissenen Ohrläppchen. Nämlich mit „pädagogischen" Reflektionsgesprächen und Punktetafeln, mit wohlgemeinten Ermahnungen und Appellen, und auch immer noch mit Strafen und Ausgrenzung. Grundsätzlich soll das Späherlein auch heute einfach anders sein, als es nun mal ist. Dabei hat es so viel zu bieten! Und dabei möchte es so viel lernen! Auch diese Kinder wollen die ganze Welt mit allen Sinnen aufsaugen. Aber die Welt ist da draußen. Und drinnen sitzen sie.

Und die Folgen

Erst sitzen sie im Klassenzimmer, dann in den Therapiezimmern und dann in weiteren Therapiezimmern. Erst, um repariert zu werden und dann, um trotz all ihrer Selbstverachtung irgendwie noch lebensfähig zu bleiben.

All diese Gedemütigten können ganz in die Welt der Kunst, der Selbstständigkeit, der Pathologie oder Kriminalität ausgestiegen sein. Sie können sich äußerlich angepasst haben. Doch dann haben sie meist einen zu hohen Preis für die Anpassung

bezahlt und sind niemals in ihren Berufen und Familien glücklich geworden.
Denn sie halten sich für falsch, für minderwertig, für eine Fehlkonstruktion.

BEGEGNEN – VERSTEHEN – ZUSAMMENFINDEN 35

Statt:
„Ihr Sohn stört mit ständigem Geklapper
der Stiftebox den Unterricht.“

Besser:
„Bitte kaufen Sie Ihrem Sohn ein Schlampermäppchen!“

Lassen Sie ihn ganz hinten im Klassenraum auf einem Ball sitzen, geben ihm aber die Tafelputz-Oberaufsicht. Geben Sie ihm geräuschlose Objekte, mit denen er spielen kann (Stimming), lassen ihn während des Unterrichts in ein Heft kritzeln und schicken ihn häufig mit wirklich wichtigen Aufgaben oder auch der Erlaubnis zu zwölf Runden um den Schulhof raus.“
Er wird nicht trotzdem den Stoff mitkriegen, sondern deswegen!
Und wieder das Fazit:
Nur die Kombination ist perfekt: Das Bewahrenswerte wird bewahrt und trotzdem kommt es zu Weiterentwicklungen. Für beide gilt: Die Dosis und der richtige Zeitpunkt machen es.

∗∗∗

AUS DEM WIRKLICHEN LEBEN 36

Bauer (gähnend):
„Tut mir leid, Leute. Ich kann nicht mehr, ich geh schlafen."

Realitätscheck:
Die letzte Runde Rommee ist dann
und erst dann gespielt, wenn im Morgengrauen
der Kopf auf den Tisch fällt, während der Bauer bereits
wieder angesickt aus dem Bett steigt!
(Sie wissen nicht, was „angesickt" bedeutet? Das ist ein im Rhein-
land übliches Zusammenfassunswort für: verärgert, pikiert,
vorwurfsvoll und angepiekt. Oft sagen wir auch: „Isch bin voll
sickisch!")

Es gibt zwei Hauptkriterien wie man den Einsatz bzw. die
Bereitstellung von Energie beschreiben oder erleben kann:

1. explosiv gegenüber stetig
2. objektbezogen gegenüber zeitbezogen.

Man kann damit Späher*innen und Bäuer*innen sehr gut
daran identifizieren, wie sie mit ihrer Energie umgehen.

Diese Art von vor allem objektbezogener und explosiver
Energie haben die Bäuer*innen nicht. Jedenfalls nicht so krass.
Nicht so urgewaltig. Nicht so anhaltend. Für die Späher*innen
ist sie unabdingbar. Rommee ist das Objekt, nicht die Uhrzeit.

Wenn der Garten im Dunkeln liegt, kann ich einfach nichts
mehr drin machen. Grau in Grau sehen alle Kräuter gleich aus.
Selbst den dicken, eigentlich gelben Kürbis kann ich im jetzt
gleichfarbigen Blättergewirr nicht finden. Also gehe ich mit
der Dunkelheit ins Bett und stehe mit der Dämmerung wieder

auf. Der Hahn, den ich mir aus dem Wildtier gezüchtet habe, hilft mir dabei.
Das zu erlegende Tier aber existiert auch in der Nacht weiter. Es ist zu hören und zu riechen. Es schnaubt in der Dunkelheit. Es legt sich zum Ruhen nieder. Es nutzt die Dunkelheit für die eigene Jagd. Das Gekreisch der zankenden Hyänen lockt mich auch nachts zum Kadaver. Das Wasser ist schwarz, aber sein Glitzern in der Vollmondnacht reicht absolut, um zum anderen Ufer überzusetzen, wo die am Tag zuvor im Schilf ausgespähten Schnepfen jetzt bewegungslos auf ihren Eiern hocken.
.
Die Tageszeit hat also mit dem Energielevel der Späherin eher wenig zu tun. Das darf es in ihrem Job auch nicht. Darum geht sie erst schlafen, wenn die anderen nach ihrem 45. Hand-Rommee die Brocken hinschmeißen oder das Zählen der Punkte im allgemeinen Gealbere sowieso unmöglich geworden ist. Dann wird nur noch ein bisschen weiter gegeiert, zuletzt der muffig aus dem Bett gestiegenen Bäuerin fröhlich ein „Guten Morgeeen!" entgegengeschmettert und dann ins Bett gefallen. „Laut wart ihr! Total laut!", antwortet die und knallt die Stalltür hinter sich zu.

Als Pubertiere kennen das alle. Dann ist dies eine auch von bäuerlichen Gesellschaften mehr oder weniger hingenommene, weil unvermeidbare Folge des Gehirnumbaus. Vor und nach der Pubertät können 95 Prozent der Menschen ungefähr nach dem Rhythmus der Sonne leben. Die anderen 5 Prozent aber weder vor noch während, noch nach der Pubertät.

„Schlafstörungen"

Viele meiner Klient*innen wurden von Elternhaus, Schule und Arbeitgeber*innen lebenslang deswegen getriezt. Schon als Babys fielen sie damit auf. Sie galten als „Schrei-Babys", schwierig oder unruhig. Sie wurden schon von Geburt an nach den Theorien des Bestsellers: „Jedes Kind kann schlafen lernen" getriezt. Sie schliefen einfach nicht, wenn es von ihnen erwartet wurde. Stattdessen schliefen sie ein, wenn sie wach sein sollten. Trotz aller Appelle, Strafen, Verlockungen und Selbsthass hat sich daran ihr ganzes Leben lang nichts geändert. Vielleicht haben sie sich äußerlich angepasst, aber sie leben ständig gegen ihre Bedürfnisse. Sie überhören die lautesten Wecker. (Oh, was hat mich meine Tochter für einen Wecker gehasst, der mit seinem monstermäßigen Alarm einen ins Chaos wegfliegenden Propeller auslöste. Der wurde aber gebraucht, um den Alarm wieder abzustellen.) Abends können sie oft einfach nicht zur Ruhe kommen. Darum kippen sie morgens literweise Kaffee in sich, obwohl der nicht mal richtig wirkt. Eher im Gegenteil. Sie fallen zwanzig Minuten später ins Kaffeekoma. Abends wird mit Bier dagegengehalten. Oder der Arzt verschreibt Aufputsch- und Einschlafmittel. Die aber irgendwie nicht immer so recht wirken. Manchmal bewirken sie genau das Gegenteil. Komisch. Oder sie suchen sich Entsprechendes im Illegalen.
Diese gewaltvollen Anpassungsversuche an den Schlaf-rhythmus der 95 Prozent sind ein wesentlicher Teil davon, dass sie so oft krank sind.
Gegen all diese traurigen, häufig sogar traumatisierenden Lebenserfahrungen versuche ich anzuarbeiten und stattdessen Verstehen und Selbstliebe aufzubauen. Denn dieser Druck, sich als Jäger*in ein bäuerlich anmutendes Energiemuster zuzu-legen, hat meist furchtbare Schäden angerichtet.

Ebenso schlimme Schäden, wie das Umtrainieren der dominanten Hand auf die nichtdominante. Oft wird dadurch nicht nur das Erlernen eines Berufs oder eine reguläre Berufsausübung verhindert, sondern die Leber geschädigt und Familien zerstört. Das Grundgefühl. „einfach falsch" zu sein, wird immer wieder auch hiermit begründet.

Nein, ihr seid nicht falsch! Ihr seid nur anders.

Ihr seid genau richtig für die Aufgabe, die eure Ahnen und Ahninnen erfüllt haben. Ihr müsst heute die zu euch passende Nische finden. Denn ihr werdet so bleiben. Was auch immer ihr tut.

BEGEGNEN – VERSTEHEN – ZUSAMMENFINDEN 36

Statt:
Bauer: *„Ihr wart dermaßen laut, da kann kein anständiger Mensch schlafen!"*

Besser:
Aufenthalts- und Schlafräume liegen weit, weit voneinander entfernt. (Für Fernbeziehungen gibt es wirklich gute Gründe!) Oder ihr trefft euch zum Zocken und Jammen in der Grillhütte.

Ein objektbezogener Energieeinsatz verdient ebenso viel Achtung wie ein zeitbezogener – und umgekehrt!
Ihr sucht euch einen Beruf mit Nachtarbeit und übernehmt die nächtliche Kinderbetreuung. Ab 7 Uhr morgens dürft ihr dann schlafen gehen. Die Tagschicht übernimmt.

✳✳✳

Apropos Jagd – kleiner Exkurs über Mitgefühl und Verantwortung

Vielleicht an dieser Stelle noch ein Wort zu all den Jagd-themen. Nachweislich hat eine ganz bestimmte Neanderta-lergruppe tatsächlich einige Zeit nur von Fleisch gelebt. Die Forscher*innen gehen davon aus, dass dies aus irgendeiner Not heraus geschah. Diese Phase scheint in eine Eiszeit zu fallen. Denn zeitlich und räumlich war rund um diese Gruppe die Ernährung vielseitig und absolut pflanzenbasiert. Hier und da scheint es auch gebratenes – also vorverdautes – Fleisch gegeben zu haben, aber das war die absolute Ausnahme. Darum sind auch unsere Körper so, wie sie sind: die von Pflan-zen-Essern, bestenfalls Alles-Essern! Zähne, Darmlänge, Stoff-wechsel, pathologische Reaktion auf fleischbasierte Ernährung etc. belegen dies (auch wenn das vielen nicht passt und sie meinen, dass Hass und Dummschwätz das Gegenteil wahrma-chen könnte). Dies historisch belegbare Wissen kann man aus den Knochen und anderen Hinterlassenschaften herauslesen. Fleisch scheint also insgesamt die Ausnahme gewesen zu sein – etwa, wenn Aas gefunden wurde wie z. B. nach Waldbränden. Auch zu rituellen Zwecken wurde Fleisch konsumiert. Dass man kaum Überreste von Pflanzen gefunden hat, dafür aber „jede Menge" Knochen, scheint dagegen zu sprechen. Aber so ein Kohlstrunk vergammelt eben komplett, während Knochen und Geweihe auch sehr lange erhalten bleiben können. Das verzerrt einfach das Bild. Und wer meint, dass das eben gut schmeckt, der möge doch in Zukunft auf alle veganen Zusätze (sprich: Gewürze und Mineralien, Rauchwerk und Vorver-dauung) verzichten, ohne die kein Fleischgericht auskommt. Und ganz abgesehen von all dem: Selbst, wenn wir auch von tierischen Produkten gelebt haben – heute vernichten wir uns damit selbst. Individuell und als Spezies. Obwohl wir die Wahl haben.

Absolut nicht immer und absolut nicht überall wurde aktiv gejagt. Doch das Verscheuchen einer Gruppe Raubtiere von ihrer Beute ist ja auch nicht ohne. Zu solcher Nahrungskonkurrenz gehört eben auch das Wildschweinrudel im Trüffelgebiet und die Pavianhorde auf dem Mangobaum. Dies hat (wenn man noch etwas abhaben will) auch unabhängig von der Tageszeit zu geschehen. Nachts kommt man sogar besser an die Bananen, wenn nicht die fliegende Konkurrenz schnabelbewehrte Angriffe auf die Kletterer fliegt. Gegebenenfalls hat man einen weiten Weg bis zu den Bäumen oder eine lange Verfolgung der Elefanten zu leisten, bis diese endlich das Wasserloch anzeigen. Auch das Ausspähen sicherer Wege und Lagerplätze, das Sammeln von Nüssen, anderen Samen und Grünzeug und das dabei gleichzeitige Verscheuchen von anderen Interessent*innen zählen zu den Tätigkeitsbereichen der Jäger*innen. Ebenso das Verteidigen der Gruppe gegen Angriffe, das Probieren unbekannter Pflanzen usw. – all das erfordert all die AD(H)S-Eigenschaften! Für all das wird z. B. die größere Objekt- anstatt Zeitorientierung dringend gebraucht. Auch das Aufbrechen einer Bienenbehausung findet besser zur kühlen Zeit statt, wenn die Insekten träge sind. Gerne auch mit rauchenden Fackeln mitten in der Nacht. Da macht man nicht einfach um 16 Uhr Feierabend, sondern erst dann, wenn der Honig die Arme runterläuft. Auch ein schlafendes Huhn kriegt man viel leichter vom Gelege gepflückt. Beziehungsweise kann man ihm nachts besser die Eier unterm Bauch hervorpulen, als wenn die Glucke verteidigungsbereit nach den grabbelnden Fingern hackt. Man hockt sich also ins Gebüsch, wartet und schleicht sich dann ran. Bei keiner dieser Tätigkeiten kommt Jagen oder Töten vor.

Fleisch kann und konnte in kleinen Maßen, muss und musste aber nie ein Teil der Ernährung sein. „Jägerschaft" bedeutet also nicht zwingend die Jagd auf lebende Wesen. Also ist auch das konkrete Dasein von Menschen mit AD(H)S absolut mit einer veganen Haltung der Welt gegenüber kompatibel.

Fazit

Ja, es gibt Jäger*innen und Späher*innen.
Nein, das bedeutet nicht automatisch, dass wir lebendige
Tiere erjagen und essen müssen. Schon gar nicht bedeutet
es, dass wir einer Lobby glauben und ihnen unser Geld rein-
schieben müssen, für die jedes Lebewesen nur nach Marktwert
betrachtet wird. Seien es die Puten, Schweine und Hühner oder
auf der anderen Seite deren Konsument*innen.
Die Eigenschaften der Späher*innen sind kein Beweis dafür,
dass eine vegane Lebensweise nicht unserer Lebensart
entspricht. Vieles spricht dafür, dass dies der normalere und
damit gesündere Weg ist, für den unsere Körper eigentlich
vorgesehen sind.

***

AUS DEM WIRKLICHEN LEBEN 37

ICD: *„spezifische Verzögerungen der motorischen und sprachlichen Entwicklung kommen überproportional oft vor."*

Realitätscheck:
Hä? Stimmt doch gar nicht!
Unwissenschaftliche Einzelfall-Beobachtungen (vergleiche auf
Seite 220)

Tatsächlich? Ich kenne viele früh laufende, sehr geschickte,
frühreif ewig daherplappernde AD(H)S-Kinder. Aber vielleicht
sind diese Kinder auch keine repräsentative Auswahl, denn
die Kinder meines Umfeldes waren oder sind täglich im Wald.
Sie dürfen mit drei Jahren Fahrrad fahren lernen und noch

früher schwimmen. Man liest ihnen vor, lässt sie mit Matratzen Rutschen ins Treppenhaus bauen, geht mit ihnen geocachen und das Martinslied nachspielen. Sie graben den Garten mit um, bauen Höhlen aus der gesamten Kinder- und Wohnzimmer-Einrichtung, versorgen das Viehzeug mit, dürfen sich dreckig machen und auf den Daumen hauen. Regeln werden knapp, klar, präzise und gering an der Zahl gehalten. Sie werden beschreibend so formuliert, dass die Kinder wissen, was sie tun sollen. (Statt: „Es wird nicht gestritten!" heißt es: „1.Wer sauer ist, geht einen Schritt rückwärts. 2. Wir lösen Streit mit freundlichen Worten.") Nur nach und nach kommen neue Regeln dazu, und zwar erst, wenn die alten sicher sitzen. Statt Strafen gibt es Konsequenzen, die sich aus dem unerwünschten Verhalten des Kindes ganz logisch ergeben, sowie das systematische Training der Übernahme von Verantwortung. Strafen erzeugen nur Angst, Unterwerfung, Pseudoanpassungen und Lügen. Sie werden in aller Regel aus dem Affekt heraus und/oder ohne innere, liebevolle Haltung dem Kind an den Kopf geknallt. Oft sind sie ungerecht und haben keinen Effekt auf Lernvorgänge oder Verstehen. Logische Konsequenzen erzeugen Aha-Effekte. Sie ergeben sich aus der Sache selbst. So hat mein Jüngster einmal sehr lange dafür gebraucht, das zum dritten Mal angemalte Möbelstück selbst wieder zu reinigen. Obwohl ich ihm sogar geholfen habe. Dafür hatte ich dann aber wirklich keine Zeit mehr, mit ihm noch wie geplant auf den Spielplatz zu gehen. Es ist kein einziges böses Wort gefallen. Er hat von da an auf Papier gemalt.

Vielleicht verkläre ich diese Kinder aber auch alle nur, weil ich sie einfach gerne habe. Keine Ahnung.

Wenn „Reife" und „Unachtsamkeit", „Ungeschicklichkeit" und „Entwicklungsverzögerung" also derart stark vom Umfeld abhängig sind – wieso gehören sie dann zur Diagnostik?

Artefakte

Man nennt sowas ein „Artefakt". Das ist ein **Effekt, welcher durch die Untersuchung selbst zustande kommt.** Wenn man Ratten in einem leeren Käfig hält und ihnen zum Trinken Alkohol und Wasser bereitstellt, werden sie den Alkohol bevorzugen. Wenn man ihnen aber ein Rattenparadies baut, werden sie nur Wasser trinken.

Geht doch mal in den Wald mit euren Untersuchungsobjekten. Ihr werdet staunen. Aus ungeschickten Störenfrieden werden sehr gewandt kletternde Führungspersönchen.
Komisch, gell?
Es kann nämlich auch gut so sein, dass sie in einer öden Praxis „versagen", in der sie wegen der schon ewigen Suche nach den Ursachen ihrer umfassenden „Probleme" Test nach Test bei einer langweiligen Psychotante absolvieren mussten. Dann sollen sie schließlich auch noch einen bescheuerten Schuh zubinden und über eine popelige, erbärmlich lächerliche Linie balancieren. Wer soll denn nach dieser Dauerkränkung und Dauerlangeweile da noch anderes tun als blöd rumzuhampeln?
BÄM: Haken an „motorisch entwicklungsverzögert".

Anspannung

Es kann ebenso gut sein, dass ein Kind nach drei umgeworfenen Tassen und den darauffolgenden Ohrfeigen derart angespannt wird, dass es genau dadurch immer ungeschickter wird. Im angestrengten Bemühen ist aber kein entspanntes Einüben mehr möglich. Ein übler Teufelskreis ist in Gang gesetzt. Natürlich fallen dann umso mehr Tassen herunter.

Später fallen sie dann auch, weil es so etwas wie einen Wiederholungszwang gibt.

Wiederholungszwang

Das ist ein für alle Menschen geltendes psychodynamisches Konzept aus der Tiefenpsychologie. In der Hoffnung, dass es diesmal einen besseren Ausgang gibt, wird die bekannte Situation immer und immer wieder hergestellt. „Katastrophenweib" pflegte ein Vater voller Verachtung zu seiner Tochter zu sagen. Selbst noch als sie erwachsen war. Solange er das tut, wird auch Geschirr zu Bruch gehen. Denn zum einen ist sie wirklich unter höherer Spannung, wenn der Vater oder ähnliche Personen in der Nähe sind. Zum anderen aber wird sie unbewusst immer wieder etwas fallenlassen, weil sie hofft, endlich doch noch bedingungslose Zuwendung und Trost zu erleben. Auch hier ist also das Symptom eine Folge der Umweltreaktionen und nicht eine Folge der AD(H)S selbst.

Parallel statt seriell lernen

Ich denke auch, dass diese Kinder in ihrer Dopaminsuche immer auf vielen Hochzeiten gleichzeitig tanzen. Sie lernen Rad fahren, Seilspringen, Schwimmen, Bäume-Erklettern und Tisch decken weniger seriell als die Bauernkinder. Sie lernen alles parallel, mit hoher Risikobereitschaft, leidenschaftlichem Einsatz und in schnellem Wechsel der Tätigkeiten. Oft sogar gleichzeitig. Beim Zähneputzen wird auf dem Balkongeländer balanciert, beim Tischdecken ausprobiert, wie viele Teller man gleichzeitig tragen kann. Jo, da passiert eben aus der Sache heraus öfter mal was.

Hyperfixierung

Nicht zu vergessen die Kinder, die so lange in eine Hyperfixierung gehen, bis es für die Beschäftigung mit dieser Materie keinen Dopaminausstoß mehr gibt. Um was es da geht, ist nicht vorhersehbar. Dann lassen sie in dieser Fähigkeit – vorerst – jedes Bauernkind weit hinter sich.

Ich kenne da eine damals knapp Fünfjährige, die sich an den PC setzte und beschloss, ein Buch abzuschreiben. Sie zog das einige Seiten lang tatsächlich durch, obwohl auch ihr nur eine ganz normale Tastatur mit Großbuchstaben zur Verfügung stand. Keiner hat eine blasse Ahnung, wie sie gelernt hat, die kleinen Buchstaben aus dem Text zu „übersetzen". Dasselbe Kind konnte mit vier Jahren Fahrrad fahren und mit drei in allerruhigster Sorgfalt die Trinkwasserschälchen der Wellensittiche auffüllen. Wenn aber dann nur getestet wird, wie lange es auf einem Bein stehen kann, kann dasselbe Kind durchaus als ungeschickt und entwicklungsverzögert diagnostiziert werden.

Am Ufer

Vielleicht lernen die Späher*innen breit gefächert mit Bewegungen in fast alle Richtungen, wenn man das Lernen mit einigen der möglichen Wasserbewegungen vergleicht. So wie eine Brandung verläuft. Die Lernbewegungen der Bauern und Bäuerinnen sind dagegen (um im Bild zu bleiben) schmaler, dafür aber stetiger. Also eher wie ein Fluss. Wenn ich dann eine bestimmte Fähigkeit zu einem bestimmten Zeitpunkt sehen will, mag sie beim AD(H)S-Kind verzögert erscheinen. Wenn ich nur auf den (Lern-)Fluss blicke, sehe ich diese Fähigkeit vielleicht gar nicht. Oder absolut erwartungsgemäß, wenn es gerade der richtige Fluss ist. Wenn ich auf das Watt gucke sehe ich unter Umständen gar kein Wasser. In dem Moment. An diesem Ort.

Guckt halt mal richtig hin, Leute!

Beide Lernformen haben ihr Potenzial.
Beide haben Vor- und Nachteile.
Beide sind gut.
Beide dürfen sein.

BEGEGNEN – VERSTEHEN – ZUSAMMENFINDEN 37

Statt:
Zu diagnostizieren: „spezifische Verzögerungen der motorischen und sprachlichen Entwicklung kommen überproportional oft vor."

Besser:
Tabellen sagen gar nichts! Ich schaue mir dieses Kind an. Ich frage mich, ob es weiterkommt. Und ob es glücklich ist.

∗∗∗

AUS DEM WIRKLICHEN LEBEN 38

ICD: „Bei anderen (Kindern) sind sie unbeliebt und können isoliert sein."

Realitätscheck 1:
Hat mal jemand darüber nachgedacht, ob das wirklich generell stimmt und wenn ja, warum sie unbeliebt und isoliert sind?

Realitätscheck 2:
Hat mal jemand darüber nachgedacht, über wen das tatsächlich eine Aussage ist und über wen nicht?

Erster Ablehnungsgrund: Klüger als die anderen

Um nochmal an das Bild mit der Brandung zu erinnern. Wie mag sich ein Reh an der Küste fühlen, wenn meterhoch die Brandung an die Steilwand schlägt? Wie fühlt sich der Seeleopard?

Das kleine Mädchen gilt als arrogant und unbeherrscht, weil sie – bis zum Anschlag genervt von der jahrelangen Öde und Bedrängnis – die Lösungen und Antworten schließlich nur noch in den Klassenraum brüllen und ernsthaft verzweifelt „Das weiß man doch!" schreien kann. Hyperaktiv und impulsiv – klar. Sieht man ja auf den ersten Blick. In der Klasse wird sie gemieden.

Noch heute hörte ich von einer Klientin in der Sprechstunde* (siehe auch Glossar), dass man sie schon aus dem Kindergarten geworfen hatte. Weil sie „vorlaut und impulsiv, gerechtigkeitsliebend und energievoll" gewesen sei. Die ganze Schullaufbahn war eine Katastrophe. Keiner habe sie gemocht, ob sie es nun mit lauter Einsern oder lauter Sechsern versucht habe. Sie war intelligent genug, um sich dumm stellen zu können. Aber sie wurde durchschaut. In 20 Minuten hörte ich tatsächlich 17mal: „Das habe ich nicht geschafft." Was für ein Elend. Sie ist noch nicht 30, hat aber einen Doktortitel. Nur gearbeitet hat sie noch nie. Sie geht davon aus, dass sie an jedem Arbeitsplatz sowieso von jedem gehasst würde.

*Ein anderes Mädchen mit gleichen Voraussetzungen „durfte"
nach vielen seeehr pädagogischen Gesprächen und Maßnahmen,
langem Kampf und schließlich einem IQ-Test, mitten im Schuljahr endlich von der dritten in die vierte Klasse springen. Da
hatte sie noch zehn Wochen bis zum Schuljahresende und
bekam trotzdem locker die Empfehlung fürs Gymnasium hin.
Sie versuchte, ihr Alter, den Klassensprung und den Übergang
ins Gymnasium aus gutem Grund und mit viel Angst geheim
zu halten, doch jemand anderes erzählte es im Dorf herum.
Das Mädchen wurde dafür so gehasst, dass eine Gruppe aus
ihrer alten Klasse sie auf dem Nachhauseweg abpasste und
verprügelte. Und es wurde herumerzählt, sie habe wegen ihres
schlechten Benehmens erst die Klasse und dann die Schule wechseln müssen. Da war sie neun Jahre alt, kannte weder das Wort
„hochbegabt" noch „AD(H)S" und hielt sich damals schon für
dumm. Leider war das noch lange nicht das Ende ihrer traurigen
Schullaufbahn. Mehrfach musste sie die Schule wechseln, weil sie
„einfach nicht reinpasste" und als „leistungsunwillig und lernun-
fähig" galt. Förderschule und Internat waren im Gespräch.*
Weder unser Schulsystem noch die Mitschüler*innen wollen
mit so richtig klugen Kindern zu tun haben. „Streber" ist ein
genauso dummes Mobbing-Wort von Dummköpfen und
Neidern wie „Gutmensch". Lieber sollen diese vernichtet
werden, als dass man sie sich zum Vorbild nimmt, die Chancen
nutzt, die sie bieten, sich mit ihnen freut und sie weiter fördert.
Nicht in Deutschland.

Zweiter Ablehnungsgrund: Wortgewalt

1. Der „Ich hab was zu erzählen"-Hyperfokus und die sozialen Signale

Unbeliebt können diese Kinder – und Erwachsenen – sich

tatsächlich auch damit machen, indem sie andere ums Verrecken nicht zu Wort kommen lassen. Das kann wirklich sehr nerven. Sie registrieren nämlich nicht von allein, dass sie nerven und wirklich gerade mal die Klappe halten sollten. Denn sie nehmen in ihrem „Ich hab´ was zu erzählen"-Hyperfokus die sozialen Signale der anderen einfach nicht mehr wahr. Das muss man ihnen schon sehr deutlich sagen und davon können sie auch noch ziemlich zickig werden. Aber auch lieb und einsichtig. Je nachdem, wie man es ihnen klar macht – bis ihr Mitteilungsbedürfnis erneut aus ihnen herausblubbert ... Sie sind allerdings oft auch wirklich sehr unterhaltsam und anregend. Das mag den ein oder anderen ziemlich neidisch machen. Unsympathisch sowas. Pfui, pfui, die hört sich gern selbst reden!

2. Anschluss verpassen

Viele AD(H)Sler*innen, die das Reflektieren erlernt haben, haben mir noch einen ganz anderen Grund für ihre „Logorrhoe" (etwa zu übersetzen mit: Wortdurchfall) genannt: „Ich habe Angst, dass ich vergesse, was ich sagen will. Darum muss ich das alles, was in meinem Kopf ist, so schnell wie möglich und ohne Pause aussprechen. Wenn ich unterbrochen werde, ist es weg."

Es sieht also nach Hyperaktivität aus, hat seine Ursache aber in Konzentrationsproblemen. Wenn AD(H)Sler*innen aber die Erfahrung machen, dass
• man wirklich interessiert und geduldig nachfragt,
• ihnen wirklich Raum gibt,
• sie im Fall eines Trainingsauftrags mit Tipps zur Selbststrukturierung sowie etwas zum Notizen machen versorgt, dann legt sich die durch diese Angst verursachte Wortflut tatsächlich. Notizbuch und Achtung sind die medizinische Kohle des

Wortdurchfalls.

3. Assoziationswelten

Sie haben viel zu sagen. Oftmals sind sie gleichzeitig in mehrschichtigen und verschachtelten Wort- und Assoziationswelten unterwegs, denen der normale Bauer beim besten Willen nicht folgen kann. Auch hier kann man sie von klein auf heranführen, sich selbst zu strukturieren. Wenn sie aber in Verachtung und Restriktion aufwachsen, wird kein Terry Pratchett aus ihnen, sondern vermuckte Roboter. Die sitzen dann vor dem Riesenflachbildschirm, schauen RTL und halten ihre innere Wunderwelt für Wahnsinn. Wollen wir das?

Dritter Ablehnungsgrund: Klangteppiche

Was auch nervt: Wenn AD(H)Sler*innen nichts zu sagen haben, dann machen sie oft wenigstens Geräusche. Das lässt allerdings deutlich nach, sobald man ihrem Bewegungsdrang Raum und Ziel gibt. Man kann sie auch in einen Kurs für Beatboxen schicken oder ab und zu Wer-am-längsten-geräuschlos-ist-hat-gewonnen-Wettkämpfe machen. Oder viel mit ihnen singen. Oder sie mit echtem Interesse etwas fragen.

Vierter Ablehnungsgrund: Stille

Den Träumerles dagegen – denen wird ihre absolute Stille zum Verhängnis, weil man sie völlig übersieht. Dann ist die Umwelt über ihren bewegungslosen Blick empört, weil Desinteresse hineingedeutet wird. Ein Blick, der in endlose Weiten und durch all die Narzissten hindurch geht. Da sitzen sie unbeweglich auf der Bettkante, eine Socke angezogen, die andere in der Hand, haben jeden Ruf überhört und nicht bemerkt, dass jetzt auch der letzte Schulbus weg ist.

Kennen Sie Tamme Hanken? Ein leider inzwischen verstorbener, ostfriesischer, sogenannter Knochenbrecher, der vielen Tieren Heilung geschenkt hat. Ein grobschlächtiger, Zigarre paffender, saufender Kerl, der Chihuahuas ebenso die verrenkten Gelenke heilte wie Elefanten und unzähligen Pferden. Er sagte von sich: „Ich war ein Träumer: „Mittags habe ich mich irgendwo hingesetzt und plötzlich war es Abend." Und: „Gelernt habe ich nur, wenn es mich interessiert hat." Einen differenzierten Blick auf ihn zu haben, ist schwierig. Man findet ihn widerwärtig oder wunderbar. Gucken Sie mal bei YouTube. Was sagen Sie?

Fünfter und sechster Ablehnungsgrund: Anspruchsvoll und gerechtigkeitsliebend

Unbeliebt können sie auch sein, weil sie anspruchsvoll an sich und andere, gnadenlos gerechtigkeitsliebend und schnell gekränkt sind. Auch damit sind sie sehr anstrengend für andere, denn ihnen entgeht nicht die kleinste Differenz in der Bonbonzuteilung. Und solange sie nicht ganz gebrochen wurden, werden sie ihr Leben lang vehement Gerechtigkeit einfordern. Wenn sie sich allerdings gesehen und geachtet fühlen, dann sind viele Wogen gar nicht mehr so hoch. Gar nicht erstaunlich.
(Kleiner Trick gegen das Der-hat-viel-mehr-als-ich-Bonbon-Drama: Kind A teilt auf, Kind B darf den Haufen wählen.)
Hier haben wir übrigens noch einen Artefakt (zur Erinnerung: etwas, was erst durch die Sichtweise, Untersuchungsmethode oder wie hier: die Umstände, geschaffen wurde): Wer sich nämlich sicher geliebt fühlt, wird sich auch nicht so schnell gekränkt fühlen, sondern das fehlende Bonbon auch mal großzügig freigeben oder sich umarmen und trösten lassen. Noch ein letzter Schluchzer und schon sind sie zurück im Abenteuer.

Siebter Ablehnungsgrund: Bösartigkeit

Ich habe im Praktikum Psychiater*innen und in der Schule Lehrer*innen erlebt, die ein AD(H)S-Kind so lange richtig **gemein provoziert** haben, bis es ihnen buchstäblich ins Gesicht gesprungen ist. Damit war bestätigt, was die Herren und Damen schon vorher gewusst hatten: AD(H)Sler*innen sind unbeherrscht, frustrationsintolerant, unsympathisch. So läuft das nämlich oft! Das funktioniert übrigens super auch mit „Jungs", „Zicken", „Ausländer*innen", „Listenhunden" oder „Kampfhähnen": Man muss Mitglieder dieser Gruppen nur lange genug provozieren oder auch in einem engen Raum zusammensperren und dann ordentlich die Ressourcen verknappen. Dann wird man schon sehen, dass die TATSÄCHLICH ALLE total aggressiv sind.

Achter Ablehnungsgrund: Individualistisch und gefährlich

Unbeliebt sind solche Kinder auch oft, weil sie sich nicht so einfach anpassen und mit der Masse verschmelzen. Auch darum nicht, weil sie in manchen Bereichen einfach schneller und unbesiegbar sind. Sie sind risikobereiter und mutiger. Sie steigen auf die höchsten Bäume und springen von den steilsten Klippen. All das frustriert die anderen und macht sie neidisch. Diese ganze Grenzgängerei macht 95 Prozent der Menschen furchtbare Angst. (Amorbahn war das Äußerste, was ich auf der Kirmes gewagt habe.) Aber anstatt sich angesichts der Power mitzufreuen und den Verbandkasten bereitzuhalten, sich begeistern zu lassen und selbst auch mal mehr zu wagen, grenzen Kinder diese Springinsfelde aus. Die Eltern der Kinder, die AD(H)Sler*innen außen vor lassen, werden diese Diskriminierung aus Angst um die Sicherheit ihrer Barbies und Kens dann nur noch bestätigen. Oder auch im Ursprung veranlassen:

Meine Tochter musste erleben, dass sehr, sehr gerne große Gruppen Kinder zum Weltall-, Indianer- oder Schatzsuche-Geburtstag kamen. Eine Gegeneinladung hat die kleine Späher*in selbst nie erhalten. Niemals. Man nimmt mit, was man kriegen kann, aber will selbst in der Komfortzone bleiben.

Die Ausgrenzung dieser Kinder ist zutiefst ungerecht und unangemessen. Und doch werden sie pathologisiert, verachtet und gemieden. Außer natürlich, sie sind: so kreativ und ermutigend wie Pippi Langstrumpf, so sympathisch und charismatisch wie Momo und so leidenschaftlich und engagiert wie Peter Pan

(Herzlichen Dank an Enja für diese wunderbare Zeichnung!)

Sehen Sie was?

Es ist gar keine Sache der Eigenschaften als solcher. Es ist eine Sache der Sichtweise, des Umfeldes und vor allem der Wertschätzung. Man könnte diese drei Kinder dort oben nämlich auch so bezeichnen:

unbeschulbar, arrogant und ungezogen
versponnen und isoliert
entwicklungsverzögert, laut und hyperaktiv
wild, gefährlich und systemsprengend
verträumt und realitätsfern.
Könnte man. Tut man aber nicht. Komisch, gell?
Sehen Sie noch was?

All diese Leitbilder der Literatur leben ohne Erwachsene. Da, wo in den Geschichten Erwachsene auftauchen, sind diese fast immer dumm, beschränkt, schwach und hilflos. Die Netten sind wenigstens bemüht. Und sie geben Raum. So wie das „Fräulein Lehrerin", von dem Pipi ein einziges Mal beschult, dann aber auch schnell wieder entlassen wird. Diese Kinder stehen außerhalb des Wertesystems und außerhalb irgendwelcher Abhängigkeiten von Erwachsenen.
Ihre entscheidende Stärke ist, dass sie nicht an sich zweifeln. Sie finden sich gut so, wie sie sind. Sie denken nicht einmal darüber nach, ob sie nun gut oder schlecht sind. Sie sind einfach.
Pipi, Momo und Peter werden mit Sicherheit später nicht in meine Praxis kommen. Sehen Sie noch was?

Diese drei sind auch innerhalb ihrer Geschichten Leitfiguren. Anführerinnen und Anführer. Sie leiten, führen, retten, ermutigen, inspirieren. Sie geben anderen Orientierung, Halt und Impulse. Setzt diese Kinder mit diesen Fähigkeiten aber mal in einen Klassenraum ...

Fazit:
Diese Menschen sind nicht falsch. Sie sind isoliert, weil die Gegenüber keine Verantwortung für ihre eigenen Gefühle und Bedürfnisse übernehmen. Und weil sie unbequem sind. Und weil sie nicht verstanden werden.
Ein Shire Horse in einem Ponyrondell wird auch keine gute Figur abgeben. (Ganz abgesehen davon, dass es auch für das Pony eine Quälerei ist).

BEGEGNEN – VERSTEHEN – ZUSAMMENFINDEN 38

Statt:
Bei anderen (Kindern) sind sie unbeliebt und können isoliert sein.

Besser:
Ich lerne es erst für mich selbst und bringe dann meinen Kindern bei, dass jeder Mensch für seine Gefühle und Bedürfnisse selbst verantwortlich ist. Sei es Angst, Hass, Neid, Genervt sein, Scham oder sonst was. Daran ist nicht das ADHS-Kind schuld. An nichts davon. Es hat etwas in mir berührt. Das ja. Aber dieses Etwas ist meine Baustelle. Nicht seine.

***

AUS DEM WIRKLICHEN LEBEN 39

ICD: *dissoziales Verhalten*
Realitätscheck:
Was bleibt dem gefangenen Tiger übrig, wenn die ihn quälende Hand endlich in seine Reichweite kommt? (Falls er nicht, wie üblich, für die Tourist*innenfotos sediert und ihm sämtliche Zähne und Krallen gezogen wurden.)

Könnten SIE ruhig bleiben oder abwarten, wenn Sie zum tausendsten Mal darauf warten müssen, dass eine „pipi-einfache" Aufgabe endlich auch vom Letzten verstanden worden ist? Und das nicht einmal, sondern täglich Dutzende Male! Über Jahre hinweg. Da kann man schon mal aus der Hose springen. Oder einem Lehrer ins Gesicht, der ein Kind als „Babygehirn" beschimpft, weil es zum hundertsten Mal von ihm als Morgenritual an die Tafel geholt wird, er ihm dann eine irre Kopfrechenaufgabe stellt, sofort laut und zügig von sieben bis Null rückwärts zählt und schließlich genussvoll die hundertste Sechs einträgt. Wenn dieses Kind den Lehrer dann nach all der Qual schließlich attackiert, hat es das Etikett „gewalttätig" schon auf der Stirn kleben. (Dies ist nicht ausgedacht. Herr F. ist sicher inzwischen pensioniert oder tot. Aber vor 21 Jahren hat er sich geradezu bestialisch diesem Kind gegenüber verhalten. Trotz aller Bitten, Appelle und Forderungen. Warum? Weil ihn das Wort „hochbegabt" zutiefst gekränkt hat. Er wollte diese Neunjährige brechen und hat es fast geschafft. Aber nur fast.)

Es stimmt, dass in **Gefängnissen** überproportional viele AD(H)Sler*innen sind. Auch in der Forensischen Psychiatrie. Ein kürzlich Entlassener, der seine Wartezeit auf den Therapieplatz dort abgesessen hat, schätzt, dass dort 75 Prozent der Insassen ADHS haben. Vielleicht haben Sie bis hierher aber auch schon eine leise Ahnung, warum das so ist:

- Sie alle wurden gedemütigt, bestraft und gemobbt. Es sind überproportional viele Menschen mit Traumatisierungen in Gefängnissen (zumindest für US-Amerika kenne ich diese Zahlen). Da gibt es also offenbar eine große Schnittmenge. Was ist Ursache, was ist Wirkung? Sind all diese Menschen dissozial geboren, oder wurden sie vielleicht dazu gemacht? Weil man sie nicht Späher sein lassen konnte in unserer Bauerngesellschaft? Eine Bewältigungsmöglichkeit für

Trauma ist Aggression. Trauma macht reizbar und triggerbar. So wird das Opfer zum Täter.

- Sie wurden gelangweilt: Ja, sie lieben das Risiko und den Nervenkitzel! Wenn sie nicht schon mit drei Jahren auf Bäume klettern und mit vier auf dem Mountainbike-Trail Rad fahren dürfen, dann fangen sie vielleicht wirklich an, bei Tante Emma zu klauen. Sie brauchen den Kick. Dafür können sie nichts. Ihr Gehirn braucht (so die aktuelle wissenschaftliche Hypothese) mehr Dopamin als das der 95 anderen Prozent der Menschheit. Das ist für ihre Aufgabe auch absolut sinnvoll. Dopaminmangel lässt sie die Aktion suchen. Das Dopamin macht sie gut gelaunt, wach und aufmerksam und die Suche danach macht sie aktiv, flexibel und agil. Es liegt doch an den erziehungsbeauftragten Erwachsenen, diese Lust in die richtigen Bahnen zu lenken! Meine Kinder waren bei der Feuerwehr, beim Roten Kreuz, im Kampfsportclub, beim Eiskunstlauf und haben Schlagzeug gespielt. (Nicht alle alles und auf einmal natürlich.)

- Sie wurden allein gelassen mit ihrer Energie, Kreativität, all den anderen Begabungen – und ihren Versuchen der Selbstmedikation: Es sind auch überproportional viel Süchtige in den Gefängnissen, die AD(H)S haben. Drogenbesitz und Drogenhandel sind ein sehr häufiger Grund für Verurteilungen. Allerdings: Wenn man schon dem Kind Wertschätzung, Coaching und bei Bedarf auch die richtigen Medikamente gibt, dann fangen sie mit diesen Versuchen der Selbstmedikation gar nicht erst an. Es ist nachgewiesen, dass gut medikamentierte Kinder diese Versuche der Selbstmedikation unterlassen. Darum entwickeln sie weniger Süchte und kommen auch seltener mit dem Gesetz in Konflikt.

Da sitzen sie dann eingesperrt ihre Jahre im Gefängnis ab. Die ausreichend vorhandene „Personaldecke" in Justizvollzugsanstalten ist eher ein fadenscheiniges Tüchlein. Resozialisation findet vor allem in Hochglanz gedruckt, aber kaum in der Realität statt. Und anschließend wundert man sich tatsächlich laut und medienwirksam über unfassbar hohe Rückfallquoten von ehemaligen Häftlingen. Vielleicht liegen die ja daran, dass straffällig gewordene AD(H)Sler*innen auch nach der Entlassung immer noch keine Bauern *sind und niemand ihnen zeigt, dass auch ei*n Späher einen wichtigen Platz in der Gesellschaft einnehmen kann. Dass er womöglich sogar gebraucht wird. Dass er Achtung und Wertschätzung von der Mehrheitsgesellschaft bekommen kann – wenn man ihm zeigt, womit. Sie sind nicht dissozial geboren und das Dissoziale ist auch kein Teil eines Syndroms. Sie werden dazu gemacht.

Ganz im Gegenteil nämlich! Sie sind
besonders gerechtigkeitsliebend,
besonders engagiert,
besonders furchtlos im Kampf für das Gute!
– Bis man diese Impulse in ihnen zerstört und sie ins Gegenteil wendet. Oder diese Charaktereigenschaften von Ganganführer*innen oder extremistischen Politiker*innen (was nur bezüglich der Kleiderordnung ein Unterschied ist) für die eigenen Zwecke missbraucht werden.
Übrigens: Frauen werden statistisch viel eher krank als straffällig. Ob aber eine Depression wirklich mehr Spaß macht als das Anzünden einer Scheune, wage ich zu bezweifeln. (BITTE dies nicht wörtlich als Handlungsaufforderung verstehen!) Eine Depression ist vor allem als eine nach innen gekehrte Aggression zu verstehen. Wenn die Frauen endlich gelernt haben, Verwünschungen zu brüllen und Tassen an die Wand zu knallen, dann verflüchtigt sich die Depression oft auch recht schnell. Die Männer dagegen werden in der erzwungenen Öde des Gefängnisses sehr häufig depressiv – wenn sie nicht doch

noch einen Weg finden, weiteren Mist zu bauen.

Einige wenige schaffen es, trotz Bewegungseinschränkung, mit viel Glück und viel Hartnäckigkeit, noch eine große Schöpferkraft zu entwickeln. Dafür brauchen sie aber ein Umfeld, das ihnen zuhören will. Vielleicht ist Steven Hawking dafür ein Beispiel. Er wurde allerdings nicht durch Verachtung und „Erziehung" in die Bewegungslosigkeit gezwungen, sondern durch eine Krankheit. Vielleicht war er gerade darum auch nicht entmutigt, sondern konnte trotzdem zu einem der größten Wissenschaftler und Autoren unserer Zeit zu werden. Allerdings galt er auch als „Showman" mit einer metaphernreichen Sprache und einem nach allen Seiten hin offenem Geist. Das Leben mit ihm sei funkelnd und irre gewesen, sagt seine Tochter. Nach Bauer klingt das nicht. Er zeigt, wie es gehen kann, wenn der Weg in die Gesellschaft mit Liebe gesäumt ist.

P.S.: Leider gelten Frauen im Falle dieser Heilungsschritte schnell als zickig oder hysterisch. Im schlimmsten Fall werden sie dann in die Psychiatrie eingewiesen. Ich warne sie immer vor, dass man erst das Geschirr zerdeppern sollte, wenn keiner mehr im Haus ist.

Apropos Peter Pan:

BEGEGNEN – VERSTEHEN – ZUSAMMENFINDEN 39

Statt des Diagnosekriteriums „dissoziales Verhalten"

Besser:
Übernehmt eure Verantwortung in der Erziehung, dann übernehmen sie auch Verantwortung in der Gesellschaft.

∗∗∗

AUS DEM WIRKLICHEN LEBEN 40

Bauer zu Späher: *„Du verdammter Zappelphillip!"*

Realitätscheck:
Wer Fallschirmspringen darf, wird nicht zum Zappelphillip!

Wenn man Späher*innen zu körperlicher Untätigkeit oder langweilenden Routinetätigkeiten zwingt, werden die sichtbaren Suchbewegungen und die klaren Hinweise auf Bewegungsdrang immer kleiner. Wenn sie nur genug Prügel und Beschämung dafür bekommen, werden selbst diese Suchbewegungen noch winziger, bis die körperliche Unruhe schließlich ganz aus der sichtbaren Bewegung verbannt und zu einem inneren Vibrieren wird. Wie ein Pfeil im zu lange gespannten Bogen liegen sie dann zitternd auf der Sehne.
Ihre ganze Aktivitätslust und der Aktivitätsdruck, die Suche und damit auch das Wahrnehmen verlagern sich dann von der Welt weg in den Kopf hinein. Tausend Gedanken, Erinnerungen, Ideen und Bilder sprudeln parallel, endlos und vielschichtig über- und durcheinander. Es kann nicht mehr unterschieden werden, was wichtig und was unwichtig ist, denn eine Beute findet sich selten im Kopf. Alles drängt sich als gleich bedeutungsvoll – oder bedeutungslos durcheinander. Dies ist in aller Regel sehr qualvoll und ermüdend.

„Mein Kopf ist ein Baum voller Affen, die hin- und herspringen, kreischen und sich mit Obst bewerfen. Wie soll ich mich da konzentrieren können?", sagt eine verzweifelte Klientin.
Ab jetzt gelten sie nicht mehr als hyperaktiv. Doch die Bewegung ist nur gewaltvoll ins Innere gepresst worden. Sie sind nicht mehr hyperkinetisch. Aber immer noch hyperaktiv. Jetzt zufrieden? Dies innere Gefängnis kann doch kein Ziel sein! Dass es falsch ist, sieht man auch an all den Explosionen,

die dieser Gefangenschaft folgen. Absolut vermeidbar – indem man sie springen lässt.

BEGEGNEN – VERSTEHEN – ZUSAMMENFINDEN 40

Statt:
„Du verdammter Zappelphillip!"

Besser:
„Boah, wir könnten echt einen Schwimmteich haben, wenn dieser Bach da etwas gestaut würde."

✳✳✳

AUS DEM WIRKLICHEN LEBEN 41

Bäuerin zum Späher:
„Du bist eine solche Drama-Queen.
Kann es nicht mal ´ne Weile ruhig bei dir laufen?"

Realitätscheck: Nein, kann es nicht.

Um es gleich mal vorwegzunehmen. Das Wort „Drama" ist leider mit mehreren Deutungen versehen.
1. Jedes Schauspiel auf einer Bühne ist in der Fachsprache der Theater- oder Filmwelt ein Drama. Die meisten denken allerdings nur an Drama, wenn das Stück einen tragischen Konflikt darstellt.
2. Die Bedeutung „schreckliches Ereignis" wurde von dort in den Alltag übernommen.
3. Es ist dadurch auch ein Synonym für besondere Anstrengung oder besondere Bemühungen im Zusammenhang mit

solch einem belastenden Ereignis geworden. („Sie unternehmen dramatische Anstrengungen, um die Verschütteten mit bloßen Händen auszugraben.")

4. Substantiviert dann: „Das zu sehen ist ein Drama." Hier schwingt das Leid und die häufige Vergeblichkeit des Bemühens mit.

5. Eine nur gespielte Belastung.

6. Ein völlig übertriebenes Darstellen von Leid im Sinne von „eine Show abziehen".

Womit der Kreis zur Bühne wieder geschlossen ist.

Mit dem oben genannten Vorwurf kann alles von Punkt 2 bis 6 gemeint sein. Da müsste man im Einzelfall genauer nachfragen. Was grundsätzlich aber stimmt ist, dass es selten ruhige Zeiten im Leben eines oder einer ADHSler*in gibt. Ständig passiert etwas. Meist auch etwas „Dramatisches". Und sie erleben dies mit hoher Emotionalität. Meist keiner erfreulichen.

Es gibt nun aber mehrere Gründe, warum AD(H)Sler*innen solche Katastrophen-Magneten sind: (dies Bild am besten fotografieren und für die nächsten Seiten daneben legen): (Können Sie sich vorstellen, dass ich immer noch „photographieren" schreiben will und mich echt zusammenreißen muss?)

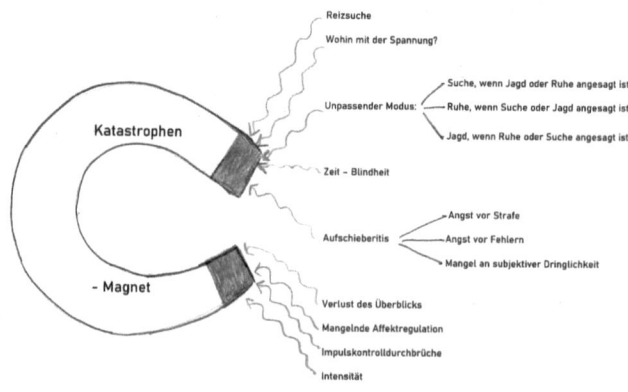

Erste Ursache für Dramen: Langeweile

Drama kommt hier also vor, weil eine friedvolle Routine für die Vollblutspäher*innen das Synonym für tödliche Langeweile ist. Alles ist besser als dieser qualvolle Druck, dass „etwas" passieren muss.

Trotzdem muss man oft warten, bis „es" passiert, obwohl „es" schon in Reichweite ist. Da sie ja kein oder kaum Zeitgefühl haben („time blindness"), ist Langeweile nur um so unerträglicher. Eine Schulstunde ist eine Ewigkeit. Es ist für sie keinerlei Trost, wenn sie wissen, dass irgendwann die Pause kommt. Irgendwann platzt die Bombe. Es ist auch kein Trost, wenn man ihnen verspricht, gleich oder womöglich morgen zum Ausflug loszuziehen. „Gleich" ist noch ewig lang hin. Da muss man vorher noch ein Drama inszenieren. Mühsam muss gelernt werden, dass genau dieses „Drama" den Ausflug verzögert oder vielleicht sogar verhindert.

Das führt zu:

Zweite Ursache für Dramen: Wohin mit der Spannung?

„Du hast so ein Drama gemacht wegen deiner Scheiß-Schwimmbrille, jetzt fahren wir einfach nicht mehr ins Schwimmbad!"
Die Zuschauer meinen mit „Drama" eine „Show". Das betroffene Kind drückte allerdings sein Leid aus.
Es geht natürlich gar nicht darum, absichtlich schlechte Stimmung zu machen. Darum geht es nie! Sogar im Gegenteil!
Wie oft sagen Eltern diese Dummheit von wegen: „Der will mich nur ärgern." Will er nicht! Sogar im Gegenteil.

Die Vorfreude, dass es jetzt gleich ins Schwimmbad geht, lässt die Emotionen des Kindes hochkochen. Das Adrenalin steigt. Damit dann auch der Bewegungsdrang und die Lautstärke. Keine guten Voraussetzungen, den zweiten Badelatschen und die Wasserpistole zu finden. (Tipp: Guck mal im Waschkeller, da habt ihr doch letztens versucht herauszufinden, was passiert, wenn man feste in den Waschmittel-Eimer schießt.)

- Wenn Papa jetzt sehr, sehr ruhig bleibt und ein gutes Gefühl für das Mögliche hat, dann wird man zwar ohne Badelatschen, aber mit allen Kindern fahren können.
- Man kann sich z. B. zum Kind hinhocken, beide Händchen fassen, ihm in die Augen sehen, lächeln und sagen: „Je schneller wir alles zusammen haben, umso schneller geht es los. Okay?" ... Nicken abwarten. ... „Sag mir, wobei du gerade Hilfe brauchst." ... Antwort abwarten. ... „Okay, dann machen wir eins nach dem anderen. Erste Aufgabe: Handtuch holen! Auf die Plätze, fertig, los!"
- Man kann auch selbst alles zusammenpacken.
- Man kann auch sagen: „Uiii, du bist aber aufgeregt! Lass uns erst 50mal hüpfen, damit wir danach in Ruhe packen können."

Man kann natürlich auch rumbrüllen. Bringt nur nix außer Frustration und ein Kind, das später ebenfalls Herumbrüllen für sozial angemessen hält.

(Wenn Papa nicht sowieso die bekannten Knöpfe mehr oder weniger absichtlich gedrückt hat, um eine Ausrede zu haben, nicht fahren zu müssen.
Dann kann man diesen Tag nämlich sowieso getrost in die Tonne kloppen. Ob mit oder ohne Schwimmbad.)

Dritte Ursache für Dramen: Wähl die 112
– die Reizsucher sind los

Die so genannten „Risiko-Sportarten" beinhalten ein Risiko, sonst hießen sie anders. Da kann und muss ab und zu etwas schief gehen. Sonst wäre es ja auch langweilig. Und wenn es schief geht, ist es eben auch ein Drama. Der Skorpion sticht zu. Das bedeutet: gebrochene Knochen beim Downhill, vier Tote beim illegalen Autorennen. Sowas halt.

Drama ist also Standard, weil die Späher*in eine Reizsucherin ist. Sie wird Achterbahn fahren, sich in Idioten verlieben und diese natürlich auch heiraten. Von jedem ein Kind kriegen, mal gucken, wie schnell sie rückwärtsfahren kann und selbstverständlich Paragliden lernen. Natürlich verursacht das gebrochene Herzen und gebrochene Knochen. Darum ist der Wartebereich der Notaufnahme auch ihr zweites Wohnzimmer.

Vierte Ursache für Dramen:
Der Modus und sein Einfluss auf die Wahrnehmung
Auch: Die Anakonda und die Kartoffel

Drama ist Standard, weil Späher*innen intensiver empfinden können – oder jedes Wahrnehmen ausgeschaltet ist. Dies ist vom Zustand abhängig, in dem sie sich gerade befinden. Sie nehmen Gefühle und Körperwahrnehmungen immer dann viel intensiver wahr, wenn sie nicht gerade bezogen auf ein anderes Thema im Hyperfokus sind!

Das bedeutet: Beim Ruhen und Spähen werden Wahrnehmungen nach innen stärker fühlbar und nach außen eher sichtbar. Wo also jedes „Zipperlein" während des Ruhe- oder Suchmodus als Katastrophe wahrgenommen werden kann,

kann ein appenes Bein im Jagd-Hyperfokus auch glatt mal
übersehen werden. Darum können Späher*innen gleichzeitig
den verrücktesten Sportarten als Hobby frönen, aber an einem
gezerrten Wadenmuskel „sterben".
Weil außerdem äußere Anpassung an die Anforderungen der
Umwelt erzwungen wird, sind sie oft gar nicht bei dem, was
sie gerade machen. So kommt es dann auch, dass die Betroffenen sich selbst in mancher Hinsicht gar nicht besonders gut
kennen oder einschätzen können. Fragebögen werden meist an
den Extremwerten angekreuzt oder mit „Weiß ich doch nicht!"
beantwortet. Oft sind sie ganz überrascht, was so alles in den
frühen Zeugnissen steht. „Och, da erinnere ich mich gar nicht
dran." Klar, sie waren geistig ja gar nicht dabei. Oder sie sagen:
„Ich hatte immer nur Ärger.", während sie gleichzeitig beliebte
Mannschaftsführer der Volleyball-AG oder wichtiges Mitglied
der Theatergruppe waren.

Sie empfinden also intensiv, aber nur dann, wenn sie auch
wirklich dabei sind.
Die Bauern sind nicht grundsätzlich emotionslose Dumpfbacken, aber sie neigen doch etwas mehr zu emotionaler Ausgeglichenheit und Gelassenheit. Eine Freundin hat mir da mal
widersprochen und mich stoisch genannt. Also von mir aus
auch das. Was kann ich denn machen, wenn der Hagel das
Korn zerschlägt? Gar nix! Da muss ich mich nicht auch noch
extra drüber aufregen. Ist ja auch so schon schlimm genug. Der
Kartoffel ist der Gefühlszustand des Bauern schließlich auch
herzlich gleichgültig. Das beruht übrigens durchaus auf Gegen-
seitigkeit.

Eine Anakonda dagegen kann und muss man schon mit etwas
mehr explosiver Leidenschaft erwürgen. Sie hat ja auch nur
eine einzige Stelle am Hals, wo man zudrücken muss – und
keine 2000qm², über die man sich schützend legen müsste, um

den Weizen doch noch zu retten.

Einen angreifenden Tiger, mit dem man in Jagdkonkurrenz geraten ist, kann man mit lautstarkem Gebrüll auch besser beikommen als mit feinsinnigem Geplauder. Eine Schar Stare vertreibt man auch nicht mit höflichen Bitten aus dem Kirschbaum.

Aktionsbereitschaft, Leidenschaft und Intensität sind also sinnvollerweise bei Späher*innen lebensnotwendig. Sie brauchen diese für ihr seelisches Gleichgewicht, weil es mit ihrer eigentlichen Aufgabe verbunden ist. Die Evolution fragt übrigens nicht, ob das dem betroffenen Individuum gefällt. Es ist wie bei der Möglichkeit einer Schwangerschaft, auch wenn der Sex erzwungen wurde. Die Evolution sieht nur danach aus, ob es der Gruppe nutzbringend ist. Und darum erfolgen eben in einer Welt ohne Anakondas und Tiger eine endlose Reihe anderer Dramen, Tragödien und actionreicher Soaps.

Darum kann z. B. eine unangenehme Körperwahrnehmung auch nicht einfach in den Hintergrund geschoben werden, solange nicht etwas anderes in den Vordergrund ploppt. Doof halt, wenn gerade kein Superstar ein Autogramm gibt, sondern eine Mücke in den Allerwertesten gestochen hat. Die wird dann leider auch schnell als Elefant wahrgenommen (dabei stechen doch Elefanten gar nicht. Wer hat diesen hinkenden Vergleich bloß erfunden?). Höchstens, wenn man gerade vor einem Vulkanausbruch flieht. Im drögen Alltag wird von dem Mückenstich gesprochen, damit appelliert, geseufzt sowie echt und ernsthaft (!) daran gelitten.

Der Empfindungs-Filter ist also auf Extreme hin orientiert. Das liegt – so die aktuelle Theorie – unter anderem daran, dass die Latte bezüglich Freude für Späher*innen viel höher gehängt wurde. Feiner ausgedrückt: Sie haben es viel schwerer, an ihre körpereigene Dopaminausschüttung zu kommen. Was das ist? Das ist unser eingebautes Belohnungssystem. Es ist das

Hormon, das den Glücksknopf in unserem Gehirn drückt. Es braucht bei Späher*innen viel mehr an Ereignis, um überhaupt ausgelöst zu werden. Bungee-Jumping, bei Gewitter über einen See kreuzen, absolut verliebt sein und all sowas. Darum ist alles auf Maximal-Wahrnehmung ausgerichtet, um nur ja keine Dopaminausschüttung zu verpassen.

Zwei Risiken und Nebenwirkungen

Nebenwirkung 1: Die Alternative zur Maximalwahrnehmung ist quälende Langeweile (siehe dazu oben). Auch nicht toll.

Nebenwirkung 2: Viele AD(H)Sler*innen leiden unter Hyperakusis. Da sie ihre inneren Mikrofone auf Anschlag gedreht haben, kann schon das leiseste Geräusch Schmerzen verursachen. Natürlich macht das reizbar.

Die Bäuerin wird eigene Gefühle, Körpervorgänge und äußere Ereignisse dagegen eher wahrnehmen und hinnehmen. Sobald sie dagegen getan hat, was sie eben konnte. Diese Gelassenheit sollten sie übrigens auch gegenüber des ihrer Meinung nach übertriebenen „Geweses" (rheinisch für: aufgeregte Beschäftigung mit etwas) der Späher*innen mit deren Themen entwickeln! Denn das Leid fühlt sich für die Späher*innen wirklich echt an. Es ist keine Show!

Die Kunst, Dinge eher hinzunehmen, die man nicht ändern kann, hat die Bäuerin in ihren Genen.
Die Kunst, Dinge eher ändern zu wollen, die man vielleicht noch ändern kann, hat eher der Späher in seinen Genen.
Wer lehrt alle die Weisheit, das eine vom anderen zu unterscheiden?

... Da ist sie wieder, diese Ergänzung der Eigenschaften.

Wir brauchen uns.

Fünfte Ursache für Dramen: Nur anvisieren!

Schwierige Sache: **Hundert Impulse und keine Struktur.** Kurz vor dem Sprung und man darf noch nicht losspringen. Klappt halt nicht immer, selbst wenn man mit den besten Absichten unterwegs ist!

Backstage
Was Herr T. seit Kindheit kennt, sind immer neue Katastrophen. Selbst verursachte, gesuchte und einfach ereignete. Dafür hat er die „Fass-Strategie" erfunden. Damit ist er von der Komplexität einzelner oder mehrerer paralleler Herausforderungen nicht mehr überfordert. Bis dahin hatte er völlig wahllos und impulsiv versucht, es möglichst gleichzeitig allen recht zu machen. Was natürlich regelmäßig zu weiteren Katastrophen führte. Durch allerlei höchst komplizierte Umstände, welche aus dem „Meine, deine, unsere Kinder-System" (zu Deutsch: Patchworkfamilie) erwachsen, stand er oft mit dem Rücken zur Wand und konnte buchstäblich nur noch schreien.
Dann aber gewöhnte er sich an, ständig folgenden Satz ständig zu wiederholen:
„Nur ein Fass nach dem anderen aufmachen! Das ist genug."
Wenn Herr T. Zeit zur Vorbereitung hat, malt er auf ein großes Blatt Papier eine Anzahl Fässer. Auf denen steht:

Problem 1: XYZ
Das wäre die Lösung: ABC...
Meine Strategie: Nur ein Fass nach dem anderen aufmachen!
Das ist genug.

Erster Schritt: A
Erst wenn der voran gegangene Schritt erledigt ist, überlegt er sich, ob der nächste Schritt nötig ist. Nur bei Bedarf geht es so weiter. Bis zum Ziel.

Zweiter Schritt: B
Erst nach der Vollendung des jeweiligen Schrittes kann Herr T. ja sehen, was die Situation dann erfordert: Wenn das Baby weint, wird erst einmal NUR die Strategie: „Es hat vielleicht Hunger" verfolgt.
Als nächster Schritt wird eine Flasche GANZ FERTIG gemacht. Also auch die Temperatur gecheckt. Nicht vergessen! Erst dann wird sie angeboten.

Dritter Schritt: C
Nur wenn die Flasche verweigert wird und das Baby weiter weint, wird die Strategie „Windel" verfolgt. Als erster Schritt wird an der Windel gerochen. Nur, wenn die müffelt, wird sie gewechselt.

Nur ein Fass nach dem anderen aufmachen! Das ist genug.
Das funktioniert auch bei wesentlich schwierigeren Situationen oder bei mehreren Problemen auf einmal und auch ohne Vorbereitung. Wir haben nur zwei Hände und einen Kopf.
Auch wenn die Frau eine Anweisung gibt und drei Kinder gleichzeitig die Ärmchen ausstrecken, der Hund Gassi muss und der Pieper ihn zur Arbeit ruft:
Nur ein Fass nach dem anderen aufmachen! Das ist genug.
Ihm hilft´s und er hat es zur weiteren Verwendung freigegeben.
Und dies ist das Fundament seiner neuen Selbstüberzeugung:
ICH BIN GENUG!

Sechste Ursache für Dramen: Giggelig im Vorstellungsgespräch

Drama ist Standard, weil Späher*innen nicht immer in genau dem Modus sind, welcher der Situation angemessen ist

- Sie sind entweder im Jagdmodus, also im Hyperfokus auf einer Fährte und fokussieren auf genau einen Aspekt der Situation – dann können sie aber die anderen Aspekte nicht mehr sehen.
- Oder alles verwickelt sich, weil sie im Suchmodus sind und alles gleichzeitig und als gleich wichtig wahrnehmen.
- Oder sie sind im Lademodus und dann erreicht sie sowieso (fast) nichts.

Vorweg noch einmal zur Erinnerung:

Es ist möglich zu versuchen, den Modus aktiv zu steuern. Doch auch nach viel Training bleibt es immer noch sehr, sehr anstrengend.

Dies fordert eine hohe Einsatzbereitschaft, Lebenserfahrung, gute eintrainierte Strategien und Verantwortungsbewusstsein. Oft schalten sich die Automatismen trotzdem erst einmal ein. Denn das ist das Normale für Späher*innen! So, wie ich meinen Atem zwar eine Weile anhalten kann, ihn dann aber auch wieder laufen lassen muss. All das müssen Kinder erst noch lernen.

Wer da nicht ständig auf Zack ist, kann schnell im falschen Moment einen Zustand haben, der zur Katastrophe führt. Späher*innen müssen wirklich immer aufpassen. In Anforderungssituationen aller Art müssen sie sich ihres Denkens und Handeln ständig bewusst sein. Auch das ist wahnsinnig anstrengend.

Schon oft habe ich gehört: „Ich hasse mein Gehirn!" Ja, Späher*innen müssen sich außerdem auch noch damit versöhnen, dass sie so sind, wie sie sind. Denn dieser Umstand lässt sich grundsätzlich nicht ändern. Sie haben es aber verdient, so früh wie möglich Strategien und andere Unterstützung zu bekommen, die helfen, diese Prämissen wenigstens leichter zu ertragen, wenn nicht sogar, sie positiv zu nutzen. Und sie haben viele Extraportionen Achtung verdient, da je nach dem, um was es geht, dieselbe Aufgabe für sie viel anstrengender ist als für Bäuer*innen.

... Das wollte ich nur nochmal gesagt haben ...

Späher*innen können also in einem Modus, der nicht zur Situation passt, schneller mal den Überblick verlieren, falsch oder zu spät entscheiden:

Suchmodus im falschen Moment

Entscheidend ist hier: Ich weiß noch nicht, was das Wichtigste in dieser Situation ist.

Welchen Dachdecker soll ich bloß für die drei fehlenden Ziegel beauftragen? Oder soll ich es selber machen? Könnte total lustig sein da oben auf dem Dach. Nee, ich hab´ ja Höhenangst. Oder kann man das so lassen? Was kostet das? Muss ich dann auf das neueste Handy verzichten? Wann kommt das noch raus? Ist das da auf dem Dach überhaupt kaputt? Soll ich vielleicht ein Picknick da oben machen, wenn ich schon mal so einen tollen Blick habe. Vielleicht ist das Dach ja komplett kaputt und die Reparatur wird mich ruinieren. Bestimmt entscheide ich das falsch usw. ...

Dies ist mehr als bloße Ablenkbarkeit. Es ist das „alles auf einmal" wahrnehmen. Es gibt keine Priorität und keine Struktur. Nur jede Menge Informationen, Ideen und Impulse.

Auch in der Kommunikation kann dies massive Probleme verursachen. Im Versuch, alle Aspekte potenzieller Missverständnisse im Vorhinein auszuschließen, verheddern sie sich in endlosen Monologen oder bücherdicken Briefen. Jeder Aspekt wird entschuldigt, chronologisch, tiefenpsychologisch, deduktiv und induktiv Schlüsse ziehend eingeordnet und in seinen emotionalen, historischen, semantischen, ernährungsphysiologischen und astrologischen Aspekten erklärt. Was soll man da anderes antworten als: „Hä?"

Oder all das passiert wegen der damit verbundenen schlechten Erfahrungen nur innerlich und es ist um keinen Deut klar, dass es überhaupt einen Konflikt gibt, um was es bei einem Konflikt eigentlich geht, oder ob die Späher*innen nun ein Bier oder ein Wasser zum Abendessen haben wollen.

Verzweifelter Suchmodus: Angst vor Strafe, vor Fehlern oder Versagen verhindert, dass sie den Suchmodus verlassen Drama ist in diesem Zusammenhang auch Standard, weil viele Späher*innen in unserer Gesellschaft sehr viel häufiger die Erfahrung gemacht haben, nicht den Erwartungen zu entsprechen, gerügt und bestraft zu werden. Also erstarren sie auch häufiger in Angst vor Versagen bzw. der falschen Entscheidung. Die Erde dreht sich aber weiter, bis sie entschieden haben, ob sie sich nun auf die offene Stelle bewerben sollen oder nicht. Dann sind so zwei bis drei Jahre vergangen. Das hat natürlich einen gewissen Einfluss auf das Bankkonto. In einem lichten Moment geraten Späher*innen dann in Panik. Was in diesem Panikzustand dann aber getan wird, ist auch nicht immer die beste Entscheidung:

Zack – 20 000 € für eine Ladenablöse bezahlt, nur um eine Beschäftigung vorweisen zu können. Obwohl diese Ablöse völlig überflüssig ist, weil der Laden eh dicht gemacht hätte und man einfach nach seiner Schließung hätte neu anmieten können. Mal ganz abgesehen von der völligen Ahnungslosigkeit bezüglich der Führung eines Ladens. Die Ehefrau findet aber auch das wieder blöd und das nächste Drama läuft.

So wird wieder eine schlechte Erfahrung gemacht, was den Teufelskreis der Vermeidung und des dadurch verursachten Dramas weiter befeuert.

Lademodus im falschen Moment:

Es gibt dazu ein ganzes Buch, das zwar nichts mit AD(H)S zu tun hat, diesen Zustand aber genau beschreibt. Es heißt „Die Liegenden" von Michele Serra. Erstmals 2013 erschienen. Das war noch, bevor Schüler*innen zu streiken begannen und aufstanden, um die Älteren zu wecken, damit die die Welt vielleicht doch noch vor dem Hitzetod bewahren. Vielleicht sind es ja gar nicht die jungen Leute, die zu lange bräsig vor sich hingedämmert haben. Aber das ist ein anderes Thema.

Dazu aber eine Geschichte, die zeigt, dass man diesbezüglich nicht vorschnell urteilen sollte!

Backstage

„Die Verteidigung der Masterarbeit steht an. Wegen Corona online. Das Kind kann sich also derweil zuhause betüddeln lassen. Die Tage verrinnen, der Nachwuchs chillt. Unruhig fragt die Mama irgendwann: „Sag mal, äh, diese Prüfung ... War die nicht morgen?" „Ja, ach ja, ist schon Montag?", antwortet das Kind. „Ich muss da noch eine PowerPoint-Präsentation für machen." Dreht sich um und chillt weiter. Mama verweilt in minutenlanger Schockstarre. Da sie ihr Kind aber kennt und jetzt auch kein Drama (!) provozieren will, bewegt

sie sich schließlich mit leisen Schritten rückwärts zur Tür. „Ist ja erst um 16:00 Uhr", kommt es hinter dem Handy hervor. Da auch das Kind seine Mama kennt und ebenfalls keine Lust auf Drama hat, scheint ihm diese Information einen Beruhigungsversuch wert. Mama geht erst um die Ecke, bevor sie dort mit aufgerissenen Augen und völlig geräuschlos die Hände über dem Kopf zusammenschlägt.

Natürlich ist sie bereit, die gute Tochter am nächsten Morgen wie versprochen gegen 10 zu wecken. Gegen 13 Uhr beginnt diese, die PowerPoint-Präsentation zu entwickeln. Mama kann sich nicht verkneifen, sich so ganz nebenher selbst als Probepublikum für einen Präsentationsdurchlauf vorzuschlagen. Sie hört ein geistesabwesendes „Okay", und zieht sich daraufhin zurück, um sich mit Ausatem- und Erdungsübungen in diesem Universum zu halten. Es ist 15:40 Uhr, als das Kind „Du kannst jetzt mal kommen!" ruft. Tiefenentspannt lächelnd (doch, doch) betritt die Mutter das Wohnzimmer, in dem das Kind den PC so gestellt hat, dass der Blick in den Himmel ihr Hintergrundbild sein wird. Nach dem durchgejagten Probevortrag inklusive „Oh, das muss ich gleich umstellen ...", kann die Mama nur noch ermutigend nicken (wer hat hier Ermutigung am nötigsten?) und sich dann schnell verdrücken. Denn die Businessmaster-Studentin startet die Prüfungs-Zoomsitzung. Es ist 15:59 Uhr, als sie lächelnd in die Kamera sagt: „Ach wie schön, Sie sind ja schon da!"

Sie hat die Eins nur knapp verfehlt.

Da es aber nicht immer so gut ausgeht, hier weitere Ergänzungen zum Lademodus im definitiv falschen Moment:

Aufschieberitis (= Prokrastination)

Es kann sein, dass Späher*innen z. B. eine anstehende Entscheidung mitten in ihren umfassenden Überlegungen schließlich einfach vergessen. Meist, weil etwas sie abgelenkt hat. Oder weil es einfach nervt. Auch darum vermeiden Späher*innen wegen des fehlenden Überblicks manchmal solche Überlegungen und Entscheidungen. Sie weichen aus und verschieben das Handeln, bis Sachzwänge wie etwa ein einbrechender Dachstuhl – also dramatische Vorgänge – sie zum Wahrnehmen und Handeln zwingen. Schon ist das nächste Drama da. Diesmal hat das es Aufschieben verursacht. Das passiert auch in Beziehungen, wenn die Kommunikation so lange vermieden wird, bis die Scheidung eingereicht wurde. Dann sind es die Späher*innen, die sagen: „Hä? Warum?"

Von hier aus lässt sich das Drama sogar noch steigern. Denn was dann in aller Hektik getan wird, ist auch nicht immer die bestmögliche Entscheidung. Die ursprünglich nur etwas kritische Situation wird damit schlussendlich doch noch zur Katastrophe.

Jagdmodus im falschen Moment:

Die verschiedenen Zustände sind nach, vor und bei der Jagd oder dem Sammeln ganz bestimmter Heilkräuter absolut lebensnotwendig und als brillante Begabung zu sehen. In anderen Situationen kann den Späher*innen aber genau das zur bösen Falle geraten: Wenn sie nämlich für eine konstruktive Lösung alles gleichzeitig sehen und angemessen ordnen müssten, dies aber nicht können. Darum können sie nicht entscheiden, wie die verschiedenen Aspekte einer Situation zu gewichten sind.

So bedeutet der Hyperfokus ja maximale Aufmerksamkeit auf eine ganz bestimmte Sache. Ist der Hyperfokus da, gibt es daneben nichts. Wenn er sich dann allerdings im falschen Moment auf ein unpassendes Ziel richtet, sind Dramen vorprogrammiert. Auch ein lichterloh brennendes Haus kann Späher*innen dann irgendwie entgehen, während sie im Garten die neue Bewässerungsanlage installieren. Daher der Standard-Vorwurf: „Hast du nicht gemerkt, dass die Türe offen stand und die Hunde rausgelaufen sind? Das KANN doch UNmöglich sein!!!" Doch, kann es. (Daran übe ich noch!) Solange AD(H)Sler*innen noch nicht auf ein Jagdziel hin ausgerichtet sind, sollten (!) sie ja auch tatsächlich gar nichts gewichten. Und danach gibt es nur noch dieses eine, einzige Thema. Ich weiß, ich wiederhole mich. Ist mir aber wichtig. Also ist dieses breite Wahrnehmen während des Suchmodus und der Hyperfokus im Jagdmodus eine extrem hilfreiche Programmierung. In komplizierten Angelegenheiten kann aber genau diese großartige Fähigkeit ein Riesenproblem verursachen. So können Situationen dann zu einem tatsächlichen Drama werden:

Wenn sich die Späher*in am falschen Aspekt einer Situation „aufhängt", dann kann das Ganze ebenfalls zum Drama werden:

Sie will für den Urlaub packen, verliert aber sieben Tage dabei, ihre einzelnen Socken zu sortieren und zu überlegen, welchen Koffer sie mitnehmen soll. Und dann geht der Flieger.

Er wird gerade mit einem ernsthaften Beziehungsproblem konfrontiert, greift aber nach dem Handy, weil das gedingelt hat. Das ist grundsätzlich erstmal nicht böse von ihm gemeint. Damit solche Taktlosigkeiten nicht aus purer Gedankenlosigkeit geschehen, bedarf es seitens des Spähers größter Disziplin, Selbstverantwortung und Bewusstheit. Das kann man von Erwachsenen durchaus auch verlangen. Zumindest darf er

nicht zickig werden, wenn er darauf hingewiesen wird, dass er sich gerade suboptimal benimmt.
Grad muss ich lachen. Wir sitzen im Garten bei 39 Grad im Schatten. Mein Schatz musste gerade unbedingt jetzt und heute Mittag am Sonntag die Wiese auf seinem Grundstück mähen. Erschöpft und erhitzt kam er zurück und freute sich über den Eiskaffee, den ich für ihn vorbereitet hatte. Begeistert nahm er ihn entgegen. Aber nach zwei Schlucken sprang er auf, um schnell etwas zu erledigen und seitdem ist er verschwunden. Die warme Brühe wird ihn jetzt nicht mehr erfrischen. Ich könnte mich darüber ärgern. Tue ich aber nicht.

Manchmal sind es nämlich die anderen, die ein Drama aus etwas machen, was sie gar nichts angeht.
So kommt es zu all den Dramen im Leben des Späher*innentrupps.

BEGEGNEN – VERSTEHEN – ZUSAMMENFINDEN 41

Statt:
„Du bist eine solche Drama-Queen. Kann es nicht mal ´ne Weile ruhig bei dir laufen?"

Besser:
„Oh je, das klingt schlimm. Kann ich dir irgendwie helfen?"

***

AUS DEM WIRKLICHEN LEBEN 42

Späher zum Bauer: *„Komm, wir machen ein Wettrennen, sei nicht so ein Feigling!"*

Realitätscheck:
Schon mal 'ne Kartoffel angefeuert?

Die Späher*in hat Erfolg oder hat keinen. Man kann einfach keine halben Höhlen erobern. Der Höhlenbär wird nicht freundlich den Anbau zur Vermietung frei geben. Er ist verjagt, oder es ist eben keine neue Höhle. Sie kriegt sie ganz oder gar nicht. Die Geier werden auch nicht freundlich beiseite rücken und teilen. Hopp oder Topp!

Die Späher*in steht darum unter einem viel größeren Erfolgs- druck als die Bäuerin, die auch mal mit kleineren Kartoffeln haushalten oder auf Gemüse ausweichen kann. Dann gibt's halt Grünkohl statt Pommes. Wenn das kein Dauerzustand ist, wird es nicht einmal auffallen. Das sieht bei einer mit leeren Händen heimkehrenden Späher*in grundlegend anders aus.

Somit kann die Späher*in auch viel schneller als Versagerin gelten als die Bäuerin. Sie hat oft keine Alternative. Beeren und Nüsse wachsen nicht das ganze Jahr über. Und auch die Gnus sind erstmal wieder weg, wenn der Zug durch ist. Ein Versagen kann sich in einem Dorf, das vom Nutzen aller abhängig ist, also keiner leisten. Das frühe Trainieren auf Vergleich, Konkur- renz und Erfolg ist eine direkte Folge der Hingabe an die Jagd, die Eroberung oder den vollen Sammelkorb.
Auch die niedrige Frustrationsschwelle hat da möglicher- weise ihre Quelle. Ein Versagen ist für eine Späherin einfach viel bedeutungsvoller als für ihren bäuerlichen Bruder. In ihren Genen steht nämlich: **Du hast nur diese eine Chance!** **In seinen Genen steht: Oh wie blöd, die Wühlmaus war in den Kartoffeln. Na, dann gibt's halt Polenta.** Und wenn ein Tropensturm, ein Heuschreckenschwarm oder einfallende Germanen die ganze Ernte vernichten, dann ist das höhere Gewalt. Das wird jeder sofort einsehen.

Nur, wer also von klein auf das persönliche Gewinnen und damit auch den Vergleich und das Protzen trainiert, wird umso erfolgreicher bei seinem Anteil sein, den Clan mitzuversorgen. Nur, wenn es existenziell wichtig ist, dass der eigene Korb auch im Vergleich voll genug ist, gibt es auch einen Anreiz, diese kleinen roten Dinger länger als bis zur eigenen Magenfülle aus den stacheligen Ranken zu klauben. Denn auch die Angst vor sozialem Druck kann einen Hyperfokus auslösen. So wird selbst mühseliges Sammeln zur Lust. Der Konkurrenzkampf und die Vorfreude auf den Jubel der Dumpfbacken lassen Dopamin und Adrenalin sprudeln.

Diese ständige Konkurrenz und das Getriebensein macht ihnen selbst nicht unbedingt immer Spaß. Aber es fühlt sich immer so an, als sei es eine existenzielle Notwendigkeit. Das gilt auch für irgendein Zeug, das unbedingt gekauft werden muss. Noch vor den anderen! Und wo sie sich dann anschließend schwarz ärgern, wenn das Sparschwein für irgend so einen Mist geschlachtet wurde. Ein Freund von mir muss immer einer der Ersten sein, die die neue Variante eines Handys besitzen. Warum? Wegen der Lust an der Eroberung. Nutzen hat es keinen.

BEGEGNEN – VERSTEHEN – ZUSAMMENFINDEN 42

Statt:
„Komm, wir machen ein Wettrennen, sei nicht so ein Feigling!"

Besser:
„Mir ist nach Kräftemessen. Ich such mir jemand, der dazu auch Lust hat. Und du, erhol dich gut. Bis später."

AUS DEM WIRKLICHEN LEBEN 43

Bäuerin zum Jäger: „Merkst du nicht, dass du mit deinen endlosen Geschichten allen auf die Nerven gehst?"

Realitätscheck:
Sie steht auf der Bühne, nicht im Debattierclub!

Späher*innen nehmen in der Freizeit, das heißt im Lademodus, die emotionalen und kommunikativen Signale der anderen kaum wahr. Und zwar aus drei Gründen:

Erster Grund: Showtime

Sie stehen oft noch unter dem Adrenalin des gerade erlebten Abenteuers. Das bedeutet Showtime! Diese Show ist nicht auf Kommunikation mit dem Publikum angelegt. Dieses können sie im grellen Scheinwerferlicht des Erlebten nicht einmal sehen. Aber sie brauchen es.
Sie wollen im Moment dieser Show keinen Dialog. Denn sie haben eine Botschaft. An sich selbst ebenso wie an die anderen. Diese Showtime-Variante ist ganz gut mit einer Erweckungspredigt in einem Missionszelt zu vergleichen. Bei den Schilderungen der eigenen Erfolge und Pläne können sie geradezu in einen Erzählrausch geraten. Das ist nichts anderes als ein verbaler Hyperfokus. Begeistert erzählt der Held von großartigen Eroberungen – während die gegenwärtige und reale Welt seiner Wahrnehmung vollkommen entgeht. So auch das genervte Augenrollen und das erstarrte Lächeln der Zuhörerschaft. Das Einzige, worauf seine Außenwahrnehmung noch gerichtet ist, ist das begeisterte Aufspringen seines Publikums. Darauf wartet er. Entweder es passiert, dann Bingo! Oder es passiert nicht. Dann phantasiert er es sich zusammen und

deutet das bewegungslose Schweigen als Zustimmung. Oder er ist zutiefst verletzt, kippt plötzlich in bodenlose Frustration und rennt wahlweise schluchzend oder pöbelnd aus dem Raum.

Warum denn das?

Die ganze Erzählung dient ja nicht nur einem Selbstzweck. Sie ist dafür da, die Gemeinschaft aufzurütteln – damit das Mammut jetzt mal endlich aus der Steppe hergeschleppt wird, bevor die Hyänen zum Kadaver zurückkehren! Schließlich ist das hoch verderbliche Ware! Um diese apathischen Tapioka-Buddler aber in Bewegung zu kriegen, muss es schon was wirklich Großes sein. Je weniger Reaktion vom Publikum kommt, umso größer und süßer werden die Früchte des neu entdeckten Jackfruchtbaums, umso toter auch die ganze in die Falle gelockte Gnuherde und umso glitzernder der Fluss, an dem das neue Dorf angelegt werden könnte. Gigantomanie ist angesagt. Schließlich sollen 95% der Dorfbewohner*innen jetzt schnellstens hinter den Ofen hervorgelockt werden, um ihren Anteil zum Bergen der Beute beizutragen. „Hört endlich auf, diese Scheißblätter zum Trocknen auszubreiten, ich habe Smaug besiegt und sein Goldschatz muss abgebaggert werden!" In leuchtenden Farben werden die Möglichkeiten einer Smarthome-Einrichtung angepriesen. In anderthalb Tagen könnte man das Wunschgewicht mit diesem neuen XY-Pulver erreichen. Man MUSS heutzutage einfach als erster Handy XY haben – ich hab´ gerade nicht so viel Geld – könntest du vielleicht?

Zweiter Grund: Wir sind ebenso wichtig wie ihr!

Die Späher*innengruppe muss die anderen unbedingt daran erinnern, dass sie zwar im Vergleich nur selten Beute nach Hause bringt, diese dann aber zum Ausgleich absolut gewaltige Ausmaße hat. (Wenn auch oft nur, weil diese Beute in der Erinnerung immer größer wird.)

Der Fisch war sooo o o o groß

Liken und Klicken

Es geht also auch aus reinem Selbsterhaltungstrieb darum, den geleisteten Beitrag für die Gemeinschaft mit Nachdruck ins Gedächtnis einzubrennen, immer wieder in Erinnerung zu rufen und dort zu halten. Vor allem auch über die Zeiten des passiven Starrens ins Feuer hinweg. Es soll außerdem Unterhaltungswert haben, die langen, hungrigen Winterabende verkürzen und damit auch Hoffnung machen. Nebenbei soll dadurch niemand auf die Idee kommen, diese 5 Prozent Clanmitglieder für unnütze Esser und Esserinnen zu halten! Es geht um Leben und Tod. Da ist es irrelevant, ob das Publikum noch geneigt ist, zuzuhören. Die diesbezüglichen Währungen heißen heutzutage „Likes" und „Klicks". Ihr Ausbleiben kann sich so anfühlen, als würde man am nächsten Morgen als unnützer Esser in den Schneesturm gejagt werden.

Dritter Grund: Autosuggestion gegen die Angst

Für den Entertainer selbst ist das dramatische Erzählen ebenfalls sehr wichtig. Denn über die Botschaft an die anderen hinaus geht es auch um das Aufheizen für die nächste Jagd. Und um das **Mutmachen**. So ein Bauer wird schließlich nur selten von einer Karotte gebissen. Man muss für das Jäten von Unkraut nicht besonders mutig sein. Zumindest nicht, wenn Wachen aufgestellt wurden. Zumeist ist die Arbeit der Bauern also ruhig und friedlich. Da braucht es Disziplin, aber keinen Mut. Man geht morgens aufs Feld und liegt abends im Bett. Was soll der Bauer also erzählen? „Wisst ihr noch, wie ich bei strahlendem Frühlingswetter den Salat pikiert habe? DAS war ein Abenteuer!"

Aber freihändig auf einen schwankenden Baum zu steigen, die rauchende Fackel in der einen und den Honigkrug in der anderen Hand, das muss verkündet werden! Mehrfach! Laut! Und die Killerbienen-Schwärme werden mit jedem Erzählen größer, der Baum höher und der Wind wilder. Aber sie hat es ja geschafft und will sich dessen fürs nächste Mal auch selbst versichern! Denn es ist nicht so, dass Späher*innen die Gefahr gar nicht wahrnehmen. Jedenfalls kann die Gefahr ihnen vorher und nachher sehr bewusst werden. Es passiert ja auch oft genug etwas. Die Unfallquote und Sterberate ist bei AD(H)Sler*innen tatsächlich um einiges höher als bei ihren bäuerlichen Geschwistern, wie schon erwähnt. Das Herz hämmert, der Atem rast – da muss ja was gewesen sein! Sie haben im Gegensatz zu den Bauern tatsächlich Spaß an der Überwindung der Angst. Dies Teilen und Mitteilen des Erlebten ist für sie ein ganz wichtiger Teil der Freude und der Lust. Denn die Dopaminausschüttung kann im Erzählen noch einige Male wiederholt werden. Man sollte es glauben, das Dopamin wird oft auch schon vor dem Abenteuer gebraucht, wenn man Erfolg haben will.

Der Partysprenger

Aus all diesen Gründen beginnt ein schlecht sozialisierter Jäger auf einer Party mit dem Moment des Eintretens zu erzählen – und zwar so laut und so schnell, dass es keine Möglichkeit des Unterbrechens gibt. Nach vier Stunden dieses Dauerfeuers wird er unvermittelt aufspringen, auf den Tisch klopfen, „Ich muss dann mal wieder" in die Runde werfen und verschwinden. Er lässt eine sprachlose, verärgerte, frustrierte und erstarrte Bauerntruppe zurück, die ganz langsam wie aus einem bösen Traum erwacht.

Jemand wird nach einigen Schweigeminuten fragen: „Ist der immer so?"

Und er wird die Antwort erhalten: „Ja, immer."

Dieser Jäger wird nach Hause gehen und sich pudelwohl fühlen. Hat er doch allen gezeigt, wie wichtig, wie unterhaltsam und sprachlich gewandt er ist. Er ist sich absolut sicher, dass alle mit ihm, dem Held der Helden, einen Bombenabend hatten. Die gereizte Kritik seiner Partnerin, dass ER die Bombe des Abends war, wird daher kratzerlos an ihm abprallen. Die ist einfach nur neidisch und doof.

BEGEGNEN – VERSTEHEN – ZUSAMMENFINDEN 43

Statt:

„Merkst du nicht, dass du mit deinen endlosen Geschichten und deiner Prahlerei allen auf die Nerven gehst?"

Besser:

„Ich brauche etwas Ruhe und gehe eine Runde spazieren. Bis später."

∗∗∗

AUS DEM WIRKLICHEN LEBEN 44

Späher*in zum Bauer: „Immer an die scheiß Nordsee!"

Realitätscheck:
Bäuer*innen lieben ihre Routine

So ein Acker ist nicht mobil. Bauern und Bäuer*innen brauchen vielleicht mal Abstand vom Alltag, aber dann fühlen sie sich am sichersten, wenn sie einen vertrauten Alternativ-Acker aufsuchen können. Dort kennen sie sich aus, müssen aber nichts tun. Sie wollen kein Abenteuer, sie wollen auch nicht besonders viel Strecke machen. Oder wenigstens keine fremde Strecke. Ihnen liegt das Vertraute.

Aus Quatsch sagt mein Partner vor jeder Reise gerne, dass wir auch einen Autoanhänger mit Garten und Hühnerstall hinter uns herziehen können, wenn mir der Absprung dann leichter fällt ... Ich muss sagen: Die Vorstellung hat für mich tatsächlich ihren Reiz!
Jedes Jahr nehmen wir uns vor, mal was anderes zu machen – aber irgendwie sitzen wir dann doch wieder im Kanu bei der vertrauten Vierseen-Rundfahrt in Meck-Pomm. Ist aber auch wirklich schön da.

Ich möchte eine Studie anregen, in der der Anteil der Späher*innen und Bäuer*innen auf Kreuzfahrtschiffen untersucht wird. Mit einer Unterstudie bezüglich Binnenkreuzfahrt-Schiffen. Ich stelle die Hypothese auf, dass mit zunehmender Exotik mehr Späher*innen die Reise gebucht haben werden, allerdings mit ihrer durchaus auch bäuerlichen Familie im Schlepptau. Je heimatnäher die Route ist, umso mehr wird sich dieses Verhältnis umdrehen. Ebenso bei Binnenschiff-Kreuzfahrten, bei denen rechts und links immer ein vertrautes Festland zu sehen ist.

Während die Bäuer*innen dann an Bord immer wieder in genau das eine Restaurant gehen, welches zufällig das erste gewesen ist (und sie sich dort an Pommes mit Schnitzel halten), werden die Späher*innen ALLE Büffets durchprobieren wollen.
Während des Landgangs werden die Späher*innen regelmäßig die geführte Reisegruppe verlassen und abseits der Wege auf Abenteuer gehen, während die Bäuer*innen dem Guide an den Fersen kleben und immer ein Auge auf der Uhr haben, weil sie auf keinen Fall die Abfahrt des Schiffes verpassen wollen.
Die Jagd auf den Liegestuhl wird nicht die Bäuerin machen. Aber sie wird diesen von ihrem Jäger eroberten Schatz den ganzen Tag hüten. Seine Reisetasche – sofern vorhanden – wird der Jäger nicht selbst gepackt haben. Aber die schönsten Reisesouvenirs wird ER finden. Dem Bauern wird das Gefeilsche sehr peinlich sein, während es der Späherin ein himmlisches Vergnügen bereitet. Gänzlich umgekehrt ist die emotionale Lage bei ausführlichen Dom-Führungen oder Dia-Vorträgen über die jeweiligen Landessitten.
Was ist mit anderen Urlaubsformen? Die Nordsee wurde ja schon erwähnt. Was ist die Lösung?

BEGEGNEN – VERSTEHEN – ZUSAMMENFINDEN 44

Späher*in zum Bauer: „Immer an die scheiß Nordsee!"

Besser: Ich wünsche mir im Urlaub Abenteuer und du wünschst dir Routine. Lass uns überlegen, wie wir beide auf unsere Kosten kommen.

Ich kann nur den Camper empfehlen! Die Bäuerin hat ihr überschaubares kleines Zuhause mit beschrifteten Schubladen immer dabei. Der Jäger gurkt über abenteuerliche Pisten, wendet mitsamt Bootsanhänger auf einer Briefmarke im tiefsten Thüringen und biegt trotz hinterherlaufendem Anhänger halsbrecherisch von der Autobahn ab, weil der angezeigte Ortsname sehr attraktiv klingt. Die Bäuerin strickt derweil Pantoffeln aus Filzwolle und plant das vollwertige Abendessen aus den vorhandenen Vorräten, weil man schließlich mitten in der Harzer Pampa am Samstagabend vor Sylvester mit Achsbruch hängenbleiben könnte.

***

AUS DEM WIRKLICHEN LEBEN 45

Bäuerin zum Jäger: „Du verdammter Kaputtmacher!"

Realitätscheck: Späher*innen müssen spähen!

Wie soll man wissen, wie etwas funktioniert, wenn man es nicht auseinandernimmt? Und wenn es dann in Einzelteilen so daliegt, dann ist das Zusammenbauen einfach zu fummelig. Es liegt nahe, es dann einfach verschwinden zu lassen. Man kann es auch in eine Kiste oder unters Bett werfen und dabei denken, dass man es später garantiert wieder zusammenbauen wird. Jetzt ruft nur gerade der Kumpel draußen zum Fußball. Schon als Späherkind lernt man außerdem, dass viele Zusammenbauversuche schnell tödlich langweilig lange dauern und am Ende sowieso ein Teil übrigbleibt. Man hätte sich aufschreiben müssen, wie es vorher war. Aber wer macht sowas? Naja, und manches ist eben auch irreparabel. Oder tot. Das weiß man ja auch alles nicht von Anfang an.

Bauern und Bäuer*innen forschen auch. Aber ihr Metier geht in so langsamen Zyklen vor sich, dass sie das schon allein deshalb irgendwie festhalten müssen. Sie wollen zum Beispiel bestimmte Eigenarten in ihren Haustieren und Pflanzen herauszüchten und müssen deswegen gründlich Buch führen. Selbst sie können sich all die Einzelheiten nicht über die langen Zeiträume merken. Sie müssen abwarten, ob sich die gewünschte Eigenschaft im heranwachsenden Rind oder Rosenkohl zeigen wird. Bäuer*innen müssen lange beobachten und studieren. Sie müssen ihre Saatgut-Kästchen auch genau beschriften, weil man dem Korn nicht ansieht, wie viel davon pro Ähre nebeneinander gesessen haben. Und meist dürfen sie ihre Studienobjekte auch nicht in ihre Einzelteile zerlegen, wenn sie damit noch weiter züchten wollen.

BEGEGNEN – VERSTEHEN – ZUSAMMENFINDEN 45

Statt:
„Du verdammter Kaputtmacher!"

Besser:
Schließ weg, was nicht auseinandergenommen werden darf. Schließ auch die Werkstatt ab. Kaufe keinen Ersatz, wenn das Fernlenk-Auto dem Forscherdrang zum Opfer gefallen ist. Gib

dem Kind Unkaputtbares wie Preziosen in Schlamm, offene Forschungsobjekte wie Holz mit Schnitzmesser zum Probieren oder bereits Kaputtes wie ein Mofa zum Ausschlachten. Der Erwachsene trägt hierfür die Verantwortung selbst.

***

AUS DEM WIRKLICHEN LEBEN 46

ICD: *„Distanzstörung ... von einem Mangel an normaler Vorsicht und Zurückhaltung geprägt. "*
Späherkind zum Bauernkind: „Hahaaaa guck! Ich hab´ zwei Euro gefunden!"

Realitätscheck:
Das Bauernkind findet nie was.

S.: *„Das ist wirklich ungerecht. Wir haben einen Bruder, der als Kind immer (!) auf jedem (!) Ausflug irgendetwas gefunden hat. Matchbox-Autos, Geld, einen jungen Hasen und einmal gleich einen ganzen aufgebrochenen Kaugummiautomaten! Das war ein Schatz voller Ringe und Plastikdingser. Wirklich spektakulär! Immerhin hat er diesen Fund ausnahmsweise einmal geteilt – aber nur, weil wir ihm tragen geholfen haben. Die Eltern waren nicht erbaut. Wir mussten ihnen zeigen, wo der Automat gelegen hatte und da waren zum Glück noch alle Bruchstücke. Auch schwere, die wir gar nicht hätten tragen können. Und da sie uns mit dem Auto in das abgelegene Waldstück gefahren hatten, wäre ihnen dies Ding sicher auf dem Hinweg aufgefallen. Wir waren also nicht kriminell geworden. Welch Erleichterung für das fromme Paar! Wenn er mal nichts Wertvolles gefunden hat, dann hat er immer Leute ausgemacht, die ihm was geschenkt haben. Niemals (!) hätte ich selbst derart wortgewaltig irgendwelche*

Leute angequatscht. Bzw. alle (!) Leute angequatscht, die das Pech hatten, in sein Visier zu geraten. Er war aber auch niedlich und hatte keine Hemmungen, das Blaue vom Himmel herunter zu erzählen – immer ein unschuldiges, blaues Kinderauge auf die Habseligkeiten und Picknickkörbe der Leute gerichtet. Andere Spaziergänger putzig anzuquatschen war ein Synonym für Beute machen. Mir blieb nur Fassungslosigkeit und Neid."

Also, was wagt es die hohe Psychiater-Gesellschaft, das eine als die Norm darzustellen und das andere als gestört zu diffamieren? Oder Erziehende, die das eine „wohlerzogen" und das andere „unverschämt" nennen? Wer wird denn für Essen sorgen, wenn alle Felder überflutet wurden? Doch nicht der schüchterne Bauer, der die Grenzen der eigenen Scholle nicht zu überschreiten wagt und Ärger mehr fürchtet als einen knurrenden Magen!

BEGEGNEN – VERSTEHEN – ZUSAMMENFINDEN 46

Statt:
„Distanzstörung ... von einem Mangel an normaler Vorsicht und Zurückhaltung geprägt."

Besser:
Lehre das Kind die Grenze zwischen Hartnäckigkeit und Dreistigkeit wahrzunehmen. Auch die zwischen Bedürfnis und Gier. Zwischen Engagement und Zudringlichkeit. Lehre es, ein „Nein" zu erkennen und zu achten. Lehre es auch den Unterschied zwischen „finden" und „stehlen".

***

AUS DEM WIRKLICHEN LEBEN 47

ICD: *„neigen zu Unfällen"*

Bauer zum Jäger: *„Ich hab´ die Schnauze voll davon, dich aus der Notfallambulanz abzuholen!"*

Realitätscheck: Wer zögert, verhungert.

„Ich scheiß auf eure Sicherheit."

„Dafür war dieser ständig beutemachende Bruder aber auch derselbe, der beim Rad fahren genauso viel nach hinten wie nach vorn guckte. Nur um dann mit Schmackes gegen Traktoranhänger zu knallen. Nicht nur einmal. Er hatte IMMER einen fetten blauen Fleck auf der Stirn.
Ausgleichende Gerechtigkeit ... Ätsch ... „

Späher*innen müssen schließlich den Rundumblick haben. Nur nach vorne zu gucken ist im Suchmodus nicht effektiv und wird darum vom Gehirn als langweilig wahrgenommen. Also ist Rundum-Gucken angesagt. Ständig. Es könnte einem sonst wirklich etwas entgehen. Allerdings entgeht ihnen auf diese Weise eben auch manchmal genau das, was gerade unmittelbar vor ihnen im Weg steht.
Kleine Anekdote am Rande: Wissen Sie, dass der ADAC in den 90ern wirklich vehement dafür plädierte, alle Alleebäume zu fällen? Ernsthaft! Weil eben immer wieder Leute mit ihren Karren dagegen krachten. Zum Glück wurde der Verein in aller Freundlichkeit darauf hingewiesen, dass es in aller Regel nicht die Bäume sind, die sich aktiv auf die Autos zubewegen. Sondern umgekehrt. Wer außerdem nicht die Überraschung, das Fremde, das Abenteuer, die Herausforderung und vor

allem das Risiko liebt, der kann auch keine Beute machen. Späher*innen müssen um des Überlebens willen bereit sein, sich Narben zu holen, während sie ihre Grenzen erkunden und stetig ausweiten.

Schnell zu agieren und zu reagieren, sich an neue Situationen anzupassen, diese aktiv zu suchen, das ist ihre Welt. Sie dürfen auch – wenn sie die Beute vor der Nase haben – keine lange überlegenden Bedenkenträger sein und das Handeln ewig herauszögern. Sie haben keine Zeit, vorher noch schnell die Unfallversicherung zu checken und den Helm aufzuziehen. Es gibt nur „Jetzt oder nie!". Darum müssen sie jede Gefahr im richtigen Moment ausblenden, sonst werden sie keinen Erfolg haben.

Dann kracht´s bei ihnen eben öfter mal.

Eine Patientin sagte mir, dass sie sich nur frei fühlen würde, wenn sie ihre Risikobereitschaft auslebt. Aber aus Scham, „Anstand", Rücksicht auf die ängstliche Mutti und Angst vor Strafe setzte sie keine ihrer fantastischen Ideen und Impulse um. Sie blieb buchstäblich auf dem Sofa kleben – und erstickte fast in diesen Fesseln. All ihre Verspieltheit und ihre unbändige Kreativität kamen mit Urgewalt in dem Moment aus ihr heraus, als sie mit einem herzhaften „Ich scheiß auf eure Sicherheit!" die Tür dieses Gefängnisses krachend auftrat. Ihre Hypochondrie hörte in diesem selben Augenblick auf. Sie musste von dem Moment an nämlich keine aufregenden Fantasien mehr entwickeln. Sie machte ihr Leben zu einer realen, wunderbaren Reihe immer neuer Abenteuer.

(Rat an die ängstlichen Muttis: Nicht hingucken. So habe ich es auch gemacht. Keines meiner Kinder ist je vom Baum gefallen.)

Außerdem gilt: Bei der Jagd gibt es nur hopp oder topp. Eine Beute wird erlegt, oder sie entkommt. Das gilt auch für einzu-

sammelnde Wurzeln, Nüsse oder Beeren, denn die Nahrungs-konkurrenz ist groß. Nichts anderes gilt. Auch die Sicherheit nicht. „Auch darum hatte H. keine Angst, Leute anzusprechen. Er sah schließlich mit eigenen Augen, wie deren Schachteln mit dem Wildfutter immer leerer wurden. Wer also Ziegen im Streichelzoo anlocken will, der darf vor den fremden Leuten keine Scheu haben. Und auch keinen besonderen Wert auf Anstand legen. Herrje, was war mir das immer wieder pein-lich: Mit zahnlückigem Grinsen nahm er ihnen die Packungen einfach aus der Hand. Und sie ließen es entzückt geschehen."
Wieso dies Beispiel in diesem Kapitel?
Die Leute reagierten zwar nett, der Papa aber nicht, falls er davon erfuhr. Wenn H. auf Beutefang war, war ihm das aber vollkommen egal. Es kommt eben nur auf den Augenblick an. Hopp oder topp. Jetzt oder nie.
Außerdem wird sich so ein Tiger die Antilope nicht in aller Freundlichkeit abnehmen lassen. Da muss man schon herzhaft zugreifen. Und darf kein Weichei sein. „Mein Bruder R. war kein Weichei. Der hatte schon als Kleinkind den Berufswunsch „Pyromane". Er füllte Spielzeugautos mit Streichholzköpfen und später Kühlschränke auf den Kaulen mit Sprengstoff. Den hat er sich aus Feuerwerkskörpern gepult. Er zündete die Lunte und schubste die Geräte den Hang runter." Noch etwas scheint bei der hohen Unfallträchtigkeit eine Rolle zu spielen. Späher*innen sind zwar oftmals sehr gut im Laufen, Springen, Werfen und sich prügeln, aber das sind alles eher keine filigranen Beschäftigungen. Filigrane Fingerfertigkeit ist eher etwas für die Bauern. Die lieben es, mit spitzen Fingern die Guten ins Töpfchen und die Schlechten ins Kröpfchen zu sortieren. Die Späherin bewegt sich im Freerunning (geben Sie das mal bei YouTube ein) durch den urbanen Dschungel. Die Bäuerin hat sich zeitgleich von zuhause einen Thermobecher mit Kaffee mitgebracht, sitzt mit FFP2-Maske auf der Parkbank und guckt Videos mit Katzenkindern.

Ausnahme:
Wenn der Hyperfokus auf etwas wie Häkeln, Schachfiguren drechseln oder Programmieren anspringt, ist Kleinteiligkeit durchaus auch bei Späher*innen möglich. Aber stör sie ja nicht! Sonst ist das ganze teure Equipment fürs neue Hobby für nix gekauft worden.

Gemischte Individuen

Für die 50/50-Mischlinge ist das hart. Während die Späherin voll Freude „**No Risk – no Fun**" lebt und die Bäuerin Berechenbarkeit zelebriert, steht der Mischling unter Hochspannung. Er und sie wollen riskantes Spiel genauso intensiv wie Sicherheit. Sie lieben den Kick ebenso, wie das Berechenbare. Also Reiten? Ja gerne, aber nur in der Reithalle im Kreis. Ein Wanderritt? Unbedingt, aber nur auf alten Vollblütern, die mehr einem wandelnden Sofa als einem Pferd ähneln. Geht alles ...

Gemischte Gruppen können auch von Übel sein:
„Ich weiß noch, wie meine drei Geschwister – und ich notgedrungen mit ihnen zusammen – in Abwesenheit der Eltern heimlich den Fernseher anmachten. Es lief Nosferatu oder Dracula oder sowas. Schwarz-Weiß, so lange ist das her. Panisch schreiend liefen wir aber sehr bald aus dem Wohnzimmer wieder hinaus und keiner wagte sich zurück an die Flimmerkiste, weil dann ja dieses Monster so nah kam (wir waren zwischen fünf und elf und das Fernsehen war mehr oder weniger gerade erst erfunden worden. Zumindest hatten wir erst seit Kurzem einen Fernseher. Ich bitte also um Verständnis). Um nicht erwischt zu werden, musste aber eine Lösung gefunden werden. (Das war, BEVOR es Fernbedienungen und Farbfernsehen gab! Da gab es NUR am Gerät selbst einen AUS-Knopf.) Wir drehten also

nach einer Weile der Hysterie die Hauptsicherung raus, wagten uns Hand in Hand wieder ins Wohnzimmer, drückten beim Fernseher den Knopf auf „Aus", drehten die Sicherung wieder rein und rannten in unsere Betten. Die drei anderen kreischten hysterisch vor Lachen, während ich in Horror erstarrt war. Ob wegen des Films oder wegen der Angst vor den Eltern, deren erster Schritt stets der zum Fernseher war, um mit prüfender Hand dessen Temperatur festzustellen, weiß ich nicht mehr. Und ich war nicht die Jüngste. Bis heute gucke ich nichts, was eine FSK-Beschränkung hat."

BEGEGNEN – VERSTEHEN – ZUSAMMENFINDEN 47

Bauer zum Jäger: *„Ich hab´ die Schnauze voll davon, dich aus der Notfallambulanz abzuholen!"*

Besser:
Lasst sie toben, klettern, springen, kriechen, balancieren, hangeln, zündeln und reiten. Die Erfahrungen werden das Unfallrisiko drastisch senken. Sie werden euch einen jungen Wolf ins Haus schleppen und ihr werdet es nicht bereuen.

Kapitel 8

8. Aus dem Leben des Clans – "Impulsivität"

*

Wenn wir mit Wertschätzung miteinander
umgehen würden, dann würden wir erkennen,
dass sich die ruhige Strukturiertheit der Bäuer*innen
und die leidenschaftliche Impulsivität der Späher*innen
perfekt ergänzen.

*

AUS DEM WIRKLICHEN LEBEN 48

DSM: platzt oft mit einer Antwort heraus, bevor die Frage
fertig gestellt ist oder beendet die Sätze anderer, kann nur
schwer warten, bis er/sie an der Reihe ist (z. B. beim Warten
in einer Schlange), verlässt oft den Sitzplatz in Situationen,
in denen Sitzenbleiben erwartet wird unterbricht oder stört
andere häufig (z. B. platzt in Gespräche, Spiele oder andere
Aktivitäten hinein; benutzt die Dinge anderer Personen ohne
vorher zu fragen; bei Erwachsenen: unterbricht oder übernimmt Aktivitäten anderer)."

ICD: impulsiv

Realitätscheck:

Man muss schon den Hintern bewegen,
wenn man etwas erreichen will.

Bewerten, bewerten, bewerten
– das KANN nicht hilfreich sein

Ich schlage während des Frühstücks ein Buch auf: „Das
große Handbuch für Erwachsene mit AD(H)S" von Russel A.
Barkley. Etliches stößt mir auf und ich beginne, quer zu lesen,
weil ich mich nicht zu sehr aufregen will. Schließlich lande
ich im Kapitel 8 bei „Selbstkontrolle". Untertitel: „Wie Sie das
bekommen, was Sie wollen". Aber nach zwei Seiten reicht es
mir komplett. Das ganze Buch ist durchtränkt von „Richtig"
und „Falsch. Nur wer wohlüberlegt, zukunftsorientiert und
planerisch handelt und entscheidet, ist richtig. Wer Impulsen
aus dem Bauch folgt, ist falsch. Und wird in Scham und Elend
landen. Geht's auch anders? Vielleicht ist der erstbeste Impuls
ja der richtige und die miesen Gefühle hinterher sind eine
Folge der Bewertung und nicht der Situation an sich.

• Was ist, wenn die plötzliche Kündigung für das Seelenheil
  genau das Richtige ist, weil sie unter eine Folge langer Kränkungen nun endlich einen Schlussstrich zieht?
• Was ist, wenn es gerade das Abenteuer, die Überraschungen,
  und das Gefährliche ist, was mich lebendig fühlen lässt?
• Was ist, wenn ich im Altenheim im Pflegebett liege und nur
  noch denken kann „Ach, hätte ich doch bloß auf meinen
  Bauch gehört und wäre Flugzeugmechanikerin geworden!"

**Verpasst, verpasst vor lauter Vernunft, Selbstkontrolle und
Anpassung an „Richtig" und „Falsch".**

Wo kommt denn der ganze Bucket-List-Boom her? Von genau diesem Bedauern. Also von dem Klagen darüber, das ganze Leben vernünftig gewesen zu sein. Was hat es denn gebracht? Leere und Frustration!

Jaaaaaahaaaa – natürlich nicht nur Leere und Frustration. Ich will ja die Schwarz-Weiß-Malerei nicht umdrehen – aber das einseitige Gut/Schlecht geht mir wirklich auf den Sack. (Ich hab´ das Buch aus dem Bauch raus zum Altpapier gebracht, ohne ihm noch mehr Raum durch ein weiteres Studium zu geben. Wer weiß, vielleicht habe ich das Beste verpasst. Kann mir ja jemand sagen.)

Ich weiß, dass Herr Barkley von vielen als hilfreich empfunden wird. Er gilt als eine DER Koryphäen und hat neue Impulse in die Erforschung und Behandlung des ADHS gegeben. Er sagt auch mal nette Sachen. Aber stört niemanden seine nahezu ununterbrochene Bewerterei? (P. S.: Erst später habe ich gemerkt, dass er in diesem Buch ja schon einmal weiter vorne unter ganz anderen Umständen aufgetaucht war. Mir war erst gar nicht bewusst, dass mir derselbe Mensch schon mal unangenehm aufgefallen war.)

„Und was machen Sie so beruflich?"
„Hundetrainertierschützerclownrampensauautor"

Auf die Idee, dass Martin Rütter zu den Menschen mit hohem Späheranteil gehören könnte, kann man spätestens dann kommen, wenn er von sich sagt: „Ich brauche ja immer wieder was Neues … wenn ich was mache, dann knie ich mich da richtig rein …". In einem Podcast bezeichnet er sich als einen „Mischling zwischen Hütehund und Terrier". Er sei zweimal vom Gymnasium geflogen, habe immer mal wieder etwas geschrieben ohne nachgedacht zu haben. Aber wer möchte diesen begnadeten Hundetrainer, Showman, politischen Aktivisten und Autor missen? Intensiv, geradlinig, ehrlich, leidenschaftlich, humorvoll und voller Impulse ... davon könnten wir definitiv mehr brauchen. Er macht die Welt nicht nur für Hundeleute zu einem besseren Ort. Ich muss bei Facebook immer lachen, wenn Leute ihn gemahnen, doch bei dem zu bleiben, was er kann. Sie wollen ihn auf die Facette festnageln, von der sie selbst am meisten profitieren. Aber echt jetzt Leute – um mal seinen Jargon zu übernehmen – was geht´s euch eigentlich an, was Herr Rütter mit seinem Leben macht?

BEGEGNEN – VERSTEHEN – ZUSAMMENFINDEN 48

Statt:
DSM: platzt oft mit einer Antwort heraus ...
ICD: impulsiv

Besser:
• Leben und leben lassen.
• Solange es dich nicht direkt betrifft, geht es dich überhaupt nichts an, wie die anderen leben.
• Wenn es dich betrifft, dann sorge gut für dich. Was auch immer das im Einzelfall bedeutet.
• Wenn es dein Kind betrifft, dann trainiere mit ihm Verantwortlichkeit.
• Wenn es deine Schulklasse betrifft, lass dir was Pädagogisches einfallen, um im Unterricht Impulskontrolle zu etablieren. Davon profitieren alle.
• Alles andere geht dich nichts an.
  (Ich wiederhole mich da gerne)

✳✳✳

AUS DEM WIRKLICHEN LEBEN 49

Späherin zu Bauer: „Du kannst überhaupt nicht spontan sein!"

Realitätscheck 1:
Bauern und Bäuer*innen orientieren sich an einem Plan
und einer inneren Uhr.
Realitätscheck 2:
So wahnsinnig spontan schießt der Spargel nicht.

Im Takt von Zeit und Plan

Bauern und Bäuer*innen wissen die Zeit. Sie fühlen sie. Weiter vorne im Buch habe ich darauf hingewiesen, dass wir die Uhr (bzw. den Sonnenlauf) ausschließlich in der linken Hirnhälfte sitzen haben. Bauern und Bäuer*innen sind, so meine These, die linkshirnigeren Menschen. Sie strukturieren die Zeit im Großen und im Kleinen. Sie richten Saat, Ernte, das Bestellen des Ackers und all die Tätigkeiten nach der Zeit. Sowohl im Jahres- als auch im Tageslauf. Eine Aussaat macht nur im richtigen Monat Sinn. Ebenso sollten die Schafe nicht zur falschen Zeit geschoren werden. Auch können sie sich Pausen beim Beackern des Feldes leisten. Ihr Feld brütet unbeweglich in der Sonne, ihr Saatgut wartet auf sie und das Unkraut schießt nicht an ihnen vorbei. Jedenfalls fast nicht. Sie haben einfach außerdem einen Plan und an den halten sie sich.

Spontan ist das Gegenteil davon.
Aber wenn was dazwischenkommt?

Auch Bauern und Bäuer*innen möchten bei der Durchführung ihrer Pläne, genau wie die Späher*innen, nicht so gerne gestört werden. Aber eine Katastrophe ist so ein Break für sie meist nicht. Sie können dann aus der Zeitorientierung in die Sach-Orientierung schalten. Denn eine Unterbrechung ändert an ihrer Arbeit gar nichts, außer, dass sie dann eben erst später mit dem nächsten To-do anfangen können: Die Hühner bleiben im Gehege, auch wenn die Bäuerin zwischendurch ein Kind kriegt oder sie den Schlüssel für den Trekker rausgeben muss, da der Tierarzt-Porsche mal wieder Starthilfe braucht. Das, weil der erneut das Licht und die Mukke angelassen hatte als er zur Geburtshilfe in den Stall eilte. Im Zweifel warten die Hühner geduldig, bis man ihnen wieder die Eier klaut. Früher oder später, das ist den Hühnern völlig egal. Sie finden es immer gleich blöd. Die Bäuerin wird aber auch ihr Kind abnabeln und dann nach der Sonne gucken. Dann entscheidet sie, ob sie die Hühner noch aus dem Stall lässt, oder ob es dafür zu spät ist. Sie hat einen Sachplan, zu dem auch ein Zeitplan gehört und sie hält sich dran.

Im Notfall oder bei Bedarf, aber eben nur dann, können und wollen Bauern sogar auch von ihrem Ursprungsplan komplett abweichen. Dann können sie zum Beispiel noch sehr gut vor dem Gewitter das Heu einholen, obwohl sie gerade am Einwecken waren. Aber auch bei diesem Notfall wissen sie genau, wann er eintritt. Sie wissen, wie viel Zeit es braucht, vor dem Anhängen des Heuwagens noch den verdammten Trekker wieder von der Straße zu kriegen, wo der seit der Starthilfe-Aktion noch steht. (Um diese spannende Aktion hatte sich nämlich ihr Späherknabe gerissen und mit dem Anspringen

des Porsches war der Job für ihn dann erledigt.)
Bäuer*innen werden sich dabei nicht verzetteln. Sie wissen,
wann mit einem Gewitter zu rechnen ist und richten sich den
Umständen entsprechend danach. Dies ist ein vorhergesehener
und einkalkulierter Anfall von systematischer Spontaneität.
Mit dem Fallen des ersten Tropfens werden sie durchs Scheu-
nentor fahren.

Das ist aber nicht das, was der Späher und die Späherin
meinen, wenn sie Spontaneität von ihrer Kartoffel wünschen.
Sie soll halt nicht als Höhepunkt der Planabweichung mal
Püree statt Bratkartoffeln machen, sondern – Zuckerwatte.
Oder Schokoküsse. Zur Not auch Pommes – aber bitte mal was
Unvorhergesehenes.

Nein. Das geht eben nicht.

Sie arbeiten ihren Plan ab. Zu den Bratkartoffeln gibt es freitags
Hering und mittwochs Spiegelei. Ansonsten Salat.

Und Stonehenge?

So ein verlässliches Gefühl für Plan, Zeit und Struktur? Wer
hat dann wohl Stonehenge gebaut?

Wahrscheinlich hatte sich eine Bäuerin abends ächzend gestreckt und gesagt: „Mist, wir sind zu früh dran gewesen mit der Aussaat! Diese kalten Tage irgendwann im Frühjahr kommen ja immer – aber wann bloß? Ein Kalender wäre klasse!" Die Späherin hatte das erst nur halb bewusst mitbekommen, während sie so ins Feuer starrte, aber es hat in ihr gearbeitet. Plötzlich war sie elektrisiert. Sie sprang auf, rannte vor die Türbastmatte, warf flugs ein paar Steine in den Sand des Dorfmittelpunktes, richtete sie nach der Tag-und-Nachtgleiche aus und war begeistert. Sie rannte zurück und zerrte die Bäuerin vom Eiersammeln weg auf besagten Dorfplatz, um ihr diesen Entwurf zu zeigen. Die Bäuerin war nach einiger Überlegung überzeugt (was blieb ihr übrig, die Späherin ließ ihren Kittel ja vorher eh nicht los) und trommelte ihre Kolleg*innen zum Steine schleppen zusammen, während die Späherin sich schon längst wieder vors Feuer geworfen hatte.

Ein paar Monate später stand Stonehenge bzw. der erste hölzerne Vorgängerbau dann beeindruckend und praktisch in der Gegend herum. Die Späherin wusste vielleicht schon lange nicht mehr, dass das ursprünglich mal auf ihrem Mist gewachsen war. Sie war bereits im Hyperfokus mit dem übernächsten neuen Großprojekt. Und die Bäuerin verschwieg es ihr mit einem Grinsen. Das ist einer der Nachteile der großen Spontaneität: Man vergisst schon mal, was man zwischendurch schon so alles gemacht hat. Das geht in der Fülle der Inspirationen einfach unter.

Vieles spricht übrigens dafür, dass diese Bauwerke – denn es waren eine ganze Reihe – immer nur ganz kurz aktiv benutzt worden sind. Und zwar von einer Menschengruppe, in der der Wechsel zwischen den Gesellschaftsformen zweimal jährlich stattfand. Mehr oder weniger alle betrieben in der Regenzeit Ackerbau und gingen in der Trockenzeit auf

Sammeltour und Jagd. Mit Abschluss der Bauwerke gab es eine Riesenparty und dann wurden diese wieder verlassen. Das Timing war sehr wichtig. Das Wetter ist unzuverlässig, aber die Sterne geben genaue zeitliche Orientierung. Darum gab es unter anderem diese Riesenuhren. Das kann man z. B. bei David Graeber und David Wengrow im Buch „Anfänge" nachlesen.

Umso deutlicher wird bei diesen Wechseln geworden sein, wem welcher Beruf mehr lag als dem jeweils anderen. Wer bei der Jagd erst richtig aufblühte und wer erleichtert seufzend in den Saatgutsack griff – das waren sicher verschiedene Leute.

BEGEGNEN – VERSTEHEN – ZUSAMMENFINDEN 49

Statt:
„Du kannst überhaupt nicht spontan sein!"

Besser:
Gebraucht werden alle.

***

AUS DEM WIRKLICHEN LEBEN 50

Bauer zur Späherin: „Bist du manisch-depressiv, oder was? Gestern wolltest du eine Weltreise machen und heute kommst du nicht aus dem Bett ..."

Realitätscheck:
Ich verbitte mir ungefragte Diagnosen.

Also erstmal: Die bipolare affektive Störung (siehe Glossar), wie das Ding in Fach-Chinesisch heißt, ist eine schwere Erkrankung, die nichts, aber auch gar nichts mit AD(H)S zu tun hat! Weder in der Symptomatik noch in den Ursachen, noch in der Biochemie oder sonst wo. Die Ähnlichkeit ist in etwa so groß wie zwischen Wüstenspringmaus und Elefant, die ja beide auch immerhin Säugetiere sind und vier Beine haben. Die beiden würde aber niemand auf Grund dieser gemeinsamen Merkmale verwechseln. Auch wenn ich etliche Psychiater*innen kenne, die diese Verwechslung trotzdem schaffen. Also jetzt nicht bei den beiden Tieren. Sondern bei verzweifelten Menschen, die Hilfe brauchen.

Natürlich kann jemand auch Läuse und Flöhe haben. Aber diese „Diagnose" ist für Menschen mit AD(H)S genauso unangemessen, wie viele andere der häufigen Fehldiagnosen auch. Darüber hinaus sind sowohl der dämliche Spruch als auch die Verwechslung gemein gegenüber Menschen, die wirklich an einer bipolaren affektiven Störung erkrankt sind. Denn in der Regel wird so ein Satz gerne in Form eines Vorwurfs abgefeuert. Wenn man gerade besonders wütend und enttäuscht ist. Diese oder auch jede andere psychische Erkrankung sind aber ebenso wenig eine Charakterschwäche wie AD(H)S. Und NIEMAND hat bei der Vergabe dieser Eigenschaft „Hier!" geschrien.

(Sorry, ich werde schon wieder laut.)

Okay, aber wie kommt es denn dann zu diesen objektiv gegebenen und oft brachialen Stimmungsschwankungen? Dazu habe ich unter anderem im Kapitel 3: „Vom Glück des Begreifens" auch schon etwas geschrieben. Hier nochmal in Kurzform:

- Im Suchmodus ist die ganze Welt verlockend, im Ausruhmodus nur das Fell am Feuer.

- Wer sehr reizoffen ist, ist auch abhängiger von den unmittelbaren Erlebnissen: Ein kleiner Frust und die Weltreise kann mich mal!
- Wenn eine Beute erlegt ist, hat sie keinen Reiz mehr. Das kann auch für große Vorhaben gelten. Der großartig erzählte Traum muss dabei nicht unbedingt auch umgesetzt werden. Ausgesprochen kann dabei oft genauso gut (im Sinne von Dopamin auslösend) sein, wie tatsächlich gemacht.
- Späher*innen empfinden meist viel intensiver als Bäuer*innen. Zumindest aber sind sie mit ihren Gefühlen (wenn sie sie nicht aktiv maskieren) expressiver. (Heißt sichtbarer, ausdrucksstärker.)
- Sie lieben bzw. leben Intensität, auch im Erleben und Ausdruck ihrer Gefühle. Für eine hohe Gefühlswelle – welcher Art auch immer – sind sie bereit, einiges zu riskieren. Deswegen zerschlagen sie auch mal das alte Familienporzellan. Dann ist es eben hin.
- Sie haben im Durchschnitt (!) viel mehr miese Erfahrungen gemacht, sind also auch leichter triggerbar. Getriggert zu sein bedeutet auch immer, intensive Gefühle zu empfinden. Von einer Sekunde zur anderen. Hier spielt der Anteil traumatischer Erfahrungen eine Rolle. Nicht das AD(H)S.
- Dies wird noch befeuert von ihrer „Impuls-Kontrollschwäche" oder „Impulsivität", die wir woanders ja als sehr sinnvoll bei einer angreifenden Pavianherde erkannt haben.

Genug Gründe?
Es ist vollkommen unnötig und destruktiv, auf diese Stimmungsschwankungen mit einem Vorwurf zu reagieren. Oder sie psychiaterseits mit einer falschen Diagnose zu belegen. Zumal zu beiden Diagnosen weitere Aspekte gehören, die eine Differenzialdiagnose möglich machen. Man muss dafür aber Zeit und Mühen investieren. Wird nicht bezahlt, weiß ich. Aber trotzdem ...

P. S. Viele der gerade aufgezählten Gründe müssen früher oder später in konstruktive Bahnen gelenkt werden. Spätestens mit 14 Jahren sollte dafür das Fundament sitzen. Erwachsene tragen die volle Verantwortung für ihr Verhalten, egal, ob sie den Umgang mit ihren Gefühlen und Stimmungen früh gelernt haben, oder nicht.

BEGEGNEN – VERSTEHEN – ZUSAMMENFINDEN 50

Statt:
„Bist du manisch-depressiv, oder was? Gestern wolltest du eine Weltreise machen und heute kommst du nicht aus dem Bett …"

Besser:
Hüte deine Zunge und sprich ausschließlich von dir selbst.
Zum Beispiel:
„Deine Stimmung wechselt schneller, als ich mitkommen kann."
„Ich bin verwirrt/überfordert/ mache mir Sorgen."
„Kann ich dir gerade irgendwie helfen? / Bitte erklär mir, was los ist. /Willst du ´ne Umarmung? / Ich kann das gerade nicht aushalten, das tut mir leid. Hast du jemand, an den du dich wenden kannst?"
Diagnostiker*innen mögen bei Bedarf bitte Fortbildungen belegen. Lernen ist keine Schande.

P.S.: Die somalische Elefantenspitzmaus ist tatsächlich mit den Elefanten verwandt. Wie Klippschliefer, Seekühe und Erdferkel.

***

AUS DEM WIRKLICHEN LEBEN 51

Bauer zur Späherin: „Wag es ja nicht, mir wieder Sperrmüll ins Haus zu schleppen!"

Realitätscheck:
Das Glück liegt im Beutemachen. Nicht im Beutehaben.

Die Späherin kann an interessanten Sachen nicht vorbeigehen – beinahe nicht.

Weisheit des Alters
Wie sagte die beste Schwester der Welt: „Jahrelang habe ich Sperrmüllhaufen abgeklappert, immer auf der Suche nach einem Schatz." Wenn dann aber nach vielen Jahren des Sammelns von Sperrmüll schließlich auch genug Erfahrung gesammelt wurde, dann kann das Glück plötzlich im Verzicht oder der Überwindung eigener Grenzen und Gewohnheiten liegen. Das kann man dann „die Weisheit des Alters" nennen. Aber ob nun Weisheit oder Sperrmüll gesammelt wird, es muss sich lohnen. Das kann durchaus auch die Freude am inneren Wachstum sein. Heute steht meine Schwester also voller Freude vor dem Sperrmüll und sagt zu ihm: „Ich brauche dich nicht. Ich bin auch ohne dich glücklich." Das hat sie gesagt. Sie muss es wissen. Sie ist vier Jahre älter als ich und sie erschien mir schon immer sehr weise.

Müll oder nicht Müll, das ist hier die Frage

Grundsätzlich geht übrigens auch die Bäuerin beim Sperrmüll gucken. Aber sie nimmt dazu eine Liste, einen Akkuschrauber und ein Brecheisen mit. So geht sie Möbelgriffe abmontieren. Wenn sie die aktuell (!) braucht. Sie wird durchaus auch bereits abmontierte Möbelgriffe auf dem nächsten Sperrmüllhaufen zurücklassen, wenn sie dort noch bessere findet. Das wird die Späherin nicht tun.

Die noch nicht altersweise Späherin wird stattdessen spontan auch noch einen Roller, eine Badewanne und eine Schrankwand mitnehmen.

Die Bäuerin dagegen wird oft mit leeren Händen heimkommen. Zum Beispiel, weil nichts ihr gut genug erschien. Aber auch, weil sie es unökonomisch findet, irgendwas ohne konkreten Plan erst noch lagern, reparieren oder umlackieren zu müssen. Sie braucht ihren Platz für die Dinge, die ihrem konkreten Plan nützen.

Aber genau aus diesem Grund wird sie auch niemals zu einem aus Gerümpel gebauten, abenteuerlichen Kletterschiff für die Kinder im Garten kommen oder triumphierend „Tadaaaaa!" rufen können, weil ein stabiles Brett und riesige Winkeleisen gebraucht werden, sie aber keinen Gerümpelhaufen zuhause hat, in den sie greifen könnte.

Wohl dann dem Bauern, der eine Späherin zur Gefährtin hat.

BEGEGNEN – VERSTEHEN – ZUSAMMENFINDEN 51

Statt:
„Wag es ja nicht, mir wieder Sperrmüll ins Haus zu schleppen!"

Besser:
Ein klar abgegrenzter Lagerbereich. Davor, daneben, dahinter und drum rum wird nichts, aber auch gar nichts gelagert! Ist das nicht möglich, muss man ja nicht zusammen wohnen.

Niemand wird beschämt. Sowieso. Aber du weißt auch nie, ob

und wann du die Kohle aus dem kaputten Bügeleisen für den Akkuschrauber nicht doch mal brauchst. Spätestens dann wirst du was zu hören kriegen.

***

AUS DEM WIRKLICHEN LEBEN 52

Bäuerin zum Jäger: *„Denk EINMAL nach, bevor du handelst!"*

Realitätscheck:
Nachdenken macht tödlich langsam.

Wer nachdenkt, stirbt

Späher*innen im Jagdmodus dürfen nicht nachdenken bevor sie handeln. Gerade wenn die oben erwähnte Pavianhorde angreift, ist Denken das Falscheste, was man tun kann. Die Menschengruppe muss bedenkenlos die Keule schwingen – ohne das geringste Zögern. Wenn etwas plötzlich ihre Aufmerksamkeit fesselt, müssen ihre höheren Denkfunktionen und ihr erlerntes Wissen ausgeschaltet sein. Denn es spielt wirklich keine Rolle, ob der anspringende Tiger ein sibirischer oder ein bengalischer ist oder ob der Eisbär Lars heißt. Sie müssen zuschlagen – und zwar sofort. Es ist auch völlig egal, ob das plötzlich aufgesprungene Tier eine Antilope oder ein Zebra ist, die Reaktion muss in jedem Fall schnell sein, wenn es Abendessen werden soll.
Wer nachdenkt, stirbt. Durch Verhungern oder durch die Zähne der Hyäne, die ihre Beute nicht hergeben will.
Es ist nicht der Fehler der Späher*innen, dass dies in der heutigen Welt oft genau andersherum Wirklichkeit geworden

ist. Wer das Erbe des tongolesischen Prinzen oder den Lotto-
gewinn der krebskranken Nonne von den Fidschi-Inseln mit
der kleinen Überweisung von Bearbeitungsgebühren auf sein
Konto zu holen gedenkt, wird hinterher ärmer sein als vorher.
„Bei Zip kein Klick", braucht auch einige Wiederholungen,
mehrere Bitcoin-Überweisungen und lahmgelegte Kranken-
häuser, bis der Impuls unter Kontrolle ist. Dem Chef seine
Scheiße vor die Füße zu werfen ist auch nicht immer konstruktiv. Aber das kann man ja alles lernen.

Verachten sollten sich die Späher*innen dafür nicht.
Ein Pferd wird bei einer Überschwemmung schwimmen
können, aber es wird niemals ein Fisch werden. Und es wird
trotzdem ein wunderbares Pferd sein.

BEGEGNEN – VERSTEHEN – ZUSAMMENFINDEN 52

Statt:
„Denk EINMAL nach, bevor du handelst!"

Besser: -
Niemand wird beschämt. Sowieso. Aber vielleicht wirst
du einmal dankbar sein, wenn dein Held bedenkenlos ins
Eiswasser springt, um dich rauszuziehen.

∗∗∗

AUS DEM WIRKLICHEN LEBEN 53

Marketingfachmann zum Konzernchef: „Wir kriegen sie alle."

Realitätscheck:
Nenn ein Produkt limitiert, dann weckt es den Jagdtrieb!
Erfinde Bonuspunkte und der Sammler wird drauf anspringen.
Kleb „30%" drauf und er wird es kaufen.

All diese Nur-für-kurze-Zeit-Tricks, die grellroten Aufkleber,
die rückwärts laufenden Zähler bei der Angabe, wie viele
Produkte noch vorhanden sind – all das sind manipulative
Techniken, die den Verstand mittels Sammel- und Jagdtrieb
austricksen sollen. Da wird dann im Vorfeld der Preis erhöht,
um später mit einem dramatischen Preisnachlass locken zu
können. 1,1, bis 2,7 Millionen Bäume (je nach Quelle) werden
jährlich für Werbeprospekte gefällt, die nur für ein paar Leute
zur festen Wochenlektüre gehören. 85 Prozent der Deutschen
werfen sie ohne Umweg direkt in den Müll. (Quelle Deutsche
Umwelt Hilfe.)
Ich hatte eine Klientin, die wirklich IMMER ALLE Prospekte
gründlichst studiert und sich dann eine Einkaufstour überlegt
hat, bei der sie wirklich alles auf der Einkaufsliste zum jeweils
günstigsten Preis in 50 km Umgebung gekauft hat. Das war
pures Jagdvergnügen. Der Gewinn wurde natürlich durch
Spontankäufe, die verlorene Zeit beim Prospekte-Studium
und den weiten Fahrten sowie verbranntes Benzin um einiges
geschmälert. Aber dieses Vorgehen in Frage zu stellen kam
einem ungeheuerlichen Affront gleich. Darum ging es nicht.
Ich weiß, dass sie nicht die Einzige ist. Und – siehe Markise –
das auch nicht immer zu ihrem Nachteil.

Vielleicht könnte man all die stundenlange Testerei für eine

AD(H)S-Diagnostik mit zwei Fragen ersetzen:
1. Mögen Sie es, wenn Läden umgeräumt werden?
2. Studieren Sie Prospekte?

VORSCHLAG ZUR WEHRHAFTIGKEIT

Statt:
Werbebranche: Wir kriegen sie alle.

Besser:
Lerne alles über die miesen Strategien dieser Branche. Mach es dir zur Beute, ihnen zu entkommen. DU kriegst SIE!

***

AUS DEM WIRKLICHEN LEBEN 54

Bäuerin zum Jäger: „Was explodierst du denn immer gleich?"

Realitätscheck:
Eine falsch abgelegte Kartoffel kann man
zur Not auch wieder ausbuddeln.

Manche Menschen sind besonders schnell reizbar und ungeduldig, wenn andere oder auch sie selbst einen Fehler machen. Andere Menschen sind sicher auch manchmal enttäuscht, explodieren aber nicht gleich. AD(H)Sler*innen gelten als schnell frustriert, bei viel Ungeduld und gleichzeitig hohem Anspruch.
Vielleicht liegt es auch daran, dass eine Jagd durch einen Fehler oder eine kleine Unachtsamkeit schon in Bruchteilen von Sekunden versaut werden kann. Und dann eben wirklich

absolut versaut ist. Ein Ast knackt, der Eber ist weg, die Jagd beendet.

„Anvisieren! Nur anvisieren!", ruft der Kapitän des Klingonen-Kampfschiffes dem Kanonier zu, nachdem der eben einen anderen Flieger etwas voreilig abgeschossen hat. Der Kapitän will entern, nicht vaporisieren. (Wer mir als Erster sagt, aus welchem Film dieser Szene stammt, bekommt das Buch mit 30% Nachlass!)

Fehler bei Ackerbau und Viehzucht haben nicht so dramatische, zumindest nicht sofort sichtbare Folgen. Wenn das Gatter gegen Besuche von außen nicht gut genug gesichert war, dann sind die nächsten Ferkel vielleicht auffallend haarig – aber immerhin sind es noch Ferkel. Mit ein wenig Ergebnisoffenheit kann man vielleicht sogar die dadurch gewonnene Robustheit noch als Nutzen erkennen. Man schaut einfach erstmal, was noch draus wird. (Und kann den damals total frustriert heimgekehrten Jägern, die den Jungspund für seine Trampeligkeit seit Monaten deswegen anpampen, sagen: „Hätte er letztes Jahr nicht auf den Ast getreten, dann hätte der Eber sich nicht ins Gatter geflüchtet und wir hätten jetzt nicht diese neue schwarzbunte Schweinelinie entdeckt. Jetzt lasst ihn endlich mal endlich in Ruhe!")

Auf der anderen Seite ist es unwahrscheinlich, dass so ein Landwirtschafts-Azubi zum Beispiel wirklich ALLE 50 000 Kohlsetzlinge ausreißt und den Giersch stehen lässt. Und wenn doch, dann ist der Bauer wirklich selber schuld, wenn er den Jungen so lange mutterseelenallein auf dem Feld hat ackern lassen. Das wird der Bauer aber natürlich nicht zugeben und ihn zur Strafe den ganzen Winter mit Giersch füttern. Wenn Seppl Junior dann der Einzige sein wird, der den Winter ohne jede Infektion übersteht, dann wird der kluge Bauer feststellen, dass Giersch noch viel gesünder, robuster und leckerer ist als Grünkohl. Und darum den Kampf dagegen anlässlich des

Missgeschicks endlich aufgeben.
(Zugegeben, auf Letzteres warte ich noch. Die Saatgutindustrie will ja auch von was leben. Wie sollen die auch mit sich selbstvermehrendem, unkaputtbaren Grünzeug Geld verdienen?)

BEGEGNEN – VERSTEHEN – ZUSAMMENFINDEN 55

Statt:
„Was explodierst du denn immer gleich?"

Besser:
„Hej, ich hab´ dich lieb! Komm erst mal in meinen Arm. Dann lass uns gucken, wie wir da noch was draus machen können. Und wenn nicht, haben wir wenigstens alle was gelernt."

Oder:
„Stopp! Renn um den Block und beruhig dich. Danach bringen wir das in Ordnung."

∗∗∗

AUS DEM RICHTIGEN LEBEN 56

Späher zum Bauern:
„Was interessiert mich das Scheiß-Abitur, wenn ich mit meiner Erfindung jetzt sofort Kohle machen kann? Ich bin da in der Garage an einem ganz großen Ding dran. Das wird der Knaller!"

Realitätscheck:
Ein Kohl, der erst in drei Monaten reif wird,
macht schon mal gar nicht fett!

Wer sammelt, hat den Korb voll Nüsse – oder bleibt hungrig. Wer sich nicht über den Fluss wagt, solange der wirklich gefroren ist, wird darin ertrinken. Wer jagt, trägt den Hirsch auf der Schulter – oder bleibt hungrig. Und mit ihm der Clan. So sind es nämlich die Späher*innen und Späher, die in Notzeiten hinausgehen und dem Clan das Überleben sichern. Sie sind darauf programmiert, SOFORT etwas ins Gemeinschaftszelt zu bringen. Wer sich nach dem Erdbeben auch mit gebrochenem Arm aufmacht, eine neue Heimat zu finden, wird der Familie zum Winter ein Dach über dem Kopf verschaffen. Dringlichkeit macht sie aktiv. Wenn sie aktiv werden, ist die Zeit des Warten-Könnens vorbei. Auch die Zeit der Zwischenschritte ist vorbei. Als Erfolg zählt nur, was im Hier und Jetzt ist.

Denn Aufschub tötet.

Die Bäuerin dagegen wird ihr Saatgut mit Zähnen und Klauen auch in Hungerzeiten verteidigen. Sie weiß, dass das langfristige Überleben aller von genau diesem einen letzten Sack Saatgut abhängt, auf den sie sich jetzt breitbeinig gesetzt hat. Dieser letzte Sack wird wirklich erst im aller-allerletzten Moment größter Verzweiflung zum Verzehr freigegeben. Dann wissen aber auch alle, dass dieser eine, letzte Sack niemals für alle reichen wird. Zum Essen ist er nie gedacht gewesen. Ihn anzubrechen oder aufzuessen, bedeutet nur das Überleben einiger weniger für diesen einen Moment, dann aber auch das Sterben des Clans im nächsten Winter. Wenn kein Wunder geschieht. Mein Vater ist als Jugendlicher nachts auf die Äcker geschlichen und hat die Saatkartoffeln des Nachbarbauern wieder aus der Erde gegraben. Genau darum breitet die Bäuerin ihren Rock über den Getreidesack und wird dort in übermenschlicher Zähigkeit unbewegt und mit grimmigster Miene bis zum Frühjahr sitzen bleiben.

Denn Aufschub rettet Leben.

Die Späherin fühlt bis ins Mark, dass das gegenwärtige Überleben von ihrem unmittelbaren Erfolg abhängt.
Und der Bauer ist ebenso sicher, dass das langfriste Überleben
von seinem guten Plan und der Impulskontrolle abhängt.

Das Verrückte ist: Beide haben recht!
Muss wirklich einer von beiden gemaßregelt werden?
Denn dies gilt bis heute:
Manches verlangt Aufschub, anderes schnelles Eingreifen.

- Manches verlangt sofortige Aktivität, anderes
  gründliches Überlegen.
- Manches braucht Zeit, anderes braucht sofortige Aktion.
- Manches knallt, anderes wächst.

Nur durch diese Art der Teamarbeit ist doch sowohl die direkte
als auch die langfristige Versorgung des Individuums, der
Familie, Schulklasse, Firma, des Landes und aktuell der ganzen
Welt gesichert. Ich wünsche mir deutlich mehr von der
AD(H)S-Art, denn wenn wir weiter so herumbauern, dann
werden wir die Erde und uns alle bei vollem Bewusstsein
verbrennen.

Manchmal hat man keine Zeit mehr.

BEGEGNEN – VERSTEHEN – ZUSAMMENFINDEN 56

Statt:
„Was interessiert mich das Scheiß-Abitur, wenn ich mit meiner
Erfindung jetzt Kohle machen kann? Ich bin da in der Garage
an einem ganz großen Ding dran. Das wird der Knaller!"

Besser:
„Wir müssen uns wirklich zusammensetzen. Vielleicht kannst du mich überzeugen, vielleicht ich dich. Aber lass uns alles wirklich ansehen. Vielleicht finden wir einen lebbaren Kompromiss.“

Oder:
„Ich kriege mit, wie engagiert du dabei bist. Gleichzeitig bin ich ´ne alte Kuh und sehe ein großes Stück über den Moment hinaus. Wie wäre es, wenn ich keinen bestimmten Notendurchschnitt, sondern nur noch Bestehen erwarte? Du erklärst dich dafür bereit, zur Schule zu gehen und nachmittags eine Stunde in Hausaufgaben zu stecken, bevor du in die Garage gehst. Vielleicht kann ich dir dabei dann auch irgendwie zur Hand gehen. Was genau machst du da eigentlich?“

Oder:
„Nein, ich gebe dir kein Geld für dein Projekt! Deswegen haben wir ja getrennte Konten. Ich werde auch weiterhin nur jeden zweiten Tag kochen und nur meine eigene Wäsche waschen. Ich verzichte aber auch auf jede Beteiligung, solltest du Erfolg haben.“

***

AUS DEM RICHTIGEN LEBEN 57

Bäuerin zur Späherin: „EINMAL höflich, WIE wäre das?“

Realitätscheck:
Höflichkeit ist was für Weicheier.
Späher und Späher*innen halten sich nicht mit Strategie auf, sie hauen sofort auf den wunden Punkt. Sie kommen einfach

direkt zur Sache. Das ist – eigentlich – ja auch sinnvoll. Zumindest in ihrem ursprünglichen Job. Wie soll das denn sonst gehen? So etwa:

„Hallo liebe Hyänen, wenn´s euch nichts ausmacht, könntet ihr mir freundlicherweise ein Gnu-Bein übrig lassen. Oder, wenn´s okay wäre, das ganze Gnu?"
„Liebe Bienen, ich will euch nicht zu nahetreten und es ist auch nicht persönlich gemeint, aber ich brauche euren Wintervorrat dringender als ihr."
„Sehr geehrter Herr Höhlenbär, unser Lagerplatz wurde geflutet. Sicher haben Sie Verständnis und es macht Ihnen nichts aus, wenn Sie sich eine neue Bleibe suchen. Wir können gerne über eine Ihnen genehme Kündigungsfrist sprechen."
Auch Teamarbeit, die auf dem Höhepunkt der Aktion auf die Nanosekunde genau koordiniert werden muss, hat keinen Raum für Höflichkeiten. „Los!" oder „Weg da!" muss dann eben reichen.

Im Waldgarten ist dafür viel Zeit vorhanden: „Würdest du mir bitte freundlicherweise die Steinhacke reichen?" „Einen kleinen Augenblick bitte! Ich entferne nur noch kurz diese Liane vom Mangobaum." Das klingt zugegeben anders als „Spring, du Arsch!".

Aber dass die Späher*innen auch bedenkenlos bereit sind, ihren Allerwertesten höchstpersönlich für uns alle hinzuhalten, sollte als Ausgleich anerkannt werden.
An den Feinheiten kann man ja noch ein bisschen feilen. Aber ebenso dürfen auch die Neurotypischen an ihrer Gelassenheit arbeiten. Aber sowas von subito, ihr Weicheier!

BEGEGNEN – VERSTEHEN – ZUSAMMENFINDEN 57

Statt:
„EINMAL höflich, WIE wäre das?"

Besser:
Ausatmen, weich in die Knie gehen, bis zehn zählen.
Dann: „Nicht in diesem Ton! Es brennt nichts an. Also
versuch´s bitte nochmal mit Höflichkeit und Respekt. Dir mag
es nicht wichtig sein, mir aber."

***

AUS DEM RICHTIGEN LEBEN 58

Hier kann man direkt mit einer anderen Reihe von „Symptomen" anknüpfen, die zur Diagnose AD(H)S führen:

DSM:
Platzt oft mit einer Antwort heraus, bevor die Frage fertig
gestellt ist oder beendet die Sätze anderer,
… kann nur schwer warten, bis er/sie an der Reihe ist (z. B.
beim Warten in einer Schlange),
unterbricht oder stört andere häufig (z. B. platzt in Gespräche,
Spiele oder andere Aktivitäten hinein; benutzt die Dinge
anderer Personen ohne vorher zu fragen; bei Erwachsenen:
unterbricht oder übernimmt Aktivitäten anderer)."

Realitätscheck:
Es muss im Zweifel eben schnell gehen. (s.o.)

Das Ziel ist das Ziel

Sonst ist die Beute weg. Das kann sich sowohl in Worten als auch in Taten ausdrücken. Darum haben alle diese auf den ersten Blick unterschiedlichen „Unarten" auch eine gemeinsame Ursache:
Wenn etwas sie interessiert, dann wollen sie es auch zack-zack zu Ende bringen. In ihrem Ur-Metier ist nicht der Weg das Ziel, sondern das Ziel ist das Ziel.
Ich bin früher oft in Streit geraten, weil ich das ADHS-typische Dazwischengrätschen als Beleidigung meiner Fähigkeiten, Entmündigung oder sonst was gedeutet habe. Das ist es (in einer liebevollen Beziehung oder einem anderen, respektvollen Setting) nämlich meist gar nicht: Der Späher sieht, wie ich etwas mache und meint, dass er es schneller abhaken kann. Bei meinem Partner stimmt das meistens sogar. Zumindest bei handwerklichen Sachen, beim Entwerfen einer Wanderstrecke oder dem Aufstellen einer Lebendfalle für die Mäuse in der Küche.

Dagegen beim Kochen, Fermentieren oder Unkraut rupfen etc. muss ich ihn jedes Mal ausdrücklich bitten, mir zu helfen. Denn da kann er ohne jeden Impuls mit leerem Blick und hängenden Armen neben mir stehen. Kochen heißt für ihn, Käse auf Brot oder Frühlingsrollen in den Airfryer werfen. Im Garten ist für ihn alles irgendwie „Grünzeug". Mehl oder Stärke, ist doch egal. Ist alles irgendwie „weißes Puder". Das ist derselbe Mensch, der sich über Weihnachten in die Technik der Photovoltaik einfuchst, das beste aller Schnäppchen macht und das Ding (20 Paneele!) innerhalb von ein paar Wochenenden aufs Dach tackert. Dann baut er die Batterie auf, schließt sie an und richtet sie so ein, dass er das Ganze virtuell fernsteuern kann. BÄM – läuft!

Aber wenn ich ihn bitte, mir Pauline zu bringen, weil sie Medizin braucht, dann ist er das personifizierte Fragezeichen. Pauline ist eine von meinen aktuell acht braunen, geretteten Hennen. Für ihn sehen die alle gleich aus. Ich muss doch sehr bitten!
Gleiches Prinzip von „Das Ziel ist das Ziel" gilt für das vorzeitige Beenden meiner Sätze oder Beantworten meiner Fragen. Er visualisiert ein Ziel – und das ist ihm in diesem Moment wichtiger als meine Befindlichkeiten. Bzw. hat er diese in dem Moment überhaupt „nicht auf dem Schirm". So drückt er es aus. Ich habe gelernt, ihm fest in die Augen zu sehen und entspannt eine kleine Pause hinter seinen Worten entstehen zu lassen, bevor ich sage: „Lass mich ausreden! Du bist auf der falschen Fährte.". Er guckt dann verdutzt und kneift mit aufgerissenen Augen und hoch geschobenen Augenbrauen angestrengt die Lippen zusammen. Ich kann förmlich sehen, wie die Räder in seinem Kopf fast von den Naben springen. Aber er bleibt tapfer, setzt sich auf seine Hände und schweigt.
Beide haben wir gelernt.

Gerade gab es für diese Herausforderung noch eine neue Variante und wir haben Tränen gelacht. Ich bekam mit, wie er unseren dicken Hund ankofferte, weil der sich schon wieder einen Verband runtergefummelt hatte. Er schleppte ihn ab (also der Partner den Hund), um ihn mal wieder neu zu machen. (Den Verband, nicht den Hund). Ich ging nach einer Weile dazu und sah, wie er – den Missetäter zwischen die Beine geklemmt – die 37. Variante mit elastischen Binden, Verbandsstoff und Klebebändern versuchte. Es kam zu folgendem Dialog:

„Wir könnten eins deiner ausgedienten Hemden ..."

„Das ist viel zu warm!"

„Wir könnten eins deiner ausgedienten Hemden nehmen und es unter den Armen abschneiden ..."

„Das hält doch nicht."

„Wir könnten eins deiner ausgedienten, langärmligen Hemden nehmen, es unter den Armen abschneiden und hinter den ... "

„Das rutscht doch nach oben weg."

„... es unter den Armen abschneiden, hinter den Vorderbeinen durchziehen und auf dem Rücken zusammenknoten."

Er guckt mich grinsend an. Ich grinse zurück und sage:

„Weißt du, an was ich gerade schreibe?"

„An dem Ding mit dem Unterbrechen?"

„Genau an dem."

....

„Abgesehen davon weiß ich gar nicht, wo ich jetzt so schnell so ein Hemd finde."

Macht nichts. Ich weiß es

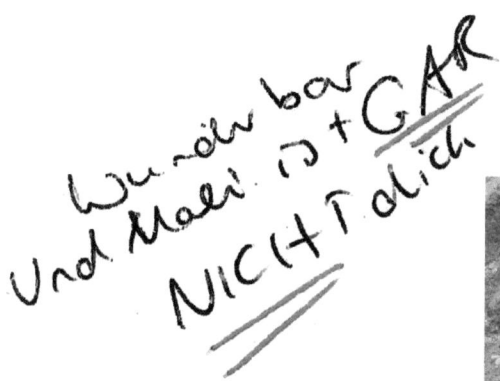

(Unser lieber Mali musste am 24.11.22 eingeschläfert werden. Wir waren alle bis zur letzten Sekunde bei ihm und haben ihm viel Leid erspart. Er ist mit einem Lächeln gestorben, da sind wir sicher. Gerne gebe ich ihm auch an dieser Stelle ein liebevolles Andenken).

Manchmal ist das Ziel irgendwann kein Ziel mehr.

Eine meiner klugen, wilden und leidenschaftlichen Klient*innen wollte jahrelang UNBEDINGT Hubschrauberpilotin werden. Sie hat dafür alle Schritte eingehalten. Jahrelang. Sie ist quasi über Gebirge geklettert und durch Meere geschwommen. Sie hat das Ziel nicht aus den Augen gelassen, alle Zwischenschritte bravourös erledigt und kann damit jetzt auch ihren Lebensunterhalt verdienen. Aber dann haben sich nicht nur ihre Lebensumstände geändert. Sie hätte Kompromisse eingehen müssen, die mit ihren Werten nicht mehr vereinbar waren. Nun hat sie ein neues Ziel, das ebenso achtenswert ist. Den Traum vom Fliegen hat sie nicht aufgegeben, aber es muss nicht mehr beruflich sein. Aus dem Mammut ist ein Zebra geworden. Nicht besser, nicht schlechter, nur anders.

Ziel erreicht – Thema erledigt (und zwar total)

Darum ist es auch nicht böse gemeint, wenn ein Späher sich die Streitaxt ausleiht, dann aber vergisst, sie wieder zurückzubringen. Man sollte ihm einfach nichts leihen, wenn man an dieser Sache noch hängt. Oder man kann einfach daneben stehen bleiben und das Geliehene nach erledigtem Projekt SOFORT wieder mitnehmen.

Sozialscheiß aus der Angehörigen-Arbeit:

- „Mein Sohn meint es nicht böse, wenn er das Kabel der Nachttischlampe abschneidet? Der Stecker der Verlängerungsschnur war kaputt und er brauchte sofort einen neuen Stecker?" Nein, schließ aber in Zukunft die Werkstatttür ab.
- „Mein Gartenhelfer denkt sich wirklich nichts dabei, wenn er die wirklich wichtige, weil längste Holzleiter des Hauses um zweimal einen Meter kürzt? Ich hatte ihn gebeten, zwei Hühnerleitern zu bauen." Nein, er denkt sich wirklich nichts dabei. Er ist stolz auf seine praktische und schnelle Lösung, die er gefunden hat. Aber jetzt kündige den Vertrag und lass ihn ziehen.
- „Mein Sohn fand sich total genial, als er die Kartoffelkiste in eine abschließbare Ballkiste umbaute. Für die stetig wachsende Sammlung von Fußbällen, die er aus dem Hochwasser gefischt hatte." Genial, aber übergriffig. Es ist deine Kiste! Nimm ihm den Schlüssel ab und tausche die Bälle wieder gegen Kartoffeln.

Was habe auch ich schon fassungslos über solche Aktionen meiner Söhne, Minijobber oder Mieter geflucht. Sie sind eben derart ausschließlich auf das Ergebnis fixiert, sodass all dieser Sozialscheiß in dem Moment für sie keine Rolle spielt. Ich weiß, dass sie mich eigentlich grundsätzlich respektieren (der Mieter nicht, dem war es egal, was ich von seinen Aktionen hielt). Trotzdem blieb das Werkzeug dann im Regen liegen, wenn das Dach über der neuen Hundehütte angeschraubt war. Ich habe eine ansehnliche Kiste voll zusammengerosteter Bits. Aufgehoben als Erinnerungsposten, dass ich zukünftig meine kleinen Späher*innen niemalsniemalsniemals allein etwas basteln lassen sollte! Die Lösung damals war, ein dickes Vorhängeschloss vor die Werkstatt zu hängen. Und ihnen immer (!) unmittelbar (!) auf den Fersen zu sein, wenn sie etwas „reparieren" oder bauen wollten.

Da wächst man rein.

Zugegeben, es ist ein langer und mühevoller Weg, einem Vollblutspäher einzutrichtern, dass dieser Sozialscheiß heutzutage sehr, sehr wichtig ist. Mindestens so lang wie mein Weg, nicht gekränkt zu sein, wenn mein Schatz mir die Säge aus der Hand nimmt. Oder ihn anzusehen und fest zu sagen: „Lieb gemeint von dir. Ich mache es aber selbst." Am besten dann noch schnell ein „Schau mal, der Zaunpfosten da hinten fällt bald um – magst du da mal gucken?", hinterherschieben.

Das gilt auch für die Erziehung der kleinen Jäger*innen. Natürlich lieben sie ihre Eltern und wollen sie nicht ärgern. (Wer hat bloß diesen Schwachsinn erfunden, dass Kinder die Eltern ärgern wollen? Hej, die sind auf Leben und Tod von uns abhängig! Die sägen doch nicht den Ast ab, auf dem sie sitzen!) Aber es dauert eben sehr, sehr lange, bis so ein Orca die Grundzüge des Landlebens gelernt hat. Und er wird trotzdem immer ein Orca bleiben. Nach seinem hartnäckigen Training kann er allerdings tatsächlich ans Ufer rauschen, sich einen Seehund schnappen und sich mit der richtigen Bewegung wieder zurück ins Wasser katapultieren. Das Wasser wird aber trotz aller angelernten Fertigkeiten immer das eigentliche Element des Orcas bleiben.

Weg isses

Ein weiterer Grund für die Unterbrecherei ist der, dass Jäger*innen etwas im Kopf haben und aus Erfahrung wissen, dass dieses gleich durch weitere eigene Assoziationen oder auch weitere Worte des anderen verdrängt und vergessen werden würde. Auch da kann ich wütend werden oder einen Klassenbucheintrag machen. Ich kann mich total gekränkt fühlen. Oder mich scheiden lassen. All sowas. Es wird am Unterbrechen nichts ändern und der Sache auch nicht gerecht. Ich kann stattdessen auch sagen: „Ich rede gerade. Schreib´s auf, ich will´s gleich wissen." Dann warten, bis es notiert ist und dann weiterreden. Die Jäger*innen haben kein Recht zu unterbrechen, auch wenn sie das erst mühevoll lernen müssen. Dann ist niemand gekränkt und niemand wird überhört. Das kann man lernen. Beide können das!

Ich schaff´s!

Das Erlernen des Abwartens und Beachtens sozialer Grenzen ist eines der Betätigungsfelder guter Coaches. Dann kann das ungebremste Umsetzen von Impulsen durch sozial kompatibleres Verhalten ersetzt werden. Das muss allerdings auch gewünscht sein. Denn, wenn sie ehrlich sind, ist die vorhersehbare Empörung der braven Bauernschaft geradezu ein prickelndes Vergnügen für so manche Späher*innenseele. Ist völlig okay – sofern sie bereit sind, mit den Konsequenzen zu leben. Es gibt einen sehr guten finnischen Pädagogen, der davon ausgeht, dass Kinder lernen wollen. Sogar, dass Späher*innen lernen wollen, in einer Gruppe zurecht zu kommen. Ben Furman heißt er. Für kleinere Kinder hat er das „Ich schaff´s"-Programm entwickelt. Für Jugendliche die Verantwortungstreppe und für Erwachsene „Mission Possible". Gibt es zu kaufen, ist sehr empfehlenswert und auch für Eltern gut umsetzbar. Einer meiner Pflegesöhne entwickelte sich damit vom impulsgesteuerten „Schulschläger" zum offiziellen Streitschlichter.

BEGEGNEN – VERSTEHEN – ZUSAMMENFINDEN 58

Statt:
Platzt oft mit einer Antwort heraus ... stört andere häufig.

Besser:
Ausatmen, weich in die Knie gehen, bis ZEHN zählen.
Dann: den passenden Ben Furman bestellen,
studieren und beherzigen.

Heute beim Räumen, bin ich auf alte Nachrichtenhefte meines jüngsten Pflegesohnes gestoßen. Über ACHT Jahre haben sie an einem völlig wirkungslosen Punktesystem festgehalten, um ihm den Einsatz seiner Impulskontrolle auch in der Schule beizubringen. Wo kämen wir denn da hin, wenn jede dahergelaufene Mutti sich in die Pädagogik einmischen würde? Bitte richten Sie sich darauf ein, dass Sie Ihrem Kind mit den geeigneten Techniken sehr viel selber beibringen können. Lassen Sie sich von Pädagog*innen dabei helfen, die mit Liebe und Kompetenz dieselben Erziehungsziele verfolgen. Wenn Sie diese in der Schule finden: Herzlichen Glückwunsch! Wenn nicht, verpulvern Sie nicht Ihre Energie im Versuch, Lehrer*innen etwas beibringen zu wollen! Den größten Teil des Tages verbringt das Kind mit Ihnen. Sie haben den größten Einfluss. Auch darum, weil Ihr Kind Sie bedingungslos liebt und es richtig machen WILL.

∗∗∗

Hiermit enden die Kapitel, die für den erbitterten Kampf Späher und Späherinnen gegen Bauern und Bäuerinnen Anregungen geben wollten. Sie können mir gerne weitere Ideen dazu schicken. Vielleicht finden sich in weiteren Auflagen auch dafür Möglichkeiten des gegenseitigen Verstehens und konstruktiven Miteinanders.

Jetzt aber noch ein paar Worte zu den Eigenschaften, die selbst besonders bittere Menschen zähneknirschend als positiv einordnen müssen:

Kapitel 9

9. Aus dem Leben des Clans – weitere Eigen-Arten, Berufe und die Berufung

In der Literatur werden neben den als pathologisch bezeichneten „Symptomen" viele weitere Eigenschaften als typisch für AD(H)Sler*innen genannt. Diese Eigenschaften werden selbst von Menschen, die bei AD(H)S vor allem an Defizite denken, als positiv wahrgenommen. Wenn auch von manchen nur unter ausdrücklichem Zähneknirschen (siehe Einleitung).

Mich zieht es ja auch nicht wegen einer perversen Freude an Problemen zu AD(H)Sler*innen hin. Mal ganz abgesehen davon, dass bis hierher sicher schon meine Wertschätzung für diese Personengruppe deutlich wurde, die ich auch für deren Eigenschaften habe, die andere „pathologisch" nennen. Natürlich können auch Bäuer*innen diese „weiteren Eigen-Arten" haben, aber nach meinem Eindruck (also unwissenschaftlichen Einzelfallbeobachtungen) sind sie in dieser Menschengruppe weder so ausgeprägt noch so häufig wie bei den Späher*innen. Zu ein paar dieser Eigenschaften will ich darum mehr sagen.

Große und kleine Kinder

Viele Menschen mit AD(H)S sagen von sich, dass sie einfach Kind geblieben seien. Woran merken sie das? Hieran zum Beispiel:

- Unersättliche Neugier
- unbändige Spiellust
- unbegrenzte Kreativität
- Fähigkeit zu schnellen Stimmungswechseln
- Impulsdurchbrüche
- Versöhnungsbereitschaft
- Leben im Augenblick
- Vergessen von Zeit und Raum
- Bewegungsfreude
- Offenheit der Wahrnehmung mit allen Sinnen
- völliges Versinken in eine Tätigkeit
- Direktheit
- undiplomatische Wahrheitslust
- Begeisterungsfähigkeit
- bedenkenlose Großzügigkeit

Das alles ist „Kind".

Außerdem sind das alles auch die besonderen Kompetenzen der rechten Hirnhälfte.

An dieser Stelle fällt mir wieder mal das „Miniatur Wunderland" in Hamburg ein, die weltweit größte Modelleisenbahn-Anlage. Man könnte bezüglich AD(H)S da auf gewisse Verdachtsmomente stoßen. Ich habe die ausdrückliche Erlaubnis (Danke, Herr Drechsler), diesen fabelhaften Haufen Menschen hier zu erwähnen. Nicht nur, dass da Leute sind, die mit absolutem Hyperfokus in ihrem jeweiligen Gebiet tätig sind – schauen Sie da mal auf YouTube zum Beispiel „Gerrits Tagebuch". (Gerrit ist der eine Zwilling, der zusammen mit Bruder Frederik und Freund Stefan Hertz das Miniatur Wunderland gegründet hat) Auch andere, oft im Zusammenhang mit AD(H)Sler*innen genannten Eigenschaften kann man hier bewundern.

Gerrit sagt: „Man hat Bock auf etwas und dann läuft es völlig aus dem Ruder." Als es z. B. um das Besucher*innenleitsystem zu Coronazeiten ging, habe jemand nebenher das Wort „Ampel" erwähnt. Sofort sei bei seinem Bruder das Feuerwerk an Ideen losgegangen. Er selbst habe derweil aktives Zuhören simuliert, obwohl auch er schon längst im Ampel-Hyperfokus gewesen sei ... Ich bin neidisch auf jene, welche die Ergebnisse dieser Arbeit bereits erleben durften.

Das Ziel des Wunderland-Teams ist es, Menschen glücklich zu machen. Mit unerschütterlichem Optimismus, Tatendrang und Kreativität. Mit Teamgeist, Humor und Lösungsorientiertheit. So gehen sie mit Spielfreude und Menschenliebe an immer neue Projekte heran. Dabei zeigen sie einen unfassbar hohen Ehrgeiz, es wirklich richtig gut hinzubekommen – und so oft wie möglich nachweislich „die Besten" zu sein.

Zum Beispiel der Modellbereich „Venedig": Den Welleneffekt unter den Gondeln authentisch und eine unüberschaubare Zahl von Minimenschen im Kostüm und auffliegende Tauben im Café darzustellen – das Team lässt nicht eher locker, bis alles wirklich perfekt ist! Um das zu erreichen, muss man sich wirklich richtig hineinverbeißen, sonst wird das nix. Ein durchschnittlicher Bauer würde viel eher sagen „Passt schon". Nicht aber Gerrit und Frederik Braun. Sie sind absolut detailverliebt und perfektionistisch – und in ihr Kreativ-Team passt, wer vom selben Virus besessen ist. Selbst wenn man es am

Ende gar nicht sehen oder hören kann – alles muss absolut stimmen.

Dieser Hyperfokus kann „im richtigen Leben" zu einem Problem werden, weil der AD(H)Sler ja nicht weiß, wann er aufhören muss und sich dann endlos verzetteln kann. Im Wunderland aber macht genau das die Seele der Anlage aus: Für jeden „Verzettler" findet sich eine Fanatikerin oder ein Bastler, der die Idee aufnimmt und sie wirklich auf den Punkt bringt. Durchaus vergnüglich, aber auch unermüdlich und ohne jedes Zeitgefühl, Hunger oder Realitätssinn wird die anvisierte Beute zur Strecke (in diesem Fall Gleisstrecke) gebracht. Allein die große Sammlung an „Knopfdrückern" – jeder Einzelne von ihnen ist mindestens ein zu durchschwimmender Fluss.

Oder zum Beispiel von Gaston, einem der Urgesteins-Modellbauer, der in den Ruhestand ging. Da lohnt es, sich bei YouTube „Eine Ära geht zu Ende – Abschied von Gaston" anzusehen. Auch Gaston zeigt Liebe zu denen, die nicht „nur geradeaus gehen". Er feiert Menschen, die mit absoluter Leidenschaft auf ein Ziel hin arbeiten und das auf eine völlig unkonventionelle Art. Mit einer explosiven Impulsivität über jeden „Anstand" hinweg. Auch mit Ignoranz dessen, was als „normal" gilt. Mit brachialem Humor, unbegrenzter Kreativität, großem Gerechtigkeitssinn, Großzügigkeit und bedenkenloser Explosivität. Ohne ihn wird was im Team fehlen. Und gleichzeitig sind da noch viele andere, die sich genau gleich beschreiben ließen.

Gleiches gilt auch für die Technikbesessenheit des Teams. Was Ottilie Normalverbraucher unmöglich erscheint, wird hier einfach gemacht. Selbst, wenn die Tüftelei Jahre braucht. Sie werden irgendwann auch das Mammut Rennbahn erlegt haben. (Edit: Haben sie inzwischen!) Und es wird perfekt sein.

(Ist es!) Eine Bäuerin wird sicher höchstens zweimal versuchen, Mangos im Rheinland anzubauen. Im dritten Jahr kehrt sie dann wieder zu Äpfeln und Birnen zurück. Nicht so im Wunderland. Egal, wie utopisch die Idee erscheint, sie wird umgesetzt.

Auch ist kein Ende abzusehen. So viele Ideen und Projekte laufen hintereinander, parallel und an vielen Orten gleichzeitig. Genau so sieht es in einem – gesunden und ungehinderten – AD(H)S-Gehirn aus, denk ich.

Der Anspruch für das Miniatur Wunderland ist hoch, sehr hoch, aber die Kompetenzen der Mitarbeitenden sind noch höher. Viele Eigenbrödler*innen und Extremspezialist*innen tragen ihren Teil zum Gelingen bei. Immer laufen etliche Projekte parallel und niemals taucht das Gefühl von „fertig" auf. Das wäre auch langweilig. Wenn doch mal was „fertig" sein sollte, wird es schnell wieder auseinandergebaut und optimiert. Nach oben ist immer Luft.

Wenn der Flughafen endlich läuft, kommt Hamburg und die deutsche Küste dazu. Wenn kein Platz für ein neues Land ist, wird ein Jahrmarkt in eine nicht ganz gefüllte Lücke eingefügt. Wenn das eine Haus bis unters Dach mit Modellwelten gefüllt ist, wird schließlich eine Brücke über dem Fleet gelegt und in das Nachbarhaus ziehen unter anderem Südamerika und Patagonien ein. Wenn gerade keine neuen Miniaturwelten zu schaffen sind, eröffnen die Leute vom Wunderland um die Ecke ein Hotel. Wenn wegen Lockdowns keine Besucher*innen kommen dürfen, bauen sie eben die Filme und den Auftritt in den sozialen Netzwerken weiter aus. Für Unterbrechungen des Lockdowns wird ein Besuchs-Verkehrsleitsystem mit Verkehrszeichen und Ampeln geschaffen. Und zu Silvester gibt es eine lange Zugfahrt, bei der Wassergläser angeschlagen werden, klassische Musik ertönt und damit mal wieder ein neuer Eintrag ins Guinness-Buch der Rekorde geschaffen wird. Ihre

Kreativität ist unerschöpflich, ihre Spiellust nicht zu stillen.

Ganz sicher sind im Team auch genug Bäuer*innen und Bauern, denn all das muss gut koordiniert werden und die schnöden Routinetätigkeiten wie staubsaugen und Steuererklärung sind ja auch noch zu erledigen. Auch müssen tage- oder wochenlang ewiggleiche Kabelbäume verlegt und verdrahtet werden. Das ist eher nichts für die dynamischen Späher*innen, die das lustvolle Ergötzen an endlosen Wiederholungen nicht nachvollziehen können. Ich denke also, dass da auch einige sind, welche die notwendige Struktur in diesen quirligen Haufen bringen.
Wahrscheinlich sind das aber weder Gerrit („Daniel Düsentrieb, der ehrgeizige Tüftler, der sich in die Technik verbeißt."), noch Frederik („Verkaufsgenie mit Realitätssinn und schnellen Alternativlösungen, wenn etwas nicht klappt.") (so werden die beiden in der Fernsehserie Galileo charakterisiert). Korrigiert mich gerne, wenn ich falsch liege. Beide geben ihrem Team aus kreativen Quereinsteiger*innen freie Hand zur Schaffung immer neuer großer und kleiner Welten. Unterstützen lassen sie sich von rücklings Rollbrett fahrenden Ackerbau-Nerds, die unter den Modellwelten Furche für Furche die Saat einlegen, ohne sich auch nur im Ansatz dabei zu langweilen.
Nicht nur das. Ihre politische, sehr vom typischen Wahrhaftigkeits- und Gerechtigkeitssinn geprägten und dem Wunsch nach einer besseren Welt für Mensch und Tier angefeuerten Haltung zeigt sich auch in der Miniaturwelt an vielen Stellen. Der oft folgende Shitstorm ist ihnen egal. Greta Thunberg bleibt stehen!

Von wegen, dass es für Späher*innen und Späher keine ökologischen Nischen gibt! Hier gibt es eine ganze Welt für sie, während Ottilie und Otto Normalverbraucher völlig verzaubert und mit offenem Mund in dieser Wunderwelt stehen und sich nicht sattsehen können. Sollen wir wirklich auf all diese Ver-Rückten verzichten, sie pathologisieren, medikamentieren und in die Bauernnorm kloppen?

Ich könnte heulen.

Dann doch lieber weiter mit noch mehr Eigen-Arten:

Sinnliche Begabung

Auch wenn es in anderen Kapiteln schon auftauchte, erwähne ich diese Fähigkeit hier einfach nochmal extra. Denn die Kompetenz, aus unseren Sinnen wirklich alles herauszuholen, ist bemerkenswert:

> „Wie hast du das nur sehen können?
> Wir sind alle daran vorbeigelatscht!"

> „Gut, dass du das gehört hast!
> Der Keller wäre völlig vollgelaufen."

> „Ich riech nix – oh verdammt! Doch, es brennt!"

Ich würde gerne wissen, ob es unter den Brot-, Wein- oder Senf-Sommelier*innen überdurchschnittlich viel AD(H)Sler*innen gibt. Oder bei den Klavierstimmer*innen, den Köch*innen oder Leuten, die bei „Wetten, dass" Muster von Raufasertapeten hätten wiedererkennen können.

Gleichzeitig auch dies:

Krieg ich auch ein Bier?
– Zwischen Stoffeligkeit und unerschütterlicher Treue

Wegen ihrer launischen Amygdala reicht es im Alltag oft nicht, wenn man den Späher*innen nur sagt, wie es einem geht oder was man braucht. Denn das dringt in der Regel nicht durch deren Filter. Oder es ist schon wieder vergessen, wenn der Nachklang der Worte noch durch den Raum hallt. Die Späher*innen können darum im Alltag rechte Stoffel sein und zum Beispiel niemals daran denken, auch ihren Gästen oder ihrer Frau Kaffee anzubieten, nachdem sie sich selbst gerade eingegossen haben. Das geschieht aber nicht aus einem Mangel an Liebe. Sie denken einfach nicht daran. Oft sind sie wirklich sehr betroffen, wenn man fragt, ob sie vielleicht noch eine zweite Flasche Bier holen können, wenn man sich nach dem gemeinsamen Kehren des Hofes bei 35° C zu einer Trinkpause gesetzt hat.
Hilfebedarf muss darum in der Regel emotional, bildlich, konkret und die Gegenwart betreffend vermittelt werden, damit AD(H)Sler*innen es wahrnehmen. Sonst kann es passieren, dass sie heimkommen und die Frau samt Wohnungseinrichtung verschwunden ist – und sie haben wirklich keinen Schimmer, wie DAS passieren konnte! Auch dann nicht, wenn ihnen all die vergeblichen Gesprächsversuche per Videoprotokoll präsentiert werden.

Es ist ehrlich, wenn sie sagen: „Ich habe das nicht mitgekriegt." Oder: „Ich dachte nicht, dass es so ernst ist." So ist auch ihre Verzweiflung echt, wenn ihnen das zum fünften Mal passiert. Im Lebenslauf suchen wir Diagnostiker*innen daher nach „häufig wechselnden Beziehungen und mehreren Ehen". Denn natürlich muss der jeweilige Liebes-Hyperfokus auch jedes Mal sofort geheiratet werden. Ist die Beute erlegt, muss man diese mit Beziehungsarbeit dann aber liebevoll und hartnäckig höchstselbst in Gang halten. Das können sie sich einfach nicht merken. Erstmal. Wenn man sie aber dann auf der eigenen Seite hat, sei es in einer Beziehung, im Tischtennisclub oder der Clique – und ihnen immer mal wieder ein kleines Hallo-Wach in den Kaffee gibt, dann kann es keine leidenschaftlichere und treuere Begleitung geben. Nach der Devise: Wenn ich ins Team gehöre, gehöre ich ins Team! Geklaut aus dem Film „Ice-Age" pflegen wir diesen Sachverhalt an passender Stelle in Familie und Freundeskreis so auszudrücken: „Das macht man so in einer Herde."

Wenn die Not oder der Bedarf aber zu ihnen durchdringt, lautet die Devise:

Reaktionsschnelligkeit

Gucken Sie mal spaßeshalber bei Facebook oder YouTube unter „Vegan Hunter". Aber klar, Radieschen laufen weder weg, noch wehren sie sich, wenn ich mit dem Körbchen in den Garten komme. Aber ein Bär mag Honig ebenso gerne wie wir. Ein Karnickel legt sich nicht freiwillig auf den Hackklotz und so ein Rentier hat eine durchaus sehr große Trittlänge. Das langt zu, wenn man ihm zu gemütlich durch den Salat latscht. Wer muss da einfach schnell sein?

Eben habe ich in einem ganz anderen Forum noch die Frage gelesen, warum eigentlich alle Tierkinder und viele der erwachsenen Tiere „Zoomies" machen, nur wir Menschen nicht. Die Antwort war, dass man uns das in der Grundschule ausgetrieben hat. Auch Menschenkinder rennen um den Rennens willen kreischend, hüpfend und lachend im Kreis. Einfach so. Zum Training und aus Spaß. Was für leidenschaftliche Wesen dasselbe ist. Bis die Schule beginnt. Der Ernst des

Lebens. Danke für Nichts. Kurze Zeit später beschweren sich dieselben Leute über die Bewegungsfaulheit der Menschen. Ja, was wollt ihr denn?

Diese Schnelligkeit bezieht sich nicht nur auf Wahrnehmungen und Handlungen:

Entscheiden: Intuition versus Überlegung – oder: Die andere Hälfte der Wirklichkeit

Im Gegensatz zu den weiter oben benannten Problemen, in schwierigen Entscheidungssituationen manchmal den Überblick zu bewahren, ist die Lage in Not- oder Zielsituationen völlig anders. Während der Bauer noch nach Struktur und Logik sucht, hat die Späher*in schon intuitiv die ganze Situation erfasst und mit dem Erfahrungswissen der rechten Hirnhälfte eine Lösung gefunden bzw. eine Entscheidung gefällt. So muss es auch sein, denn im Dschungel muss ich alle relevanten Aspekte der Situation in Sekundenbruchteilen erfassen: den Duft in der Brise. Das Knacken im Hintergrund. Die Bewegung im Gebüsch, die Position der anderen Späher*innen. Die Spannung im eigenen Körper usw. Wahrnehmen und Entscheiden ist nahezu eins – das ist das Lebensumfeld der Späher*in im Jagdmodus. Offenbar hat die Auslese für eine immer bessere Trefferquote gesorgt, denn sonst gäbe es uns nicht mehr. Natürlich haben diese Leute etwas zu sagen. Sie sind keine „Komplettversager", wie eine meiner Klientinnen es ausdrückt.
David Graeber und David Wengrow im Buch „Anfänge" sagen es so: „Durch das Geschick, das die Häuptlinge in der Trockenzeit als Anführer kleiner Gruppen von Wildbeutern bewiesen, wenn sie unter Druck (etwa bei Flussüberquerungen oder wenn sie eine Jagd leiteten) schnelle Entscheidungen trafen, qualifizierten

sie sich dafür, auf dem Dorfplatz die Rolle von Vermittlern und Diplomaten zu spielen."

Die Bäuerin dagegen kann sich gemütlich auf den Acker hocken, mit leerem Blick auf eine Handvoll Erde starren und gründlich nachdenken. Wie war das noch letztes Jahr? Für wie viel Saatgut mit welchen Eigenschaften habe ich Platz? Wie feucht ist der Boden aktuell? Wie viel Ernte brauche ich unter Berücksichtigung der Schwangeren und Pubertierenden? Wie ist die Mondphase? Wie wird das Wetter die nächsten Tage? Wie viel Helfer*innen habe bzw. brauche ich? Hat die Schamanin lange genug getrommelt und die richtigen Federn verbrannt? Was stand hier letztes Jahr? Was verträgt sich womit? Habe ich den Göttern genug Schnaps geopfert? Soll ich doch nochmal probieren, ohne Gott Monsanto auszukommen? ... All das kann heute entschieden werden, oder auch morgen. Auf die Sekunde oder den Tag kommt es nicht an. Nur auf systematisch geordnete, logische Fakten (oder was man dafür hält). Diese sind in der linken Hirnhälfte versammelt, werden dort versprachlicht und geben Handlungsorientierung. Prima und erfolgreich, aber eben auch sehr langsam. Gut geeignet für entspannte Zeiten.

Im Mathematikunterricht führt der intuitive Modus der AD(H)Sler*innen dann oft zu schlechten Noten, weil die Bauernlehrer nicht begreifen können, dass sich eine Gleichung tatsächlich auch intuitiv lösen lässt. Die rechte Hirnhälfte ist ja nicht blöd, die arbeitet nur anders. Und sie kann nicht sprechen. Was ich dem Lehrer nicht sagen oder aufschreiben kann, existiert nicht. Feierabend. Setzen, sechs.

Ansonsten macht die Intuition sie und ihn zu einfühlsamen Helfer*innen, kreativen Handwerker*innen, Künstler*innen und eben auch Anführer*innen. In Notsituationen sind sie daher in der Regel schneller und präziser als der nachdenkende Bauer. Auch darum sind sie als Jagdflieger so beliebt. Ihr Wissen schöpft sich mehr aus dem nicht bewussten Wissen.

Das nennt man auch „implizites Wissen", abgeleitet von den angeborenen und den „erlernten" Instinkten („Ich hab´ da so ein Bauchgefühl"). Das ist von unserer Grundprogrammierung her einfach stärker und schneller als alles auswendig Gelernte und Bewusste. Das soll so auch sein.

Man tut gut daran, dies Wissen wirklich wertzuschätzen! Denn es bildet genau den Teil der Wirklichkeit ab, den die linke Hirnhälfte mit ihrer rein sequenziellen (erst das, dann das, dann das ...), logisch fundierten (wenn ... dann), versprachlichten Denk- und Wahrnehmungsart (ja, äh, Moment, lass mich überlegen ...) nicht mitkriegt. Das ist dann ziemlich genau die andere Hälfte der Wirklichkeit (siehe Aufstellung der Fähigkeiten des Gehirns in Kapitel 2).

Versöhnungsfähigkeit und Elefantengedächtnis

Wenn (!) man sich ernsthaft entschuldigt, dann sind der Späher und seine jagende Gefährtin nicht nachtragend. Vielleicht ist das einfach nur ein schöner Nebeneffekt davon, dass sie viel mehr in der Gegenwart leben. Wenn man also sowohl Bereitschaft für die Übernahme von Verantwortung als auch Friedfertigkeit zeigt – was soll sich die Späherin dann später noch mit ollen Kamellen abgeben?! Der Bock ist geschossen, der Braten gegessen.

Zwei AD(H)Sler*innen können sich heftig fetzen und sich sofort anschließend mit gemeinsamem Eifer über den Bauplan einer Brücke in der Miniaturschweiz beugen. Umso irritierter können sie sein, wenn man mit einer Schüppe Schnee von gestern ankommt. Sie haben die Situation meist schon ganz und gar vergessen. Was kaut der andere noch drauf rum? Das finden sie wirklich sehr unkonstruktiv und unökonomisch.

Allerdings (!!!), wenn sie eine Ungerechtigkeit erlebt haben und der andere zeigt keine Einsicht oder Reue, dann können sie wie Bulldoggen sein, die einfach nicht loslassen. Das Ziel Gerechtigkeit ist einfach noch nicht erreicht. Noch 30 Jahre später kann man ihre Zähne am Hals spüren, wenn man ihnen zu nah kommt. Es tritt auf: Kapitän Ahab in Kleinbüchel-dorf! Selbst wenn sein persönlicher Moby Dick inzwischen niemandem mehr ein Bein abbeißt, sondern friedfertig alten Damen die Haare lila färbt. Nicht vergeben, nicht vergessen. Eine Beute, die noch zu erlegen ist. Der unerschöpfliche Quell des „Dir zeig ich´s noch!". Wenn er es „ihm" dann aber endlich gezeigt hat, ist das Ding auch sofort erledigt. Und zwar richtig. Bierselig taumeln der Friseur und sein vordem ewiger Wider-sacher von Laterne zu Laterne. Alles ist gut.

Ich denke gerade an eines der Lieblingsbilderbücher meiner Kinder (von Werner Holzwarth und Wolf Erlbruch, 1989). Da fragt der empörte Maulwurf in zäher Hartnäckigkeit ein Tier nach dem anderen: „Hast du mir auf den Kopf gemacht?" Und als er endlich mit Hilfe der kompetenten Fliege den riesigen Metzgershund als Täter ausmacht, plöppt er ihm sein winziges Häufchen auf den Schädel. Damit ist die Sache für ihn erledigt. Und zwar komplett.

(Maulwürfe sind übrigens keine putzig kleinen, blinden Kanin-chen, sondern extrem effiziente Jäger.)

Die Bauern und Bäuer*innen dagegen werden sich in einem nie endenden Nachbarschaftskrieg bestehend aus endlosen Nickelichkeiten miteinander verkleben und verhaken. Bevor nicht alle tot sind, kann es nicht zu Ende sein! Ein Elefant tritt auch nach über 50 Jahren die tot, die ihn als Baby zwischen Bäumen zur Bewegungsunfähigkeit verdammt angekettet und so wochenlang vor den Augen seiner Mutter gefoltert haben. Sobald er kann. Und auch seine Mutter wird es tun. Sie werden aber auch nach vielen Jahren jene zärtlich und trompetend begrüßen, die sie aus den Händen dieser Bestien erlöst haben. (Ein besonders perfider Horror, der beim Abrichten von Elefanten ganz gezielt missbraucht wird: Denn es ist dieser „Besitzer" des Babys, der die „Breaking Box" in Auftrag gegeben hat und sich dann als der Retter geriert. Ekelhaft.)

Der Bauer kann ebenso unerschütterlich treu wie rachsüchtig sein. Er vergisst nicht. Jeder Millimeter Boden wird immer wieder aufs Neue beharkt.

Warum? Weil bis auf Weiteres alles Bedeutung behält, sobald es einmal Bedeutung erlangt hat.
Und zwar wegen der „Das haben wir schon immer so gemacht"-Regel. Brombeeren, Giersch und Wicke muss man immer wieder schon im Keim ersticken und man darf da niemals (!), niemals nachlassen! (Sofern man deren Nährwert und Schönheit nicht kennen gelernt hat). Rote Bete wird immer erst nach den Eisheiligen ins Freiland gesät und die benachbarte Familie Brotkuch ist der (!) Feind. Offen oder sehr subtil werden Hass und Kränkung jedes Jahr aufs Neue ausgesät, gedüngt und die Ernte eingeweckt. Auf dass es ewig so weitergehe. Um Fakten geht es schon seit Jahrhunderten nicht mehr. Sondern um Ideen, Konzepte und Gefühle.

Ich möchte gerne wissen, ob Kulturen, in denen es schon jahrhundertealte Blutfehden gibt, eher bäuerlich oder jagend/sammelnd gegründet sind. Spontan könnte man sagen, dass ja die Jäger die Waffen haben. Aber so eine Mistgabel ist bei Bedarf auch recht wirkungsvoll.

Reizoffenheit

AD(H)Sler*innen sind offen für alles Mögliche. Sie gehen erst einmal neugierig und vorurteilsfrei an alles dran. Vor der Einschulung sind noch alle entzückt von den aufgeweckten und lernbegierigen Kerlchen – bis man ihnen die Wissbegierde und die offenen Sinne auszutreiben beginnt.

Es ist sehr traurig, wenn man Texte liest oder Videos von Betroffenen sieht – oft von Kindern – die sich selbst als defizitär beschreiben, weil sie „immer aus dem Fenster gucken und jedes kleinste Geräusch" sie ablenkt. Ja, sicher ist das so. Aber es hat ja eine Funktion. Einen Sinn. Es ist weder ein grundsätzlicher Dachschaden noch Krankheit noch Unart. Ganz im Gegenteil, es könnte sogar ein Potenzial sein – wenn es genutzt würde. Aber nein, es gehört ausgemerzt.

Wenn dann diese Kinder in den Betroffenheits-Filmchen brav erzählen, dass nur das Medikament dafür gesorgt hätte, dass sie endlich dem Unterricht folgen könnten, wird mir fast übel. Denn gleichzeitig verlieren sie den Zugang zu ihrer Begeisterungsfähigkeit, ihren Leidenschaften, ihrer Kreativität, ihrer Reaktionsschnelligkeit und all den anderen Späher*inneneigenschaften. Aber alle sind glücklich, weil sie jetzt ja nicht mehr offen für all die Reize der Welt sind. Der Fokus ist nur noch darauf gerichtet, was das Bildungsministerium und seine Bediensteten oder der Knigge für wichtig halten. Die Kinder halten den Blick an die Tafel getackert und der Sachbearbeiter in seinen Akten. Der Schmetterling fliegt ungesehen vorbei. Aber wehe, die Wirkung des Medikamentes lässt nach! Dann explodiert all das Ungelebte auf einmal. Auf diesen „Rebound" genannten Effekt wird mit Sanktionen, mit Nachladen und Dosiserhöhung reagiert.

Und dann wird ihnen vorgehalten, dass sie sich für nichts mehr interessieren, nicht mehr vor die Türe gehen, keine Clique mehr haben und den Blick nicht mehr vom Handy heben. Ja, was wollt ihr denn?

Mehr dazu im Kapitel 6.

Visualität

Gerade habe ich mir eine neue Hüfte einbauen lassen. Auch nach einer Woche noch treibt mich die Steuerung fürs Krankenhausbett in den Wahnsinn: Da sind zwar nette Bildchen auf der Fernbedienung, aber ich käme mit „Kopfende hoch" und „Kopfende runter" deutlich besser zurecht. Darüber hinaus habe ich statt der ollen Uraltdinger jetzt auch noch ergonomisch geformte Krücken bekommen. Jetzt gibt es eine rechte und eine linke Krücke. Verdammt nochmal, ich kann mir einfach nicht merken, welche für welche Seite ist! Die AD(H)Slerin im Nebenbett lacht: „Das ist doch ganz einfach! Das sieht man doch!" Sorry, nee – ICH sehe das eben NICHT! Meine Augen wissen eben nicht vorher, wie meine Hände sich in diese ganzen Mulden und Erhebungen einfügen werden. Ein schlichtes „R" und ein „L" – DAS würde ich bewältigen. Mach ich sofort, wenn ich zu Hause bin. Gelobt sei mein Edding.
Wie kommt das? Ist es bei AD(H)Sler*innen die bessere Raumwahrnehmung? Ist es die Fähigkeit, Erkenntnisse aus einer Wahrnehmung in eine andere zu übertragen? Ich sehe das stachelige Grün im Busch und mir läuft das Wasser im Mund zusammen. Ich berühre im Dunkeln mit der Fingerspitze eine bestimmte Konsistenz und habe das innere Bild einer Mango, die ich mit genau passendem Griff neben dem schlafenden Affen vom Baum pflücke.

Ich kann es jedenfalls nicht. Ich kann auch nicht sehen, wie herum dieser Sicherheitsschlüssel ins Haustürschloss passt. Apropos: Ich habe zwei Briefkästen. Beide Schlüssel hängen am selben Ring, den ich immer mit derselben Bewegung vom Brett nehme und dort wieder aufhänge. Trotzdem stecke ich IMMER zuerst den falschen Schlüssel ein! Ich kann auch nicht sehen, ob ein Brett über eine Grube passt oder nicht. Ich muss es messen und eine Zahl aufschreiben. Wie viele Wetten habe ich schon verloren von wegen passt oder passt nicht? Ich sollte das Wetten hier lassen. Ich kann´s nicht sehen. Dafür weiß ich immer, wo der Zollstock ist. Und den lege ich neben die in der korrekten Tiefe vorgezogene Saatrille. Ätsch.

Kreativität, Innovationskraft und Lösungsorientierung

Bäuer*innen können das auch. Jahrhundertelang wurde geeggt und gepflügt. Eine Generation nach der anderen „hat das immer schon so gemacht". Pionier*innen der Landwirtschaft kommen heute ganz ohne das aus. Nach langer, langer Nachdenkzeit kam die Erkenntnis: Holla – nirgendwo in der Natur wird geeggt und gepflügt! Niemals gibt es nackten Boden! Und dann doch diese fette Überfülle an Grünzeug! Können wir vielleicht daraus etwas lernen? Jawoll und Bäm: Permakultur, Dauer- und Flächenhumus, Mischkulturen und Mulchen waren geboren. Kein Spaten und nix mehr nötig. Die Erdökologie freut sich. Das sind aber gaaanz langsam, quasi organisch wachsende Entwicklungen. Noch gilt aber jener Bauer als umso besser, je fetter seine Landmaschine ist, je tiefer sie pflügt und je mehr sie dabei den Boden zerstört und verdichtet. In dem Augenblick, in dem ich das schreibe (Jahreswechsel 2023/2024), demonstrieren bundesweit PS-Protze auf ihren übergroßen Agrarmaschinen durch die Städte. Sie nennen es „Bauernproteste" und sind sehr böse, weil man ihnen den dafür notwendigen Diesel aus Gründen des Umweltschutzes nicht mehr verbilligt geben will.

Die Späher*innen sind da anders. Explosiver, sprudelnder, sprunghafter. Sie sind kreativ mit unerschöpflichem Drang nach Innovation.

Begeistert erzählt A. mir davon, dass er sich am Tag der Veröffentlichung den digitalen Impfausweis geholt hat. Nach einer Weile des Zuhörens unterbreche ich seinen Redeschwall und frage: „Ja, aber du brauchst den doch gar nicht! Du verreist grad nicht und nix." „HA!" ruft er. „Das ist neu, das ist technisch, das hat sonst noch keiner! Ich MUSSTE den heute kriegen!" „Ach so, ja dann.", sage ich.

Unzerstörte oder geheilte Späher*innen werden auf ihre Kreativiät, Lust am Neuen und Orientierung an Lösungen (für Probleme, die der Bauer gar nicht sieht) stets zurückgreifen können. Sie werden sogar ganz entspannt dasitzen und auf die Eingebung warten können. Sie werden sich auf ihre Fähigkeit verlassen können, das Theaterstück zu rocken und für jede Katastrophe hinter der Bühne eine Lösung zu finden. Sie werden mit Panzertape das U-Boot vorm Absaufen bewahren und aus den vorhandenen Holzresten eine mehrstöckige Meerschweinchen-Landschaft ins Wohnzimmer bauen. Sie werden auf fünf Leinwänden gleichzeitig arbeiten und sich darauf verlassen, dass die Bilder irgendwann auch vollendet sein werden. Wenn es sie packt. Sonst natürlich nicht. Aber sie werden immer auf diese Fähigkeit zur Improvisation selbst in Krisensituationen vertrauen können und darum auch nicht in Panik geraten.
Was blieb ihnen auch übrig? Da draußen und nur mit ein paar Hansels und wenig Gepäck? Sie mussten einfach mit dem Material, welches gerade da war, Lösungen finden. Sie konnten

nicht schnell mal in die Scheune laufen und in die wohlsortierten Vorräte greifen (WEHE! Wenn sie es tun!).

Die Personalabteilung sollte sich sehr genau überlegen, ob sie jemanden ablehnt, nur weil er nicht pünktlich zum Vorstellungsgespräch gekommen ist, offenbar am liebsten ständig aufspringen will und die Bewerbungsmappe auch schon bessere Tage gesehen hat. Dieses Aus-dem-Nichts-etwas-zu-schaffen kann so einem Laden durchaus auch schon mal den Hals retten.

Als in der Firma meines Partners ein Konzept eingeführt wurde, das „Clean Workspace" hieß, mussten die Angestellten alle persönlichen Gegenstände entfernen. Es gab ab diesem Zeitpunkt keine festen Arbeitsplätze und keine persönlichen Schränke mehr. Die Pflanzen mussten ebenso weg wie die Halstücher, die zur Kompromissbildung bei unterschiedlichen Lüftungsbedürfnissen gebraucht wurden. Unter jedem Gegenstand klebte ein Etikett, auf dem stand, was dort zu stehen hatte. Ernsthaft. „Stiftebehälter" stand da. Und „Klebebandabroller". Damit war schlagartig jede persönliche Bindung an die Firma ausgelöscht. Oder, wie wir Tiefenpsycholog*innen sagen: Es gab keine libidinöse Besetzung des Arbeitsplatzes mehr. Zu Deutsch: Die Arbeitsmoral ging auf null. Zu diesem Thema hier ist aber entscheidend, dass es damit auch ein Ende hatte, dass der Betriebswirt mal schnell einen Wasserhahn reparierte oder zusammen mit der Abteilungsleiterin eine Magnettafel an die Wand tackerte, damit sie nicht mehr im Weg stand. Ohne mitgebrachtes Werkzeug keine Improvisationen zu Gunsten der Firma mehr. Alles erstarrte auf dem vorgeschriebenen Dienstweg.

Die Berater, die diesen Scheiß eingeführt hatten, bekamen dafür Hunderttausende und zogen anschließend von dannen. Sie hatten keinen Blick für das Desaster, das sie angerichtet hatten.

Ein ständig sprudelnder Quell neuer Ideen und Impulse sorgt in einem gesunden Klima für Anpassung an Beutetiere, Wander-, Sammel-, Jagd- und eben auch Notsituationen aller Art. Am Boden, in der Luft und im Wasser wird das Neue gejagt. Es müssen sichere Übernachtungsmöglichkeiten gefunden und sich an verschiedenste Situationen angepasst werden. Alles braucht schnelle Lösungen. Wenn Späher*innen nicht selbst sofort in den entsprechenden Hyperfokus geraten, dann werfen sie nur mal grad eine Skizze hin. Falls in dem Moment, in dem es um die geduldige Ausführung und Denken bis ins Detail gehen könnte, eine Antilope vorbeikommt, muss der Jäger aber aufspringen. Das ist auch völlig okay so, denn die Idee lässt er am Lagerplatz liegen. Andere werden sie geduldig bis zum Ende ausführen. Kluge Bauern wissen die Impulse der Späher*innen also sehr zu schätzen und nehmen sie dankbar als Anregung für großartige Erfindungen oder eben Firmenrettungen auf.

Niemand stellte sich ihnen entgegen, als die Mitarbeitenden nach und nach ihre Hundebilder und persönlichen Antistress-bälle wieder mitbrachten. „Clean" schließt sich mit „engagiert" und „kreativ" einfach aus. Langsam verblassen die Etiketten auf den Stellflächen.

Gerechtigkeitssinn und Hilfsbereitschaft – für sich und für andere

Ich weiß nicht genau, warum dies die Späherin und den Späher besonders auszeichnet. Vielleicht, weil sie selbst so viel Unverständnis und Ungerechtigkeit erfahren. Vielleicht, weil die Verdrahtung zwischen Impuls und Handlung kürzer ist. Vielleicht, weil sie öfter mit existenziellen Fragen konfrontiert werden und daher etwas besser wissen, worauf es wirklich ankommt. Aber da muss noch mehr sein! Ich habe auch einen ausgeprägten Gerechtigkeitssinn, aber ich würde ihn niemals so explosiv zum Ausdruck bringen:

Wir waren in dem hiesigen Spaßbad zum Schwimmen. Fast 50 Jahre später denke ich immer noch an diese Geschichte: Dort gibt es ein Becken, in dem Erwachsene locker stehen und Kinder schwimmen lernen und herumtoben können. Vielleicht 1,20 m tief. Es gibt dort auch einen weiten Bogen, an dem die Erwachsenen herumlümmeln, sich von Unterwasserdüsen massieren lassen, sich unterhalten und ihren Kindern beim Spielen zusehen. Dieser Rand war komplett besetzt. Wir „Großen" plantschten einfach so rum. Für frisch Pubertierende war dies Becken eigentlich weit unter ihrer Würde, aber wir hatten ein Kleinkind dabei und trotzdem unseren Spaß.

Meine Erinnerung beginnt dort, wo ich gellende Schreie höre und in schockierte Gesichter sehe: Ein Mann war mitten im Rund dieser Arena mit seinem Kind – wie soll ich es sagen – zugange. Das Kind schrie voller Panik, die Augen weit aufgerissen. Mit sich überschlagender Stimme klammerte es sich an diesen Mann. Grob riss dieser sich die zarten Ärmchen vom Hals und stieß das Kind von sich. Es war vielleicht fünf oder sechs Jahre alt, konnte jedenfalls nicht in diesem Wasser stehen. Und wenn es das doch gekonnt hätte, hätte es in seiner Todesangst den Boden sicher nicht gefunden. Es war ohne Halt, ging unter, schlug um sich, bekam den Arm des Mannes zu greifen und klammerte sich an ihn. Das Kind schnappte nach Luft, schrie und schrie. Wieder riss der Mann es grob von sich, schüttelte es und brüllte es an, es solle verdammt nochmal endlich schwimmen lernen – um es dann aufs Neue ins freie Wasser zu stoßen. Noch einmal ging es unter, fand wild um sich greifend Halt an ihm, klammerte sich in Todesangst fest und noch einmal wurde es weggerissen und weggestoßen. Dies ganze Grauen dauerte wohl nur einige Sekunden. Aber als das arme Wesen jetzt wieder auftauchte und sich an diesen Kerl anklam-

merte, explodierte unsere Mutter. Eine gewaltige Bugwelle vor sich herschiebend legte sie die vielleicht 4 Meter zu dem Mann in einer Nanosekunde zurück, baute sich mit ihren knappen 1,50 m vor ihm auf und donnerte ihn derart gewaltig an, dass er mit offenem Mund erstarrte und das Kind mit ihm. „Wenn sie noch ein einziges Mal dieses Geschöpf ins Wasser stoßen, dann rufe ich die Polizei! Wegen solchen Versagern wie Ihnen muss ich mich mit Leuten abplagen, die Angst vorm Wasser haben! Sie zerstören hier ein Leben! Wie soll das Kind Ihnen jemals wieder vertrauen? Ist das überhaupt Ihr Kind? Ein richtiger Vater würde so etwas niemals tun. Sie sind der größte Versager, den ich je gesehen habe. Sie herzloser Bastard! Sie potenzloser Kinderschänder ...“ usw. usw. (Sie war Übungsleiterin und gab auch Schwimmunterricht, wusste also sehr genau, wovon sie sprach. Und sie war fünffache Mutter.) Sie ersäufte ihn unbremsbar mit ihren Flüchen und Verwünschungen. Nach einer gefühlten Ewigkeit riss er sich aus ihrem Bann und verließ fluchtartig die Stätte seiner Schande, das schluchzende Kind an sich gepresst. Und mit hängendem Kopf.
„Der Schlag soll Sie treffen!“, schrie sie ihm, immer noch zornentbrannt, mit einem Donnerhall hinterher, der die Rundumverglasung des Bades klirren ließ. (Doch, ehrlich – ich erinnere mich genau, wie ich sorgenvoll in die Glaskuppel blickte!). Wutschnaubend und ruckartig wandte sie sich an die erstarrten Zuschauerinnen und Zuschauer: „Wagen Sie es nicht!“, blaffte sie ins Rund und verließ mit unserem Baby-Nachzügler wild stampfend das Becken. Was auch immer sie meinte – niemand wagte es!
Wir tauchten mit schamroten Köpfen unter, wir kannten diese Frau nicht.

Was hätte ein Bauer getan? Ganz sicher langsamer reagiert. Vielleicht hätte er sich irgendwann das Kind geschnappt und es über das Wasser gehoben. Oder sich vielleicht heimlich aus dem Becken geschlichen und im Idealfall den Bademeister gerufen. Sich aber vorher wahrscheinlich erst mal bei den Umstehenden rückversichert, ob die auch denken, dass da vielleicht etwas falsch läuft. Vielleicht hätte er auch nichts getan, aber später einen empörten Brief an das Schwimmbad geschrieben. Ich weiß es nicht.

Ich bin jedenfalls froh, dass es diese Späher*innen gibt, die ohne Zögern losspringen und mit einem einzigen knirschenden Biss den Nacken der angreifenden Kobra durchrennen.

Ich kann das so nicht.

...

Hilfsbereitschaft in echter Not kann also sehr intensiv sein, ist oft sehr spontan und immer sehr mitfühlend. Ohne jeden Filter erfassen Späher*innen alle emotionalen Signale des Gegenübers. Nichts schirmt sie ab gegen diese Welle des Mitgefühlten. Darum lockt nicht nur das Aufregende in die freiwillige Feuerwehr oder das THW, sondern auch diese Empathie. Auch sind ihre Ziele oft groß. Dann wollen sie nichts weniger als die Welt retten.

Kleine Aufgabe: Suchen Sie Greta Thunberg im Miniatur Wunderland. (Frau Thunberg ist keine AD(H)Slerin, aber ihr wurde von diesen dort ein Ehrenplatz gegeben).

„Wir werden von Beruf Weltretter, das haben wir gerade besprochen!", klang es von der Rückbank, wo Jonathan (7) und Lucia (6) saßen. Denn gerade waren wir auf der A61 an den kümmerlichen Resten des Plaidter Hummerich vorbeigefahren. Dies ist ein ehemaliger Vulkan und inzwischen von der Stein- und Bimsindustrie nahezu dem Erdboden gleich gemacht worden. Obwohl darauf einmalige Biotope gewesen waren. All das hatte ich den beiden Kindern auf ihre Frage nach den

Baggern am traurigen Rest des letzten Stücks Bergs erzählt.
... was soll ich sagen? 20 Jahre später sind beide tatsächlich auf
dem besten Wege, ihren Plan umzusetzen.
Ich frage mich nochmal, wieso eigentlich? Woher kommt diese
Leidenschaft fürs Retten? Meine Idee dazu:

Alle für einen, einer für alle

Auf einer Sammeltour, einer Forschungsmission oder Jagd
sind ja eher kleinere Gruppen unterwegs. Dabei sind die Teil-
nehmenden oft weit weg von zuhause. Sie können, anders als
die Daheimgebliebenen, nicht mal grad schnell Hilfe holen.
Darum sind sie viel mehr aufeinander angewiesen. Sie müssen
bereit sein, auf Befindlichkeitswechsel sensibel zu reagieren
und in Notsituationen aktiv und ohne Zögern einzugreifen.
Man lässt niemanden zurück.
Voraussetzung dafür ist allerdings, dass sie, die Späher*innen,
gerade nicht im Hyperfokus der Jagd oder des Sammelns
sind – und dass ihrer Amygdala (das ist das Nervenknöt-
chen im Gehirn, das über „wahrnehmen oder ausblenden?"
entscheidet) die Not als wahrnehmungswürdig erachtet.
Grundsätzlich können Späher*innen sich auf der Pirsch
oder dem entscheidenden Angriff ja nicht um jeden blöden
Stolperer kümmern. Das könnte den Jagderfolg verhindern.
Darum kann es durchaus auch sein, dass sie erst viel später
feststellen, wenn ihnen unterwegs jemand verloren gegangen
ist. Wenn die Körbe voll oder das Wild erlegt sind, werden sie
ihn oder sie aber suchen gehen. Denn eine gute Späher*in ist
nicht so leicht ersetzbar. Es werden, bezogen auf den ganzen
Clan, ja schon weniger geboren und zudem ist der Verschleiß
gerade unter ihnen auch höher. Man kümmert sich also.

Backstage
S. erzählt: „Einmal hat mich im Hochgebirge ein Blitz
getroffen. Die Einheimischen hatten sich mit ihrer Wettervor-
hersage sehr gründlich vertan. Schon auf dem Hinweg war
das Wetter umgeschlagen, so dass wir die Mittagspause auf
der Hütte sehr ausdehnen mussten. Nämlich so lange, bis das
Gewitter durch war, welches uns auf dem Hinweg buchstäblich
aus heiterem Himmel überrascht hatte. Mein Adrenalinpegel
war deswegen sowieso schon recht hoch, denn es gab auf dem
Hinweg einen Moment, wo wir fast auf einen Schotterhang
geraten waren. Nur ganz knapp entgingen wir zusammen mit
unserer Sechsjährigen dem Abrutschen ins Bodenlose. Mein
Mann hatte das mit seinem Richtungssinn trotz dichten Nebels
aber gerade noch realisiert, und uns harsch mitten in der Bewe-
gung gestoppt. Erfolgreich hatte er dann hochkonzentriert
den Boden nach den rotweißen Wegmarkierungen abgesucht,
während das Kind und ich uns erschrocken auf den Boden
gehockt hatten. Das reichte mir eigentlich schon vollkommen als
Abenteuer für den Tag. Darum bestand ich mittags auch darauf,
dass wir erst losgingen, als der Hüttenwirt uns sagte, dass der
Rückweg jetzt sicher sei. „Das Gewitter ist durch.", versicherte
er uns und vielen anderen, die bei ihm eine heitere Kaffeepause
eingelegt hatten.

Er hatte sich geirrt.

So kam es, dass wir mit unserer kleinen Tochter zum eigent-
lich sehr überschaubaren und familienfreundlichen Kletter-
steig zurück zur Seilbahnstation aufgebrochen waren, als das
Gewitter nach einer guten Stunde Weges wieder über uns
hereinbrach. Und zwar genau an der heikelsten Stelle der
ganzen Strecke. Ein schmaler Weg war dort in die senkrechte
Wand gehauen und nur mit einem Stahlseil gesichert. Als der
Blitz in den Säntis einschlug, schoss er an diesem Seil entlang

– *just in dem Moment, als ich mich daran festhielt. Es war wohl nur noch ein bisschen Kriechstrom, aber der reichte aus, um mein Herz stolpern und meinen linken Arm erst brutal schmerzvoll und dann taub werden zu lassen. Ich hätte dabei sterben können, das war mir sehr bewusst. Ich stand sprachunfähig in Schockstarre, während wir gleichzeitig schnellstens den nächsten Schritt klären mussten. Da kam uns eine Gruppe Wanderer entgegen, die sehr eindrücklich schilderte, dass das Gewitter am Gipfel hing. Ein Durchkommen zur Bergstation unmöglich. Wir mussten zur Hütte umkehren und ich war mit den Nerven vollkommen durch.*

In diesem Augenblick erwachte der Späher in dem Vater meines Kindes endgültig: Er nordete mich mit fester Stimme ein, meinen Blick auf seinen Rucksack zu heften und ihm einfach zu folgen. Die Kleine hatte gar nichts von irgendwelchen Gefahren mitbekommen, weil sie gerade begeistert in einer sicheren Nische gestanden und das Wetterspektakel bewundert hatte. Der Held schob sie vor sich, klickte ihre Sturzsicherung nun bei sich ein und verprach ihr Käsespätzle in der Hütte. Sie war allerbester Laune, trug stolz meine Mütze und seine Jacke – wir waren auf solches Wetter nicht besonders gut vorbereitet – und sang lauthals gegen Donner und Wind an. Selbst, wenn Hagel uns waagerecht von der Wand schmettern wollte oder der Donner sich zwischen den hohen Wänden endlos multiplizierte. Der große Jäger ließ sie lachend am rotweißen Felsen lecken und gab sich empört, dass es nicht Erdbeersahne-Eis war. Erzählte von tanzenden Drachen und sang mit ihr die wildesten Regenlieder. Ich trottete mit stierem Blick wie ein Automat hinter ihnen her.

Die Hütte war vollkommen überfüllt, es stank nach nassen Wandersocken, Appenzeller-Käse und Angstschweiß. Das Wirtspaar samt Azubi leerten fürs durchgeweichte und durchgefrorene Wandervolk schuldbewusst ihre eigenen Kleiderschränke und ließ die gestrandeten Horden bei sich über-

nachten. Mit ihren Wetterprognosen halten sie sich hoffentlich seitdem zurück.

Ich bin nie wieder auf einen Berg gestiegen. Vater und Tochter schon."

***

Neben dieser Eigenschaft, in Notfällen zur Hochform aufzulaufen, Nerven und Kompetenz zu zeigen, sind da noch:

Loyalität,
schnelle Mustererkennung,
Innovationsfreudigkeit.
Dynamik,
„Spirit"
Generatoren für Fröhlichkeit

und noch viel mehr solcher Fähigkeiten. Sie alle können nicht nur für eine Firma sehr kostbare Eigenschaften sein.

Daraus folgt:

Berufe und Berufung

Etliche dieser eben beschriebenen positiven Eigenschaften sind tatsächlich Diagnosekriterien. Also im psychiatrischen Denken tatsächlich Symptome einer Erkrankung! Was der schleimige Auswurf für die Bronchitis, ist die Reizoffenheit für die AD(H)S.
Andere dieser unzweifelhaft positiven Eigenschaften werden bei vielen Autor*innen mit echter Sympathie und Achtung aufgelistet, bei manchen aber auch mit einem „Geschmäckle".

Es entsteht dort der Eindruck von: Die sind zwar total bescheuert/krank/gestört, aber irgendwie auch ganz putzig.

Ich finde es – extreme Ausnahmefälle abgesehen – wirklich konstruktiver, mit dem Begabungsblick darauf zu sehen. Und zwar selbst dann, wenn diese ganze Späher*in-Bäuer*in-Theorie völliger Quatsch sein sollte. Wir könnten alle glücklicher sein. Wäre das jetzt so schlimm?
Diese Pauschalabwertung sollte man sonst ja auch nicht machen ... obwohl ... bei vielen anderen, die nicht der Masse entsprechen, macht man es ja auch. Zum Beispiel werden Gehörlose standardmäßig auf die Normwelt „hörend" getrimmt. Da wird – früher mit roher Gewalt, heute mit Schuldgefühlen und Fehlinformationen – das Gebärden verboten bzw. schlecht geredet. Es werden elektrische Sonden in Babyhirnen versenkt und Lautsprache geübt, statt gespielt und kommuniziert. Die bunte Kultur des Gebärdens gilt als minderwertig. Aber das ist nochmal ein anderes, sehr trauriges Kapitel unserer deutschen Pädagogik- und Medizingeschichte. Es wird in mancher Hinsicht ein bisschen besser, aber die Grundidee der Normanpassung besteht unverändert. Das gehört aber in ein anderes Buch.

Prof. Dr. med. Ludger Tebartz-van-Elst benutzt ein schönes Bild, um die Treue zu sich selbst und die Wertigkeit jedes Einzelnen auszudrücken. Er sagt, dass im „Orchester des Lebens" jeder seinen Platz hat. Er muss aber tatsächlich das Instrument spielen, das er repräsentiert. Anstatt also zu versuchen, mit kräftiger Lunge in die Geige zu pusten und dadurch Musik zu machen – setzt man sich da nicht besser zu den Bläsern und benutzt die Klarinette?

Was also kann man mit diesen Begabungen dann anfangen? Beruflich zum Beispiel?

Es gibt eine wunderbare Info- und Beratungsstelle für Erwachsene mit AD(H)S in der Schweiz, die nicht alle meine Einstellungen, aber absolut den wertschätzenden Ansatz mit mir teilt. In der 21. Ausgabe ihrer Zeitschrift (AD(H)S im Berufsalltag) hat Dr. med. Heiner Lachenmeier dazu einen ermutigenden Artikel geschrieben. (Es gibt auch Vorträge dazu, aber ich kann Schwyzerdütsch vielleicht im Café etwas verstehen, für Vorträge reicht es leider nicht.) Auch er wünscht sich „einen Wechsel von der starr defizitorientierten Symptomsicht zu einer nachvollziehbaren Funktionssicht".

Also:

Wer das freie Denken, Assoziieren, Improvisieren und Erfinden liebt, kann Wissenschaftler*in, Philosoph*in, Schriftsteller*in oder Erfinder*in werden.

Wer die Geschwindigkeit liebt, kann Kampfpilot*in oder Achterbahndesigner*in werden.

Wer Gerechtigkeit liebt, kann Entwicklungshelferin oder Verwaltungsfachangestellter in der Strafzettelabteilung werden. (Aus Lebenserfahrung nenne ich hier Jurist*innen aller Art ausdrücklich nicht!)

Wer den Nervenkitzel liebt, kann Höhlentaucher*in oder Elektriker*in werden.

Wer besonders gut den Hyperfokus kann, der ist als IT-Nerd*in oder Herzchirurg*in gut untergebracht.

Wer ultraschnell reagiert, kann Rennfahrer*in oder Lehrer*in werden.

Wer sich besonders in der Natur wohl fühlt, kann Gärtner*in oder Hundetrainer*in werden.

Wer Drama liebt, kann Schauspieler*in oder Feuerwehrfrau werden
... Ich stelle fest: Mutter oder Vater passt immer. Klar. Die müssen Universalgenies sein.
Für mich wären alle diese Berufe ein Graus. Zu schnell, zu aufregend, zu alles.

Hieraus folgen auch noch wunderbare Paarungen, wenn die besten Vertreter*innen beider Pole zusammenarbeiten:

Die Künstlerin und ihr Manager
Der LKW-Fahrer und seine Disponentin
Die Ärztin und ihr medizinischer Fachangestellter
Der Friseur und seine Buchhalterin
Die Unternehmensberaterin und ihr Vorgesetzter.

Kleine Fantasie-Übung

Hier noch eine Aufstellung weiterer, den AD(H)Sler*innen nachgesagten, besonderen guten Eigenschaften. Dazu steht noch mehr weiter vorne im Kapitel 10. An dieser Stelle möge sich die geneigte Leserin und der interessierte Leser dazu mal einen passenden Beruf ausdenken (das Buch gehört Ihnen, kritzeln Sie ruhig rein):

kreativ und fantasievoll
mit einem guten Gefühl für Formen und Farben
fürsorglich und hilfsbereit
charmant und direkt
fröhlich und witzig
schlagfertig und aufgeweckt
flexibel und begeisterungsfähig
tierlieb und naturverbunden
sensibel und gutmütig
interessiert und begeisterungsfähig
mitreißend und belastbar
bei Bedarf auf den Punkt präsent und souverän in der
passenden Aktion
harmoniebedürftig und nehmen sehr sensibel die Stimmungen
anderer wahr
krisenfest und genussfähig

U.a. bei Cordula Neuhaus im Buch: „Lass mich, doch verlass mich nicht" wird man hier vieles wiederfinden. Die Biografien meiner AD(H)S-Patient*innen sähen anders aus, wenn man sie ermutigt hätte, einen zu ihnen passenden Beruf zu ergreifen. Und selbst, wenn der nicht reich macht (jetzt mal abgesehen von der Chirurgin und dem Rennfahrer), dann macht er wenigstens glücklich. Alles andere wird durch Improvisationstalent ausgeglichen. Bei YouTube bin ich auf einen Film von 2015 gestoßen: „Ricky und Doris: An unconventional Friendship in New York City". Ricky sagt in etwa: „Ich war niemals ein Arbeiter, der versuchte, ein Künstler zu sein. Ich war immer ein Künstler, der versuchte, ein Arbeiter zu sein. Es ist mir nie gelungen. Nun lebe ich als der Künstler, der ich schon immer war." Oder wie Ben Furman sagt. „Es ist nie zu spät, eine glückliche Kindheit zu haben."
Vielleicht mal im Wunderland nachfragen, ob die grad jemand brauchen.

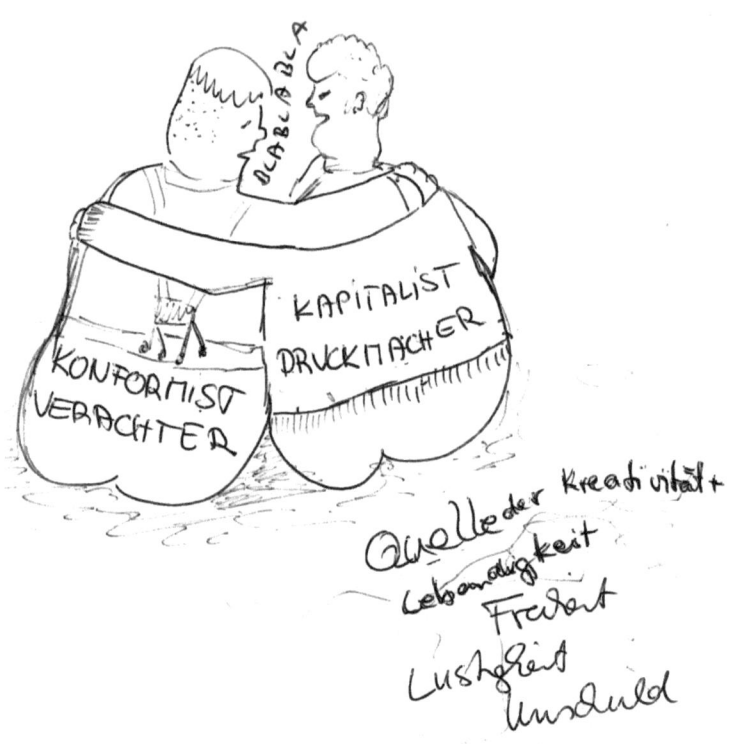

Gezeichnet nach einer Idee von K.S.

Kapitel 10

10. Das eigene Leid

Nun habe ich bis hierher diesen langen Appell für Verstehen, Wertschätzung und Respekt geschrieben und komme dann doch noch mit diesem Kapitel? Und dem nächsten auch noch? Ja, denn AD(H)S kann trotz aller gegebenen Chancen und Möglichkeiten, Begabungen und Programmierungen viel Leid verursachen! Und zwar sowohl wegen des Ärgers und Drucks, den man kriegt, als auch wegen der Auswirkungen der Eigenschaften selbst.

Backstage
„Was ich mit Druck meine? Der Kapitalist, der Interesse an anderen hat, soweit sie ihm nutzen. Der sitzt mit seinem fetten Arsch auf der Quelle der Freiheit. Er macht nur Druck, dass die anderen für ihn nützlich sind. Von meiner Freiheit kann er sich nichts kaufen. Und der Konformist verachtet alles, was nicht ist, wie er. Sein Arsch ist genauso fett wie der des Kapitalisten. Er blockiert Kreativität, Lebendigkeit, Lustigkeit und Unschuld. Er macht Druck, dass alle so sein sollen wie er. Aber soll ich Ihnen was sagen? Die gewinnen nicht. Der Druck der Quelle ist größer. Die werden noch hochgehen, durch den Himmel schießen und absolut unsanft landen."

Gegen die eigene Natur schadet allen

Dies Leiden an dem eigenen Gepolt-Sein rechtfertigt meines Erachtens, dass ich dazu noch zwei eigene Kapitel schreibe. Denn all dies Elend der Menschen, die in aufgesetzte Normen gepresst wurden, ist ja überhaupt erst die Motivation dafür gewesen, dieses Buch zu schreiben. In der Hoffnung, dass es danach weniger wird. Übrigens können beide, Späher*innen und Bäuer*innen, an ihrem So-Sein leiden. Darum tauchen beide in diesem Kapitel auf.

Was ist also, wenn die Abwerterei der anderen nur noch im Suff zu ertragen ist und/oder einen der selbstgebaute Käfig aus angepassten Verhaltensweisen zu ersticken droht?

Was ist also, wenn Herr Bauer von der eigenen Dumpfheit, von 40 Jahren Anziehen derselben Schraube oder den leer gewordenen Traditionen allmählich „die Schnauze gestrichen voll" hat?

Was ist also, wenn Frau Wasserfinder über die ewigen Geldsorgen, das Chaos und die eigene Unruhe vollkommen verzweifelt ist?

1. Das Leid der Späher*innen

Impulskontrolle und Struktur

Zum Beispiel sagt Späherin Amrei es so: *„Ich kenne kein Dazwischen. Am Anfang des Monats ist Geld da – und dann ist es weg. Es ist zum Verzweifeln."* Das Einteilen des Geldes würde von ihr verlangen, sich in der Zeit zu orientieren. Es würde außerdem sowohl die Kontrolle von Impulsen als auch das Aushalten von ungenutzten Möglichkeiten im Hier und Jetzt verlangen. Aber das entspricht nicht Amreis Natur, es tut ihr nicht gut und es entzieht sich sehr oft ihrer bewussten Kontrolle.

Ordnung

Weiter sagt sie: *„Ich kenne auch in der Wohnung kein Dazwischen. Ich räume alles auf. Alles ist sauber, alles genau da, wo es sein soll. Dann drehe ich mich nur einmal kurz um – und alles ist in totalem Chaos versunken. Ich weiß absolut nicht, wie es dazu gekommen ist. Das ist so furchtbar gruselig."*

Das Halten der Ordnung würde ständige geistige Präsenz und das Überwinden der Langeweile, auch bei Routinetätigkeiten, verlangen. Auch, wenn Amrei im Ausruh- oder im Fährtensuchmodus oder im Hyperfokus ist, müsste sie die Dinge immer (!) da hintun, wo sie hingehören. Das geht aber eben nur, wenn „Aufräumen" die Beute ist. Es geht eben nicht, wenn irgendetwas anderes die Aufmerksamkeit bindet oder ablenkt. Darum entspricht Ordnung nicht Amreis Natur. Die zu halten tut ihr nicht gut und entzieht sich sehr oft ihrer bewussten Kontrolle.

Hyperaquatismus

Späher Manus leidet unter seiner Hyperakusis: *„Jedes kleine Geräusch treibt mich in den Wahnsinn. Und ich höre ALLES! Doch ich darf nicht darauf reagieren. Ich habe einen Job zu erledigen. Um schlafen zu können, muss ich meine Ohren völlig verschließen, doch dann höre ich mich von innen. Auch, dass ich dann das Außen nicht mehr höre, treibt mich in den Wahnsinn. Ich muss doch aufpassen! Es könnte ja etwas passieren. Was Gefährliches oder Spannendes. Am besten geht es mir, wenn ich in der Natur unterwegs bin. Nur da bin ich zuhause. Diese Geräusche sind alle okay. Im Wald kann ich schlafen."*

Man nennt das Hyperakusis. Hyperakusis ist auch ein Hyperfokus – in dem Fall ein so genannter negativer Hyperfokus. Da ist ein unangenehmer Reiz, der aber nicht ausgefiltert werden kann.

Wir leben direkt neben einer Bahnlinie. Wir hören die Züge nicht einmal mehr dann, wenn das Haus vom Vorbeidonnern wackelt. Manus kann das nicht. Das ist ja schon schlimm genug. Dann wird das aber zusätzlich auch noch abgewertet. Da ist wieder ein „Hyper" – also ein „Zu viel von". Dabei wird einfach übersehen, dass „hyper oder nicht hyper" nur eine Frage des Umfeldes ist. Denn dies passiert ja nur in der falschen Umgebung. Ein Fisch ist ja auch nicht „hyperaquatisch", weil es ihm außerhalb des Wassers beschissen geht. Jemand, der sich in fremder Umgebung bewegt, der sich orientieren muss, der stets auf der Suche nach Neuem ist – der MUSS eine niedrige Reizschwelle für Geräusche haben! Für ihn und sie ist das genau richtig. Es ist für ihn und sie normal. Späher*innen sind Warner des Clans und Reizsucher, welche Lust an Gefahren haben. Die niedrige Reizschwelle macht schnell, erfolgreich und am Ende satt und sicher. Von wegen „hyper":

Manus´ Art der Geräuschwahrnehmung unabhängig von der Umgebung zu betrachten entspricht nicht seiner Natur und es entzieht sich vollkommen seiner willentlichen Kontrolle.

Die Versager*innen

Was also, wenn man verzweifelt ist vom ewigen Suchen nach Zeug, Vergessen von Terminen, ständiger „Du bist falsch"-Rückmeldung, unüberlegt getroffenen Entscheidungen und um die Ohren fliegenden Beziehungen?
Das alles erzeugt Leid, welches Depressionen, Zwangsstörungen, Süchte und andere Erkrankungen nach sich ziehen kann. Wenn das Umfeld nichts begreift.
Vorher ein kurzer Blick auf das andere Extrem des Menschenmöglichen:

2. Das Leid der Bauern und Bäuerinnen

Hypoabenteuerlustig und listenvernarrt

Bäuerin Sanne: *„Jahrelang dachte ich, ich müsste Abenteuer-reisen mögen. Meine Männer (Mann und zwei Söhne) wollten das schließlich alle auch. Es schien das „Normale": Sie sind zu dritt und nur ich bin anders. Ich wollte sie nicht enttäuschen und habe alles mitgemacht. Aber ich habe mich niemals wohl dabei gefühlt. Ich will nur einfach irgendwo meine Hängematte aufhängen und lesen. Ich will auch immer und lange vorher wissen, wo ich mein Brot kriege und wo ich abends schlafen kann."*

Ohne Lust am Unvorhersehbaren sind Abenteuer keine Abenteuer, sondern Stress. Sanne hat keine Lust daran. Solche „Urlaube" sind für sie das Gegenteil von Erholung. Danach ist sie nur vollkommen frustriert und erschöpft. Sie müsste Spaß an Ungeplantem haben, dann wäre auch sie von solchen Abenteuer-Urlauben erholt. Ihr Lebensfeld ist das Berechenbare, das Ruhige und das Planbare. Von wegen „hypo":

Abenteuer entsprechen nicht Sannes Natur, sie tun ihr nicht gut und die Lust an Berechenbarkeit und Ruhe entzieht sich ihrer bewussten Kontrolle.

Weiter sagt sie: *„Ich mag Listen und Kisten. Meine Familie zieht mich ständig damit auf. Wir leben in getrennten Welten."*

Der Verzicht auf diese Bedürfnisse und Gewohnheiten verursacht ihr Stress. Das Loslassen der Ordnung würde das zwangsweise Übergehen dieses Unbehagens bedeuten.

Chaos entspricht nicht Sannes Natur, es tut ihr nicht gut und es entzieht sich ebenfalls sehr oft ihrer bewussten Kontrolle.

Der Hasenfuß

Ja, auch die Bäuer*innen können leiden und auch sie bekommen Druck. Tatsächlich sogar zunehmend, da im Moment andere Ideale, als das häuslerische Schwabentum in den Vordergrund geschoben werden. Das mag z. B. mit der Idealisierung der Jugendlichkeit als solcher zu tun haben. Damit wird auch das Aus-dem-Haus-streben, Nonkonformismus, Explorationssinn oder Abenteuerlust zunehmend idealisiert. Sollte man früher brav und fleißig sein, ist jetzt das Anders-Sein chic.

Auf dem Weg zu meinem Schreibplatz im Westerwald schalte ich das Radio an, SWR 2, und lande in der Sonntagsmatinee. Warum auch nicht. Ich mag Wortbeiträge immer lieber als Musik.

Kleiner unmusikalischer Exkurs: (Mein Chorleiter möge diesen gegebenenfalls geflissentlich überlesen)

Ich kann Musikrichtungen kaum unterscheiden. Während die mir bekannten AD(H)Sler*innen sogar unterscheiden können, ob etwas ein Original oder ein Cover und wenn ja, von wem und aus welchem Jahr es ist, kenne ich nur vier Kategorien Musik:

1. Pop: hmts hmts hmts hmts
2. Klassik: Irgendwas mit Geigen oder Klavier
3. Jazz: Ein unstrukturiertes Durcheinander von Geräuschen
4. Alles andere

Das kann an meinem Bäuer*innentum als solchem liegen. Oder daran, dass ich als einzige Fast-Vollbäuerin mit fünf Fast-Vollspäher*innen aufgewachsen bin. Die haben ununterbrochen alle gleichzeitig ihre jeweiligen Musiken laufen lassen. Queen, Die Vier Jahreszeiten, Harry Belafonte, Die Biene Maja und Disco mit Ilja Richter – alles gleichzeitig. Lautstärke auf Anschlag. Dazwischen noch die ein oder andere Prügelei und fliegende Fetzen. Ich dachte mir dann immer so: „Och nö, ich mach jetzt mal nicht auch noch Musik an." Darum meine Vorliebe für gesittete Wortbeiträge. Dabei ist es einfach geblieben. Wenn dadurch natürlich auch ein gewisses musikbezogenes Bildungsdefizit zurückgeblieben ist.

Wo war ich stehen geblieben? Ach ja, die Matinée ...

Thema war „Weg von hier – das ist mein Ziel". Gerade war jemand interviewt worden, der offenbar großer Fan von Alexander von Humboldt ist. Die Interviewerin fragte, ob die, die es nicht zur Forschungsreise in den südamerikanischen Dschungel zieht, eben einfach nur phlegmatisch und überhaupt nicht neugierig oder interessiert seien. Und ob es im Bereich des überhaupt Denkbaren läge, dass diese Leute zuhause angesichts der Möglichkeiten der großen, weiten Welt glücklich sein könnten?

Bitte, was hatte sie da gerade gesagt?

Der Gesprächspartner antwortete wortreich ausweichend im Sinne von „Kann man so nicht sagen" und „Kommt drauf an". Auch er schien ebenso verwirrt oder fassungslos wie ich. Allein durch ihre Fragestellung wurden Assoziationen wie Dumpfbacken, Langweiler, Feiglinge, Ödbratzen etc. ausgelöst. Gut, sie kann nichts für meine Assoziationen, aber die Wortwahl war ihre. Dann kam nervige Redundanzmusik. (Ich nenne die so, weil da dieselben Sequenzen endlos wiederholt werden.) Die schaltete ich wie immer weg. Als ich wieder zuschaltete kam gerade ein Sketch: Eine Frau will ihren Mann zu einer Reise überreden. Er will ganz offenbar aber nicht, weil ihm lauter Gefahren einfallen. Er hat Angst, das Reisen sei nicht seins. Sie aber versucht ihn mit zunehmender Verachtung, mit Worten wie „Hasenfuß", „Langweiler", „Weichei" etc. in Bewegung zu setzen. Er sucht immer verzweifelter nach Begründungen. Er ist die Lachnummer.

Ich bin stinkesauer und schalte die Matinée ab.

Muss denn wirklich immer alles bewertet werden?

Kann man Menschen nicht einfach so sein lassen, wie sie sind? Der Hasenfuß tut doch niemandem weh. Dann soll sich seine Frau doch ihren verdammten Rucksack packen und allein nach Indien losziehen! Aber stattdessen wird auch hier auf Teufel komm raus lächerlich gemacht und bewertet. Ich mag das nicht.

Partymuffel!

Es gibt Leute, die reden gerne, laut und viel in wild zusammengewürfelten Gruppen oder festen Party-Cliquen. Und solche, die lieber ruhig etwas werkeln und sich dabei unterhalten. Oder auch stundenlang einvernehmlich schweigen.
Es gibt Leute, die schwingen großartige Reden und unterhalten voller Inbrunst eine mitfiebernde Gruppe, die dazu genau passt.
Und solche, die an keiner der beiden Rollen Freude haben.

Backstage
Susan schreibt: „Da gibt es diese Einladungen, auf Partys, die alle als große Freude empfinden. Für mich ist das leider nichts.

Es hat eine Weile gedauert, bis ich verstanden habe, warum mich so viele Menschen mehr stressen, als dass ich solche Abende genießen kann.
Für mich sind Treffen mit wenigen Menschen so viel wertvoller! Es kommen echte Gespräche über das Leben zustande, ich weiß danach, wie es dem Einzelnen geht, ein echter Austausch kann stattfinden.
Auf Partys, auf denen so viele Menschen zusammenkommen, habe ich immer nur das Gefühl, dass an der Oberfläche gekratzt wird. Man hetzt von einem zum anderen, den man lange nicht gesehen hat und versucht ein schnelles „Update". Ich halte mich den ganzen Abend an einer Stelle auf und rede nur mit denen, die zufällig vorbeikommen. Ich frage sie schnell, wie es ihnen geht, damit nicht ich reden muss. Wenn ich dann um 11 gehen will, werde ich von vier Leuten angequatscht, warum ich denn schon (!) gehen will. Es sei doch hier so toll! Letztens bin ich bei der Vierten endlich geplatzt und bin ihr über den Mund gefahren: „Weil ich jetzt gehen will!" Erstaunlich ist, dass ich über Corona entdeckt habe, dass das gar nichts mehr für mich ist. Früher habe ich das nicht so gemerkt. Aber um 7 Uhr morgens bei 8 Grad und steigendem Nebel in der Morgensonne ... Da kann ich stundenlang einfach nur gehen ... Da passiert gar nichts. Das ist so schön! Da bin ich glücklich."

Niemand aus ihrer Familie und Freundeskreis könne das verstehen. Sie solle das ganze Gefeiere toll finden! Sie wünsche sich, dass das einfach akzeptiert würde, anstatt dass man sie auslache und unter Druck setze.

Auch ich mochte es schon als Jugendliche nicht, dass man Partys mögen musste, um etwas zu gelten. Ich mag sie bis heute nicht. Vor allem diese musikdröhnenden Saufen-und-rum-sitzen-in-Papas-Kellerbar-Partys. Furchtbar! Wer mich auf einer Party haben wollte, musste mit dem Auto vorfahren und mich einladen. Also, ich meine nicht im Sinne von Einladung aussprechen. Ich meine im Sinne von In-Handschellen-abführen, denn die Einladung selbst hatte ich ja schon höflich mit kunstvollen Ausreden – und offenbar vergeblich – abgelehnt. Da ich nicht besonders streitlustig bin, habe ich dann meist klein beigegeben. Ich hätte viel lieber Möbel gebaut. Oder was gelesen. Oder Kekse mit filigranen Mustern gebacken. Oder lesend in einem Baum gesessen. Ich mag überhaupt nicht sitzen und reden, ohne etwas Konstruktives dabei zu tun. Ich mag auch kein Fernsehen ohne Strickzeug oder Erbsenpulen. Jetzt bring du aber mal ´nen Topf Brombeeren zum Einkochen mit auf eine Party ... Auch Essen gehen mag ich nicht. Zusammen kochen ist super. Oder in unserem Steinbruch zusammen einen Ofen aus Schieferplatten bauen und darin Brot backen. Man kann währenddessen ja über Gott und die Welt reden, aber NUR reden – das ist nicht meins. Die dröhnende Musik, die das Reden gleichzeitig offenbar ja auch verhindern soll, macht es nur schlimmer. Ich sitz da und verstehe die Welt nicht. (Heute heißt das Geburtstagsfeier oder Grillfest. Heute kann ich auch unauffällig lächelnd herumsitzen und reden. Wenn ich muss. Aber wenn ich die Wahl habe, dann geh mir bloß weg mit sowas!)

Therapie ist mehr als Reden

Kleiner Einschub an meine Klient*innen, falls sie das lesen: Therapie ist was ganz anderes. Denn Therapie ist bei Weitem nicht nur Reden. Auch nicht, wenn ein Gesundheitsminister nach dem anderen das behauptet und 80 % aller Ärzt*innen glauben, das auch einfach so zu können. Weil sie nämlich Medizin studiert und an drei Wochenendkursen teilgenommen haben. Also keine Sorge, ich liebe meinen Beruf sehr. Das sieht ja nur von sehr weit außen so aus, als ob wir „nur" reden würden. Therapie ist gemeinsame Gartenplanung, anpflanzen und säen, gießen und düngen. Dazu gehört „Unkraut" finden und oftmals als Heilkraut identifizieren, Rankhilfen bauen, mulchen und ernten. Darum macht mir das auch so eine Freude! Ich sehe nie das wüste Land, ich sehe die blühenden Gärten. Der Frühling kommt bald und dann erfreuen wir uns an herrlichen Blüten und Früchten, Wildwuchs und gepflegten Rabatten. Therapie ist Gartenarbeit vom Feinsten.

Charakterfragen

Kleiner Einschub zu Charakterfragen: Es gibt ja auch extravertierte und introvertierte Menschen. Extravertierte reden gerne, sie zeigen sich gerne. Sie tanken im Kontakt mit anderen Menschen Energie. Für Introvertierte sind Kontakte anstrengend. Es fühlt sich für sie an, als ob andere Menschen ihnen die Energie absaugen. Dies ist aber ein anderes Thema als das Feld Bäuer*in oder Späher*in. Beide können beides und es könnte ein spannendes Thema für eine Master- oder Doktorarbeit sein, dies einmal systematisch zu untersuchen. Meine Hypothese wäre, dass auf dem Hof mehr Introvertierte zu finden sind als auf dem Schützenplatz.

Abgesehen von der Hasenfuß- und Etikettenthematik trifft die Bäuerin die gesellschaftliche Ächtung und Selbstabwertung aber insgesamt weniger hart und viel, viel seltener. Ihr Standardprogramm erfährt insgesamt weitaus größere Akzeptanz. Während der Bauer „aussteigen" kann, indem er sich die Haare bunt färbt und jonglieren lernt, bleibt er immer noch Bauer. Und bekommt deswegen – zumindest meistens – auch keine Probleme. Jedenfalls gibt es noch keine Medikamente, keine Trainingsbücher, keine Therapie-Manuale, keine Diagnostikfragebögen und keine Coachingprogramme wegen seiner Eigenarten. Er legt sich eben ein spannenderes Hobby zu oder fährt mal nach Hooksiel statt nach Langeoog und gut ist.

Aber die Späher*innen können nicht aus ihrer Haut. Sie können ja nicht sagen: „Jetzt mache ich eben mal gleichbleibende Aufmerksamkeit statt Suchmodus und Hyperfokus." So ist das dann auch für sie mit den Partys: Wenn es sie packt, dann wird das die Nacht ihres Lebens. Wenn sie eigentlich im Lademodus sind, dann quälen sie sich herum.
Mir haben darum auch viele Späher*innen berichtet, dass sie größere Gruppen von Menschen und Partys nicht mögen. Wegen der Reizüberflutung. Aber auch wegen der Angst, sich irgendwie falsch zu verhalten. Dann kann es sein, dass sie mit festgefrorenem Lächeln abgeschaltet in der Ecke stehen und sich betrinken. Wenn sie diese Angst aber nicht haben, dann können sie auch auf jeder Party genussvoll in den Such- oder Jagdmodus eintauchen.

Du bist falsch

All diese Abwertung ... all diese Anpassungsversuche ... all dies Elend.

Backstage
S.: „Ich werde bis heute immer mal wieder für meine Etikettiererei ausgelacht. In der Vergangenheit wurde volle Begeisterung für ein Projekt nach dem anderen in schneller Folge von mir verlangt, sonst durfte man mich einfach so als „begeisterungsunfähig und öde" titulieren. Ich sollte es auch toll finden, wenn regelmäßig Pläne in letzter Sekunde geändert wurden. Während sich (fast) alle anderen jede Woche genussvoll darüber kaputtlachten, starb ich fast vor Scham, weil Familie

W. immer (immer!) in voller Besetzung zu spät zum Gottesdienst kam. Auch meinen Vater störte es, aber er guckte nur grimmig, während er die Orgelpfeifen vor sich her in die Kirche schob. (Eine moderne Kirche – der doppelflügelige Eingang lag direkt neben dem Altar!) Dann schlief er ein. Sein Schnarchen versetzte mich in grenzenlose Fremdscham, während meine Geschwister sich glucksend beömmelten und unsere Mutter mit blasiertem Gesicht demonstrativ aufmerksam den wirren Ausführungen des angetrunkenen Pfarrers lauschte.
Meine Geschwister dagegen bekamen Prügel für ihre Verträumtheit oder ihre Leseunlust, für ihre Unordnung und ihre Sammelleidenschaften, für all die kaputtgemachten Spielsachen, verlorenen Armbanduhren und schlechten Noten.
Unsere Mutter veranstaltete die besten Geburtstage der Welt. Die halbe Stadt kam zu uns (gefühlt), um unter selbstgefertigten Papierlampions und Girlanden, zu unfassbar schönen und köstlichen „Schwänen" (gefülltes Brandteiggebäck) ein wildes Geburtstagsspiel nach dem anderen zu genießen. Sie hatte alles im Griff, alle hingen an ihren Augen und an ihren Händen. Sie zelebrierte sich und das Geburtstagskind mit explosiver Energie. Alles leuchtete – nur der Tag danach war grauestes Elend. Denn der Gatte hatte sich sehr darüber aufgeregt, dass bei seiner Heimkehr um 17 Uhr nicht jede verdammte Spur des Festes bereits beseitigt war. Und auch andere Mütter hatten sich über die Grasflecken auf den Knien und Sonntagskleidern ihrer Kinder beklagt."

Warum bloß soll man so sein, wie „die anderen". Warum bloß wird aus Gold Scheiße gemacht? Warum darf ich nicht so sein, wie ich bin? Reicht es nicht, wenn jeder seinen Frieden mit sich selbst hat?

Einzige Einschränkung: Die eigene Freiheit endet dort, wo sie die eines anderen verletzt.

Sagte die wilde Mutter immer. Nur für sich selbst durchsetzen konnte sie es bis zum Schluss nicht. Immerhin hat sie
die arbeits- und zeitintensive „Wasserwelle" irgendwann in
den 70ern zugunsten eines pflegeleichten Kampf-Feministin-
nen-Kurzhaarschnitts verabschiedet.

3. Das (vermeintliche) Glück der anderen

Doch zurück zum Thema, dass Menschen beider Arten daran
leiden, wie sie sind: Wenn man also wirklich anders sein will
und sehnsüchtig zum gegenüberliegenden Pol schielt.
Wenn man sich neidisch vorstellt, wie wunderbar aufregend
bzw. entspannt, unvorhersehbar bzw. berechenbar oder leidenschaftlich bzw. gelassen und sowieso von anderen viel wertge-
schätzter das Leben „der anderen" ist.

Redet doch mal miteinander...

Gibt´ s auch Lösungen?

Zuallererst also bitte mal genau prüfen, ob das Eigene wirklich minderwertig und das andere wirklich besser ist. Dazu hat dies Buch hoffentlich schon ein Stück beigetragen. Wenn der Veränderungswunsch trotzdem bleibt, dann haben es endlich einmal die Späher*innen besser als die Bäuer*innen. Denn für die Späher*innen gibt es Coaches, Bücher, Behindertengrade und Fördermittel, Medikamente und Therapeut*innen. Zugegeben, Späher*innen haben auch oft den größeren Leidensdruck, da sie in einer für sie eher ungeeigneteren Umgebung leben (wenn sie nicht gerade Mitglieder eines Jagdgeschwaders sind). Es gibt hierzu bereits wirklich viel Literatur (Wenn in einem Leitfaden oder Buch bewertet wird, schmeißen Sie es weg!)

Daher hier nur kurz angedeutet ein paar Hinweise für die Späher*innen:

Ansätze für Späher*innen

Nochmal, obwohl ich mich wiederhole (aber vielleicht dringt es diesmal auch durch): Erstes und wichtigstes Ziel: Noch vor jeder Veränderung Achtung und Wertschätzung dafür entwickeln, wie man ist. Vielleicht kann dann alles oder teilweise unverändert bleiben. Und nur, wenn trotz Selbstachtung noch ein Veränderungswunsch bleibt, sollte man

- sich einen Coach suchen, dann wirklich Termine machen, dann wirklich hingehen
- gute Literatur dazu finden – und wirklich lesen – und umsetzen, was gefällt
- eine Selbsthilfegruppe finden (z. B. Juvemus, Tokol – einfach mal recherchieren) – und dann wirklich hingehen
- konkrete Ziele formulieren.

Mögliche Ziele für Späher*innen

Was soll man dann mit dem Coach, der Selbsthilfegruppe, dem Buch erreichen?
(Außer Selbstachtung und Selbstwertschätzung)?

- Selbstbeobachtung trainieren (mache ich das, was ich vorhatte?)
- Selbstregulation trainieren (mache ich das, was ich vorhatte?)
- Ziele präzise und konkret formulieren.
- Kleine Unterziele statt der ganz großen Nummer definieren.
- Worte in Bilder verwandeln.
- Störungsfreie Zonen schaffen.
- Sich Erinnerungshelfer setzen: Smartphone-Funktionen nutzen, den Coaches und Gefährt*innen Aufträge geben, Riesenzettel schreiben, DIN-A-2-Karton in Nasenhöhe in die Tür hängen, sich die Hand anmalen, den Klodeckel zubinden – und darunter klebt dann „Morgen Hochzeitstag". Dinge mitten in den Weg stellen, Knoten machen (meine Tochter vermisst aus diesem Grunde ihre Rastazöpfe) etc.

Also lauter Signale einrichten, die erst ausbremsen, dann irritieren und schließlich erinnern.

Und dann sofort alles ERLEDIGEN, woran damit erinnert wurde.

SOFORT!!!
Ganz wichtig: Ist es nicht viel, viel besser, die vorhandenen Stärken zu nutzen, statt Defizite wegkriegen zu wollen? Manchmal ist es nur ein Umformulieren, manchmal auch ein Umdenken in eine andere Richtung. Dafür ist unser Kopf rund: Damit wir die Richtung wechseln können:

Statt:	Besser:
Unpünktlichkeit wegkriegen.	Zeiträume statt Zeitpunkte verabreden. Pünktlicher werden.
Chaos kontrollieren.	Von kreativen Potenzialen ausgehen.
Unruhe wegkriegen.	Das Leben um Bewegung herum einrichten.
Konzentration erzwingen wollen.	Begeisterungs-Möglichkeiten schaffen.
Bei einer Sache bleiben müssen.	Hobbys sammeln, Andere begeistern. Veränderungswunsch schätzen.
Standard-Tagesrhythmus erzwingen.	Kenntnis um den eigenen Rhythmus aufbauen und das Leben danach ausrichten.
Ausgeglichener werden.	Empfindsamkeit, Durchlässigkeit und Leidenschaftlichkeit schätzen.
Impulse kontrollieren.	Besinnungsrituale einschleifen.
So lernen und arbeiten, wie „alle anderen".	Sich auf das Einklinken des Hyperfokus zum richtigen Zeitpunkt verlassen – und lernen, das zu fördern.
Alles allein schaffen müssen.	Grenzen und Möglichkeiten wertschätzen, Notwendiges nach Fähigkeiten delegieren, sich Hilfen erlauben
„Frühzeitig" anfangen.	Darauf vertrauen, dass der Aktionsmodus anspringt, wenn der Druck groß genug ist.

Ansätze für Bäuer*innen

Auch für sie gilt erst einmal: Selbstachtung/Selbstwertschätzung entwickeln – vielleicht kann alles so bleiben!

Nur, wenn der Veränderungswunsch trotz Selbstachtung bleibt:

• Kleinigkeiten anders machen: mal das andere Bein zuerst aus dem Bett strecken, vorher mal ein bisschen liegen bleiben und die Phantasie schweben lassen. Mal Senf auf den Käse streichen und den Kaffee ohne Milch trinken. Nein statt Ja sagen.
• Selbstbeobachtung: Was mache ich gerade? Will ich das wirklich? Macht es mir Freude? Was fühle ich überhaupt?
• Vertrauen schenken und etwas riskieren: Du willst mit mir einen Wanderritt auf gemütlichen Kaltblütern machen? Ich kann zwar nicht reiten, aber ich komme mit.
• Traditionen hinterfragen: Bedeutet mir der Weihnachtsbaum tatsächlich noch etwas?
• Nachdenken: Gibt es für mein Handeln einen anderen Grund als den, dass man das „schon immer" so gemacht hat? Nein? Dann mach es anders.
• Gegenwärtigkeit trainieren: Was ist hier und jetzt?

Und jetzt geht woanders gucken!

Da haben sich andere schon viel kompetenter ausgelassen. Z. B. gibt es inzwischen sehr viele wunderbare Kanäle von YouTuber*innen mit AD(H)S. Sehr schön zu gucken.

ABER: Wenn jemand abgewertet wird, schmeißt das Buch weg, löscht den Kanal, kündigt den Coaching-Vertrag!

Kapitel 11

11. Das Leid der anderen

In diesem Kapitel bitte ich ganz dringend zu unterscheiden zwischen:

1. Leuten, die unter dem Verhalten ihres Gegenübers zwar leiden, dies Leid aber mit einer anderen Einstellung selbst sofort beenden könnten. (= Pseudo-Leid und Selbstmit-Leid)

2. Leuten, die wirklich ausweglos unter dem So-Sein des anderen leiden.

Also erstmal zu den Leuten, die über Pseudo-Leid klagen und im Selbstmit-Leid baden:
(Auch dies Kapitel ist übrigens, wie vieles andere in diesem Buch, Ergebnis einer sehr konstruktiven Therapiesitzung.)

Macht andrer Leuts Probleme nicht zu euren!
Macht eure Probleme nicht zu denen der anderen!

Trick 1: Benenn es um
Unordnung? – Nenn es „Work in Progress" oder „kreatives Chaos". Scham weg, Leid weg. Wer das nicht mag, kann ja rausgehen.

ACHTUNG:
Dies gilt nur, wenn es wirklich der persönliche Raum ist und keine Gemeinschaftsräume betrifft!

Trick 2: Praktische Lösungen
Du hast gar keinen eigenen Raum?
Räumt die Wohnung um! Jeder braucht sein persönliches Reich für sein persönliches Ordnungssystem. In dieses wird sich nicht eingemischt! Es sei denn, man wird ausdrücklich darum gebeten. Dann Bodydoubeln (siehe Glossar) und Hinweise auf Anfrage geben.

Trick 3: Gib den Ball zurück
„Du bist sauer und enttäuscht, dass ich nicht pünktlich bin. Du weißt aber nun auch schon seit 27 Jahren, dass ich Zeit nicht strukturieren kann. Es ist deine eigene Entscheidung, dies trotzdem immer wieder zu erwarten und dann enttäuscht zu sein. Ich habe vergeblich versucht, die Fähigkeit zu Pünktlichkeit zu entwickeln und bin nun versöhnt damit, dass ich es nicht kann. Du kannst mich gerne austricksen, oder dich auch mit einem ungefähren Zeitraum anfreunden."

Trick 4: Habt Mitgefühl, für euch selbst und die anderen. Findet so Kompromisse.
„Du willst nicht mehr mit mir in unser Ferienhaus in der Schnee-Eifel. Ich kann absolut verstehen, dass dich das langweilt. Gleichzeitig fühle mich aber nur da sicher genug, um mich zu erholen. Ich schlage vor, du machst deine Afrikasafari und danach höre ich mir sehr gerne bei einem Glögg deine Geschichten an."

Trick 5: Versucht zu erarbeiten, was die Vorteile für euch als Team sind.
* „Boah, das ist eine super Idee! Soll ich da mal eine Umsetzungsstrategie fahren?"
* „Guten Morgen. Danke, dass du die ganze Nacht da dran gesessen hast! Ich räum dafür die Werkstatt jetzt wieder auf. Schlaf gut."

Trick 6: Grenzt euch ab – aber bitte nur, wenn es auch wirklich angemessen ist!
„Dies hier geht dich tatsächlich gar nichts an! Es ist meine Sache, wie lange ich auf dem Sofa liege."
(Das geht nicht bei anders lautenden Absprachen, oder wenn man Elternteil ist oder wenn der gemeinsame Hund aufs Klo muss.)

Und jetzt zu den Leuten, die echtes Leid verursachen und dafür Verantwortung übernehmen wollen.

Was also ist, wenn man selbst mehr oder weniger gut zurechtkommt, gleichzeitig aber sehr genau weiß, was man anderen mit seinem So-Sein antun kann.

Kleiner Exkurs Tiefenpsychologie

Zum Beispiel dadurch, dass man mit einem Extrempol verpartnert oder vielleicht sogar mit so jemandem aufgewachsen ist. Oft ist ja sogar beides der Fall, weil man den Partner nach dem Prinzip auswählt: Ich will endlich lösen, was mir in der Kindheit nicht gelungen ist. „Wiederholungszwang" oder „Reinszenierung" nennen wir Psychotherapeut*innen das. Der Versuch die Kindheitsherausforderungen zu lösen, gelingt natürlich nur mit jemand, der einen wieder vor dieselben Herausforderungen stellt. Darum heiraten Alkoholiker-Kinder Alkoholiker*innen und Kinder von Psychopath*innen heiraten toxische Persönlichkeiten. Damit ist man dann doppelt in die Sch ... ule des Lebens getreten. Das geht so lange, bis man damit aufhört. Indem man nämlich endlich Verantwortung für das innere Kind übernimmt und die Lösung des Leides nicht mehr an andere delegiert. Klingt nach Arbeit? Ist es auch.

Was soll das eigentlich heißen: „jemandem etwas antun"?

Wie wird man zum Opfer? Nun ja, indem man eine Mutter oder einen Vater – oder, wenn man besonders „gesegnet" ist, gleich Mutter und Vater (und später Lebensgefährte) hat, die folgendermaßen sind:

Variante A:
Das tragische Zerrbild eines Bauern und einer Bäuerin.
Vater, Mutter, Partner*in... können dies alles oder vieles davon zeigen.

- sind extrem regelorientiert
- sind völlig unflexibel
- haben als Maßstab aller Forderungen die möglichen Gedanken der Nachbarn
- fördern statt kreativer Ideen nur das Einhalten von Vorgaben
- sind ohne eigene Impulse
- liefern Gefühle nur in der Explosivform, eher aber gar nicht
- fordern, dass das Lametta gebügelt und die Teppichfransen parallel ausgerichtet werden
- machen ausschließlich Urlaub in Kleinklotten, wenn überhaupt
- geben niemals (!) Fehler zu, da nur andere Fehler machen

- sind sich auch absolut sicher, selbst niemals etwas zu verlieren oder etwas kaputt zu machen. Finden sie etwas nicht, oder zerbricht es in ihren Händen, wird anderen Personen aggressiv und mitunter mit jahrzehntelanger Hartnäckigkeit Schuld zugewiesen. Sie sind gut darin, Belege dafür zu benennen, selbst wenn diese einer Überprüfung nicht standhalten. Aber diese Überprüfung wagt in ihrer Nähe eh niemand. Sie werden kein Wort sagen, wenn sie das verlorene Ding dann doch unter ihrem Stapel lange Winterunterhosen gefunden haben.
- reagieren auf Kritik abwehrend bis aggressiv
- ziehen alle Kinder stets gleich an und haben eine Extragarnitur nur für sonntags
- die Kleidung wird durchgereicht, bis sie auseinanderfällt. Geschmack ist irrelevant, Funktionalität und Sparsamkeit ist alles
- reißen zu ihrer Erholung endlose Fahrradtouren oder Wanderungen ohne Rücksicht auf Kinderbeinchen ab
- zwingen alle, jedes verdammte Wochenende mit Unkraut jäten zu verbringen
- jedes angefangene Brettspiel muss gnadenlos, grimmig bis zum Ende gespielt werden, auch wenn keiner mehr Spaß dran hat.
- betrinkt sich, um Hemmungen zu verlieren.
- Sie können sich nicht in andere hineinversetzen. Was zählt, sind Regeln und Traditionen. Sonst nichts. Das setzen sie mit allen Mitteln durch.

Und sie beantworten die Frage, wie das alles eigentlich gehen kann mit nur einem Wort: „Disziplin."

Oder:

Variante B:
Das tragische Zerrbild eines Spähers und einer Späherin

Vater, Mutter, Partner*in können dies alles oder vieles davon zeigen.

- sind mit unberechenbar schnell wechselnden, dafür sehr intensiven Emotionen ausgestattet
- sind ständig neu verliebt
- wollen ständig neue Hobbys. Das Haus platzt aus allen Nähten von all dem dazu angeschafften Material. Überall stehen angefangene Projekte herum.
- wollen ständig neue Kinder, wenn die vorhergehenden langweilig oder anstrengend geworden sind
- sind immer dagegen, immer empört, und in jeder Hinsicht radikal
- sind streit- und risikofreudig
- zwingen alle, beim Sammeln von Sperrmüll oder extravaganten Ausflügen mitzumachen
- schleppen alle Broschüren und Kleidersammlungssäcke ins Haus, die sie finden, wissen genau, wann Sperrmüll ist und leben zwischen schmalen Gängen in Bergen von Zeug
- sind legendär bekannt für ihre peinlichen Auftritten in der Gesellschaft
- werfen alles Mögliche ein, um ruhig und konzentriert zu werden
- leben Alkoholexzesse, sind bekifft oder sonst wie weggedröhnt
- zeigen keine Impulskontrolle in Wort und Tat. Es kommt ebenso unentrinnbar zu rücksichtslosen Abküss-Anfällen wie zu hemmungsloser Gewalt.
- sind unfähig, einen Arbeitsplatz zu halten

- sind unfähig, Schuld oder Verantwortung bei sich selbst zu sehen
- sind unfähig, soziale Signale zu entschlüsseln
- missachten Grenzen.

Frage beantwortet?

Sie haben absolut recht. Das klingt bei beiden nach Border-linern, Manisch-Depressiven oder Menschen mit Trauma-Fol-gestörungen. Auch Zwangsstörungen, Sucht, Depression, Autismus-Spektrumsstörung etc. klingen da an. Leider kann man ja wirklich durchaus auch ein Bauer mit Depression oder eine Späherin mit Borderline sein. Es ist sogar wahrscheinli-cher, eine solche Erkrankung zusätzlich zum Extrempol einer Begabung zu entwickeln. Vor allem, wenn der Druck der Gemeinschaft hoch ist, wenn außerdem durch Risikobereit-schaft mehr Unfälle passieren und dann auch noch die Eltern mit hoher Wahrscheinlichkeit genauso gepolt sind.

Das ist für uns Diagnostiker*innen tatsächlich manchmal sehr schwer zu differenzieren und sauber zu diagnostizieren. Wir geben uns Mühe und haben Leitlinien, die uns dabei helfen.

Für das betroffene Kind ist die Diagnose allerdings voll-kommen irrelevant. Auch für deren Partner oder Partnerin. Das Leid ist das Gleiche. Erst einmal ist es nicht wichtig, welches Etikett man draufkleben kann.
Ein Kind schwört sich, niemals genauso zu werden. Bis es das erste Mal selbst explodiert oder die Legosteine farblich sortieren muss, wenn es sich nicht schlecht fühlen will.

Ein Single schwört sich, diesmal auf die Anzeichen zu achten und verliebt sich dann doch wieder in ihre zuverlässige bzw. aufregende Entwicklungsaufgabe.

Wie kommt es zu sowas?

Nun, natürlich kann jemand tatsächlich als Mega-Späher und Hyper-Bäuerin geboren sein. Das würde aber viele der Exzesse nicht wahrscheinlicher machen oder erklären. Wahrscheinlicher ist, dass traumatische Erlebnisse oder neurotische Konflikte eine gegebene Veranlagung wie unter einem Vergrößerungsglas haben derart ausarten lassen.

Und dann?

Ich handle wie mein Vater! Ich rede wie meine Mutter! Ich bin ein Monster!

Was also, wenn man kein Monster sein und auf gar keinen Fall mit anderen genauso umgehen will, wie man es selbst erlebt hat? Wenn man die eigenen Bedürfnisse und Neigungen darum verachtet und verleugnet?
Wenn man sich darum übermenschlich anstrengt, gegen die eigene Natur zum anderen Pol zu gelangen, weil man dort drüben das wahre Glück vermutet?
Dann wird sich das Rad des Elends trotzdem weiterdrehen. Denn ohne liebevolle Wertschätzung der eigenen Begabungen und Grenzen kann niemand heilen. Und kann auch nicht über sich hinauswachsen.

All diese Zerrbilder bezeichnen wir Psychotherapeut*innen als „Komorbidität", also als Erkrankungen, die zu der Grunderkrankung dazukommen oder sich auch aus ihr heraus entwickeln. Sie haben ihre zentrale Wurzel in der durch andere erfahrenen Ablehnung und der daraus entstandenen Selbstablehnung. Ein großer Teil der Ausbildung in klinischer Psychologie und in Therapieausbildungen hat damit zu tun. Dabei

ist es auch egal, zu welcher Therapieschule wir gehen. Ob wir
es nun unter dem Blickwinkel unbewusster innerer Konflikte
(Tiefenpsychologie, Analyse) oder erlernter Verhaltensweisen
(Verhaltenstherapie) oder als Effekt eines kranken Systems
(Systemische Therapie) oder als Traumafolgestörung (EMDR)
oder noch anders betrachten – am Ende kommt viel Elend
dabei heraus.

Also: Der Mensch ist kein Monster, sondern bedürftig.

Es ist einfach nicht möglich, dieses in der Kindheit begonnene
Elend mit reiner Willensanstrengung zu überwinden. Wir
sagen dazu: Man kann sich nicht selbst auf den Hinterkopf
gucken.

Zu machtvoll und trickreich sind auch die damals notwendigen
und genialen Anpassungen an schräge bis schreckliche Erlebnisse der Kindheit, als dass wir einfach mit unseren bisherigen
Lösungsversuchen aufhören könnten. Auf einem guten Weg ist
man aber,

- wenn man zugibt, dass irgendwas nicht stimmt.
- wenn man die Verantwortung für sich übernimmt: Der
  Stempel, der mir aufgesetzt wurde, wird jetzt sichtbar. Ich
  will den Stempel verändern, weil ich die Kette des Leides
  unterbrechen will.
- wenn man sich das Vorhandensein und die Schädlichkeit
  bisheriger Lösungsversuche bewusst macht.
- wenn man sich Hilfe holt. (Das muss nicht klassische
  Psychotherapie sein, kann es aber. Es kann auch ein gutes
  Buch, eine wertschätzende Freundin, ein Jahr in Tibet, eine
  gute Postkartensammlung, eine Selbsthilfegruppe oder ein
  Hund sein. Meerschweinchen geht auch. Für manche. Die
  Wege der Heilung sind vielfältig, individuell und bunt.)
- wenn man neue Lösungen für das eigene Elend entwickeltt

und im realen Leben umsetzt.
Einer der wichtigsten Heilungswege ist es, sich selbst so zu
behandeln, wie gute Eltern es getan hätten.

Das dürfen Sie nicht sagen! Ich darf nicht schlecht von meinen Eltern reden!

Solange Eltern nicht absichtlich bösartig waren (was es
durchaus ja leider auch gibt), haben sie in aller Regel nach
bestem Wissen und Gewissen gehandelt. Es geht bei der
eigenen Entwicklung und Heilung absolut gar nicht darum, die
Eltern zu verurteilen. Wir müssen sie nicht einmal verstehen,
auch wenn das manchmal hilfreich sein kann. Aber ich darf
immer benennen, was war. Wie es für mich war. Wenn die
Eltern etwas für mich Schädliches getan haben, darf ich das
auch so nennen.

Es geht darum zu erkennen, dass wir jetzt selbst für uns verantwortlich sind. Eltern, Lehrer*innen etc. haben unser Elend
verursacht – aber reparieren müssen und können! wir es
trotzdem selbst. Damit kommen manche Leute sehr glimpflich
davon, aber dann ist das eben so. Wenn einer deiner Heilungsversuche eine Anzeige ist, dann ist das so. Wenn einer deiner
Heilungsversuche christliche Vergebung ist, dann ist auch das
so. Du wirst selbst fühlen, was wirklich hilft. Wenn es nicht
hilft, such einen neuen Weg und geh weiter.

Es gibt überhaupt und absolut gar keine Vorgaben oder
Pflichten, was man für die eigene Heilung in Bezug auf
die realen Eltern zu fühlen und zu tun hat. Alle von außen
kommenden Forderungen nach Verstehen, Vergeben, Kontakt
abbrechen oder neu finden etc. sind übergriffig. Wer meint,
für unsere Heilung in Bezug auf die Erziehungspersonen

etwas Bestimmtes von uns verlangen zu dürfen, ist auf dem Holzweg. Niemand ist in deinen Mokassins gewandert, also hat auch niemand das Recht oder das Wissen, um dir etwas vorschreiben zu können. Wir dürfen den Weg selbst wählen, der zu uns passt. Denn auch nur wir selbst werden ihn gehen.

Sich selber gut bemuttern und bevatern

In welcher Form auch immer, wir müssen uns schließlich selbst zur guten Mutter und zum guten Vater werden. Und zwar bedingungslos. Egal, was wir beruflich tun, wie viele Fans wir haben, ob wir Fehler machen oder uns für hässlich halten. Wir müssen uns behandeln, wie gute Eltern es getan hätten. Wie wir es damals gebraucht hätten.

Was????

Das wäre genau was? Was hätten reife, gesunde und verantwortungsvolle Eltern denn getan?

Ja, was wäre passiert, wenn unsere Eltern in Liebe und Wertschätzung anstatt in einem mörderischen Regime, im Krieg, der Nachkriegszeit, der Enge einer patriarchal strukturierten Normierungsgesellschaft oder einer auf Leistung, Konsum und Wirtschaftswachstum getrimmten Gesellschaft aufgewachsen wären?

Sie wären stets voller Wertschätzung gewesen
und ihre Augen hätten bei allen Ausdrucksformen
der Lebendigkeit des Kindes geglänzt.

Und sie selbst wären in etwa so gewesen:

Variante 1: Bild reifer, gesunder und verantwortungsvoller Späher*innen und Späher

- Sie werden bindungsstark und zugewandt das Kind willkommen heißen und ihm Flügel verleihen.
- Sie werden für ihre eigenen Gefühle, Handlungen und Gedanken die volle Verantwortung übernehmen.
- Sie werden dem Kind nicht einreden, dass etwas anderes besser sei als das, was das Kind ist oder sein will.
- Sie werden neugierig sein auf das, was sich da entfalten will und ihm Mut machen, auch immer wieder über die eigenen Grenzen hinauszugehen. Sie würden es zu nichts zwingen.
- Sie werden voller Kreativität, Leidenschaft, Temperament, Späße machend und mit überbordender Phantasie Geschichten erzählend sein.
- Sie werden mit dem Kind lernen, indem sie in variantenreichen Bildern die Welt veranschaulichen und ihm vormachen, was es dann auf seine eigene Art nachmachen darf.
- Sie werden intensiv in die von den Kindern ausgehenden Projekte und Impulse einsteigen und sie für die eigenen Projekte begeistern.
- Notwendigkeiten des Lebens werden sie den Kindern mit Begeisterung und immer neuen Impulsen und Zugangswegen nahebringen.
- Sie werden es lehren, das Chaos und das Unbekannte zu schätzen.
- Sie werden zu ihren Grenzen stehen und sich bei Bedarf Hilfe holen.
- Sie werden auf andere Lebensmöglichkeiten hinweisen.

Sie wären absolut nicht perfekt gewesen. Aber das müssen Eltern auch nicht sein. Ein ganz goldiges kleines Video dazu hat Conner Dewolfe gemacht. Es heißt: Growing up with ADHS-Parents. Überhaupt macht er super Videos.

Variante 2: Bild reifer, gesunder und verantwortungsvoller Bäuer*innen und Bauern

- Sie würden das Kind bindungsstark und zugewandt willkommen heißen und ihm Wurzeln geben.
- Sie würden für ihre eigenen Gefühle, Handlungen und Gedanken die volle Verantwortung übernehmen.
- Sie würden dem Kind nicht einreden, dass etwas anderes besser sei als das, was das Kind ist oder sein will.
- Sie wären interessiert an dem, was sich da entfalten will und es in seinem Wachstum fördern.
- Sie wären meist ausgeglichen, gelassen, berechenbar und zuverlässig.
- Sie würden stetig und zuverlässig ihre Aufgaben zu Ende bringen und die Kinder dazu ermutigen, es ihnen nachzutun. Sie würden aber auch viel Toleranz für deren Tempo und Arbeitsstil haben.
- Strukturierend hätten sie die Kinder angeleitet, sich die Welt in überschaubare Einheiten zu teilen und doch das Große und Ganze nicht zu vergessen.
- Jedes Üben und Handeln würden sie mit endloser Geduld begleiten.
- Sie würden es lehren, indem sie ruhig immer wieder die Welt erklären und das Kind alles Mögliche ausprobieren lassen.
- Sie würden es lehren, Ordnung und Traditionen zu schätzen.
- Sie würden zu ihren Grenzen stehen und auf andere Lebensmöglichkeiten hinweisen.

Das schafft niemand alles, schon gar nicht immer. Das macht nichts.

Es gibt keine perfekten Eltern. Wie furchtbar wäre es aber auch, perfekte Eltern zu haben? Wogegen soll man denn dann rebellieren? Nee, nee. Leidlich okay würde völlig reichen.

Das gilt dann auch, wenn du anfängst, dir selbst eine gute Mama und ein guter Papa zu sein. Fang halt mal einfach an damit. Unser inneres Kind ist großzügig mit uns. Es ist das älteste Mitglied in deinem inneren Team und bringt damit die notwendige Toleranz mit.

AD(H)S-Co

Wenn sich dabei herausstellt, dass dir das mit der Selbstfürsorge sehr schwerfällt, dann bist du vielleicht das Pendant zu dem, was man bei Suchtkranken den „Co" nennt. Das ist der Mensch, der die Sucht mit unterstützt, indem er oder sie sich auf eine ganz bestimmte Weise verhält. Ob dies auf dich zutrifft, kannst du im Fragebogen testen, der im Anhang ist. (S. 523)

Ganz egal, ob man AD(H)S für eine Krankheit hält oder für sonst etwas: Wir können Verständnis haben – und bei Erwachsenen gleichzeitig volle Eigenverantwortung erwarten. Der Partner oder die Partnerin, das erwachsene Kind, Geschwister, Eltern, Freund*innen, Kolleg*innen etc. haben das Gleiche zu tun: Volle Eigenverantwortung zu übernehmen!

Es lohnt sich sicher, hier mal unter dem Stichwort „Co-Abhängigkeit" (siehe Anhang) auf die Suche nach hilfreicher Literatur zu gehen. Man muss sich das dann nur für die AD(H)S-spezifischen Anforderungen übersetzen. Das Prinzip ist aber das Gleiche:

- übernimm Verantwortung für dich selbst
- übernimm keine Verantwortung für andere
- sei selbstfürsorglich
- lass los, was dir schadet.

Du siehst: Nicht die Grundstruktur eines Menschen macht den Unterschied zwischen Heilung und Wiederholung aus, sondern Liebe, Wertschätzung, Offenheit und damit das Akzeptieren des eigenen Weges und des Weges der anderen.

Aber, aber, aber – wenn jetzt wirklich nur mein Partner/meine Partnerin Quelle all meines Unglücks ist?

Dann bist du auf dem Holzweg ... und definitiv noch nicht selbstverantwortlich genug.

Es ist doch meine Entscheidung und damit meine Verantwortung, wie ich mit den Eigenarten des/der anderen, meinen eigenen Bedürfnissen und Grenzen umgehe:

- Ich entscheide immer noch selbst, über was ich mich ärgere. Z. B., ob ich warte oder ob ich stattdessen ohne ihn oder sie losfahre.
- Ich entscheide selbst, ob ich Reisen mitmache, die mir zu wild sind – oder zu öde.
- Ich entscheide selbst, ob ich für ihn entschuldigend beim Arbeitgeber anrufe oder wegen ihrer peinlichen Auftritte Partys vermeide.
- Ich entscheide selbst, lieber innerlich unter Druck zu stehen, als mit dem anderen in den Konflikt zu gehen.
- Ich entscheide selbst, ob ich gekränkt bin, wenn er sich aus der Abwesenheit/dem Hyperfokus heraus nicht meldet. Stattdessen kann ich auch liebevoll an ihn denken und ihn

auf einer fesselnden Fährte sehen.

- Ich entscheide selbst, mit wem ich zusammen bin, ob ich die Kinder einem schlechten Beziehungs-Vorbild aussetze oder mich stattdessen einer Trennung und Besuchsregeln stelle.
- Ich entscheide selbst, ob ich meine Kraft reinsetze, den anderen zu verändern, oder in den Spiegel zu schauen.

Wenn du jetzt „Ich kann nicht" sagst, dann bist du trotzdem weiterhin verantwortlich. Nämlich, **dich zu fragen, was du brauchst, um zu können.** Komm mir nicht mit Ausreden. Denn „Ja, aber er ..." ist kein Argument. Es ist deine eigene Geschichte, aus der deine Kränkung, deine Bedürftigkeit, dein geringes Selbstwertgefühl, dein Druck usw. kommen.

Wer Verantwortung übernehmen mag, aber keinen Anfang findet, kann sich dazu Themen wie z. B. Innere-Kind-Arbeit, Gewaltfreies Kommunizieren (auch im Anhang) oder Co-Abhängigkeit anschauen.

Aber Vorsicht! Wenn ein Täter sagt: „Du heulst ja nur rum, weil deine Mutti dich zu heiß gebadet hat. Das hat mit mir gar nichts zu tun." – dann geh. Denn ein Angriff ist ein Angriff ist ein Angriff. Da müssen wir nicht in die Kindheitskiste greifen und schon gar nicht von Dritten greifen lassen. Du bist es wert, mit Respekt behandelt zu werden! Und dazu gehört auch, dass der andere für seine Taten Verantwortung übernimmt. Wenn er es nicht tut, dann tu es selbst – indem du weiteren Angriffen keine Fläche mehr bietest. Genau hier ist dann wieder deine Verantwortung.

Fazit:

Kinder haben keine Wahl.

Erwachsene haben eine Wahl.

Du hast dieses Buch bis hierher gelesen. Du bist also erwachsen. Damit hast du die Wahl.

Wenn wir alleine nicht weiterkommen, so leben wir auch diesbezüglich in einer unglaublich freien und privilegierten Gesellschaft. Wir haben entsprechende Literatur, Seminare, Coaches, Therapieangebote, variantenreiche Verhaltensmöglichkeiten usw. usf. Niemand muss heute mehr unter sich oder anderen leiden lassen.

Wer wirklich heilen will, kann dies auch tun. Es kostet zwar Zeit und Überwindung, aber es lohnt sich.

Puh. Amen.

Abschließend will ich nochmal so richtig ins Volle gehen, indem ich von diesem Blickwinkel aus auf die gaaanze Welt gucke. Spätestens jetzt ziehe ich Unmut angesichts meiner unfassbaren Hybris auf mich.

Das ist okay.

Jo, mei ... dies muss ja keine*r lesen. Keine*r muss dies gut finden ... darf aber.
Du entscheidest eben auch selbst, was und wie viel du liest und welche Meinung du dazu hast.

Kapitel 12

12. Eine Art Epilog: Die Welt retten

Bauer und Bäuerin schauen sich an und lachen:
„Bis jetzt war´s ja ganz interessant, aber jetzt isse überge-schnappt!"

Späher und Späherin legen den Kopf schief und fragen mit hoch gezogenen Augenbrauen.
„Jaaa, nämlich wie ...?"

Na gut, ich sag ja nur mal so, was ich denke.
Also:

Die Welt ist in großen Teilen in einem denkbar beschis-senen Zustand. Zugrunde gerichtet durch Umweltzerstörung, ungleich verteilten Reichtum, Gewalt in den unvorstellbarsten Dimensionen und Varianten. Genährt wird das von Egoismus, mangelndem Mitgefühl, Gier, Verantwortungslosigkeit, Prot-zerei ...

Natürlich kann und muss man all das nicht auf meine Gedan-kenspielerei mit den beiden Grundberufungen reduzieren bzw. zurückführen. Es ist nur vielleicht ein weiterer Ansatz. Und obwohl viele Leute heutzutage auf einfache, klare und undifferenzierte Sachen stehen, kann man das Gedankenexperiment ja einfach mal durchspielen. Und sich dann das rausziehen, was helfen könnte.

Als ich dies schrieb war gerade ist die erste, für alle auch in Deutschland sichtbare Folge der Klimakatastrophe über uns hereingebrochen. Im Juni 2021 schrieb meine Freundin mir nachts: Was für ein apokalyptischer Regen! Am Morgen sahen wir, dass sie buchstäblich Recht gehabt hatte. Ich wohne um die Ecke des Ahrtales. So nah, dass ich den Kolleg*innen, die ihre Praxen in den Fluten verloren haben, Räume zur Verfügung stellen konnte. So real, dass ich ein Kontingent Trauma-Therapieplätze zusätzlich angeboten habe.
Weltweit wiederholt es sich immer wieder.
Es ist genau dies Szenario wieder und wieder angekündigt worden. Dann war es plötzlich da.
Die einen sagen immer noch, dass es schließlich schon früher Unwetter gegeben habe. Andere schicken ein Bild von einem SUV in den sozialen Netzwerken herum, auf dessen gerade noch aus dem Wasser ragenden Heckklappe „Fuck you, Greta" zu lesen ist.
Die einen ziehen sich völlig zurück. Die anderen packen sich Stiefel und Schaufel und fahren tagtäglich mit Bus-Shuttlen in das Katastrophengebiet.
Manche wollen ihre Häuser an derselben Stelle wieder aufbauen. Andere wollen flüchten. Aber wohin?
Manche werden zornig und suchen einen Schuldigen. Andere sind erstarrt.
Alle sind überwältigt davon, dass „so etwas" wirklich passiert. Nicht im Fernsehen. Nicht (nur) in Indien. Hier. Jetzt.

Für das darauf folgende Wochenende waren wieder Starkregen-Ereignisse und Superzellen mit Tornadogefahr angekündigt.

Ist dies real? Ja.
Ist die Ursache noch fraglich? Nein.

Wir haben es vorher gewusst.
Wir wollten es nicht wahrhaben.

Sind denn jetzt alle wach?
Nein.

Nach dem Räumen von Schutt wird
ordentlich Wurst und Steak gegrillt.
Für Spenden werden Eierwaffeln gebacken

Wir machen weiter, wie gehabt. Warum?

Nun denn also:

Der Beitrag der Bauern und Bäuer*innen:

Unsere Vorfahren kannten Winter. So richtige Winter mit
monatelangem Eingeschneit-Sein, mit stinkenden Langhäu-
sern, hoher Kindersterblichkeit, mit Hunger und Kälte. Vielleicht steckt diese Angst vor einer kleinen oder großen Eiszeit
ja noch in dem ein oder anderen Bäuerlein drin. Darum sollten
die Vorratskammern also voll sein. Richtig voll. Unsere Körper
sehen das auch so. Süßes und Fettes zum Verputzen?
Her damit – und zwar unbegrenzt!
Vielleicht war es darum während der Entstehung dieser
Neigung praktisch nicht möglich, zu viel zu besitzen. Die
Menge wurde nämlich einfach natürlicherweise durch die
Ressourcen Zeit und Kraft, durch Verderbnis, Wanderschaften
oder den großen Mangel an Maurern, Zimmerern und Kühl-

schränken begrenzt. Darum gab es für Vorratsmengen auch keinen Stopp. Die Idee dahinter war: Mehr hilft mehr. Mehr ist sicherer. Mehr ist gut. Mehr ist immer nur die Ausgangsbasis für noch mehr. Solange die Vorratskammern keine Wände haben, wird auch rangeschafft.

Und mit dem ersten Sonnenstrahl wird der Späher rausgeschickt um nachzusehen, ob sich unter dem Schnee die ersten Brennesselspitzen zeigen. (Kann man Spinat draus kochen. Lecker).

Leere produzieren, Leere sammeln

Eigentlich glaube ich aber etwas ganz anderes: Bauer und Bäuerin von heute haben ihren Horizont, ihr Gefühl für Werte verloren. Ich glaube, dass alle unsere Kammern und Scheunen zwar bis zum Bersten gefüllt sind – dies aber nur mit Müll, hohlen Bedeutungslosigkeiten und leeren Kalorien. Plastik-Schnickschnack, Dekomüll, Modeklamotten, Junk-Food, Fast-Fashion und sinnleeren Sammlungen von A wie Autos bis Z wie Zalando-Hauls (Leute zeigen im Internet, was sie im Internet an Sinnlosem gerade gekauft haben). Bauer und Bäuerin fühlen sich trotzdem weder satt noch sicher. Denn da ist nichts, was ihnen wirklich Fülle geben könnte. Egal, wie fett sie selbst und wie voll ihr Kleiderschrank ist.

Dazu kommt noch, dass sie nichts davon selber hergestellt haben. Es wurde bestellt, geliefert und gekauft. Nicht mal das Brot wird selbst geknetet oder die Bohnen aus dem eigenen Garten getrocknet. Der Bezug zu den Dingen ist vollkommen verschwunden. Unser Instinkt sagt uns aber: Was ich nicht selbst hergestellt habe, existiert nicht. Hände und Hirn mussten bei der Beschaffung beteiligt sein, um in unsere bewusste

Wahrnehmung vorzudringen. Und zwar deutlich mehr als zwei Klicks mit einem Finger. Vielleicht fühlen wir uns auch darum so leer, bedürftig und verzweifelt. In der Hoffnung, endlich satt zu werden, wird weiter gefressen und gehortet.

Also wird dem Späher auch nicht mehr wie früher Einhalt geboten. Er wird wieder und wieder heiß gemacht auf die nächste Jagd, die nächste Sammlung. Er soll was ranschaffen. Und derweil beschäftigt sich der Bauer mit Pseudo-Dingen wie Autorennen, Buchführung oder Fitness-Studio.

Bemerkenswert und diese These bestätigend ist, dass im Zuge der Covid-19-Pandemie die Leute genau dieses als Allererstes aufgegriffen haben. Sorry. Als zweites. Nach Klopapier. Dann aber. Quasi sofort mit dem Auftauchen dieser realen Gefahr wurden Rasenflächen in Beete verwandelt, Brot gebacken und drei Hühner auf den Balkon gestellt. Eine Welle der Rückkehr zu den Wurzeln rollte an. Seit der Pandemie boomen die Onlinekurse für Gärtnern und Einkochen. Auch für Häkeln und Wurmfarmbau. Wenn die Gartencenter offen sind, kann man sich angesichts der Überfülle an Menschen, die gärtnerische Grundausstattungen kaufen, gleich noch irgendeinen Virus mit heimnehmen.

Dieses Phänomen macht immerhin Mut.

Außer den irren Hysteriker*innen, die 20 Minuten mit einer Spuckebremse vorm Gesicht schon für eine Zumutung hielten, waren die meisten vernünftig und haben sich quasi sofort auf die Suche nach diesem Echtem gemacht. Denn siehe – man konnte die Kleider vom letzten Jahr tatsächlich noch tragen und niemand hat sich umgebracht, weil die öffentliche Bundesliga gestrichen wurde. Und während die einen sich 500

Päckchen Hefe zum Vergammeln in den Kühlschrank legten, lernten noch viel mehr Menschen, sie sich selbst herzustellen. Dieser Boom hält bis heute an.

Das macht Hoffnung.

Die Späher*innen haben währenddessen herrliche Coronalieder und -videos produziert, die spektakulärsten Mund-Nasen-Bedeckungen entworfen und – wenn sie nicht selber einen auf Aluhut-Drama gemacht haben – die Verschwörungsbekloppten auf wunderbarste Weise auf die Schippe genommen.

Wieder sind wir ein gutes Team.

Leere jagen, Leere sammeln

Aber zurück zur gegenwärtigen multidimensionalen Apokalypse. Was ist, meiner Idee nach, hierbei der Beitrag der Späher*innen? Was machen sie, wenn sie ihr Packmaß verloren haben und niemand ihnen sagt: „Die Vorratskammern sind voll. Du kannst in den Lademodus schalten!"? Sie suchen nach neuen Möglichkeiten, Reichtümer, Aufregung und Ruhm zu gewinnen. Der Dopaminhunger ist noch nicht befriedigt.

Die Langeweile muss weg.
Vor allem muss „es" neu sein.
Neu ist aufregend. Neu ist gut.
Oder es muss „mehr" sein.
Mehr als du. Mehr als das Nachbarland. Mehr ist gut.
Wettkampf ist gut. Beute machen ist gut.
Brauche ich die Beute? Egal! Beute machen ist gut.
Aufregend ist gut.

Empörung ist supergut.
Sei es nun für oder gegen Pandemieschutz-Gesetze. Gegen
Windräder, Seenotrettung im Mittelmeer
oder Infragestellung der Tierindustrie.
Apropos Aluhüte – Hauptsache aufregen!

Also geht man shoppen und noch ein Haus bauen und noch
ein Auto und noch ein Küchengerät, Schuhe, Klamotten,
Gadgets – Hauptsache neu, anders, spektakulär, höher,
schneller, weiter, größer, dicker, goldener ...

Und alles verliert seinen Wert unmittelbar nach der Eroberung.
Es ist dann ja auch nicht mehr neu. Es ist tot, das Mammut ...
Das Neu von heute ist das Alt von morgen. Neu ist immer nur
die Ausgangsbasis für wieder neu. Bis die Erde leer von Gütern
und voll von Müll ist.

Da geht es den Späher*innen genauso, wie den Bäuer*innen.
Sie jagen Leere. Und füllen damit ihr Herz und ihr Haus.
Können denn wenigstens die Späher*innen ihren Hintern
auf mehr als ein Klo gleichzeitig setzen, wenn´s schon die
Bäuer*innen nicht können? Nein, auch sie können das nicht.
Also wird das zweite Klo bedeutungslos. Selbst wenn es einen
Goldrand hat.

Und jetzt?

Wenn das alles so unbefriedigend ist, dann sollte man doch
meinen, dass wir es dann anders machen? Aber Hand aufs
Herz – wenn ihr Kind nicht reagiert, wenn Sie sagen „Trag den
Müll runter" – was machen Sie dann? Jau, Sie sagen es lauter.
Und noch lauter. Dann brüllen Sie. Wir. Wir alle. Wäre es nicht
viel logischer, die Qualität einer Aktion zu verändern, anstatt

die Quantität? Schon, aber wie es Mr. Spock schon ausdrückte: „Wer sagt, dass Menschen logisch sind?"

Wir Menschen machen bei Misserfolg also sehr lange das Gleiche intensiver, anstatt etwas Neues. Statt Hardcore-Regeln für CO_2-Emissionen festzulegen, wird ein Handel (!) mit CO_2-Zertifikaten erfunden. Reduziert sich damit irgendein Ausstoß? Nein. Sind wir denn total bescheuert? Ja, sind wir. Und damit sind wir nun eben in der Apokalypse angekommen.

Der neue Virus hat sich ebenso wie viele andere aus den zerstörten wilden Wäldern heraus auf den Weg zu uns gemacht. Obwohl genau das seit Jahrzehnten angekündigt wurde. Aber das waren ja alles Spinner. Körnerfresser, Weltverbesserer! Genau. Weltverbesserer. Gutmenschen. Richtig. Gute Menschen. Die aber auch ein Handy und ein Auto haben. Pfui, pfui! Weil sie nicht perfekt sind. Sie können nicht alles allein für alle tragen. Das ist aber doch kein Grund, selbst nicht auch ein bisschen mitzutragen. Statt sich noch mehr hängen zu lassen. Es ist eine Teamfrage.

Wo das also endet, das sehen wir gerade. Wir sterben. Individuell und als Lebensform auch. Wenn wir so weiter machen.

Und das, obwohl wirklich viele Menschen versuchen, nichts Zerstörerisches zu tun oder sogar Zerstörung zu verhindern, oder Gutes aufzubauen. Sie strengen sich wirklich an.

Warum scheint es nichts zu nutzen?

1. Was tot ist, ist tot

Zum einen vielleicht, weil tot ist, was tot ist. Zerstörung ist oftmals nicht reversibel. Für immer und ewig müssen im Ruhrgebiet die alten Schächte ausgepumpt werden. Wenn man damit aufhört, steht alles zwischen Bottrop und Bochum unter Wasser. Wussten Sie das nicht? Ist aber trotzdem so. Oder – ein monstermäßiger Haufen Atommüll, der ein paar wenige reich gemacht hat, strahlt länger tödlich, als wir uns Zeiträume überhaupt vorstellen können. Und zwar egal, wie viele sich dagegen an Gleise gekettet haben. Man überlegt ernsthaft, wie die Warnschilder aussehen sollen und woraus sie bestehen können, damit man sie in 100 000 Jahren auch noch versteht. Einzige Lösung: sie in Stein meißeln. Wirklich. Ich erzähle keinen Quatsch.

Die Bisons wurden alle ausgerottet. Von ein paar ausgewanderten Verbrechern vom fahrenden Zug aus abgeballert. Zum Spaß. Zu Millionen verrotteten sie in den dann doch nicht ganz so endlosen Weiten der Steppen und ganze Völker starben, weil ihnen damit die Lebensgrundlage entzogen worden war. Die Dodos, die Wandertauben, die Riesenschildkröten – einfach aufgefressen ... und wir machen weiter damit. Die Wälder und ihr Reichtum. Die Wale. Der Hering, der Aal – wenn es überhaupt noch Exemplare gibt, wurden sie vom Armeleute-Essen zum Luxusprodukt. Immer ärmer wird unsere Welt. Obwohl wir es wissen.1969 habe ich folgendes Gedicht von Eugen Roth in der Grundschule gelernt:

Zu fällen einen schönen Baum,
brauchts eine halbe Stunde kaum.
Zu wachsen, bis man ihn bewundert,
braucht er – bedenk es!
Ein Jahrhundert!

2. Kaputtmachen geht schnell, aufbauen dauert ewig

Zum zweiten scheint all die Anstrengung vielleicht darum nichts zu nutzen, weil Zerstörung, immer viel viel größer, leichter und nachhaltiger ist als alle Aufbauarbeit.

Ein Einzelner fliegt das Bombenflugzeug. Was Hunderte von Jahren brauchte, um von Vielen aufgebaut zu werden, ist in Sekunden zerstört. Der Wiederaufbau kostet wieder viele, viele Menschen, endlos Kraft, Zeit und Geld. (Während ich dies schreibe, läuft der Angriffskrieg Russlands auf die Ukraine immer noch und auch im Nahen Osten eskaliert der Krieg immer weiter.)
Auch so ein jahrtausendealter Wald existiert nicht mehr, nachdem er gefällt wurde. Egal, wie viele Menschen gegen seine Zerstörung aufgestanden sind – nun ja, ein kleiner Rest des Hambacher Forstes steht noch, gefeiert von 50 000 glücklichen Menschen. Aber auch er wird daran sterben, dass ihm das Grundwasser abgegraben wird. Und die RWE lacht darüber, dass sie am Ende doch noch gewonnen hat. Genau so hatten sie es geplant. Feiert doch, ihr Deppen, unser Rubel rollt!

(Als ich dies schrieb, hatte sich die Polizei gerade wieder mal zum Erfüllungsgehilfen gemacht. Diesmal hatte sie die Desinfektionsmittel konfisziert, die eine Firma für die Baumbesetzer*innen gespendet hatte. Zur „Abwehr von Brandgefahr" wurde die Infektionsgefahr absichtlich produziert. Und wenn Herr Laschet nicht schon vorher alle Feuerlöscher „zur Abwehr der Umwandlung von Feuerlöschern in Geschosse" hätte konfiszieren lassen, wäre die Brandgefahr auch nicht so sehr der Rede wert gewesen.)

All die Quadratkilometer, die dieses Grünland, welches teils aus Wald, teils aus Forst bestand und vorher groß war – ein einziger Konzern reichte aus, um es zu zerstören. Und der zeigt auch danach noch allen den Stinkefinger. Während er anderswo lebendige Dörfer in tote Löcher verwandelte, während er Waldretter*innen gegen Dorfretter*innen aufzuhetzen versuchte, lachte er höhnisch. Noch mehr Reichtum, noch mehr Energieverbrauch, noch mehr Triumph über die paar depperten Weltverbesserer! Gewürzt mit einem „Das wolltet ihr doch, da habt ihr euren lächerlichen Wald!" Wohl wissend, dass das unfassbar große Baggerloch ihm schon längst die Lebensgrundlage entzogen hat. Gerade jetzt erheben sie sich angesichts des Krieges gegen die Ukraine wieder aus ihren Löchern und fordern die Fortführung der Kohleindustrie.

Die Politik macht mit – Frau Klöckner, eine ehemalige Ministerin für Ernährung und Landwirtschaft – hat dafür gesorgt, dass noch weitere viele Jahre in den Ställen der Fleischindustrie millionenfach gefoltert wird und millionenfacher Tod in der Wildnis durch Bleimunition legal bleibt. Sie mag sowas. Wie auch Herr Tönnies, dem sein Höllenwerk im Beruf noch nicht ausreicht, sondern der auch noch in seiner Freizeit wehrlose Tiere in aller Welt zur Trophäenjagd abknallt. Macht ihm einfach Spaß, all dies Blut an seinen Händen. Einer seiner Baller-Kollegen sagt: „Ein großes Tier zu töten ist wie ein Orgasmus. Nirgendwo ist man Gott näher." Einer seiner Kollegen hatte diesen Orgasmus schon mit über 5000 Elefanten. Und hat immer noch nicht genug. Die Aufregung dieser lächerlichen Gutmenschen macht all das für ihn nur noch geiler.

Ich muss mich hier jetzt mal aktiv bremsen, tief durchatmen … Es sind nur wenige, die die Welt aktiv zerstören. Und es sind Milliarden, die von dieser Zerstörungswut mit nutznießen (Hauptsache billig!), und noch mehr, die sich einfach keinen Kopp machen. Denen es egal ist. Denen ihr Billigsteak wichtiger ist als das Überleben der Welt. Und ebenso Viele, die sich „von niemandem etwas vorschreiben lassen" wollen. Nicht einmal von der Wirklichkeit. Das sind vielleicht eher die Bauern und Bäuer*innen, die über ihren Horizont einfach nicht hinaussehen wollen. Die wirklich glauben, dass „Tierwohl" drinsteckt, wo „Tierwohl" auf einem mit Plastik eingeschweißten Stück zu Tode gefolterten, blutigen Proteins steht.

... Und so stehen wir vor einem wachsenden Scherbenhaufen.

3. Dumm, dumm, dumm ...

Drittens sind wir Menschen alle strohdumm. Wir sehen immer nur einen winzigen Ausschnitt.
Und von dem auch immer nur das, was uns selbst gerade unmittelbar betrifft.
Und das, was wir sehen wollen.
Und das, was am lautesten gebrüllt wird.
Und das, was am emotionalsten ist.

Was scheren einen 80 000 zerstörte Arbeitsplätze im Solar- und Windenergiebereich, wenn es gilt, 30 000 „Kumpels" bzw. deren Arbeitsgeber fett abzufinden? (Davon wären übrigens 24 000 Kumpels sowieso in Rente gegangen bis zum Ende der Nummer mit der fossilen Energie. Das wegen der künstlich ausgedehnten endlos langen Ausstiegsplanung.) Faktisch braucht es neue Arbeitsplätze nur für 6000 Leute in der Kohleindustrie. Faktisch beklagt sich der Fahrer des Raupenbaggers im Hambacher Loch doch tatsächlich, dass diese „Ende-Gelände"-Aktivist*innen ihm seine geliebte Arbeit und damit seine Heimat nehmen würden, wo er sich doch gerade erst ein Haus gekauft hätte. Er sagt das mit tränenfeuchten Augen – wirklich! Nach dem Interview macht er, ohne eine

Miene zu verziehen, damit weiter, jahrhundertealte Dörfer zu zerstören. Deren Bewohner*innen begehen vielfach Suizid, andere vegetieren in Heimen und Reihenhäusern ohne Garten und ohne Tiere, ohne Platz für ihre Enkelkinder oder eine befriedigende Beschäftigung weiter.

Wirklich – er hat um sein Scheiß-Fertighaus geheult!

Buchhandel, Künstler*innen, Psychotherapeut*innen, Pflege-berufe, Lehrer*innen – wer sponsort die eigentlich mit Milliar-denbeträgen?

Für Laptops und Filteranlagen ist in Schulen kein Geld. Das ist schon in die Rettung von Lufthansa und Energiekonzerne geflossen.

3 Kilo Getreide versorgt 13 Menschen oder produziert 1 kg Rindfleisch. Was haben zerstörte Regenwälder damit zu tun?

Ich könnte kotzen. Oft.

Das musste mal raus. Schreiben soll ja therapeutisch wirken. Aber dann darf ich hier nicht stehen bleiben, woll? So sagt man im Ruhrpott. Darum wusste ich auch das mit den Pumpen. Die Heimat meiner Ahnen hängt an ein paar dieselgetriebenen, quietschenden Pumpen.

Wir sagen auch „pütschern" und nicht planschen. Jedenfalls werden die Nachfahren meiner Vorfahren sich ans „pütschern" gewöhnen oder wegziehen müssen.

Was können wir tun? (Wenn wir nicht wegziehen können?)

(Was übrigens im Endeffekt für alle gilt. Es sei denn, jemand hat doch diese zweite Erde im Kofferraum? Gegebenenfalls bitte melden!) Die Idee, sich von Liebe leiten zu lassen ist wunderbar. Fast alle Religionen haben versucht, mit mehr oder weniger Gewalt, mit Gewaltandrohung, Disziplinierung, Manipulation, Indoktrination usw. die Menschen dazu zu bringen, die Liebe als Grundidee in ihrem Leben umzusetzen. Es ist ihnen nicht gelungen. Warum bloß nicht?

Solidarität und ihre Grenzen

Mag sein, dass wir als Individuen noch unsere unmittelbaren Angehörigen lieben können und mit diesen von uns Auserwählten auch solidarisch sein können. Aber die Solidarität hat spätestens dort ihre Grenzen, wo nicht einmal solche Clanbande vorhanden sind. Es gab schließlich Äcker, die ICH (!) bestellt habe. Da soll nicht jemand anderes die Ernte einfahren. Und es gab einen Kirschbaumwald, den ICH (!) entdeckt habe. Als Trockenobst eingelagert kann der MEINEN Clan durch den Winter bringen. Darum gehört die Verteidigung unserer Ressourcen zu unseren Grundneigungen. Und zwar egal, ob wir eigentlich genug haben oder nicht. Kann ja nun wirklich wieder eine Eiszeit kommen. Oder Covid 24, 25, … Dann muss auch wieder Klopapier gehortet werden.

Flüchtlinge?
Vorweg: Ja, es gibt viel, viel mehr Menschen mit Herz und Verstand, die tun, was unter Menschen getan werden muss. Sie tun es millionenfach und sie tun es leise. Aber immer gibt es die Brüller, die Riesenraum einnehmen und von den Medien mit viel mehr Aufmerksamkeit beschenkt werden, als all die stillen Helfer*innen und die leise Stimme von Liebe und Verstand. Na, sind Reporter*innen eher Späher*innen oder Bäuer*innen? NEU! SPANNEND! ATTRAKTIV! SPEKTAKULÄR! …
Was also brüllen die Neandertaler? Und was bekommt Aufmerksamkeit? „Die Flüchtlinge nehmen uns UNSERE Frauen/Arbeitsplätze/Wohnungen etc. pp. weg." (Was sagen

eigentlich die Frauen dazu?) Jedenfalls war und ist es völlig egal, ob diese Menschen – sagen wir mal, aus dem Nachbardorf oder aus einem ehemals durch eine Mauer getrennten anderen Teil des Landes oder aus einem ganz anderen Land kommen. Die Reaktionen sind immer gleich, immer primitiv und immer abwehrend. Weder Verstand noch Mitgefühl kommen zu Wort. Es ist nur „Uga, Uga!" zu hören. Mies ist das. Richtig mies.

Was Bemerkenswertes passierte zu Beginn des Überfalls auf die Ukraine. Innerhalb weniger Tage wurden mit offenen Armen mehr Menschen aufgenommen, mit Wohnungen, Aufenthalts- und Arbeitserlaubnis, Schulplätzen und Sprachkursen versorgt, als alle Flüchtlinge aus 2015 zusammen. Probleme? Massen- demos dagegen? Nein. Aber auch die Priester waren Bauern oder Späher. Diese kommen aus dem Krieg. Jene kommen aus dem Krieg. Die einen werden bis heute mit 1€-Jobs und ständigen Pseudoauflagen gequält, die anderen bekommen pauschal Asyl. Das ist Rassismus. Auf der Grundlage eines „Wir"-Gefühls (weiß, christlich), welches zumindest kurz- fristig eine gewisse Solidarität produziert. Allerdings tauchten in den „sozialen" Medien dann doch auch das erste „Die" und „Wir"-Geplärre auf.

Bis auch wir flüchten müssen. Denn früher oder später erwischt es uns selbst. Wie gesagt. Es ist keine zweite Erde in Aussicht. – Ich war wirklich baff. Da gibt es einen Test, mit dem man seinen persönlichen „Overshoot-Day" ausrechnen kann. Ich werde mein Maul nicht mehr so weit aufreißen. Mein persönlicher Tag, an dem ich alles verbraucht habe, was für ein Jahr reichen müsste, ist am 24. Mai! Wirklich – ich dachte, es müsse der 31.12. sein! Ich verbrauche zweieinhalb Welten pro Jahr ...

Sind wir wirklich alle nur diese Urviecher?

Was können wir tun?

- Uns etwas ausdenken, was den Menschlichen Aufmerksamkeit gibt und nicht den zurückgebliebenen Brüllern. Sei es mit besseren Schlagzeilen. Sei es mit tatsächlich ausgewogene Talkrunden statt solchen, die die Wirklichkeit verzerren. Sei es mit konstruktiven Nachrichten etc.
- Lernen und lehren, dass für alle genug da ist. (Doch, ist es. Wirklich. Man muss nur aufhören, Kalorien in Tieren zu verbrennen, bevor wir einen Bruchteil davon mittels der Tiere dann selbst konsumieren.)
- Lernen und lehren, dass die Zeiten vorbei sind, in denen um Ackerland gestritten werden muss. Noch einmal: Es ist genug da für alle!
- Dafür sorgen, dass gerecht verteilt wird, was da ist.
- Nur noch verbrauchen, was wir wirklich brauchen.
- Nur gebrauchen, was wir haben können, ohne es anderen wegzunehmen. (Ist ja auch nicht nötig, denn es ist genug, für alle da.)
- Und lieben!

Selbst-Liebe

All diese gegenseitige Abwerterei führt zu Selbstabwertung, Kränkungen, inneren Konflikten, neurotischen Ausgleichsversuchen, destruktivem Abreagieren. Kurz: zu Krankheit, Ausbeutung und Kriminalität. Dazu habe ich mich ja oben schon ausgiebig ausgelassen.

Auch Abwertungen, die aus anderen „Anlässen" ausgesprochen werden, sind zerstörerisch. Ich habe sehr viel mit Mobbing- und Bossing-Opfern zu tun. Auch mit Menschen, denen direkt nach der Geburt gesagt wurde: „Das ist doch nichts.". Oder solche, denen die Schuld für das Elend der Eltern in die Schuhe geschoben wurde. Wir sind leider erst einmal verurteilt zu glauben, was uns unsere Eltern gesagt oder durch ihr Verhalten vermittelt haben. Dann sagen wir es uns selbst. Und weil das unerträglich ist, geben wir es an andere weiter. Dann ist der andere eben noch mickriger als ich.

Es wird Zeit, diesen Kreislauf der Gewalt und Traumatisierung zu durchbrechen. Wer sich selbst wirklich achtet, der hat es nämlich gar nicht nötig, sich durch die Abwertung anderer vermeintlich aufzuwerten. Klappt eh nie.

„Liebe deinen Nächsten wie dich selbst" wird so gerne bis zur Selbstkasteiung hin fehlgedeutet. Ist es nicht lustig, dass dieser Kernsatz der Bibel immer missverstanden wird? Dabei sagt er: Liebe dich selbst und nimm das als Maßstab, auch andere zu lieben. Dann wollen wir mal:

Der therapeutische und auch neurologische Weg könnte so gehen:

1. Ich höre auf, Selbstbeleidigungen auszusprechen.
2. Ich stoppe gedachte Selbstbeleidigungen und ersetze sie mit einem neutralen oder sogar positiven Satz über mich. (STOPP! Ich bin bedingungslos wertvoll.") Wiederholen- WiederholenWiederholen! Dies ist ein Lernvorgang. Er braucht Wiederholung.
3. Spätestens jetzt suche ich einen wertschätzenden Satz über mich und sorge mit Erinnerungen (Zettel, Handy, Armband ...) dafür, dass ich ihn möglichst oft denke. Sowas wie: „Ich bin völlig okay.", „Ich darf lernen.", „Ich verdiene Achtung."
4. Ich weise Abwertungen und Beleidigungen zurück. Dafür suche ich mir einen Satz, der immer passt. Sowas wie: „Ich verdiene Achtung. Wenn du etwas zu kritisieren hast, dann mach es konstruktiv, sonst ignoriere ich es."

5. Ich weise Lob und Anerkennung nicht mehr zurück. Stattdessen sage ich; „Oh, danke. Das tut mir gut." – Selbst, wenn ich das noch nicht fühle.
6. Ich spreche Sätze der Selbstwertschätzung immer häufiger aus.

Kleiner neurologischer Exkurs, warum wir wirklich auf unsere Gedanken und Worte achten müssen:

Unser Hirn ist ja ein gigantisches Netzwerk von miteinander verbundenen Nervenzellen. Die haben teilweise eine Funktionsweise wie ein Wege- und Straßennetz. Was häufig benutzt wird, wird ausgebaut. Was nicht benutzt wird, wird abgebaut. Und zwar sowohl bezüglich der schieren Anzahl der Verbindungen als auch bezüglich der Menge der Botenstoffe, die ein elektrisches Signal von einer Nervenzelle auf die andere überspringen lassen. Je mehr Verbindungen und je mehr Botenstoffe, umso stabiler und schneller das Signal. Deshalb wird in unserem Kopf ständig um-, ab- und aufgebaut. Je nachdem, was häufiger benutzt und was vernachlässigt wird.

Wenn ich das erste Mal eine Gitarre in die Hand nehme, dann müssen die Finger mühsamst Saite für Saite suchen. Was in meinem Gehirn für E-Dur steht, ist ein schmaler Pfad, den ich erst noch durch das Brombeerdickicht schlagen muss. Ständig kommen mir störende Bewegungsmuster und blockierende Gedanken dazwischen. Je häufiger ich aber den Akkord anschlage, umso schneller geht das. Schließlich ist es automatisiert. Jetzt ist der Wechsel von einem Akkord zum anderen mit einer Autobahn vergleichbar. Dicke Stränge von Nerven und gut mit Transporter-Hormonen gefüllte Bläschen stehen bereit, sobald ich nach der Gitarre greife. Und zwar sogar nicht mehr

in meinem Groß- sondern in meinem Kleinhirn. Da wird
alles Automatisierte gelagert. Warum? Damit es keinen Platz
in den „Da-muss-ich-mal-drüber-nachdenken-Abteilungen"
blockiert. Wenn ich mit dem Spielen aber aufhöre, wird all das
in großen Teilen wieder abgebaut. Unser Gehirn ist ebenso
ökonomisch angelegt wie die Muskeln: Was nicht benutzt
wird, wird abgebaut. (Warum gilt das ausgerechnet nur für Fett
nicht?) Der Wiedereinstieg ist dann mühsam und krakelig.
Immerhin bleibt ein Fundament oft noch stehen, so dass ich
darauf wieder leichter aufbauen kann.

Mich also immer wieder zu beschimpfen, bahnt dies immer
intensiver in mein Gehirn ein. Es wird ein Automatismus.
Nette Sachen zu mir zu sagen ist erst mühsam – aber irgendwann steh ich auf der Bühne und sage: „Ich spiel euch jetzt das
Lied der Selbstachtung."

Über dies Lied der Selbstachtung hinaus gehe ich an dieser
Stelle auf „Heilung" und „Re-Sozialisierung" (was für Viele
sogar eine erste „Sozialisierung" darstellt) nicht näher ein. Da
gibt es so zahlreiche wunderbare Ansätze, die man woanders
nachlesen kann. Ich muss ja dies Rad nicht auch noch neu
erfinden.

Mitgefühl

Sicher wäre es schon ein Fortschritt, wenigstens Mit-Gefühl
mit allem haben zu können, was Empfindungen hat.
Vielleicht können wir beim Frühstück anfangen. Pflanzlich
essen. Die Jagd auf lebende Beute ist ja, so konnte ich hoffentlich zeigen, nicht die einzige schätzenswerte Fähigkeit der
Späher*innen.

Dann geht es vormittags weiter. Ich frage jemanden, wie es ihm oder ihr geht, höre aufmerksam zu und gebe wie ein Spiegel das zurück, was ich von den emotionalen Botschaften verstanden habe. „Du bist ziemlich wütend, oder?", „Da freust du dich aber!", „Ich sehe, wie besorgt du bist."

Nachmittags schaue ich, ob ich erst mich und dann jemand anderen zum Lächeln bringen kann.

Abends dusche ich mal etwas kürzer und freue mich, dass ich etwas für die Erde tun konnte.

Auch hier macht die Übung die Hirn-Autobahn. Manchmal passt der Satz: „Fake it, 'til you make it." Also: Mach es erstmal. Leichtigkeit und Fühlen kommen dann schon hinterher.

Ach, Mensch ...

Aldous Huxley sagte einmal: „Es ist ein bisschen peinlich, dass der beste Rat nach 45 Jahren Forschung und Studium nur der ist, dass ihr Leute ein bisschen freundlicher zueinander sein sollt."

Mir fällt offenbar wirklich auch nichts Besseres als Liebe ein. Oder wenigstens Achtung voreinander. Vielleicht klappt es ja, wenn wir das Ganze vom Verstand und dem Herzen her angehen. Also mit rechter und linker Hirnhälfte in respekt-voller Harmonie – und nicht von der Religion, Rassismus, einem anderen -ismus aus oder sonst wie von oben herab.

Dies hier sollte einfach nur mein Beitrag dazu sein.

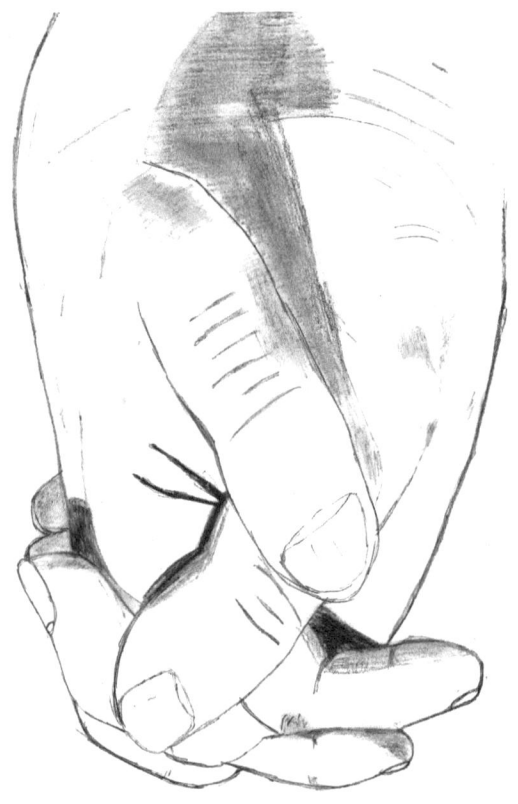

Kapitel 13

13. Und jetzt einen Kaffee

Wir stehen in Groningen auf dem Gelände einer ehemaligen Zuckerfabrik. Ein wunderbarer Camperstellplatz. Marke woodstock'sches Upcycling. Hat ER gefunden, während tagelanger hyperfokussierter Stellplatzrecherche.
Das Buch ist fertig.
Die Bäuerin packt alles zusammen, was man so in einer Dusche braucht, die mindestens 150 km entfernt ist. Handtücher, Badeschlappen, frische Wäsche, Tüte für Dreckwäsche, Seife, Shampoo, Peilsender, Notfallverpflegung, Erste-Hilfe-Ausrüstung ...

Die Bäuerin sagt zum Jäger: „Es ist Zeit zum Duschen!"

Der Jäger blickt auf und lächelt.

Dann geht er voran und führt die Bäuerin durch ein buntes Gewirr aus Bauwagen, Wohncontainern und am Kanal aufgeschütteter Beach. Durch Tore und über Palettenbrücken, mit denen Rohrleitungssysteme übergebaut wurden. Vorbei an Spruchbändern mit Parolen und Meetingplätzen voller leerer Sitzgelegenheiten aus Ölfässern, Paletten, Badewannen und Hängematten. 12 Grad warm ist es und wir sind die einzigen Gäste. Endlich taucht der Duschwagen am Horizont auf.

Spätestens auf dem Rückweg hätte ich mich rettungslos verirrt. Denn zurück zu unserem Camper gibt es keine Hinweisschilder. Wäre ich alleine hier, hätte ich Brotkrumen streuen müssen. Aber ich habe ja IHN. Sicher und ohne Umwege führt er mich nach Hause.

Danach trommelt der Regen aufs Dach, während wir in unserem Camper-Wohnzimmer gemütlich den frisch gebrühten Kaffee genießen.
Er hatte keinen eingepackt.
Aber ich.

Was wäre er ohne seine Bäuerin?
Was wäre ich ohne meinen Späher?

Kapitel 14

14. Anhänge: Kontakte und Bücher, Glossar und Sammel-Surium

Teil 1 der Anhänge:
Kontakte, Bücher und lohnende Schlagworte

Anregungen, Nachfragen, konstruktive Kritik:
sshirazi@rz-online.de
(Unkonstruktive Kritik ignoriere ich. Kann man sich also sparen.)

Auf zur SCHATZSUCHE!

Inspirierende Menschen, deren Bücher und andere Auftritte:

• Voller Überraschungen: **Denken ist hilfreich, nützt aber nichts,** Dan Ariely, 2008 bei Droemer.
• Wer sich so richtig minderwertig auf Grund seines **AD(H)S** fühlen will, kann hier Futter für die negativen inneren Stimmen finden: **Das große Handbuch für Erwachsene mit AD(H)S,** Russel A. Barkley, 2017 bei Hogrefe in zweiter deutscher Auflage.

- Melodie Beattie: Tägliche Affirmationen in der Tradition der anonymen Alkoholiker: **Kraft zum Loslassen,** Heyne. Amerikanischer Stil, aber man kann sich ja raussuchen, was einem guttut. Davon gibt es viel.
- Angelina Boerger: Backstage vom Feinsten. Ihr Buch: **Kirmes im Kopf,** Kiepenheuer & Witsch.
- Walter Beerwerth: Anfangs voller Wissen und Mitgefühl, im letzten Drittel leider immer mehr von typisch ärztlicher Küchenpsychologie und Therapeut*innenbashing. Trotzdem lesenswert: **ADS – das kreative Chaos,** Herder.
- Ben Furman, ein sehr sympathischer Pädagoge aus Finnland mit ermutigenden Lernprogrammen für Menschen von drei bis dreihundert Jahre: Sein erstes Buch: **Ich schaff′s,** für Kinder. Impulsgebend auch: **Mission Possible** für Erwachsene u.a. als Onlinekurs. Schön ist auch: **Es ist nie zu spät, eine glückliche Kindheit zu haben.**
- Der Fotograf Gabriele Galimberti hat schon mehrere Bücher bezüglich Sammel- und anderen Leidenschaften von Menschen veröffentlicht. So auch **The Ameriguns.** Erstveröffentlichung Januar 2020 bei Dewi Lewis Publishing.
- David Graeber und David Wengrow und ihr Buch: **Anfänge,** Klett Cotta. Ein dicker Schinken, den nur Nerds komplett durcharbeiten. Aber eine Fundgrube von Denkanstößen und plausiblen Hypothesen über die Vorgeschichte.
- Thom Hartmann: **Eine andere Art, die Welt zu sehen – Das Aufmerksamkeits-Defizit-Syndrom,** Schmidt Römhild. Der Startschuss meines Umdenkens in Sachen „Krankheit“.
- Eines der Lieblingsbilderbücher meiner Kinder: Werner Holzwarth und Wolf Erlbruch, **Vom kleinen Maulwurf, der wissen wollte, wer ihm auf den Kopf gemacht hat,** Peter Hammer Verlag.
- Andreas Meißner: **Die elektronische Patientenakte – Das Ende der Schweigepflicht,** Westend Verlag. Wer nach der Lektüre der elektronischen Patientenakte nicht widerspricht,

dem ist nicht zu helfen.

- Ellie Middleton: Englischsprachiges Backstage voller Aha-Momente, präziser Beobachtung und prägnanter Erklärung. Ihr Buch: **Unmasked,** Penguin Books Australia. Und weitere Auftritte in sozialen Netzwerken.
- Cordula Neuhaus, eine erfahrene und wache Psychologin mit Schwerpunkt AD(H)S und Partnerschaft. Ihr Klassiker: **Lass mich, doch verlass mich nicht,** dtv und **ADHS bei Kindern, Jugendlichen und Erwachsenen,** Kohlhammer.
- Katharina Schön: Deutschsprachiges Backstage und Expertise. Ihr Buch: **AD(H)S Die versteckte Kraft in uns,** Verlagshaus Stopfer. Sie ist auch sehr präsent in sozialen Netzwerken und auf YouTube.
- **„Die Liegenden"** von Michele Serra, Diogenes, 2013.
- Eine Geschichte wie das Aufwachsen mit neurodivergenten Eltern sein kann, wenn es schlecht läuft: **Schloss aus Glas,** Jeannette Wallis, DIANA Verlag 2005.
- Zum Thema Genetik: **Zeitschrift für Kinder- und Jugendpsychiatrie und Psychotherapie,** Vol. 50, No 3., eHogrefe vom 6.5.2022., von Sarah Hohmann und anderen.

Hilfreiche Organisationen, Programme und Seiten

- **AD(H)S Deutschland e.V.:** Netzwerk aus Selbsthilfegruppen mit regionalen Ansprechpartner*innen.
- Eine sehr wertschätzende Organisation in Zürich rund um AD(H)S: **www.AD(H)S20plus.ch** oder www.AD(H)S.plus
- **Embrace Autism.** In Englisch, aber es gibt ja Übersetzungsprogramme. Sehr hochwertige Testbatterie und Informationen zum Thema Autismus.
- **Temple Grandin** – Eine Pionierin des Verstehens der autistischen Menschen.
- **Guardian of Mind:** ADHS Beratung, Coaching und Exper-

tise Katharina Schön.
- **Juvemus** Selbsthilfe-Organisation AD(H)S
- **Positive Parenting Program (Triple P):** Ein Erziehungsratgeber, mit dem man nie wieder mit dem Rücken zur Wand steht.
- **Tokol** Selbsthilfe-Organisation AD(H)S
- **Zentrales AD(H)S Netz:** bundesweites Netzwerk zur Verbesserung der Versorgung von Kindern, Jugendlichen und Erwachsenen mit AD(H)S.

YouTube

- **Autism From The Inside** von und mit Paul Micaleff. In Englisch mit Herz, Verstand und autistischer Präzision.
- **adhdjesse** (deutsch)
- **Ash** (deutsch)
- Zum Einstieg in das Thema Autismus: **Prof. Tony Attwood** (englisch)
- **Coby Watts** (englisch)
- **Conner Dewolfe** (englisch)
- **„How to ADHD"**
- **Nessadhs**, deutsch, mit unterhaltsamen Erklärungen und Life-Hacks

Und viele andere mehr.

Teil 2 der Anhänge: Sammel-Surium

Hier finden sich Gedanken, Hinweise, Tipps, Anleitungen, Informationen zu:

- **Neurodivergenz die Zweite: Asperger-Autismus-Spektrum-Störung**
- **Worten**
- **Medikamenten**
- **Wie man ein Labyrinth zeichnet**
- **Anleitung dazu, konstruktiv zu kommunizieren**
- **Rettungsgassen**
- **Reportern**
- **Gehirn**
- **Wehmut**
- **Co-Verhalten**
- **Geretteten Hühnern**
und:
- **Warum es dieses Buch überhaupt gibt.**

Bis zum Abschluss dieses Projektes wurde ich von denen, die davon wussten, immer wieder darauf angesprochen. Teils mit Ergänzungen zu bestehenden Kapiteln, teils aber auch mit ganz neuen Aspekten oder Fragen. Irgendwann habe ich dann beschlossen, dass ich dem ein Sammelbecken zur Verfügung stelle, wo all das reinkommt, was ich nicht mehr irgendwo ins Bestehende einbauen konnte oder wollte (weil ich endlich mal einen Punkt zu setzen gedachte).

Einige Fragen bleiben dabei offen. Da würde ich mich über Impulse und Ideen eurerseits freuen. Oder über leidenschaftliche Forscher*innen, die sich dieser Fragen annehmen.

Einige Impulse könnte ich mit etwas Mühe sicher auch noch in bereits abgeschlossene Kapitel einbauen. Ich habe aber fertig. Anderes, und mit sowas fange ich an, steht einfach für sich und ist zu schön, um es in einem Kapitel irgendwo untergehen zu lassen. Dies ist also ein unsystematisches Sammel-Surium.

***

Neurodivergenz die Zweite: Autismus „-Spektrum-Störung"

Ganz oft in diesem Buch, wenn ich über Bauern und Bäuerinnen geschrieben habe, oder auch mal über mich, dann dachte ich: Das könnte jetzt auch von einem autistischen Menschen handeln. Ja, könnte es. Tut es vielleicht auch.

Menschen aus dem autistischen Spektrum sind mindestens so wunderbar und so wichtig, wie AD(H)Sler*innen. Es gibt viele davon, deren absoluter Fan ich bin. Greta Thunberg zum Beispiel. Auch Susan Boyle und Albert Einstein oder Andy Warhol wurden mal als Autist*innen ferndiagnostiziert. Alles Menschen, die auf der Welt einen Eindruck hinterlassen (haben). Zumindest solange es die Welt noch gibt.

Wir brauchen sie. Was bringen sie mit? Zum Beispiel:

- Pragmatismus,
- Faktenorientierung
- Strukturiertheit
- Unabhängigkeit
- Klarheit
- Tierliebe
- Konsequenz
- Effizienz
- Mustererkennung

- direkte verbale Kommunikation
- Empfindsamkeit
- Ernsthaftigkeit
- Aufrichtigkeit
- Detailpräzision

Und vieles anderes mehr.

Wer sie nicht mag, der sagt: Die haben immer von allem zu viel oder zu wenig. Zum Beispiel von

- Gefühl
- Diplomatie
- Empathie
- Worten
- Spezialinteressen
- Aktivität
- Anpassungsfähigkeit
- Achtung von Hierarchien
- Sprechen und Sprache
- Vorlieben, Aufregung
- Sozialverhalten
- Egozentrismus
- Distanz
- Mimik
- Planung
- Nachdenken
- Routinen
- Flexibilität

Und vieles anderes mehr.

Die sollen einfach mal normal sein. Funktionieren wie alle. Tun sie aber nicht. Und zahlen für ihr maskieren einen ebenso hohen Preis, wie die AD(H)Sler*innen.

Auch sie erleben vor allem Ausgrenzung, Missverstanden-Werden und Druck.

Auch sie lernen zu maskieren, quälen sich mit Selbstverachtung und innerer Zerrissenheit.

Auch unter ihnen gibt es welche, die so stark von der Ablehnung in allen ihren Formen betroffen sind, dass dadurch viel Leid entsteht. Vor allem, wenn die Umwelt sie nicht begreift. Auch diese gebeutelten Autist*innen können lernen, sich selbst zu verstehen und zu lieben. Jetzt mal ganz egal, wieso die Evolution auch solche Menschen geschaffen hat. (Auch sie wurden und werden gebraucht, so viel ist sicher!) Wir alle könnten mit mehr Achtung voreinander auch von diesem phantastischen Begabungsprofil profitieren.

Worte:

„Es macht so einen Spaß, Silben zu verdrehen. Ist das typisch für AD(H)Sler*innen?"
Antwort: Ich habe eine Kahnung. (Vielleicht einfach, weil es Spaß macht – ein kleines Dopamin-Extra im grauen Alltag.)

Nur so als unsystematische Beobachtung scheinen AD(H)Sler*innen tatsächlich einen etwas anderen Umgang mit Worten zu haben:

- Sie nehmen Aussagen eher wörtlich. (Eulenspiegel, einer der prototypischen AD(H)Sler der Literatur, gibt da eine Menge unterhaltsame Beispiele.)
- Sie können die übertragene Bedeutung einer Aussage, z. B. Ironie, nicht so leicht erfassen oder deuten sie eher daneben und kriegen dann „etwas in den falschen Hals".
- Oder sie haben so viele negative Erfahrungen in Kommuni-

kations-Situationen gemacht, dass sie sich intensiv bemühen, eine Aussage richtig zu deuten. Auch darum kann ein Wort oder ein Satz eine ganze Armada wilder Assoziationen bei ihnen auslösen.

- Sie stellen sich dazu häufiger spannende Fragen („Gibt es noch ein anderes Surium, als das Sammel-Surium? Und wenn nein, warum reicht dann nicht „Surium"?)
- Sie sinnen dem Klang lang lang lang lang hinterher.
- Sie spielen mit der Sprache, reimen oder (s.o.) verdrehen die Silben. (Ich sinne nach dem Sinn, doch kriege ich´s nicht hin.)
- Sie sinnen dem Mehrfachsinn hinterher. Sie nehmen Worte wahr!

Während sie mit all dem beschäftigt sind, können sie natürlich auch nicht mehr der fünften Erklärung der Oberrheinischen Tiefebene folgen. Und schon hauen sie wieder eine Note in den Sack und der Vater zieht ihnen die Löffel lang. Wenn die Mutter dann beschwichtigen will, empört er sich: „Jetzt gib dem Affen doch nicht auch noch Zucker!"

Medikamente

Aktuell werden in Deutschland vor allem vier Stoffe unter verschiedenen Markennamen (oder ihren Generika) verschrieben. Das sind (ohne Anspruch auf Vollständigkeit):

Wirkstoff:	Atomoxetin
Handelsname:	Atomoxetin
	Strattera
	Atomoxe
	Agakalin
Wirkstoff:	Methylphenidat

Handelsnamen:	Ritalin
	Concerta,
	Medikinet

| Wirkstoff: | Lesdexamfetamin |
| Handelsname: | Elvanse |

| Wirkstoff: | Dexamfetamin |
| Handelsname: | Attentin |

Wer es mit Medikamenten versuchen möchte, nehme sich bitte wirklich Zeit, verschiedene Stoffe, Marken und Dosierungen auszuprobieren. Das sind keine Smarties, aber auch keine Horrorpillen. Vor- und Nachteile gehören abgewogen und man sollte schließlich zu eigenverantwortlicher Einnahme finden. Es ist eine Schande, wie schwer es ist, jemanden zu finden, der diese unter das Betäubungsmittelgesetz fallenden Medikamente verschreibt.

Außerdem wird ein Blutdrucksenker eingesetzt:

| Wirkstoff: | Guanfacin |
| Handelsname: | Intuniv |

Neuerdings kommt noch ein Antidepressivum zum Einsatz, das aber ein Amphetamin ist:

| Wirkstoff: | aus der Gruppe der Amphetamine |
| Handelsname: | Bupropion |

(Man könnte sich diese Liste als Information für die behandelnden Ärzt*innen kopieren. Erfahrungsgemäß reagieren die meisten auf so etwas aber pikiert. Also besser lassen. Höchstens in homöopathischen Dosen mal ein Präparat erwähnen. Sie müssen am Ende das Gefühl haben, dass sie da selbst drauf gekommen sind.)

Ich hatte versprochen zu zeigen, wie man ein Labyrinth zeichnet.

Unser größtes Labyrinth umfasste 30 Schritte im Durchmesser. Es war in den festen Sand von Langeoog getrampelt worden und wurde später von der Flut ins Meer getragen, nachdem wir alle mehrfach durchgelaufen waren. Andere unserer Labyrinthe überdauern bis heute. So z. B. eines in einem von den Naturfreunden gepachteten Steinbruch. Weggeräumt haben wir natürlich das auf einer Feldkreuzung, welches wir in der Nacht aus Teelichtern gebaut hatten. Die Kleinsten passen auf ein Mini-Post-it und sind eine schöne Kritzelei bei langweiligen Vorträgen und anderen Wartezeiten.

Viel Spaß und Entdeckungsfreude wünsche ich.

Konstruktiv Kommunizieren
(nach Rosenberg: Gewaltfreie Kommunikation)

1. Das Ereignis

4. Mein Wunsch

2. Mein Gefühl

3. Quelle der Gefühle in mir

So beende ich Missverständnisse, Gesprächsabbrüche, im Kreis drehen, Streit:

1. Was exakt ist passiert?

Tun:	Lassen:
- wörtlich zitieren	- deuten ("Das heißt doch...)
- präzise beschreiben	- verallgemeinern ("immer", "schon wieder"...)

2. Was fühle ich?

Tun:	Lassen:
- "Ich fühle..."	- Verantwortung abgeben
- "Ich bin..."	("Du machst mich...", "Das macht mich...")

3. Woher in mir kommen die Gefühle?

Tun:	Lassen:
- Bei sich selbst bleiben	- Verantwortung abgeben
("Weil ich..." .,	("Weil du... .")
"Weil es mich an...erinnert." ...)	

2. Was brauche ich?

Tun:	Lassen:
- präzise beschreiben	- Verantwortung abgeben
("Ich brauche... ."	- Druck machen ("Du musst...")
"Ich wünsche mir... ." ...)	

Egal, womit mein Gegenüber reagiert. Die ist das neue Ereignis. Ich beginne wieder mit 1 und ende bei 4. Immer wieder. Entweder bis eine Lösung gefunden ist, oder bis ich (für den Moment) nicht weiter sprechen möchte und darum das Gespräch beende.

Rettungsgasse freihalten

Immer wieder liest man Artikel oder sieht flammende Appelle von und über Rettungsärzt*innen, Polizist*innen und Feuerwehrleute, in denen mit anklagender Miene bitter über Gaffer geklagt wird. Sie haben auch absolut Recht mit diesen Klagen und Apellen. Gaffen ist furchtbar respektlos gegenüber den Opfern und wirklich behindernd, manchmal auch gefährdend für das Helfer*innen-Team. Absolut zu Recht ist das inzwischen ein Straftatbestand, der mit Bußgeld und Gefängnisstrafe geahndet werden kann.

Aaaaber: Gleichzeitig sind Rettungsärzt*innen und Feuerwehrleute ja nicht zufällig in genau diesem Beruf. Sie lieben schnelle Entscheidungen, hohe Adrenalinausstöße, rasantes Reagieren, Action und ... sie lieben Bewunderung.

Darum ist in denselben Artikeln auch oft in aller Ausführlichkeit vom dramatischsten Drama, übermenschlichem Einsatz und unmittelbarster Lebensgefahr für das heldenhafte Team die Rede. Sofern es im Film dargestellt wird, ist diese Geschichte dann auch gerne mit peitschender Musik unterlegt. Abschließend dann verbunden mit der Forderung nach Dankbarkeit und Respekt. Ja – geschenkt – kriegen sie beides selbstverständlich.

Wenn sie also bei ihren Klagen wegen dieser Gafferei ein wenig ergänzende Ehrlichkeit zu der dafür durchaus angebrachten Empörung hinzufügen würden, dann würden sie zugeben, dass das Begafft-Werden manchmal auch ein ganz, ganz kleines bisschen angenehm prickelt. Ich hatte im Laufe der Jahre einige aus diesem Berufsstand oder auch junge Menschen mit diesen Berufswünschen in meiner Praxis (sie kommen nicht deswegen in Therapie!). Die sprechen das dann auch ganz ehrlich aus. Manchen wird es erst im Laufe der Zeit bewusst.

Wie also können wir das „Wehe du guckst – aber jetzt guck doch mal!" richtig lösen? Vielleicht, indem man wartet, bis die Held*innen von sich aus von ihren Taten erzählen oder einen Bericht darüber verfassen anstatt schon während der Aktion alles erfahren zu wollen. Letzteres gehört sich einfach nicht. Die Helden und Heldinnen werden das zeigen und erzählen, was ihnen und den von ihnen Geretteten am ehesten gerecht wird. Dann dürfen wir auch ohne Scham ihre Bilder anschauen und ihnen bewundernd auf die Schulter klopfen.

Reporter – Seid ihr bescheuert?

Mich widert an, wenn Reporter*innen Opfern von Katastrophen und ihren erschöpften Helfer*innen ein Mikrophon ins geschundene Gesicht halten und fragen: **„Wie fühlen Sie sich?"**. Ja, wie denn wohl? Seid ihr bescheuert? Das sehen wir wieder bei den zunehmenden Umweltkatastrophen, begonnen mit dem im Ahrtal. Während die Familien die Weinberge hinaufflüchteten, hetzten die Geier mit ihrem saudämlichen und gefühllosen „Wie geht es Ihnen?" hinter ihnen her. Ihre letzten Besitztümer in einem kleinen Rucksack auf dem Rücken, verängstigte Kinder an der Hand, drehten sie sich mit aufgerissenen Augen um und starrten die Fragenden an. Ja, wie sollen die sich wohl fühlen?

Lasst doch die Leute erstmal in Ruhe oder packt mit an, zum Donner nochmal!
**

Vorgänge im Gehirn während einer Traumatisierung (oder wenn´ s noch mal gut geht)

Wie in Kapitel 6 versprochen, hier etwas ausführlicher zu den Vorgängen im limbischen System. Dies ist ein Auszug aus einem meiner Vorträge zum Thema Trauma-Entstehung und Trauma-Heilung:

Das limbische System ist ein Hirnteil von uns, welches vollkommen ohne unser bewusstes Zutun aktiv ist!!! Es wurde nämlich erfunden, als es noch gar kein Bewusstsein gab. Aber schon mit dem Herauskrabbeln an Land hat es sich entwickelt. Darum heißt es auch Reptiliengehirn. Und es blieb im Prinzip genau gleich bestehen, weil es sich in seiner Funktion ziemlich bewährt hat. Fische haben nur die Vorstufe vom limbischen System. Aber auch sie empfinden Schmerz (etwa, wenn ihnen ein Metallhaken in den Gaumen getrieben wird oder sie in der Aqua-Zucht in großer Enge verletzt werden) und erinnern sich daran. Aber ihr System ist noch nicht so ausgefeilt, wie es für die Landlebewesen offenbar einen Evolutionsvorteil gebracht hat.

Das limbische System sortiert alle Wahrnehmungen. (Sie erinnern sich: Dissoziation ist ein Filter. Hier haben wir die Maschinerie dafür) und ist außerdem für Gefühle aller Art zuständig. Es spielt daher auch in der Trauma-Entstehung und Trauma-Heilung die wesentlichste Rolle. Mit unserem Verstand kommen wir da nicht ran. Dr. Arne Hofmann (der wunderbare Mensch, der EMDR nach Deutschland gebracht hat) sagt dazu: „Der Cortex ist eine Minderheit im Gehirn". Obwohl wir auf diese 4 mm oberste Schicht der Großhirnrinde so furchtbar stolz sind. Sie ist ein hilfloses Baby im Vergleich zu all dem anderen, was uns den Schädel füllt.

Wie läuft diese Sortierung ab?

Augen, Ohren, Zunge, Nase, Gleichgewichtssinn, Körperwahrnehmung und Haut leiten eine Information aus der Umwelt
durch das Rückenmark ins Gehirn weiter. Auf dem Weg zum
Großhirn sitzt aber eine große Sortieranlage: nämlich das
limbische System mit seiner Sammlung kleiner Abteilungen.
Die haben so nette Namen wie:

Mandelkern (Amygdala), die Chefin des limbischen Systems.

Seepferdchen (Hippocampus), der Umweltanalytiker und
Erfahrungswissen-Verwalter.

Thalamus, das Chemielabor, welches auch für die Schaltung
des Bewusstseins zuständig ist.

Hypophyse, den Chemielaborleiter.

Jede, wirklich jede Information wird durch all diese Strukturen
hindurchgeschleust, analysiert und sortiert. Das ist anatomisch
nicht anders möglich. Es ist also u.a. ein Wahrnehmungsfilter,
der entscheidet, was er für bedeutungslos, für harmlos oder
auch für gefährlich hält.

Das geht etwa so, frei nach Otto Waalkes:

– Netzhaut an Sehzentrum: „Melde ein Objekt in Kniehöhe,
  Bewegungsrichtung auf uns zu."
– Mandelkern: „Stopp mal, kennen wir das? Hej –
  Hippocampus, was weißt du darüber?" (Der Hippocampus
  ist ja der Spezialist für das Drumrum einer Wahrnehmung,
  darum wird er gefragt.)
– Hippocampus: „Ja kennen wir. Ist ein Hund."

– Mandelkern: „Und – ist er wichtig?"
– Hippocampus: „Nö, geht vorbei. Ist nur 'ne olle Trethupe."

Wir kriegen von dieser Trethupe unter diesen Umständen also nichts mit. Wir filtern das einfach aus. Es ist sowohl harmlos als auch unbedeutend. Was aber, wenn nicht? Dann kann es auch anders laufen:

Mandelkern an Hippocampus: „Ist der wichtig?"
– Hippocampus: „Jap."
– Mandelkern an Hippocampus: „Oh, ist er gefährlich?"
– Hippocampus: „Nö, Trethupe."
– Mandelkern: „Oh, süüüüüß!"
- Info an Hypophyse: „Oxytozin ausschütten, volle Dröhnung!" (Oxytozin ist das Bindungshormon. Es löst den Brutpflegeinstinkt aus.)
- Info an Großhirn: „Frag mal, ob ich ihn streicheln darf."

– Großhirn (auf dem Niveau können das beide Hirnhälften: Dreiwortsätze und Floskeln mit hoher emotionaler Ladung in sicherem Umfeld):
„Geht klar. Info an Sprachzentrum Abteilung Sprachproduktion. Sag: Ist der aber süß! Wie heißt er denn? Wie alt isser denn? Darf ich streicheln? Ich habe auch einen Hund ..."
– Mandelkern an Sprachzentrum: „Jo, ist gut jetzt."

KLEBEN SIE HIER EIN SÜSSES HUNDEBILD EIN.

So weit, so nett. Was aber ist, wenn der **Hippocampus Alarm schlägt?**

– Mandelkern an Hippocampus: „Ist der **wichtig?**"
– Hippocampus: „Denke schon."

– Mandelkern. „Oh, ist er gefährlich?"
– Hippocampus: „Denke schon."
– Mandelkern: „Oh shit!" Info an den Hippocampus. „Mann, du blöder Penner, lass dir doch nicht alles aus der Nase ziehen: Ist er lebensgefährlich?"
Und jetzt kann es wieder zwei Wege gehen.

Variante 1:

→ Mandelkern: „Ist er **lebensgefährlich?**"
– Hippocampus: „Nun ja, der ist wohl sehr gefährlich. Aber der Besitzer hat ihn im Griff und er trägt einen Maulkorb."
– Mandelkern: „Okay. Info an Großhirn, Abteilung motorische Zentren: Geh ganz ruhig weiter."
– Großhirn an Mandelkern: „Ich weiß. Hab doch die Hundekurse gemacht, als ich noch DHL- Bote war. Ich mache nur ruhige Bewegungen und richte den Blick hinter den Hund Richtung Horizont."
– Mandelkern an Hypophyse: „Unter den Umständen: Fahr die Adrenalinausschüttung doch etwas hoch, falls wir doch noch rennen oder schreien müssen."
– Hypophyse: „Wird gemacht."
– Hypophyse an Hirnstamm: „Herzschlag und Atmung etwas beschleunigen."
– Hirnstamm: „Soll ich mich auch beschleunigen?"
– Mandelkern, Hippocampus und Hypophyse: „Idiot!"

Variante 2:

→ Mandelkern: „Ist er lebensgefährlich?"
– Hippocampus: „Große Scheiße, ja! Der hat zwei Köpfe und ist 3,80 groß!"
– Mandelkern an ALLE: „Notfallmodus droht! Alarmstufe gelb! Denken hochfahren! Mandelkern an Augen: Lage checken!" ...

Jetzt ein kleiner Cliffhanger -- > Es folgt die Orientierungs-Reaktion:

Die Umwelt sowie das bewusste und das unbewusste Gedächtnis, werden bei einem als lebensgefährlich eingestuften Ereignis blitzartig nach Überlebensmöglichkeiten abgesucht. Weil beide Hirnhälften beteiligt sind und wir keine noch so kleine Chance verpassen wollen, werden die Augen sehr schnell ein paarmal hin- und herbewegt.
Wir orientieren uns also innerlich und äußerlich. Die Augen senden die Informationen nach dem Scannen der Lage an das limbische System zurück. Der Mandelkern entscheidet auf der Grundlage der so gesammelten Informationen dann, ob der Überlebensmodus über die Schrecksekunde hinaus angeschaltet bleibt. Falls ja, folgt:

– Mandelkern an Augen: „Bewegung einstellen, Fokus ins visuelle Zentrum auf das Vieh. Trauma-Modus Alarmstufe rot!!!"
– Mandelkern an Großhirn: „Linke Hirnhälfte offline schalten, nicht dass uns der Klugscheißer noch langatmig dazwischen quatscht!" (Tatsächlich – für kluge Reden ist jetzt nicht der Moment.)

Das ist also der entscheidende Moment, in dem unser Verstand aus dem Netz genommen wird!!!

– Mandelkern an Hypophyse: „Hau Adrenalin und Cortisol raus! Alles, was du davon hast!"
– Mandelkern an Körper: „Du weißt, was du zu tun hast!"
– Mandelkern an rechte Hirnhälfte: „Stell die Aufnahme an! Wenn wir das hier überleben, brauchen wir alle Daten, die du sammeln konntest. Mach vor allem Screenshots, das geht am schnellsten."

– Rechte Hirnhälfte an Mandelkern: „Auch ein **Selfie?**"

... nein Quatsch ... Oder eigentlich tatsächlich gar kein Quatsch:
→ Es werden tatsächlich oft Szenen so gespeichert, als wäre man aus einer höheren Perspektive dabei, quasi in der Beobachterposition. Man weiß ja nie, was einem später nochmal begegnet. Also werden Daten aus allen Perspektiven erschaffen, selbst, wenn es diese Perspektive in Realität gar nicht geben konnte. Sie wird einfach auf der Grundlage von Erfahrungswissen konstruiert.
Sie können sich schließlich auch genau vorstellen, wie Sie von oben aussehen, während Sie gerade auf dem Sofa lümmeln. Darum wird auch diese Perspektive gespeichert. Man weiß ja nie, ob man nicht auch die Draufsicht braucht!

Nachdem diese Orientierung zu einem Ergebnis gekommen ist, folgt eine der vier möglichen Verhaltensweisen, die das limbische System im Alarmmodus veranlassen kann. Dazu gleich mehr. Das linke Großhirn redet zu dem Zeitpunkt schon längst nicht mehr mit! Es ist ausgeschaltet und steht höchstens völlig hilf- und sprachlos beobachtend buchstäblich neben der Szene.

Frage: Aber warum wird der Verstand eigentlich ausgeschaltet?

Antwort: Er würde uns verlangsamen.

Wer denkt beim Angriff des Eisbären darüber nach, ob dieser eigentlich ein weißer Braunbär ist, welche Hautfarbe er hat und ob er vielleicht Lars heißt? Besser ist es doch, einfach zu rennen, oder?

Darum entscheidet die Amygdala ohne Mitarbeit des Verstandes, was das Überleben am wahrscheinlichsten sichert: Nämlich kämpfen, flüchten, erstarren oder sich schlaff dem Schicksal ergeben (zumindest erst Mal so tun, als ob.). Auf Neudeutsch: Fight, Flight, Freeze, Fate!

Die vier Überlebenstechniken

Erste Methoden der Wahl sind immer Flucht oder Kampf. Dafür wird alle Energie zur Verfügung gestellt. Atmung und Herzschlag werden beschleunigt, die Muskeln vermehrt durchblutet, Blase und Darm entleert, die Körpertemperatur und Gerinnungsfaktoren erhöht. Damit sind wir optimal für einen Sprint, das Klettern auf einen Baum oder das Schwingen einer Keule vorbereitet.

Wird aber bei der blitzschnellen Orientierung festgestellt, dass weder Kampf noch Flucht erfolgversprechend sind, oder hatten beide bereits keinen Erfolg, dann stehen uns noch weitere Möglichkeiten zur Verfügung:

Wir erschlaffen und stellen uns damit tot, oder wir spielen Baum und erstarren. Die Herkunft dieser Reaktionen ist der Urwald und die Steppe der Vorgeschichte: Manche Beutejäger fressen kein totes Tier und manche Fleischfresser sehen nur sich bewegende Beute.
Haben Sie Ice Age 2 gesehen? Da kommen diese Opossum-Brüder und ihre Mammut-Schwester Elli drin vor und zeigen eine der Reaktionen in Perfektion. Das Opossum ist eins der Tiere, das sich grundsätzlich bei Gefahr immer totstellt. Es imitiert Aas dabei so perfekt, dass es in diesem Zustand sogar sofort zu stinken anfängt. Wie ein Tier, das schon längere Zeit tot ist! Es verdirbt dem Beutejäger, der am liebsten Frisch-

fleisch hat, damit gehörig den Appetit. Man kann richtig sehen, wie sich solche Tiere angeekelt von dem stinkenden Haufen abwenden. Wenn das Mammut Elli dasselbe macht, ist das allerdings recht sinnlos. Denn der Bussard hätte ihr sowieso nichts getan. Aber dreiköpfige Hunde gibt es ja auch nicht. Ellis Verstand ist eben ausgeschaltet. Ihr limbisches System hält den Bussard für eine Gefahr.

Zwei gute Nachrichten:

1. Wir alle haben zumindest bisher immer richtig reagiert, sonst säßen wir nicht hier.
2. Die Entscheidung, welche der vier Überlebenstechniken wir einsetzen, wird nicht vom Großhirn gesteuert! Das übernimmt das Reptiliengehirn viel besser. Wir sind dafür also (an dieser Stelle) nicht verantwortlich.

Wehmut

Von meinen Klient*innen werde ich oft gefragt: Wie wäre ich geworden, wenn man das alles vorher gewusst hätte?
Das weiß ich natürlich auch nicht. Es empfiehlt sich, dass wir uns mit unserem Schicksal versöhnen, denn wir können es vom Jetzt aus sowieso nicht mehr ändern. Wir können aber von jetzt an besser leben. Immer.
Es macht außerdem glücklich, jeden einzelnen Augenblick als Ausgangsbasis für einen neuen und guten Weg zu nutzen. Das gilt für jeden Menschen. Ben Furman (der sympathische finnische Pädagoge) hat ein schönes Buch zu dem Thema geschrieben. Es heißt: „Es ist nie zu spät, eine glückliche Kindheit zu haben."
Na, dann los.

Bin ich ein AD(H)S-Co?

- **abgel**eitet vom Fragebogen des Blaukreuzes:
Diese Anzeichen sprechen dafür, dass du ein*e
Co-AD(H)Sler*in bist:

o Du hast eine Beziehung (jeglicher Art) zu einem /einer AD(H)Sler*in.

o Du musstest während deiner Kindheit schon früh erwachsen werden.

o Deine Aufgabe als Kind war es, dass die Familie funktioniert.

o Dir fällt es sehr schwer, „Nein" zu sagen und anderen einen Gefallen abzuschlagen.

o Du hast Schwierigkeiten, Kritik anzunehmen, da du sehr sensibel bist.

o Dir fällt es schwer „dysfunktional" und „normal" zu unterscheiden.

o Du fühlst dich oft für die Fehler anderer schuldig.

o „Ja" sagen fühlt sich für dich eher an wie eine Pflicht und nicht wie eine Option.

o Du beantwortest die Frage „Wie geht's dir?" grundsätzlich mit „Gut.". Auch, wenn es nicht so ist.

o Du denkst dir, dass da „nur noch diese eine Sache" fehlt, damit sich dein Leben endlich grundlegend. ändern kann.

o Du bist an deinem freien Tag oftmals mehr eingespannt als an deinem Arbeitstag.

o Du bist für deine Freunde immer die Helfer*in/Seelentröster*in/Therapeut*in.

o Du glaubst, dass sich deine Probleme auflösen, wenn du sie dir nicht anschaust.

o Du hast immer das Gefühl, dass du mit deinen Ansichten und Argumenten falsch liegst.

o Du fragst andere Menschen oft nach ihrer Meinung oder wie du dich entscheiden sollst.

o Du denkst, Lügen ist besser, als die Gefühle deines Gegenübers zu verletzen.
o Du lässt dich immer wieder zu Dingen überreden, auf die du
  eigentlich gar keine Lust hast.
o „Es tut mir leid", gehört zu deinen Standard-Antworten.
o Du lässt über etwas abstimmen, damit du dir deine „eigene"
  Meinung bilden kannst.
o Du erteilst Ratschläge, auch, wenn andere sie gar nicht
  wollen oder nicht danach fragen.
o Du schlüpfst immer in die Rolle des Helfers/der Helferin,
  lässt dir aber selbst nicht gerne helfen.
o Du hilfst ständig anderen und fokussierst dich auf
  Menschen, die Hilfe brauchen.
o In deinem Leben läuft eigentlich alles ganz okay, aber du
  fühlst dich trotzdem nicht gut.
o Du stellst die die Bedürfnisse und Gefühle anderer immer
  wieder über deine eigenen.
o Du bist gekränkt, sobald andere dein Aufopfern nicht wert-
  schätzen.
o Deine Laune ist abhängig von der Laune anderer Menschen.
o Du fühlst dich oft einsam oder wertlos, wenn du alleine bist.
o Du findest dich immer in ungesunden Beziehungen wieder.
o Du bist sehr perfektionistisch und machst dich fertig, wenn
  du Fehler machst.
o Du hast das Gefühl, nur existieren zu dürfen, wenn du was
  für andere tust.
o Du bist oft taub für deine eigenen Bedürfnisse und Gefühle.
o Du fühlst dich schnell ungerecht behandelt.
o Du lebst in ständiger Angst, von anderen verurteilt oder
  zurückgewiesen zu werden.

Selbst, wenn du nur einige Fragen mit „Ja" beantwortet hast, ist
bezüglich deiner Selbstfürsorge noch viel Luft nach oben. Auch
wenn man darüber diskutieren kann, ob AD(H)S nun eine

Krankheit ist, oder nicht – es rechtfertigt nicht, dass andere Menschen darunter leiden müssen. Der erwachsene Mensch mit AD(H)S ist für sich selbst verantwortlich.

Für die, die hinsehen wollen: Noch mehr zu den Hühnern von

Rettet das Huhn e.V. und all ihren Geschwistern:

Hier eine Transportkiste mit gerade abgeholten Biohühnern:

Viele überleben diese Torturen nicht. Sie sterben an Lege-darm-Entzündungen, mit dem Bauch voll Eiter, an Atem-wegs-Erkrankungen durch den beißenden Ammoniakgestank. Sie krepieren qualvoll an vorgefallenen Legedärmen, die ihnen von den Leidensgenoss*innen bei lebendigem Leib herausge-rissen werden. Oder auch an Erschöpfung, an Knochenbrü-chen, wegen derer sie unter die Etagen (die sich Bodenhaltung nennen) fallen und dort bedeckt von immer mehr Kot der Leidengenoss*innen langsam ersticken. Die Hühner verhun-

gern und verdursten. Jedes einzelne von ihnen in tagelanger Qual. Es interessiert sich niemand für sie.
Auch nicht für ihre Brüder, die versehentlich beim „Sexen" in die Legehühnerkiste statt den Schredder geworfen wurden oder die zu Marketingzwecken bewusst zu so genannten „Bio-Hühnern" in die Legebatterie gesetzt wurden. So wurden sie zwar nicht bereits als Babys lebendig zermahlen oder vergast, mussten aber mit falschem Futter und einer viel zu großen Schar Hühnern versuchen zu überleben. Immer sind sie schwer krank, wenn man sie bei der Ausstallung findet.
Das Töten der männlichen Küken ist in Deutschland inzwischen verboten. Also lässt man sie schlüpfen, karrt sie einen Kilometer über die Grenze in die Niederlande, lässt sie dort lebendig durch den Fleischwolf drehen oder innerhalb zwanzig ätzender Atemzüge langsam ersticken und importiert die Überlebenden zurück.
Wer 18 Monate überlebt, sieht so aus:

Hier sind sie bei ihrem ersten Ausflug mit Erde statt Beton unter den Füßen. In der Nase frische, statt von verstorbenen Artgenoss*innen und den eigenen Ausscheidungen ätzender Luft.

Sie sind übrigens nicht in der Mauser. Die Federn haben sie sich an den Metallstangen und Betonwänden abgestoßen und sich vor lauter Stress gegenseitig ausgerissen. In einen Schwarm gehören höchstens 30 Tiere, denn dann kennen sie sich persönlich und fechten eine Rangordnung aus. Es ist mitten unter 3000 anderen Hühnern aber nicht möglich, eine solche Struktur zu schaffen. So wachsen sie mutterlos auf und sterben einsam als Jugendliche unter Tausenden anderer Jugendlicher. Bei der so genannten „Bodenhaltung" stehen sie übereinandergestapelt. Sie können theoretisch auf den harten Betonboden hinuntersteigen. Allerdings wird mehr gehackt, desto weiter ein Huhn sich unten in der Nähe des Boden befindet. Peta, ANINOVA, das Deutsche Tierschutzbüro und andere Tierschutz-Organisationen haben das alles dutzendfach belegt. Das hier Beschriebene sind keine Einzelfälle. Das ist der Standard. Gerade entdeckt Martin Rütter, der Hundeprofi, diese Horrorwelt. Er weint. Das hat er nicht gewusst.

Bei der Freilandhaltung können sie theoretisch auf eine große Wiese hinaus. Oft ist dies mit elektrischem Draht präpariert, so dass sie es nur einmal versuchen. Aber auch wenn dies nicht passiert, haben sie an dem Draußen kein Interesse. Es sind ursprünglich Tiere aus dem Dschungel. Sie fühlen sich nur mit dichtem Buschwerk sicher. Das wird ihnen nicht geboten. Für die Industrie ist das sehr praktisch. So haben sie haben ein

Verkaufsargument, aber es kostet sie nichts.

Verbraucher*innen lieben riesige XXL-Eier. Diese werden von denselben zarten und bis dahin schon ausgemergelten Tieren gelegt. Damit sie das tun, werden etliche Hühner erst einmal nicht mit 18 Monaten getötet. Stattdessen werden sie durch eine äußerst entbehrungsreiche Zwangsmauser mit Dunkelheit und Hunger gequält. Viele überleben das nicht. Wer es überlebt, zerreißt sich dann schließlich den Legedarm an diesen Rieseneiern. Guten Appetit.

Draga hat dann noch einige glückliche Jahre gehabt, bevor sie an einer Legedarm-Entzündung gestorben ist. Das ist eine sehr häufige Todesursache, weil ein Hühner-Vogel eigentlich pro Jahr höchstens 20 Eier legt – und nicht 365, wozu sie genetisch manipuliert wurden.

Bei den Vorderen sieht man, wie sie nach sechs Monaten artgerechter Haltung aussehen können. Zumindest die, die den Übergang ins neue Leben schaffen. Viele sterben in den ersten Tagen, so ausgemergelt und krank sind sie. Andere leben noch viele Jahre ein glückliches Hühnerleben.

All dies habe auch ich vorher nicht gewusst.

Also gilt ebenso für die Bauern und Bäuerinnen unter uns: Freundlich und hartnäckig dranbleiben, was wirkliches Tierwohl betrifft! Und sich sachlich informieren.

Was ich hiermit getan habe.

***

Warum sie dieses Buch überhaupt in der Hand haben?

Zu guter Letzt:

Späher*innen zu einer Schwerpunkt-Bäuerin: *„Kannst du auch mal für was kämpfen?*

Realitätscheck: Ach, neee ...

Meine Klient*innen wollten immer mehr meiner Texte haben. Dann auch ihre Angehörigen und Freund*innen. Und Kolleg*innen. Ein paar Familienmitglieder und Freund*innen wollten schließlich auch wissen, was ich denn da die ganze Zeit schreibe. Und ich musste ja auch alle fragen, ob ich sie erwähnen dürfte. Egal, wer was gehört oder gelesen hatte, „Das musst du veröffentlichen!", war die einhellige Meinung.

Ehrlich gesagt, ist das nicht so meins. Ich kann sowas nicht. Vorspringen und „Guck mal!" schreien. Sich womöglich damit noch gegen Widerstände durchsetzen. Aber sie ließen nicht locker. Also habe ich es nach langem Rumwinden und hartnäckigem Schieben versucht (Danke, Amrei!). Wenn's was wird, ist es gut. Wenn nicht, ist es auch gut. Mein Beruf ist es, Saatgut in Böden zu legen und dann zu warten. Manches wächst, anderes nicht. Manches ist zweijährig, manches nach zwanzig

Jahren erntereif. Ich kann sowohl von Radieschen als auch von Walnüssen leben. Ich kann warten, Alternativen habe ich. So einen Alligator erwürgen – das dürfen die Späher*innen in meinem sozialen Umfeld mal machen. Die machen das besser. Wenn sie das für ein lohnendes Ziel halten. Darum auch Danke an meine Schwester Amrei und meine Lektorin Sigrid Lehmann-Wacker von der Schreibwerkstatt Osnabrück, die sehr gerne für mich auf Jagd gegangen sind.

BEGEGNEN – VERSTEHEN – ZUSAMMENFINDEN 60

Statt:
„Kannst du auch mal für was kämpfen?"

Besser:
„Was macht dein Buch? Ich warte wirklich sehr darauf!"

Teil 3 der Anhänge: Glossar

(„→" bedeutet, dass sie zu dem darauf folgenden Wort hier auch noch etwas finden können)

ADD Die Aufsichts- und Dienstleistungsdirektion ist eine rheinland-pfälzische Spezialität wie Döppekuchen und Saumagen. Mit dieser Behörde kann man das Deutschsein belegen, ohne zu sagen, dass man deutsch ist. Sie ist für die Schulen, aber auch für Landwirtschaft, Weinbau und Wirtschaftsrecht zuständig. Dort sitzen großartig sachkompetente Leute. Die schaffen es zum Beispiel, einem Kind innerhalb von sechs Monaten erst einen (→) Intelligenzquotienten von 60 und dann einen von 100 zu diagnostizieren, damit es in die vom Jugendamt gewünschte Schule eingewiesen werden kann. Aufgrund dieser hohen Qualifikation der Mitarbeitenden sind Entscheidungen der ADD darum eher auch nicht so leicht anfechtbar.

ADHS Aufmerksamkeits-Defizit-Hyperaktivitäts-Syndrom. Das „H" wird üblicherweise in Klammern geschrieben, weil es auch den Typus des ADHS ohne (äußerlich sichtbare) Hyper-aktivität gibt. Ob nun mit oder ohne „H", nach der Lektüre dieses Buches weiß man, dass dieser Name vollkommen unzutreffend ist! Die betroffenen Menschen haben kein Defizit bezüglich ihrer Fähigkeit zu Aufmerksamkeit. Diese ist bei ihnen nur anders organisiert als bei den (→) neurotypischen Menschen. Wobei „anders" eben nicht falsch oder schlechter bedeutet. Sondern einfach ihrer ursprünglichen Aufgabe als Späher*innen in einer Gesellschaft völlig angemessen.

ADS Aufmerksamkeits-Defizit- Syndrom. Also (→)ADHS ohne „H".

Amygdala Übersetzt heißt das Mandelkern und ist einfach eine optische Ähnlichkeit. Wir alle haben einen im Kopf. Die Amygdala ist die Chefin in dem Teil unseres Gehirns, der für die Filterung aller Wahrnehmungen nach Bedeutung und Gefahr zuständig ist. Damit ist sie auch entscheidend für unsere Reaktion auf Lebensbedrohung. Die Amygdala lässt sich vom (→) Hippocampus die notwendigen Informationen aus dem Umfeld und den bisherigen Lebenserfahrungen geben und zieht daraus ihre Schlüsse. Wenn die Amygdala denkt, der jüngste Teil unseres Gehirns, die Großhirnrinde, sei noch zu dumm und unerfahren für die Situation, dann übernimmt sie. Sie stellt das Denken ab und den Notfallmodus an. Die Evolution hat herausgearbeitet, dass es nur vier Reaktionen gibt, die im Zweifel lebensrettend sind. Das sind Angriff, Flucht, Erstarren und Erschlaffen. Bekannt ist dasselbe auf Englisch: Fight, Flight, Freeze und Fate (was so viel heißt, wie sich dem Schicksal ergeben – zumindest solange der Tiger uns im Maul hält). Was das Seepferdchen für angemessen hält, ist von Bewusstsein und Willen absolut losgelöst. „Es" passiert einfach. Siehe dazu bitte auch (→) Dissoziation

Asperger-Autismus (→) Autismus

Ausschleichen Ausschleichen ist das Gegenstück zum (→) Eindosieren. Hierbei wird ein Medikament nach und nach wieder abgesetzt. Dieser langsame Prozess soll im Gegensatz zu einem abrupten Absetzen mögliche Entzugserscheinungen vermeiden. Das Absetzen als solches soll die Selbstheilungskräfte aktivieren und den inzwischen erworbenen Fähigkeiten des Menschen eine Chance gegeben werden, ohne weitere Hilfen zu wirken. Oft, vor allem bei Psychopharmaka, werden dabei auftretende Entzugserscheinungen leider mit einer Rückkehr der Erkrankung verwechselt und das Medikament wieder höher → eindosiert. Selbstverständlich (!) sind die Schemata des Ausschleichens aller Medikamente strengstens wissenschaftlich an allen Geschlechtern und Altersstufen probiert und belegt! (Ironie aus)

Auch **Autismus** gehört zu den so genannten → Spektrumsstörungen. „Spektrum" darum, weil sehr viele, sehr spezielle Eigenschaften zum Autismus-Spektrum gehören, jeder Mensch aber seine ganz individuelle Kombination davon hat. Es gibt eine Kombination, bei der man merkt, dass der Mensch irgendwie nicht ganz der Norm entspricht, aber trotzdem in der Gesellschaft noch mehr oder weniger funktioniert. Die hat man früher Asperger-Autisten genannt. Nun war der namensgebende „Arzt" aber ein Faschist. Wie das bei denen so ist, war er auch an Menschenversuchen und Euthanasieprogrammen beteiligt. Wem das bekannt wird, der sagt nicht mehr seinen Namen. Man sagt zu allem „Autismus-Spektrums-Störung."Autismus kann man von den damit verbundenen Fähigkeiten und Eigenschaften her als das ziemliche Gegenteil des AD(H)S ansehen. Es sind, um in dem Bild dieses Buches zu bleiben, Super-Bäuer*innen. Strukturiert bis ins letzte Detail, berechenbar, mit reduzierter Mimik, Stimmlage und Körpersprache. Mit sekundengenauem Zeitgefühl, das Leben lang auf Berechenbarkeit hin orientiert und so weiter. Viele haben auch Eigenschaften, die – wenn man sie nicht versteht – das Zusammenleben erschweren, zu vielen Missverständnissen führen und Leid verursachen. Vor allem, wenn diese Eigenschaften auf ein verständnisloses Umfeld treffen. Und natürlich gibt es auch unter ihnen Menschen, die von dem Autismus so schwer beeinträchtigt sind, dass sie Hilfe brauchen.
Es gibt auch Menschen, die sowohl Autist*innen, als auch AD(H)Sler*innen sind. Sie können sich vorstellen, dass es eine ganz besondere Herausforderung ist, diese beiden entgegengesetzten Tendenzen in ein einziges Leben zu integrieren.
Bedarfsplanung Wie man ja u.a. aus der deutsch-deutschen

Geschichte weiß, geht Bedarfsplanung sehr häufig am Bedarf vorbei. So auch hier. Die entsprechenden Gremien versuchen seit 1977, die Versorgung der Bevölkerung damit sicherzustellen und gleichzeitig eine „Ärzteschwemme" zu vermeiden. Der gemeinsamer „Bundesausschuss" legt fest, wo sich wie viele Ärzt*innen welcher Sparte niederlassen dürfen. Es hat noch nie funktioniert. In jedem anderen Bereich setzt man auf freie Marktwirtschaft und auf das Vertrauen, dass Qualität sich durchsetzt. Hier nicht. Monate – zum Teil jahrelange Wartezeiten verursachen Chronifizierungen, Verschlechterungen des Zustandes und Todesfälle. Letztes Jahr ist wieder einmal eine meiner Klientinnen an Herzversagen gestorben. Ihr Kardiologentermin war leider erst fünf Monate später. Im verzweifelten Versuch, des Andranges Herr zu werden, sind die ärztlichen Behandlungen in der Regel zu einem hektischen Durchschleusen verkommen. Außer zum Beispiel in der Psychotherapie. Da gibt es eine Zeitvorgabe für jede Leistung, die präzise einzuhalten ist. Dafür müssen Menschen aber auch bis zu anderthalb Jahre auf einen Therapieplatz warten. Der Bankkaufmann und später Gesundheitsminister Herr Spahn (ja, genau der, der Millionen von Steuergeldern für irre Maskenkäufe und Pseudo-Testzentren verschleudert hat und immer hektischer das Populismuskarussel bedient) fand, dass das an unserer Faulheit liegt. Darum hat er die →„Sprechstunden" erfunden, von denen wir jede Woche eine bestimmte Zahl anbieten müssen. Sinnloserweise auch dann, wenn wir keinen Therapieplatz haben. Was wir in den Sprechstunden besprechen, haben wir früher in den probatorischen Sitzungen geklärt. Also Diagnostik und Bedarfsklärung. Dafür haben wir aber nur dann Termine ausgemacht, wenn wir auch einen Therapieplatz für den Fall hätten anbieten können, dass es sich als nötig erwiesen hätte. Jetzt gelten die Menschen aber bereits mit den Sprechstunden als versorgt. Zack – die Bedarfsplanung stimmt wieder. Obwohl durch die Sprechstundenpflicht sogar

Therapieplätze wegfallen. Das könnte man in der →somatischen Medizin doch auch so machen. „Sie haben eine Blinddarmentzündung. Nehmen Sie eine Schmerztablette, dann sind Sie erstmal versorgt. Die Operation kann ich Ihnen für übernächstes Jahr anbieten."
Die Krankenkassen haben aber ein kleines Problem. Sie haben nämlich einen so genannten „Sicherstellungsauftrag". Das bedeutet, dass sie beim nachgewiesenem Bedarf einen Therapieplatz zur Verfügung stellen müssen. Die Lösung heißt → Kostenerstattungsverfahren.

Body-Double Wohl dem, der eins hat. Weiß man ja: Frauen gehen immer zusammen aufs Klo. Das stimmt. Denn gemeinsam fühlt sich der Weg weniger gefährlich an und der Blick der anderen verteilt sich auf mehrere. Aber auch in den neuen Chor oder zum ersten Mal ins Fitness-Studie geht man ungerne allein. Bei Späher*innen ist dies Empfinden viel allgemeiner. Was wie eine unerreichbare Hürde erscheint, geht plötzlich fast wie von selbst. Es reicht, wenn ein wohlmeinender Mensch im selben Raum ist, damit das Aufräumen oder die Hausaufgaben gemacht werden können. Die Anwesenheit gibt einen emotionalen Rahmen und einen alternativen Fixpunkt. Meine Tochter macht dies mit ihren AD(H)S-Freundinnen sogar über das Handy: Sie lassen beide den Videocall laufen, unterhalten sich aber nicht oder kaum. Trotzdem fühlen sie sich ausreichend sozial eingebunden, um die Orientierungslosigkeit und den Widerwillen bezüglich des zu Erledigenden zu überwinden. Prädikat: Empfehlenswert.

Burnout Ein schickes Wort, aber kein schöner Zustand. Burnout ist übrigens keine Diagnose, die als Erkrankung im → ICD oder → DSM vorkommt. In der ICD 11 wird der Zustand als Folge von Überforderung (im Beruf) und Risikofaktor für Angsterkrankungen und Depression beschrieben. Treibende

Kraft des Burnouts ist die gelernte Selbstüberzeugung, nicht gut genug und darum in Gefahr zu sein. Wenn aber mal eine Latte übersprungen wurde, wird sie auch gleich höher gelegt. Es ist unvermeidbar, dass diese Ansprüche irgendwann an der Wirklichkeit scheitern müssen. Wer nicht lernt, Selbstfürsorge und Grenzen wichtiger zu nehmen als die flüchtige Anerkennung irgendwelcher „Erfolge", der wird im Burnout landen. Er oder sie wird sich selbst ausbrennen.

Depression Die Leitsymptome der Depression sind gedrückte Stimmung, Verlust von Interessen und Freude sowie Antriebslosigkeit. Dazu kommen noch weitere Symptome wie Schlaf- und Appetitstörungen, Gefühle von Schuld, Scham und Wertlosigkeit etc. Das sagt sich alles so leicht. Ist es aber nicht. Die Buchreihe von Matthew Johnstone, in welcher für die Depression das Bild eines schwarzen Hundes benutzt wird, ist ein Goldschatz auf dem Markt der Psychobücher.
Depression wird in aller Regel von ein oder mehreren Verlusten, belastenden Ereignissen wie Beschämungen und Erniedrigungen sowie der Überzeugung eigener Minderwertigkeit und Wirkungslosigkeit verursacht. Darum ist sie psychotherapeutisch gut behandelbar.

Bipolare affektive Störung siehe bitte unter → manisch-depressiv
→Borderline Persönlichkeitsstörung

Borderline Persönlichkeitsstörung Als Persönlichkeitsstörung ist definiert, wenn ein Mensch in der Struktur seiner Persönlichkeit bestimmte Merkmale aufweist, die sein Denken, Fühlen und Handeln auf eine ganz bestimmte und besonders unflexible Weise bestimmen. In der → ICD 10 Kapitel F sind einige Persönlichkeitsstörungen speziell beschrieben. Eine davon ist die Borderline Persönlichkeitsstörung. Betroffene

Menschen haben meist eine Reihe von Traumatisierungen erlebt. Sie sind unter anderem in ihrer Identität besonders unsicher, sind impulsiv, werden von ihren schnell wechselnden Gefühlen oft überflutet, neigen zu aggressivem Verhalten und Selbstverletzungen bis zu Suizidversuchen. Dazu haben sie Störungen der Selbstwahrnehmung und große Probleme damit, stabile Beziehungen aufzubauen. Weil sich die Persönlichkeit während der Kindheit und Jugend noch im Aufbau befindet, soll man eine Persönlichkeitsstörung erst bei Erwachsenen diagnostizieren. Dass sich da etwas zusammenbraut, kann man aber meist schon vorhersehen. Wenn dann schnelle Hilfe da wäre, ließe sich noch etwas retten. Leider gibt es aber für Kinder und Jugendliche noch weniger Therapieplätze als für die bereits mangelversorgten Erwachsenen. Siehe → Bedarfsplanung

Dissoziative Störungen Wir dissoziieren alle den ganzen Tag. Vor unserem Bewusstsein ist nämlich ein Filter geschaltet, mit dem Unnötiges abgeschirmt wird. Wenn alle Geräusche, Körperwahrnehmungen, Bilder, Gerüche, Klänge, Gedanken und Gefühle, die in und um sind, ständig alle in unserem Bewusstsein wären, würden wir verrückt werden. Als Sonderfunktion kann außerdem ausgefiltert werden, wenn uns etwas Schreckliches passiert. Nach Unfällen laufen zum Beispiel schwerstverletzte Menschen einfach durch die Gegend, helfen womöglich auch noch anderen und merken erst viel später, dass auch sie selbst bluten. Diese Fähigkeit kann zum Beispiel auch Antilopen das Leben retten. Wenn der Gepard sie nicht gleich tötet, sondern erst eine Weile durch die Gegend zerrt, bekommen sie das nicht bewusst (!) mit. Sie wehren sich darum auch nicht. Das ist gut, weil sie ansonsten nämlich sofort getötet würden. In der Evolution haben nur all die Antilopen überlebt, die in diesem Moment ganz schlaff oder starr wurden. Wenn der Gepard sie dann aber ablegt, um erst selbst wieder zu Atem zu kommen, kann es sein, dass sie aufspringt und wegrennt. Diese Fähigkeit haben wir Menschen auch. Und hieraus entwickeln sich die dissoziativen Störungen.

Das ist also ein Sammelbegriff für bestimmte Überlebenstechniken des Gehirns in Folge einer überwältigend schrecklichen Erfahrung. Das Bewusstsein wird bei dem traumatisierenden Geschehen also teilweise, manchmal auch ganz ausgeschaltet. Das heißt allerdings nicht, dass keine Erinnerungen gespeichert werden. Sie umgehen dabei nur das Bewusstsein. Das Opfer wehrt sich dann nicht mehr und versucht auch nicht mehr zu fliehen. Das ist keine bewusste Entscheidung, sondern passiert mit dem ganz alten Hirnteil von uns, der Reptiliengehirn oder →limbisches System heißt. Darum ist es auch vollkommen widersinnig zu fragen: „Aber warum hast du dich nicht gewehrt?" – Ja, weil mein limbisches System mich nicht gefragt, sondern ganz automatisch auf Überlebensmodus geschaltet hat.

Wenn eine solche Katastrophe zu schlimm ist oder zu oft passiert, dann schaltet das Gehirn auf dauerhaften Überlebensmodus. Je nachdem, wie das ausgestaltet ist, entwickeln sich daraus dann die verschiedenen dissoziativen Störungen. Der betroffene Mensch ist dann ununterbrochen im Alarmzustand. Ein gewisses Funktionieren wird dann zwar vielleicht wieder möglich, aber der Preis ist sehr hoch. Der Mensch ist unter anderem schreckhaft, nimmt nicht mehr alles, anderes dafür überdeutlich wahr, scannt ständig die Umgebung nach Gefahren, schläft schlecht, fühlt seinen Körper nicht oder nicht richtig und vieles andere mehr. Weil unser Traumagedächtnis keine innere Uhr hat, ist es dabei auch völlig egal, wie lange die Traumatisierung her ist. Darum ist es auch gemein, einem Betroffenen zu sagen, dass er oder sie „Mal endlich drüber wegkommen" solle. Ja, was glaubt der Rat-Schlagende denn? Dass man aus lauter Langeweile den erlebten Horrorgeschichten im Kopf immer wieder zuguckt? Dass man gerne irgendwo zu Bewusstsein kommt und nicht weiß, wie man da hingekommen ist? Oder dass es Spaß macht, sich selbst zu verletzen, um überhaupt noch irgendetwas zu spüren? Die einzig gute Nachricht ist, dass es für Traumafolgestörungen inzwischen sehr gute Behandlungstechniken gibt, wie z.B. →EMDR.

DSM An einem Definitionsschema für psychische Krankheiten wurde international schon lange gearbeitet. 1948 wurde es mit dem Kapitel F erstmals in die → ICD aufgenommen. Natürlich konnten die USA sich an diesem Projekt internationaler Zusammenarbeit nicht beteiligen, weil sie 1952 das viel, viel bessere „**D**iagnostic and **S**tatistical **M**anual of Mental Disorders", kurz DSM veröffentlichen mussten. Derzeit ist deren Variante 5 aktuell.

DGSVO Die **D**atenschutz-**G**rundverordnung schützt unsere Daten. Immer und überall. Darum gibt es ja ab 2025 auch zwangsweise die elektronische Patientenakte. Nachdem klar wurde, dass die Menschen sich freiwillig dafür aus Gründen absolut nicht erwärmen konnten. Jetzt werden die persönlichen Krankenakten also nicht mehr so lächerlich unsicher, womöglich sogar noch auf Papier, unter Verschluss oder in einzelnen Praxisverwaltungssystemen, in den einzelnen Praxiscomputern ohne Internetanschluss gespeichert, sondern auf privaten Servern. Da sind total gewissenhafte und gut bezahlte Leute, die dort auf unsere Daten aufpassen. Von da aus können dann Ärzt*innen, Apotheken, internationale Strafverfolgungsbehörden und Forschungsinstitute, alle Behandler*innen, Betriebsärzt*innen und das ganze jeweils zugehörige Personal auf diese Daten zurückgreifen. Natürlich nur zu unser aller Wohl. Und es ist selbstverständlich absolut, total und hundertprozentig sicher. Außerdem können Sie ja mehr oder weniger bestimmen, was in diese Akte kommt. Oder auch nicht. Aber

jedenfalls können Sie dem Anlegen der Akte auch ganz widersprechen. Ein kleines Schreiben an Ihre Krankenkasse genügt. Bisher jedenfalls noch. Was bis dahin aber schon auf Servern liegt, kann nicht mehr zurückgerufen werden. Wie das halt so ist mit Daten im Netz. Die neue oberste Datenschutzbeauftragte Frau Specht-Riemenschnieder, Professorin für Zivilrecht, hat damit jedenfalls nicht so viele Probleme, wie der entlassene Professor für Informatik, Ulrich Kelber. Der hatte aber auch wirklich immer wieder etwas zu meckern! Der musste mal weg. Zum Glück hat der ehemalige Gesundheitsminister Spahn aus seiner Fachkompetenz als Bankkaufmann und Beteiligter der Gematik (das ist die Firma, die diese ganze Digitalisierung im Gesundheitswesen macht) aber schließlich endlich gesagt: „Hacker hin oder her, die elektronische Patientenakte wird jetzt durchgezogen." Und sein Nachfolger findet das auch. P.S.: Weil ich dabei nicht mitmache, werden seit 2019 zur Strafe 2,5% meines Verdienstes von der Kassenärztlichen Vereinigung einbehalten. Ich bin halt so ein unflexibler Dinosaurier, dem die Schweigepflicht noch etwas bedeutet. Praxen wie meine finden Sie unter „TI-frei". Weitere Informationen zur elektronischen Patientenakte finden Sie bei Andreas Meißner: Die elektronische Patientenakte – Das Ende der Schweigepflicht (Westend Verlag).
P.S.: Im Dezember 24 hat der Chaos Computer Club sich locker Zugang zu allen 70 Millionen deutschen elektronischen Patientenakten verschafft.

Eindosieren Eindosieren ist das Gegenstück zum →Ausschleichen. Man fängt mit einer kleinen Dosis an und gibt nach und nach immer mehr, bis gewünschte Wirkung und unerwünschte Nebenwirkung in der angestrebten Balance sind. Dazu gehört auch das Vorgehen von Ärzt*innen, mit ernster Miene und im Brustton der Überzeugung zu sagen: „Dann nehmen Sie es ab sofort vor anstatt nach dem Essen." Oder morgens statt

abends. Oder mit der linken statt der rechten Hand. (Zugegeben, Letzteres war frei erfunden) Selbstverständlich (!) sind
die Schemata des Eindosierens aller Medikamente strengstens wissenschaftlich an allen Geschlechtern und Altersstufen
probiert und belegt! Auf keinen Fall findet man hier Methoden
des „Versuch und Irrtum"! Schon gar nicht bei Kombinationen
mehrerer Medikamente oder einem Wechsel von Wirkstoff,
Produkt oder Marke „Dann versuchen wir es eben mal ins
Blaue hinein mit xy". Sowas würde niemals jemand sagen.
P.S.: Ich habe im Zusammenhang mit Psychopharmaka dazu
gerade eine Fortbildung gemacht (Dezember 24). Faktisch gibt
es kein Ein- oder Ausschleichschema, das belegbar „das Richtige" ist. Auch Metadaten gehen nicht über ein „eigentlich kann
man es nur ausprobieren" hinaus. Ich bin echt entsetzt.

EMDR Hierfür benutzt man wirklich besser die Abkürzung,
wenn man den Zungenbrecher „**E**ye **M**ovement **D**esensiti-
zation **R**eprocessing" vermeiden will. Als bereits mehrfach
rezertifizierte EMDR-Behandlerin nenne ich die Wirkung des
Verfahrens magisch. Obwohl es nichts mit Magie, sondern
nur mit Neurologie zu tun hat. EMDR ist (offiziell bisher)
keine umfassende Therapiemethode, sondern eine bestimmte
Technik, die in jede Therapiemethode eingebunden werden
kann. Wenn jemand „EMDR" (Anführungszeichen darum,
weil es nicht EMDR ist, sondern nur als solches verkauft wird)
ohne sichere Grundqualifikation als Psychotherapeut*in und
Erfüllung unabdingbarer Voraussetzungen oder mit schnell
abgekupferten Techniken anbietet, ist er ein Scharlatan!
Achten Sie zusätzlich zum Eintrag des Behandelnden in das
Arztregister auch auf das Zertifikat einer der anerkannten
Gesellschaften für EMDR (z. B. Emdria). Viele wittern hier ein
Geschäft und nutzen die verzweifelt auf einen Therapieplatz
Wartenden aus. Sie würden aber Ihrem Friseur auch nicht
erlauben, Ihnen einen Zeh zu amputieren, nur weil er weiß, wie

man eine Schere hält. Oder? Damit ist es mir sehr, sehr ernst. Um damit herumzufuchteln, ist die Technik zu wirkstark. Die ersten Schritte des Verfahrens wurden in den Neunzigern des letzten Jahrhunderts entwickelt. EMDR wird seitdem kontinuierlich beforscht und ausgebaut. Es ist für den Einsatz bei Traumafolgestörungen von der Kassenärztlichen Vereinigung so schnell anerkannt worden, wie noch kein anderes Verfahren zuvor. Das Wirkungsspektrum geht über die Behandlung von Traumatisierungen weit hinaus. An dieser Anerkennung arbeiten wir gerade.

Hippocampus Im →limbischen System, in dem die → Amygdala die Chefin ist, gibt es auch eine Abteilung, die für Wissensverwaltung, sowie das Scannen und Analysieren der Umgebung zuständig ist. Der Campus ist ja auch der Gebäudekomplex einer Universität oder einer Forschungseinrichtung. Insofern passt der Name. Was ein Nilpferd damit zu tun hat, weiß ich auch nicht. Nein, ich rede Blödsinn. Der Hippocampus ist nach dem Seepferdchen benannt. Er ist einfach etwas ähnlich geformt.

Hyperfokus Der Hyperfokus ist eine Fähigkeit, über die ausschließlich AD(H)Sler*innen verfügen (abgesehen vom Point of no Return kurz vorm Orgasmus). Nur kein Neid! Es ist viel, viel mehr als konzentrierte Aufmerksamkeit! Er ist der am Hintern des Mammuts festgetackerte Blick. Die kaum zu unterbrechende, auf ein Ziel hin ausgerichtete Verschmelzung mit einer einzigen Beschäftigung. Um den Hyperfokus einzuschalten, muss das Ziel neu, interessant, von höchster Wichtigkeit und/oder im Fall des Nichterreichens mit größten Unannehmlichkeiten verbunden sein. Zeitdruck, Not, drohender Schaden, Wettkampf und Herausforderung sind daher probate Mittel, sein Einklinken wahrscheinlicher zu machen. Wenn das alles nicht hilft, ist es Zeit für den Winterschlaf. Danach klappt´s. Versprochen.

ICD International Statistical Classification of Diseases and

Related Health Problems. Übersetzt: „Internationale statistische Klassifikation der Krankheiten und verwandter Gesundheitsprobleme". Zur Zeit des Verfassens dieses Buches (2024) läuft die Übergangsphase zwischen der zehnten und der elften Version. Jeder Erkrankung ist eine genaue Buchstaben- und Nummernkombination zugeordnet, oft auch ihren Varianten und Schweregraden sowie manchmal ihren Ursachen, Psychische Krankheiten stehen im Kapitel F. So gehören zum Beispiel die F1er zum Thema Sucht. Die F 3er haben immer mit Depression zu tun, die F6er sind alles Persönlichkeitsstörungen. AD(H)S ist in der ICD 10 eine F98. In der ICD 11 hat sie die Nummer 6A05. Beiden können noch weitere Zahlen zur genaueren Einordnung folgen. Wir haben ja auch sonst nichts zu tun. Die ICD ist ein hart umkämpftes Pflaster, auf dem wissenschaftliche Erkenntnisse mit kulturellen Traditionen, der Pharmaindustrie und vielen Egos ringen.

Intelligenz Viele haben sich schon daran versucht, Intelligenz zu definieren. Die beiden Hauptrichtungen von Definitionen sind: 1. Intelligenz ist die Fähigkeit, Probleme zu lösen. 2. Intelligenz ist das, was der Intelligenztest misst (→ Testung, → Intelligenztest). Die meisten meiner Klient*innen sind zu Anfang der Therapie überzeugt davon, dass sie dumm seien. Das sind sie nicht. Denn dass sie sich überhaupt in Therapie gewagt haben und sich Gedanken machen, zeigt schon, dass sie dabei sind, ihre Probleme zu lösen. Sie sind also intelligent. Natürlich kann es sein, dass jemand super mathematische Probleme löst, dafür aber Mimik nicht versteht. Oder jemand macht ein Einser-Abi, um Medizin studieren zu dürfen, hat aber gar kein Mitgefühl und keinerlei kommunikative Kompetenzen (rein hypothetisch!). Insofern muss man immer dazu sagen, von welcher Art Intelligenz im Augenblick überhaupt die Rede ist.
Ganz sicher hat ein Mensch, der einem Kind einredet, dumm

zu sein, keinerlei emotionale oder soziale Intelligenz. Einer meiner Klienten hat nur mit Mühe den Abschluss der Förderschule geschafft und kann bis heute kaum lesen und schreiben. Aber werfen Sie ihm mal einen Haufen Schrott vor die Füße. Er wird daraus ein Motorrad bauen und aus den Resten noch ein Mobile aus Schrottteilen. Er hat sich lange für dumm gehalten. Weil es das ist, was ihm gesagt wurde.

Intelligenztest (siehe dazu erstmal → Testung) Ein Intelligenztest misst Intelligenz. Es sollte vorher klargestellt sein, welche. Jeder Intelligenztest ist so aufgebaut, dass seine Unteraufgaben leicht anfangen und immer schwerer werden. Dazu gibt es dann noch genaue Zeitvorgaben. Man versucht also, innerhalb der vorgegebenen Zeit so viele Aufgaben zu lösen wie möglich. Kein normal Sterblicher kann alle Aufgaben schaffen. Das ist nicht vorgesehen und mit Absicht genau so aufgebaut. Das muss man unbedingt vorher wissen, weil sich sonst ein enormer Frust aufbaut, der die Denkfähigkeit blockiert. Gehen Sie besser neugierig und vergnügt dran.
Bei der Auswertung wird dann berechnet, wie viele Aufgaben die getestete Person innerhalb der Zeitvorgaben im Vergleich mit der zugehörigen Vergleichsgruppe geschafft hat. Ich sage darum Vergleichsgruppe, weil man ja auch die Intelligenz von Tieren messen kann. Hühner können sich 100 verschiedene Gesichter merken (mehr als ich!). Schweine sind bezogen auf emotionale Intelligenz und Problemlösefähigkeiten intelligenter als zweijährige Menschenkinder. Damit sind sie auch intelligenter als Hunde. Verglichen mit anderen Hunden ist der Border Collie der intelligenteste. Die Standardvergleichsgruppe für Menschen ist ihre eigene Altersgruppe.
Noch etwas zur Zeitvorgabe. Wenn man mich völlig in Ruhe lässt und auch den Lösungsweg nicht festlegt, kann ich auch schwierige Mathematikaufgaben richtig lösen. Offiziell gelte ich aber als ein Mensch mit Dyskalkulie. Teilweise ist die Zeit also

ein entscheidender Faktor und auch der Satz „Angst macht
dumm" ist zutreffend. Die höchsten intellektuellen Leistungen
erbringen alle Wesen, wenn sie entspannt, aber neugierig sind.

Intelligenzquotient (=IQ) Ein Quotient ist ja immer das
Ergebnis, das herauskommt, wenn man eine Zahl durch eine
andere teilt. Man lässt also ganz viele Leute ganz viele gleiche
Aufgaben lösen und teilt dann die Summe der richtigen Ergebnisse aller durch die Anzahl der Getesteten. Damit hat man
den Durchschnittwert. Bei der Intelligenz wird dieser Wert
dann einfach 100 genannt. Was für eine 100 zu leisten ist,
hängt von der Vergleichsgruppe ab. Standardmäßig wird diese
durch das Alter bestimmt.
Man kann darüber hinaus auch noch in Untergruppen
aufteilen. Etwa nach Geschlecht, Schuhgrößen oder Berufen
der Patenonkel. So hat man einen Durchschnittwert aller
Leute mit, sagen wir mal, Schuhgröße 30 bis 35. Die werden,
verglichen mit allen anderen Menschen, einen Wert unter 100
haben. Sind also Leute mit kleinen Füßen dümmer als welche
mit großen? Nein, sie sind einfach nur meistens jünger. Darum
teilt man bei der Intelligenzmessung auch sinnvollerweise
in Altersgruppen ein. Wenn also ein zweijähriges Kind eine
Schleife binden kann, hat es eine enorm hohe praktische Intelligenz. Sein Wert wird weit über 100 liegen. Wenn ein Zwan-
zigjähriger das kann, ist das keiner Rede wert. Wenn er es aber
nicht kann, wird sein praktischer IQ wahrscheinlich weit unter
100 liegen. Es kommt also immer darauf an, wer mit wem
verglichen wird.
Das Ergebnis des individuellen Tests wird also mit dem Stan-
dardwert der Vergleichsgruppe verrechnet. Was dabei herauskommt, ist der Intelligenzquotient. Oft wird der nach Kategorien wie zum Beispiel praktische, sprachliche, mathematische,
emotionale oder soziale Intelligenz noch genauer angegeben.
Ein aussagekräftiger →Intelligenztest wird also eher ein Intelli-

genzprofil aufzeigen als einen einzelnen Wert.
Im Übrigen braucht sich keiner was auf den eigenen IQ einzu-
bilden oder sich wegen einer kleineren Zahl minderwertig zu
fühlen. Dazu hat der betreffende Mensch nämlich gar nichts
beigetragen. Entscheidend ist immer, was man draus macht.
Eine meiner Klientinnen hat zwar „nur" etwas über die Hälfte
meines IQ. Im Gegensatz zu ihr bin ich aber zweimal durch
die theoretische Führerscheinprüfung gefallen. Sie hat gewusst,
dass sie dafür eine Weile jeden Abend in die Fahrschule gehen
muss. Ich habe mir eingebildet, zweimal (!!), dass ich für die
Prüfung schon schlau genug bin. Immerhin nahm ich ja schon
jahrelang als Fahrrad- und Mofafahrerin unfallfrei am Straßen-
verkehr teil. Mit einem Fehlerpunkt mehr wäre ich sogar ein
drittes Mal durchgefallen und hätte zum „Idiotentest" gemusst.

Kontingent für Psychotherapie   Wer zum Arzt oder
zur Ärztin geht, bekommt einfach die Behandlung, die dort
für notwendig gehalten wird. Für Psychotherapie muss eine
Behandlung vorher von den Kassen genehmigt werden.
Das hat ausschließlich historische Gründe. Es verursacht
eine Menge Arbeit. Die Genehmigungsschritte sind je nach
→Richtlinienerfahren, ebenfalls aus historischen Gründen,
unterschiedlich. Für die Tiefenpsychologie ist das zum Beispiel:
Nach ein bis drei Sprechstunden und mindestens zwei probatorischen Sitzungen: Kurzzeit 1 = 12 Sitzungen, Kurzzeit 2 =
12 Sitzungen, Umwandlung in Langzeittherapie mit Bericht
an den Gutachter = 36 Sitzungen, Fortführung mit oder ohne
Bericht = 40 Sitzungen. Rein theoretisch kann man dann noch
einmal einen Bericht an den Gutachter schreiben für weitere
Sitzungen, aber erfahrungsgemäß wird das nur in extremen
Ausnahmefällen genehmigt. Gutachter*innen wissen nach dem
anonymisierten Bericht zum Antrag einfach immer viel besser,
was der Bedarf ist, als die Menschen, die zum Teil seit Jahren
miteinander arbeiten. Darum kann es sein, dass ein Bedarf

da ist, es aber keine weiteren Sitzungen aus dem Kontingent gibt. Dann hat man zwei Jahre zu warten, bis man wieder von vorne anfangen darf. In der Zeit kann man immerhin noch bis zu drei Sitzungen pro Quartal über die deutlich schlechter bezahlten „Gesprächsziffern" in Anspruch nehmen. Und auch eine Akuttherapie" mit zwölf Sitzungen in jedem der beiden Zwangswartejahre machen. Die Zwangspause von zwei Jahren kann man verkürzen, indem man schon vorher die Therapie als beendet meldet und dann die restlichen zehn oder 15 Sitzungen als so genannte Rückfallprophylaxe abrechnet. Sie finden das wahnsinnig kompliziert? Ist es ja auch. Man könnte stattdessen auch einfach sagen: „Ihr wisst schon, was ihr tut." Aber Psychotherapeut*innen sind zusammen mit ihrer Klientel ein verdächtiges und ein bisschen inkompetentes Völkchen, das man überwachen und reglementieren muss.

Der einzige Vorteil dieser Vorabgenehmigungen ist, dass die Verwaltungsfachangestellten der Kasse nicht hinterher sagen können, dass die Behandlung gar nicht notwendig, angemessen oder wirtschaftlich gewesen wäre. Ärzt*innen, die einfach so nach Wissen und Gewissen handeln, kann das nämlich passieren. Dann werden sie „in Regress genommen" und sie müssen aus eigener Tasche zurückzahlen, was sie den Patient*innen aus fachlicher Überzeugung haben zugute-kommen lassen. Wir können uns also dankbar und glücklich schätzen, dass man so fürsorglich für uns vordenkt und uns die Verantwortung für die Therapieentscheidungen abnimmt. Darum ist es auch wirklich wichtig, dass wir in jeder einzelnen Genehmigung daran erinnert werden, dass diese nur so lange gilt, wie auch ein Bedarf besteht. Wir würden ja sonst womög-lich einfach nur auf Kosten der Kassen rumsitzen und uns anschweigen.

Kostenerstattungsverfahren Wie unter →Bedarfspla-nung beschrieben versagt das System, den Menschen die als

notwendig festgestellte psychotherapeutische Behandlung
tatsächlich auch zukommen zu lassen. Wenn Sie aber bei einer
→Sprechstunde waren und dann ein Formular (PTV 11)
bekommen haben, in dem steht, dass Sie zeitnah (!) eine ambulante (!) Psychotherapie brauchen, dann muss (!) die Kasse
das auch bei einem privat abrechnenden Behandler/Behand-
lerin bezahlen. Nicht bei jedem Heiopei, der „Psychotherapie"
anbietet. Aber bei all denen, die im Arztregister eingetragen
sind. Das kann man einfach erfragen. Sie kriegen die Kasse
beim Wickel, indem Sie auf deren „Sicherstellungsauftrag"
hinweisen. Viele Kassen entblöden sich nicht, die Anträge
trotzdem erst einmal abzulehnen. Seien Sie hartnäckig. Man
wird versuchen, Ihnen Sprechstunden, eine stationäre Behandlung oder eine prima Psycho-App anzubieten. Im PTV 11 steht
aber nichts davon. Machen Sie beim Antrag auch eine Liste von
fünf oder zehn oder hunder Psychotherapeut*innen, bei denen
Sie angerufen und die zeitnah keinen (!) Therapieplatz haben.

Limbisches System   Der schönere Name des limbischen Systems ist Reptiliengehirn. Denn wir haben diesen
Hirnteil von den Vorfahren übernommen, die noch mit
Schuppen bedeckt und mit dem Bauch durch den Matsch
schleifend am Ufer entlangkrochen. Das Ding war derartig gut,
dass es bis heute unverändert die Aufgabe hat, die Umgebung
zu scannen und alles Wahrgenommene nach seiner Bedeutung
für uns zu filtern. Im Falle der Gefahr übernimmt das Reptiliengehirn. Siehe dazu auch →Amygdala, →Hippocampus und
→Dissoziation.
Ich denke, dass die Steuerung des →Hyperfokus auch mit
dem limbischen System zu tun hat. Denn der Inbegriff des
„Bedeutungsvoll" ist der Hyperfokus. Bisher wird der Hyperfokus mehr mit dem Belohnungszentrum und dem Stirnhirn
in Zusammenhang gebracht. Aber da alle Abteilungen des
Gehirns zusammen arbeiten, schließt das eine ja das andere

nicht aus.

Manisch-Depressiv   Auch dieser Begriff wird von
Laien gerne benutzt, vor allem als Vorwurf oder zur Beleidigung. Dabei bezeichnet dieses Adjektiv eine wirklich schwere
und leidvolle Erkrankung, die sich niemand freiwillig aussucht.
Der korrekte Fachbegriff zu dieser Zuschreibung ist „Bipolare
affektive Störung". „Bi" heißt zwei und „affektiv" bedeutet
das Gefühl betreffend. Hier leidet also jemand darunter, dass
er oder sie zwischen den Polen übersprudelnder Energie,
Enthemmung und guter Laune auf der einen und Antriebslosigkeit, tiefer Trauer und negativen Gedanken auf der anderen
Seite hin- und herschwankt. Während der manischen Phase
gibt es keine Grenzen. Das ist für den Moment vielleicht nett,
aber wenn die Phase ausklingt und die Betroffene realisiert,
was sie angerichtet hat, dann wird Schuld, Scham, Angst,
Überforderung und Trauer absolut überwältigend. Die Energie
reicht nun gerade noch zum Atmen. Bis die Biochemie den
Menschen wieder aus dem Bett und in die nächsten Katastrophen reißt. Diese Wechsel können schnell oder auch
sehr langsam erfolgen. Aber diese Phasen mit den schnellen
Stimmungswechseln der AD(H)Sler*innen zu verwechseln
ist schon eine gewisse Leistung! Diese kommt aber trotzdem
relativ häufig vor. Kürzlich hatte ich wieder eine Patientin in
einer meiner Sprechstunden, die seit zwanzig Jahren Medikamente gegen die Bipolare affektive Störung nimmt. Ohne, dass
sich da irgendetwas bessern würde. Es ist erschütternd.
Die Bipolare affektive Störung wird außerdem gerne mit „BPS"
abgekürzt. Allerdings wird das gleiche Kürzel auch für die
→Borderline Persönlichkeitsstörung benutzt. Nicht von Laien.
Von Fachpersonal! Obwohl die →ICD-Nummern (F 60.31
bzw. F31.XX) die beiden eigentlich eindeutig voneinander
unterscheiden und auch die Symptomatik meines Erachtens
nicht zu verwechseln ist. Dann wird auch gleich noch munter

medikamentiert. Aber es soll ja auch Leute geben, die einen Knollenblätterpilz nicht von einem Wiesenchampignon unterscheiden können. Solche Verwechslungen können durchaus tödlich enden.

neurodivers und neurotypisch   Mit diesen Worten wird ausgedrückt, wie stark man mit der eigenen Hirnstruktur (daher „neuro") der Mehrheit der eigenen Gesellschaft entspricht, oder eben auch nicht. Denn „divers" heißt einfach nur „anders". Oder „ungleichartig" oder „verschieden". Bezogen auf was denn verschieden? Immer bezogen das zahlenmäßig häufigere und damit das als normal oder typisch definierte. In Südeuropa ist ein Rothaariger haarfarbdivers, ein Schwarzhaariger haarfarbtypisch. In Irland ist es umgekehrt. Das ist im Grunde alles. Eine Aussage über Häufigkeit. All die Aufladung mit Wert oder Pathologisierung oder gar politischer Bedeutung ist vollkommen sinnlos. Denn es ist, wie es ist. Man kann Rothaarige ebenso verbrennen wie Schwarzhaarige. Es ändert nichts daran, dass sie einfach so geboren wurden. Es gibt auch keinen Grund, stolz auf irgendeine angeborene Eigenschaft zu sein. Oder sich dafür zu schämen. Denn wie bei der →Intelligenz kommt es viel mehr immer darauf an, was man draus macht. Rein statistisch sind Menschen mit AD(H)S oder Autismus aktuell seltener als Menschen ohne beides. Darum gelten sie mit ihren jeweils etwa 5% als neurodivers und die anderen 90% als neurotypisch.

Psychosomatische Medizin   Soma heißt Körper. Die psychosomatische Medizin beschäftigt sich also mit dem Einfluss, den Körper und Psyche aufeinander haben. Zum einen geht es darum, dass wir natürlich psychisch, also mit unserem Denken, Erleben und Verhalten darauf reagieren, wenn wir körperlich krank werden. Und umgekehrt hat unsere Psyche auch Einfluss auf körperliche Erkrankungen. So hat es zum

Beispiel großen Einfluss auf unser Schmerzempfinden, was
wir über den Schmerz denken oder ob wir uns als wirksam
ihm gegenüber empfinden. Bitte vergessen Sie aber alles, was
bestimmte Krankheiten bestimmten Charaktereigenschaften
oder Denkweisen zuordnet. Das ist Scharlatanerie. Es gibt
weder die „Krebspersönlichkeit", noch bedeutet ein Magen-
Darm-Infekt stets, dass wir etwas zum Kotzen finden. Es ist
eine unverschämte Übergriffigkeit, so etwas einem oder – was
viel häufiger vorkommt – einer Erkrankten um die Ohren zu
hauen. Psychosomatische Medizin ist also auch nicht, wenn
Ärzt*innen sagen „Das ist psychisch". Ehrlicherweise könnten
sie sagen, dass sie mit ihrem Latein am Ende sind, wenn
sie keine körperliche Ursache für etwas finden. Psychische
Schnellschussdiagnosen sind in der Regel Kunstfehler. Auch
dann, wenn gleichzeitig eine psychische Erkrankung vorliegt.
Das zu diagnostizieren sollte Fachpersonal vorbehalten sein.
Gleichzeitig ist es natürlich wahr, dass Psyche und Körper eng
miteinander verbunden sind und in Wechselwirkung zueinander stehen. Nicht umsonst gibt es dafür einen mehrjährigen
Studiengang. Und nicht umsonst gibt es Diagnosen wie soma-
toforme Störung oder Somatisierungsstörung. Wenn Psychotherapeut*innen von Somatisierung sprechen, dann ist zumeist
gemeint, dass sich ein psychisches Geschehen mit körperlicher
Symptomatik ausdrückt.
Um nur ein Beispiel zu nennen: Dass Gefühle sich körperlich
bemerkbar machen, ist klar. Wie denn auch sonst? Wenn uns
also Wasser in die Augen tritt und in Brust und Bauch ein
schmerzhaftes Ziehen ist, dann nennen wir das „Traurigkeit".
Am besten weinen wir dann, suchen uns irgendwo Trost und
gut ist. Schwierig wird es aber, wenn man gelernt hat, dass
man das besser nicht einfach kommen und wieder gehen lässt,
sondern es unsichtbar bleiben muss. Das kann so weit gehen,
dass es für die betroffene Person selbst sogar gar nicht mehr
fühlbar ist. (Siehe dazu auch unter →Maskieren) Dann geht sie

zum Arzt und klagt über so ein seltsames Brennen und Quetschen im Hals. Als Gegenpol zu den übergriffig psychologisierenden Schnellschüssen ist es eben auch eine belegte Tatsache, dass Menschen im Schnitt sieben Jahre in der somatischen Medizin verbringen, bevor jemand auf die Idee kommt, dass da was Psychisches im Gange sein könnte. Aber es gibt eben kein einheitliches Deutungsregister. Man muss sich schon die Mühe machen, das Individuum zu verstehen.

Aus historischen Gründen müssen psychologische Psychotherapeut*innen ihr Klientel immer erst zu einem beliebigen Arzt schicken, bevor sie mit ihrer Kunst beginnen dürfen. Ohne Konsiliarbericht gibt es keine Genehmigung für Psychotherapie. Es wäre wirklich begrüßenswert, wenn das unter bestimmten Vorgaben umgekehrt genauso wäre. Abgesehen davon ist dieses erzwungene Outen für viele eine echte Belastung und verhindert in manchen Fällen, dass sich psychisch kranke Menschen die Hilfe holen, die ihnen zusteht.

Psychotherapierichtlinien   Die aktuellen Psychotherapierichtlinien gelten seit 1999. Damit wollte man unsere Arbeit, zum Beispiel das komplizierte Genehmigungssystem, entbürokratisieren. Darum wurden u.a. aus einem einzigen Antrag für Kurzzeittherapie auch zwei gemacht.

Man wollte auch unsere Erreichbarkeit verbessern. Denn vor 1999 hat man uns ja praktisch niemals erreicht und wir saßen 25 Jahre mutterseelenallein in unseren Praxen, weil wir niemals zu Terminvereinbarungen ans Telefon gingen. Darum müssen wir jetzt 200 Minuten jede Woche, das entspricht vier vollen Therapiesitzungen, neben dem Telefon absitzen. Therapiesuchende müssen nun Exceltabellen anlegen, wer wann erreichbar ist. Und sich dann zwei Wochen Urlaub nehmen, um innerhalb der angegebenen Zeitfenster anzurufen. Früher war „kurz vor jeder vollen Stunde" ein prima Standardvorgehen. Aber das war einfach zu einfach.

Man wollte uns faulen Säcke auch endlich zum Arbeiten kriegen. Darum zwingt man uns nun zu wöchentlich mindestens zwei →Sprechstunden. In der Zeit können wir natürlich auch keine Therapie anbieten, so dass zwei weitere Therapieplätze wegfallen. Macht zusammen mit der „Telefonsprechzeit" sechs Therapieplätze, die mit der Versorgungsverbesserung pro Woche weggefallen sind. Oder auch zwölf, da viele Menschen ja nur alle zwei Wochen kommen. 2019 gab es 48000 Psychotherapeut*innen in Deutschland. Rein rechnerisch hat die „Versorgungsverbesserung" damals schon mindestens 288 000 Therapieplätze pro Woche vernichtet. (Zugegeben, das ist nicht ganz korrekt, weil Menschen mit einem halben Praxissitz nur die Hälfte Sprechstunden und Telefonzeit anbieten müssen. Da fallen pro Behandler*in also „nur" drei Plätze pro Woche weg.) Als Lösung für die Mangelversorgung wurde die Kurzzeittherapie von 25 auf 24 Sitzungen reduziert. Aber als besonderer Clou wurde neben den Sprechstunden auch die „Akuttherapie" aus den Brutkammern des Gesundheitsministeriums gezogen. (… Warum sehe ich gerade den Orthanc in Isengart vor mir, wo sie einen neuen Ork aus dem Schleim pellen, während Saruman grinsend und mit stolzgeschwellter Brust daneben steht? …) Aber zurück zu den Fakten: Die ersten zwölf Sitzungen einer Therapie dürfen wir jetzt auch Akuttherapie nennen. Das klingt doch super, oder? Akut! Als ob wir akuten Bedarf nun schneller erfüllen könnten. Erstaunlicherweise wurden im Verhältnis 1:1 →Richtlinientherapien ebenso seltener, wie Akuttherapien dazu gekommen sind. Komisch, gell? Wird aber trotzdem als Erfolg im Sinne der Versorgungsverbesserung gefeiert. Faktisch bekommt jemand dann und nur dann einen Therapieplatz, wenn wir einen haben. Welches Etikett wir draufkleben, macht für die Versorgung keinen Unterschied. Auch früher haben wir dann mit Therapie aufgehört und damit einen neuen Platz geschaffen, sobald der Bedarf erfüllt war. Das war schon immer bedarfs- und nicht etikettgesteuert. Aber wenn man die Psychotherapeut*innen als Feindbild hat, die man mit immer neuen Regulierungen aus ihrer Bequemlichkeit aufscheuchen muss, dann passen die „Erfolgsmeldungen" der Gremien.

Psychotherapeut*innen Der Titel ist geschützt. Das Wort „Psychotherapie" aber nicht. Achten Sie also genau darauf, ob jemand „Psychotherapie" anbietet und sich dabei „Psychotherapeut*in" nennt oder nicht. Letzteres sagt durchaus generell etwas über die Qualifikation aus, auch wenn es natürlich bessere und schlechtere gibt. An den geschützten Titel kommt man über verschiedene Wege:

Für Erwachsene:
Studium der Psychologie plus Therapieausbildung in einem →Richtlinienverfahren (s.u.)
  = Psychologischer Psychotherapeut/Psychologische Psychotherapeutin
- Studium der Medizin mit Fachrichtung Psychiatrie oder Psychosomatische Medizin oder Psychotherapie oder beliebige Ärzt*innen plus Therpieausbildung in einem Richtlinienverfahren (mit deutlich geringeren Anforderungen, als Psycholog*innen zu erfüllen haben. Selbst der wichtige Teil mit der Selbsterfahrung ist sehr gering vorgeschrieben)
  = ärztlicher Psychotherapeut/ärztliche Psychotherapeutin
- Studium der Psychotherapie für Erwachsene oder Neuropsychologische Psychotherapie (seit 2020)
Für Kinder und Jugendliche
- Studium der Psychologie, Pädagogik oder soziale Arbeit plus Psychotherapieausbildung in einem Richtlinienverfahren
- Studium der Psychotherapie für Kinder und Jugendliche (seit 2020)

Mit all diesen Ausbildungen kann man sich ins Arztregister

eintragen lassen. Damit hat man aber noch keine Zulassung. Die bekommt man nur, wenn man einen der wenigen Plätze ergattert, welche die →Bedarfsplanung freigibt. Innerhalb der Bedarfsplanung wird immer ein bestimmtes Kontingent für Ärzt*innen freigehalten, auch wenn dieses (z.B. wegen der relativ schlechten Bezahlung) meist gar nicht abgerufen wird. Auch das vernichtet Therapieplätze. Manche Kassen bezahlen auf privater Basis auch Therapie bei anders ausgebildeten Behandler*innen.

Rebound Wenn der brave Schuljunge nachmittags regelmäßig ausrastet, dann kann das auch damit zu tun haben, dass die AD(H)S Medikation ihre Wirkzeit beendet hat. Das nennt man dann Rebound. Dann kann man nachladen, oder in den Wald gehen. Wenn das (für die Umwelt) schwierige Verhalten schlimmer ist als ganz ohne Medikation, ist es auch nötig, diese vielleicht etwas zu reduzieren. Denn sie soll eine Unterstützung sein, keine Zwangsjacke. Ein liebevolles Gespräch über die realen Erwartungen und die trotz allem bedingungslose Liebe wirken ebenfalls regulierend. Das Kind ist ja nicht kaputt. Es braucht nur zeitweilig eine Lesebrille. Der Liebe wert ist es auch ohne und manchmal steht eben etwas anderes an als lesen.

Richtlinienverfahren Das sind die therapeutischen Verfahren, die ihre Wirksamkeit den Anforderungen des „Gemeinsamen Bundesausschusses" entsprechend nachgewiesen haben. Das sind: Psychoanalyse, Tiefenpsychologie, Verhaltenstherapie und Systemische Therapie. Außerdem ist →EMDR als erweiterte Technik für Posttraumatische Belastungsstörungen zugelassen.

Schizophrenie Jede*r denkt, er wüsste, was das ist. Laien denken da aber meist das Falsche und machen sich unzutreffende Vorstellungen wie „ach, der hält sich wohl für Jesus" oder „der sieht überall Kaninchen rumlaufen". Aber erstens: Es ist eine furchtbare Quälerei. Man sieht, hört, fühlt oder riecht Sachen, die andere nicht wahrnehmen. Und zwar, weil diese in der realen Welt tatsächlich nicht da sind. Das allein ist schon beängstigend genug. Meistens sind das aber auch noch Sachen, die vom betroffenen Mensch als bedrohlich wahrgenommen werden. So etwas wie beschimpfende Stimmen, zerstörerische Strahlen oder vergiftetes Essen. Dazu kommen Störungen der Stimmung, der Bewegungen, des Sprechens oder der Fähigkeit, zwischen sich selbst und der Umwelt zu unterscheiden. Zweitens: Man kann danach oder zwischen Schüben auch gesund oder symptomfrei leben. Drittens: Die Ursachen sind nicht eindeutig geklärt, die Therapie besteht meist aus Medikamenten. Ganz aktuell hat aber die Fachwelt gerade entdeckt, dass sehr viele als schizophren diagnostizierte Menschen eine →dissoziative Störung in Folge einer Traumatisierung haben. Wenn sich diese Erkenntnis herumspricht, dürfte das sehr viel Gutes bewirken. Denn für Trauma gibt es inzwischen sehr gute Behandlungstechniken wie z.B. →EMDR. Meine erste Stelle als Psychologin war in einer Langzeitpsychiatrie. Dort hatte ich es gewagt, mit als schizophren diagnostizierten Menschen umzugehen, wie mit Traumapatient*innen. Damals, vor 35 Jahren, habe ich dafür noch eine Abmahnung bekommen. Wäre wirklich erfreulich, wenn sich das ändern würde.

Somatisierung/somatisieren siehe bitte →Psychosomatische Medizin

Spektrumsstörung Wer „auf dem Spektrum" ist, ist kein Alien. Diese Leute legen keine Eier in anderen ab und ihnen wachsen auch keine Flügel aus dem Rücken. Man erhält die jeweiligen Diagnosen, wenn man bei einer Reihe bestimmter, aber völlig normaler menschlicher Eigenschaften eine gewisse

Anzahl und ein bestimmtes Ausmaß überschreitet. Es stellt
sich also erst einmal die Frage, ob man überhaupt zum Spektrum gehört. Dem folgt die Frage, wie die Verteilung der
damit verbundenen Eigenschaften ganz individuell bei der
betreffenden Person aussieht. Letzteres kann man sehr schön
in kreisförmigen Diagrammen darstellen, die dann die Form
eines funkelnden Sterns oder kunterbunten Rades haben. (z.B.
das Autismus-Spektrum-Rad). Meist werden AD(H)S und
Autismus zu den Spektrumsstörungen gezählt. Je nach Modell
werden aber auch andere Störungen der Entwicklung, des Erle-
bens und Verhaltens zu den Spektrumsstörungen gezählt. So
zum Beispiel die leicht vermeidbare Behinderung, die Mütter
ihren Kindern antun, wenn sie während der Schwangerschaft
Alkohol trinken (Fetales Alkohol Syndrom FASD).

Sprechstunde Sprechstunden sind eine unsägliche Erfindung
des Bankkaufmanns Spahn, der Gesundheitsminister wurde
und der mit diesen Sprechstunden die elend langen Wartelisten
auf Therapieplätze verkürzen, die Patient*innen als „versorgt"
deklarieren und uns faulen Säcke mal endlich zum Arbeiten
bringen wollte. Wir sind zur Ableistung einer Mindestzahl
Sprechstunden pro Woche verpflichtet. Ausdrücklich darf
dort nicht therapeutisch, sondern nur klärend gearbeitet
werden. Therapiesuchende bekommen jetzt also bis zu drei
„klärende" Sitzungen bei 500+ Therapeut*innen, aber keine 60
therapeutischen Sitzungen bei einem. Inwiefern dies die grau-
envolle Versorgungslücke mit echten Therapieplätzen füllen
soll, erschließt sich mir bis heute nicht. Ich kenne auch sonst
niemanden, dem sich das erschließt. Herr Lauterbach dagegen
findet die Sprechstunden auch ganz toll.
Eine Sprechstunde ist keine Therapie. (Ich gestehe, manchmal
ist sie es doch. Das ist aber illegal. Ob ich jetzt die Zulassung
entzogen kriege?) Im Rahmen der uns und den Klient*innen
aufgezwungenen Sprechstunden erfüllt sie einen Teil dessen,

was wir früher in den ersten Probesitzungen geleistet haben. Sie dient in dem Zusammenhang ausschließlich der Diagnostik und der Feststellung des aktuellen Bedarfs. Das kann eine Selbsthilfegruppe, eine stationäre Behandlung, eine ambulante Therapie oder auch ein warmer Händedruck sein („Ihnen geht es in Wahrheit supergut. Sie wissen das nur nicht. Therapie ist schließlich kein Lifestyleprodukt. Sie hatten nur Langeweile und sind deswegen zu mir gekommen. Reißen Sie sich gefälligst zusammen.") Sie dient auf keinen Fall der Entwicklung einer therapeutischen Arbeitsbeziehung oder ersten therapeutischen Probeinterventionen (= faktischen Hilfen). Denn danach kommt ja meist nichts mehr. Am Ende der bis zu drei Sitzungen, bekommen Sie ein Formular (PTV 11). Wenn darin steht, dass Sie zeitnah eine ambulante Psychotherapie brauchen, dann muss die Kasse Ihnen die Behandlung auch bei einem privat Abrechnenden bezahlen. →Kostenerstattungsverfahren. →Bedarfsplanung →Psychotherapierichtlinien Ich erkläre immer schon am Telefon den Unterschied zwischen Therapie und diesen Sprechstunden. Im Anschreiben, das der Terminbestätigung und Vorinformation dient, sage ich dann noch einmal, dass ich keinen Therapieplatz habe und es höchstens drei Sitzungen Sprechstunden gibt. Verzweifelt greifen KlientInnen trotzdem nach diesem Strohhalm. Ein Klient sagte: „Ich fühle mich verarscht." Mit Recht. Denn er dürfte theoretisch bei allen rund 187 441 (Stand 2024) Psychotherapeut*innen in Deutschland jeweils drei Sprechstunden machen. Aber es gibt nicht genug von uns, so dass er ohne elend lange Wartezeit einen Platz für Psychotherapie finden könnte.

Wenn dann nach einer Wartezeit jemand endlich doch mit Therapie beginnen kann, muss ich mindestens eine Sprechstunde noch einmal ableisten, wenn die letzte über vier Quartale her ist. Es könnte sich ja am Bedarf etwas geändert haben und das würde ich ja gar nicht feststellen können, wenn die erste Sitzung nicht „Sprechstunde" hieße. Danach muss ich dann aber auch noch probatorische Sitzungen abrechnen, denn ich bin ja nicht in der Lage, während der Sprechstunden schon Diagnosen zu stellen, erste Ideen für eine Therapieplanung zu entwickeln oder die Passung zu überprüfen. Dazu brauche ich dann eben die deutlich schlechter bezahlten, mindestens zwei probatorischen Sitzungen. Als richtig schlechten Scherz sehen wir an, dass wir diese beiden probatorischen Sitzungen auch nach einer Akuttherapie machen müssen, falls wir die Therapie fortsetzen wollen. Sie sehen, an diesen →Psychotherapie-richtlinien haben echte Profis gearbeitet. Wir nennen es das „Lex-Lütz", denn Herr Spahn wurde vom Psychotherapeuten-hasser Dr. Lütz dabei intensiv beraten.

Stimming Dies sind wiederholte Bewegungen, die zur Beruhigung und Konzentrationssteigerung führen. Beinwippen, Klicken mit dem Kugelschreiber, kippeln auf dem Stuhl oder wildes Herumlaufen. Auch Herumkritzeln oder das Spielen mit den Haaren oder Herumfummeln an den Fingernägeln gehören dazu. Heutzutage gibt es wunderbares Material dafür. Aber auch ein Bierdeckel tut es, der in Fitzelchen zerlegt wird. Wird es verboten, schadet das. Konzentration und Laune werden schlechter, nicht besser. Es ist empfehlenswert, mit Rücksicht auf das Umfeld geräuschlose Möglichkeiten zu finden. Ansonsten soll das Umfeld eben einfach weggucken. Solange es nichts Schädliches ist – und zu so etwas wird es nur nach Verboten oder Beschämungen verschoben (z.B. blutig Beißen der Finger) – soll doch jede*r tun, was ihm oder ihr guttut.

Testung Man soll es nicht glauben, aber auch die Psychologie ist eine Wissenschaft. Auch wir Psycholog*innen suchen nach Möglichkeiten, Themen unseres Fachgebietes zu messen, vergleichbar zu machen oder Diagnosen abzusichern. Bei uns geht es da um Erleben, Verhalten und ganz bestimmte Fähigkeiten oder Eigenschaften von Menschen wie z. B. →Intelligenz. Dafür werden Tests eingesetzt. Das können Ankreuzfragebögen oder bestimmte Aufgaben sein, die dann nach festgelegten Methoden ausgewertet werden. Im diagnostischen Gespräch werden auch standardisierte Fragen eingesetzt. Wir tun dann ganz entspannt und spontan, halten uns in Wahrheit aber an ein festgelegtes Schema.

Therapie Therapie hieß anfangs „dienen" oder „pflegen". Ursprünglich war dies auf Pferde bezogen. Jedenfalls damals im alten Griechenland, als das Wort erfunden wurde. Heute heißt Therapie ganz allgemein „Behandlung". Unter allen fachärztlichen Leistungen ist sie die am schlechtesten bezahlte. Aber wir beklagen uns meistens nicht. Dafür ist es der schönste Beruf der Welt

Psychotherapie behandelt also alles, wo Erleben, Verhalten oder Denken nicht so laufen, wie der betroffene Mensch oder sein Umfeld es gerne hätten. Darum gibt es auch viel mehr Therapeutinnen. (Nein, das ist Quatsch. Frauen hören besser zu, können den Fokus besser von sich auf andere verschieben etc. Wahr ist aber, dass deswegen die Psychotherapie unter allen fachärztlichen Leistungen die am schlechtesten bezahlte ist.Wir leben in einer privilegierten Zeit, in der man tatsächlich über sehr wirksame und schonende Methoden der Behandlung verfügt. Wer sich traut, eine Therapie zu machen, kann sehr stolz auf sich sein. Leider gibt es zu wenig Therapieplätze, obwohl es genug Bedarf und genug gut ausgebildete Therapierende gibt. Das liegt an der völlig verfehlten →Bedarfsplanung. Achten Sie trotzdem unbedingt darauf, dass auch Ihr Bauch den oder die Behandelnde gut findet. Schauen Sie sich lieber noch ein paar andere an und nehmen eine Wartezeit in Kauf, anstatt bei jemandem zu sein, bei dem Sie ein schlechtes Gefühl haben. Das ist viel wichtiger als die angewandte

Methode. →Richtlinienverfahren
Ärzt*innen sagen gerne, dass bei einer bestimmten Erkrankung eine bestimmte Methode die richtige sei. Das stimmt
in etwa so genau, wie wenn ich eine bestimmte Nahttechnik
nach der Blinddarm-OP empfehle. Man kann, um zum Anfang
zurückzukehren, das Pferd ja durchaus ebenso von vorne wie
von hinten, oder sogar von den Seiten her aufzäumen. Was
aber vorne und was hinten ist, weiß in aller Regel die Pfer-
depflegerin selbst am besten. Fragen Sie also lieber praktizie-
rende Psychotherapeut*innen, wenn Sie eine gute Empfehlung
bezüglich der Methode haben wollen.

Verankern Damit etwas in unserem Gedächtnis bleibt, müssen
dafür im Gehirn Nervenverbindungen geknüpft und chemi-
sche Umstellungen vorgenommen werden. Dann sitzt es. So,
wie ein Schiff dann „sitzt", wenn man den Anker geworfen hat.
So kam es in den letzten Jahren zum hübschen Wort „verankern" für „sich etwas merken".

Zwangsstörung/Zwangserkrankung Eine Zwangserkran-
kung hat anfangs ein bisschen was mit Aberglaube zu tun. Wir
klopfen aufs Holz und wünschen damit, dass etwas gut gehen
möge. Als diese Handlung aufkam, wusste man nicht, dass die
kratzigen Geräusche im Holz von Holzwürmern kommen.
Man dachte eher an Gespenster oder Dämonen. Man klopfte
also aufs Holz, während man seinen Wunsch aussprach. So
konnten die bösen Geister das nicht hören und darum gar
nicht erst auf die Idee kommen, den Wunsch zu vereiteln. Zwar
wurden sie durch das Klopfen für einen Augenblick still, aber
sie hatten ihre Chance verpasst.
Ein Zwang besteht darin, dass der betroffene Mensch Angst
hat, dass etwas Schreckliches passiert, wenn er nicht „klopft".
Unbedingt muss er oder sie etwas zählen, kontrollieren oder
dieselbe Handlung immer wieder wiederholen. Oft entsteht

ein solcher Zwang in einer Situation, in der man keine Kontrolle hatte und etwas Schlimmes passiert ist. Meist fing das Verhalten klein an und der Mensch fühlte sich nur gezwungen, etwas gerade noch einmal zu tun. Sich „zur Sicherheit" zum Beispiel die Hände noch einmal zu waschen. Es stellte sich aber kein Gefühl der Erleichterung und Sicherheit ein. Natürlich nicht. Die Stille nach dem Klopfen hat nichts mit Dämonen und das Händewaschen nichts mit dem schlimmen Erlebnis zu tun. Wenn einem selbst der Ursprung dieser Angst, manchmal auch des Ekels, nicht bewusst ist, wird ein unzutreffender Zusammenhang zwischen diesen Gefühlen und der eben wiederholten Handlung hergestellt. Diese falsche Verknüpfung ist fatal. Denn weil es zu keiner Erleichterung kommt, macht man „es" eben noch einmal. Und noch einmal. Und noch einmal. Bis man schließlich jeden Tag 5 Stunden unter der Dusche steht und täglich drei Flaschen Duschgel verbraucht. Den betroffenen Menschen ist rational klar, dass diese Handlungen sinnlos sind. Aber die Angst oder der Ekel sind größer als die Vernunft.

Es gibt Zwangserkrankungen, die sich nur in Gedanken abspielen. Die Fähigkeit, etwas anderes zu denken, geht immer mehr zurück. Der Zwangsgedanke nimmt immer mehr Raum ein.

Es gibt mehrere Wege, Zwangserkrankungen zu behandeln. Man wird aber nicht darum herumkommen, sich der eigentlichen Quelle der belastenden Gefühle bewusst zu werden und sich ihnen zu stellen, ohne die Pseudolösung des Zwangs zu benutzen.

Hiermit endet das Glossar. Im Zweifel können Sie ja auch im Internet oder, für die Dinosaurier unter uns, in einer Bücherei recherchieren. Oder jemanden fragen, der wirklich Ahnung hat. Und nicht nur eine Meinung.

Grüße von Phillippa.
Sie hat alles gecheckt und für ausreichend gut befunden.